LAW AND LITERATURE
In the Grassroots Courts in China

法律与文学
在中国基层司法中展开

刘星 著

图书在版编目(CIP)数据

法律与文学：在中国基层司法中展开 / 刘星著. —北京：北京大学出版社，2019.12

ISBN 978-7-301-30970-4

Ⅰ.①法⋯ Ⅱ.①刘⋯ Ⅲ.①法律—关系—文学—研究 Ⅳ.①D90-059

中国版本图书馆 CIP 数据核字(2019)第 268580 号

书　　名	法律与文学：在中国基层司法中展开 FALÜ YU WENXUE: ZAI ZHONGGUO JICENG SIFA ZHONG ZHANKAI
著作责任者	刘　星　著
责 任 编 辑	杨玉洁
标 准 书 号	ISBN 978-7-301-30970-4
出 版 发 行	北京大学出版社
地　　址	北京市海淀区成府路 205 号　100871
网　　址	http://www.pup.cn　http://www.yandayuanzhao.com
电 子 信 箱	yandayuanzhao@163.com
新 浪 微 博	@北京大学出版社　@北大出版社燕大元照法律图书
电　　话	邮购部 010-62752015　发行部 010-62750672 编辑部 010-62117788
印 刷 者	三河市北燕印装有限公司
经 销 者	新华书店
	965 毫米×1300 毫米　16 开本　25.5 印张　305 千字 2019 年 12 月第 1 版　2022 年 2 月第 2 次印刷
定　　价	69.00 元

未经许可，不得以任何方式复制或抄袭本书之部分或全部内容。
版权所有，侵权必究
举报电话：010-62752024　电子信箱：fd@pup.pku.edu.cn
图书如有印装质量问题，请与出版部联系，电话：010-62756370

这时候雨点下来了,我赶紧往前奔跑过去。我看到了远处突然升起一片火光,越来越大的雨点和那片火纠缠起来,燃烧的火不仅没有熄灭,反而逐渐增大。就如不可阻挡的呼喊,在雨中脱颖而出,熊熊燃烧。

——余华《在细雨中呼喊》

目　录

Ⅰ｜序

ⅰ｜致　谢

1｜导　论　为何研究中国基层司法的"法律与文学"

　　一、引言 / 1

　　二、中国古时与西方的"法律与文学"：关于基层司法 / 8

　　三、当代中国的"法律与文学"：关于基层司法 / 18

　　四、以往实践和学术的遗产 / 25

　　五、尝试推进的思考领域 / 31

　　六、关于中国基层司法的"法律与文学"：
　　　　新的社会条件和可能 / 35

　　七、理论路径、预设 / 41

　　八、研究方法和材料运用 / 47

　　九、内容框架 / 50

56｜第一章　"文学中的法律"与"作为文学的法律"的关系

　　一、问题与目的 / 56

　　二、诉讼战场 / 61

　　三、文学叙事 / 65

　　四、两者关系辩证 / 71

　　五、修辞与吸引 / 76

　　六、真实与虚构 / 81

　　七、结语 / 86

89 | **第二章　从法律到文学，从文学到法律**
　　　　　马锡五审判方式的"可能"运行逻辑

　　一、问题／90

　　二、材料／96

　　三、审判疑点／101

　　四、案情"文学"／107

　　五、审判"文学"／112

　　六、"可能"的审判运行逻辑／118

　　七、审判运行逻辑指向的深层法理问题和关键环节／121

　　八、在基层司法中／126

　　九、结语／129

131 | **第三章　走向"文学"：契约司法**

　　一、思路和限定／132

　　二、为何"契约"／136

　　三、"契约"的可能性／141

　　四、法官和当事人的角色伦理／146

　　五、"契约"的风险／150

　　六、"契约"的优点／154

　　七、如何"契约"：修辞与态度／159

　　八、结语／163

167 | **第四章　司法日常话语的"文学化"**
　　　　　源自中国基层司法经验

　　一、问题与限定／167

　　二、经验材料／172

　　三、辅助理解／179

　　四、辅助权威／185

五、微观市场机制 / 188

　　六、司法政治意义 / 191

　　七、结语 / 199

200 | **第五章　判决书"附带"**
　　　　以中国基层司法"法官后语"实践为主线

　　一、问题和思路 / 200

　　二、"法官后语"如何作为"附带" / 206

　　三、为何"附带" / 211

　　四、"附带"的历史 / 218

　　五、判决书的功能 / 225

　　六、法官角色 / 231

　　七、结语 / 236

239 | **第六章　"故事文学"利用与司法决疑**
　　　　以《威尼斯商人》为样本

　　一、问题 / 240

　　二、思路和材料 / 244

　　三、主要法律情节 / 248

　　四、故事文学 / 254

　　五、鉴赏机制 / 260

　　六、司法意见的故事陈述依赖 / 262

　　七、司法故事文学的建构 / 266

　　八、故事文学与具体案情具体分析 / 269

　　九、结语 / 271

274 | **第七章　基层法庭空间的塑造**
　　　　从中国另类"生动"实践看

　　一、引言 / 275

二、如何实践 / 280

三、为何实践 / 286

四、法庭还是"家庭" / 290

五、女性、社会"能者"及法官的附加举止 / 295

六、法庭具体空间属性多样与"审理正确" / 300

七、结语 / 306

309 | 参考文献

355 | 一般索引

373 | 人名索引

序

"法律与文学"是一个颇令人纠结的主题。

从学术行业的角度看,法学家常对其避而远之。法学家会说,"文学"似是有些思绪飘逸、思维浪漫的,"文学"还会突出个性体验、主观倾诉,希望调动情绪及情感。换言之,"文学"附着了太多不能简单运用理性逻辑加以把握的内容。在"法律与文学"中,探索对于法律事业有何帮助,或对法律的理解有何推进,曰之"学术价值",尤其是"实用价值",就法学家的感觉而言,预期结果难免会令人疑虑踌躇,但"法律与文学"还是逐步孕育、发展起来了。

从中国看,1997年至2007年,相关著述数量平稳。2008年至2017年,又能见到许多专著、译著或文集面世,还有数量若干的论文及文章发表。例如,2017年,苏力的专著《法律与文学:以中国传统戏剧为材料》(北京:生活·读书·新知三联书店)精装版出版,刘燕的专著《法庭上的修辞:案件事实叙事研究》(北京:中国书籍出版社)出版,[英]玛丽亚·阿里斯托戴默的《法律与文学:从她走向永恒》(薛朝凤译,北京:北京大学出版社)和[英]伊恩·沃德的《法律与文学:可能性及研究视角》(刘星、许慧芳译,北京:中国政法大学出版社)作为译著出版,中国政法大学人文学院中文系编辑的文集《法治视野下的文学与语言:"文学·语言·法治"学术研讨会论文集》(北京:当代中国出版社)出版。2014年,刘星显的专著《法律与文学研究:基于关系视角》(北京:社会科学文献出版社)、许慧芳的专著《文学中的法律:与法理学有关的问题、方法、意义》(北京:中国政法大学出版社)和白慧颖的专著《法律与文学的融合与冲突》(北京:知识产权出版社)出版,中国法学会法制文学研究会编辑的文集《法治文学与法治中国》(北京:群众出版社)出版。2013年,陈文琼的专著《国家政治语境中的"法律与文学"》(北京:中国社会科学出版社)出版。2012年,范玉吉主编的《法律与文学研究》(第1辑)(上海:上海三联书店)出版。2010年,[美]玛莎·努斯鲍姆的《诗性正义:文学想象与公共生活》(丁晓东译,北京:北京大学出版社)作为译著出版。以"法律与文学"为"主题",在中国知网检索论文及文章,大致统计,2017年有16篇、2016年有13篇、2015年有24篇、2014年有18篇、2013年有13篇、2012年有9篇、2011年有20篇、2010年有17篇、2009年有15篇、2008年有11篇。

而从世界看,根据维基百科"法律与文学"词条介绍(编辑截止时间2018年12月8日),起源于北美的"法律与文学"运动,目前在欧洲也是"竹外桃花三两枝"。例如,荷兰鹿特丹伊拉斯姆斯大学的盖克尔(Jeanne Gaakeer)教授和德国吉森大学的奥尔森(Greta Olson)教授主持着欧洲法律与文学学术网(European Network for Law and Literature Scholarship),挪威卑尔根大学的林内伯格(Arild Linneberg)教授主持着卑尔根法律与文学学院(The Bergen School of Law and Literature)。此外,北欧有活跃的北欧法律与文学网(Nordic Network for Law and Literature),意大利法律与文学协会(Associazione italiana diritto e letteratura)设立了自己的网站,意大利博洛尼亚大学建立了意大利法律与文学社团(The Italian Society for Law and Literature)网。2013年,意大利卡尔皮(Daniela Carpi)教授和荷兰盖克尔教授编辑出版了《话语相传:法律与文学的无形张力》(*Liminal Discourses*:*Subliminal Tensions in Law and Literature*.Berlin/Boston:DeGruyter)。2011年,卡尔皮教授自己编辑出版了《通过文学的生命伦理学与生命法律学》(*Bioethics and Biolaw Through Literature*.Berlin/Boston:DeGruyter),奥尔森教授编辑出版了《叙事学的现在趋势》(Current Trends in Narratology. Berlin and New York: De Gruyter)。而在英国,诸如弗里曼(Michael Freeman)、刘易斯(Andrew Lewis)、阿里斯托戴默(Maria Aristodemou)、吉雷(Adam Gearey)、沃德(Ian Ward)、威廉姆斯(Melanie Williams)、多林(Kieran Dolin)等一批活跃学者,同样出版了若干有影响力的法律与文学的著作。

即便是在北美,相关研究仍在稳步推进。例如,2018年,法律与文学运动主要成员美国奥克兰大学汉娜(Michael Hanne)教授和斯坦福大学韦斯伯格(Robert Weisberg)教授编辑了众多该运动参与者撰写的论文集《法律中的叙事和隐喻》(Narrative and Metaphor in Law. Cambridge: Cambridge University Press),该运动主要成员美国叶时瓦大学威斯伯格(Richard H. Weisberg)教授撰写了论文《卡多佐的"法律与文学":其司法写作风格指南》("Cardozo's 'Law and Literature': A Guide to His Judicial Writing Style", Touro Law Review. Vol. 34, No. 1 [2018], pp. 349-358.)。2017年,斯坦福大学梅勒尔(Bernadette Meyler)教授和康奈尔大学安克尔(Elizabeth Anker)教授编辑了同样是众多该运动参与者撰写的论文集《法律与文学的新动向》(New Directions in Law and Literature. Oxford: Oxford University Press),美国普林斯顿大学布鲁克斯(Peter Brooks)教授发表了论文《线索、证据、侦查:法律故事》("Clues, Evidence, and Detection: Law Stories", Narrative. Vol. 25, No. 1 [Jan., 2017], pp. 1-27),美国纽约大学布鲁纳(Jerome Bruner)教授发表了论文《叙事和法律:如何相互需求》("Narrative and Law: How They Need Each Other", in Brian Schiff [ed.], Life and Narrative: The Risk and Responsibilities of Storying Experience. Oxford: Oxford University Press)。2016年,美国西弗吉尼亚大学欧内斯特(John Ernest)教授编辑了包含了若干法律与文学论文的论文集《牛津非裔美国奴隶叙事史》(The Oxford History of the African

American Slave Narrative. Oxford：Oxford University Press），加拿大麦吉尔大学亚当斯(Wendy A. Adams)教授出版了专著《流行文化与法律多元主义：叙事与法律》(*Popular Culture and Legal Pluralism：Narrative and Law*. Abingdon：Routledge)。2015 年,美国纽约州立大学约翰逊(Nancy E. Johnson)教授编辑了论文集《奔放的法理学:法律、文学和激情 1760-1848》(*Impanssioned Jurisprudence：Law, Literature and Emotion 1760-1848*. Lewisburg：Bucknell University Press)。2014 年,加拿大多伦多大学斯坦恩(Simon Stern)教授撰写了论文《法律与文学》("Law and Literature", in Markus D. Dubber and TatjanaHornle [eds.], *The Oxford Handbook of Criminal Law*. Oxford：Oxford University Press)。2013 年,美国法律与文学的主要杂志之一《法律与文学》(*Law and Literature*),发表了戈登(Randy Gordon)、格鲁尼沃尔德(Ralph Grunewald)、德尔马(Maksymilian Del Mar)、阿马亚(Amalia Amaya)、西蒙首山(Moshe Simon-Shoshan)、科诸斯(Audun Kjus)等学者的一系列关于法律与文学的论文(*Law and Literature*. Vol. 25, No. 3 [Fall, 2013])。

即使学界熟知的对法律与文学运动不甚欣赏的波斯纳法官,早在 2009 年,便出版了《法律与文学》第三版(*Law and Literature*, 3rd edition, Cambridge：Harvard University Press)。

所有这些,当然不能和传统的法学研究领域(还有诸如法律经济学等跨学科研究)相提并论,相当一些学者,特别是中国的某些作者、译者,包括文学界的研究者,或许还不那么"显赫",但仍能看到,什么叫作"破茧化蝶",什么称为"春风吹又生"。

其实,对法学研究领域而言,只要不是销声匿迹,就说明了其总有意义,有价值,还能再思考,重新召唤。因为,法学源自法律,法律源自生活,既然如此,两者就会在历史的谱系中随重复性的生活而往复不断、时隐时现,也可以说,我们完全可以等待"风水轮流转"。不应忘记,太多的法学理论,曾经压抑许久后蓬勃爆发,或名噪一时后沉寂失势。法学知识像其他知识一样,一定会基于无所不在的知识/背景、知识/权力的纠缠关系,重复"时隐时现"的故事。

本书试图进一步推进"法律与文学"研究,同时又希望落脚于法学,为法学的目的服务,使其更加"实际有用"。因此,本书尝试将"法律与文学"研究投入中国基层司法的领域。这或许是一个新的努力方向。如此之第一个具体目的,在于观察在这一领域中"法律与文学"是否可以拓展自己的理论脉络;第二个具体目的,是查验"法律与文学"是否能为中国基层司法甚至更广泛的基层司法,提供新的法学理解,甚至重塑哪怕是部分的司法理论。至于两个具体目的是否存在循环追求,答案则是不会也不应该是。某些物体放入水中,我们可以发现不同的状态之变化,反之,我们也可以发现水本身也会因之呈现出不同的样式。

当然,所有学术目的之最终检测,在于学术市场。

期待,对我而言只有期待。

作者 2018 年 12 月于北京慈云寺

致　谢

本书构思、撰写,历经多年,曾得到一些学界朋友的惠助。首先,其中一部分内容,经苏力教授提携,在其主持的"法律与文学"专题栏目(载《清华法学》2008 年第 3 期)刊载,得以接受学界阅读的检验。其次,另有一部分内容,经华东政法大学李秀清教授、马长山教授的鼓励,于明教授的具体支持,以及 2012 年和华东政法大学师生的交流,得以完善。这要感谢。

书中内容和观点,曾与陈颀教授、陈文琼教授、丁晓东教授、李斯特教授、刘燕教授、徐晨教授、许慧芳教授、张笑宇教授交流讨论,得到了他们的辨析、质疑和指教,对我来说获益匪浅。另丁晓东教授、许慧芳教授、和芫博士、许奎博士,不厌其烦地帮助我仔细查找并核对相关文献,赐惠良多。这同样要感谢。

还要感谢 2008 年后参与我博士研究生课程的中国政法大学法学理论专业(还有其他法学专业)各个研究方向的博士生,他们每次都毫不客气地与我争论,指出问题,使我获得激励,检讨自己的想法,依然受益。

此外,书中一些内容曾以论文形式发表于《中国法学》《中外法学》《法学家》《清华法学》《法制与社会发展》和《法律科学》等法学期刊。要感谢这些期刊,更要感谢李小明教授、尤陈俊教授、马治选教授、赵晓力教授和徐雨衡老师、孟融老师(诸位作为责任编辑)等朋友的鼓励支持。还要特别感谢其时多位论文匿名评审专家的严厉而又友善的批评指正。

另需要特别鸣谢国家社科基金。2013 年开始,本书内容的持续和深入研究获得了该基金的资助。资助使我更有物质能力的同时更有精神激励。

再有,要感谢北京大学出版社蒋浩先生、杨玉洁编辑。能在北京大学出版社继续出书,这是厚爱,更是勉励。两位朋友为本书日趋完善付出了巨大努力,令人感动。

最后,非常感谢为本书提供中国法官人物、场景照片的基层法院同志、报刊社编辑记者及律师友人。为使本书具有现场感和"证据感",增进本书的思考线索及空间,经蒋浩先生、杨玉洁编辑牵线,他们非常友好且不计回报地提供了自己的时间精力还有版权。当我的文字和他们的照片以一本书的方式联系起来之际,我不仅感觉到友情、慷慨(很多照片因种种原因未能使用),而且感觉到法学研究在这种扶助之中才能具有的动力、感召和远方。谢谢!

作者 2018 年 12 月于北京慈云寺
2019 年 11 月 17 日修订于北京慈云寺

导论　为何研究中国基层司法的"法律与文学"

> 本院认为,婚姻关系的存续是以夫妻感情为基础的。原、被告从同学至夫妻,是一段美的历程:众里寻他千百度,蓦然回首,那人却在灯火阑珊处。令人欣赏和感动。若没有各自性格的差异,怎能擦除美妙的火花?……人生如梦!
>
> ——江苏泰兴市人民法院①

> 我们的情感既然总要倾注于这一面或那一面,所以我们自然就会认为,这个问题是在人类所可理解的范围以内……
>
> ——[英]休谟②

一、引　言

本书讨论"法律与文学",但主要针对中国的基层司法。这种讨论的目的何在?

法学界和法律界历来认为中国的基层司法是复杂的,并认同处理纠纷的手段可适度丰富多样。然而,长期来看,法律专业化和职业化的发展趋势及法

---

① 参见江苏省泰兴市人民法院(2016)苏1283民初3912号民事判决书。
② 参见[英]休谟:《人性论》(下册),关文运译,郑之骧校,北京:商务印书馆,1983年,第495页。

学意识形态的日渐强大之"自我保护"惯习,使"科学"和"实用"两种手段偏好逐渐成为核心范式。③ "科学",可称之要为中国基层司法寻求稳健、逻辑、法治式的审裁手册,并有主义之倾向④;"实用",可称之要为中国基层司法提供灵便、经验、权衡式的审裁图谱,亦有主义之执着。⑤ 两者虽有别,后者看似"圆滑",但强调"法律应自治"的法学意识形态一直容忍甚至放纵"司法自由裁量权"理论的存在及活跃⑥,故法律人群体乐见,后者能够凭借各种理由,成为前者之必要补充。反过来,众所周知,法学中的"实用"手段偏好从未否定稳健、逻辑、法治式的策略的语境需求,甚至总会认为,这应该是"一般状态"⑦。此亦可视为,向上述意识形态会心招手的一种妥协,一种自觉的默契。

对照而言,如果将"法律与文学"中的"文学",定义为运用修辞以渲染,并定义为依托这种渲染来激发情感的打动,其试图通过叙事或故事话语的运用以谋求为中国基层司法提供亲近、愉悦、情感

---

③ 近年来,关于司法的法教义学和社科法学的争论,最能集中体现这一点。参见钱一栋:《规则至上与后果主义的价值理由及其局限——从法教义学与社科法学之争看当代中国司法哲学》,《甘肃政法学院学报》2018 年第 4 期,第 12—28 页;孙海波:《论法教义学作为法学的核心——以法教义学与社科法学之争为主线》,载《北大法律评论》编辑委员会编《北大法律评论》(第 17 卷第 1 辑[2016]),北京:北京大学出版社,2017 年,第 201—232 页;古川:《法律实践需求下的法教义学与社科法学:对照及反思》,《河北法学》2016 年第 8 期,第 165—177 页;苏力:《中国法学研究格局的流变》,《法商研究》2014 年第 5 期,第 58—66 页;李晟:《实践视角下的社科法学:以法教义学为对照》,《法商研究》2014 年第 5 期,第 81—86 页;谢海定:《法学研究进路的分化与合作——基于社科法学与法教义学的考察》,《法商研究》2014 年第 5 期,第 87—94 页。更多学者直接参与的对话,可参见《北大法律评论》编辑委员会:《笔谈:法教义学,历久弥新?》,载《北大法律评论》编辑委员会编《北大法律评论》(第 17 卷第 2 辑[2016]),北京:北京大学出版社,2017 年,第 239—322 页。而关于法律效果与社会效果关系的讨论,也可侧面反映这一点。参见刘峥:《司法裁判中的法律效果与社会效果》,《人民法院报》2018 年 1 月 8 日,第 2 版;陈金钊:《被社会效果所异化的法律效果及其克服——对两个效果统一论的反思》,《东方法学》2012 年第 6 期,第 44—61 页;孔祥俊:《论法律效果与社会效果的统一:一项基本司法政策的法理分析》,《法律适用》2005 年第 1 期,第 26—31 页。

④ 参见陈金钊:《法律人思维中的规范隐退》,《中国法学》2012 年第 1 期,第 5—18 页;雷磊:《法教义学的基本立场》,《中外法学》2015 年第 1 期,第 198—223 页。

⑤ 参见陈柏峰:《社科法学及其功用》,《法商研究》2014 年第 5 期,第 72 页。

⑥ 参见陈辉:《后果主义在司法裁判中的价值和定位》,《法学家》2018 年第 4 期,第 44—50 页。

⑦ 参见苏力:《法条主义、民意与难办案件》,《中外法学》2009 年第 1 期,第 93 页。

式的审裁线索⑧,那么,这一"文学"的境遇,显然有别于上述两者。总体来看,这种"文学"在法学意识形态中的地位微不足道,甚至容易被认为是颇异端的,其有如题记,即江苏泰兴市人民法院民事判决书语言的温情浪漫、婉转曼妙,总会被认为是画蛇添足,有损司法之尊严。⑨

实际上,"实用"的手段偏好在逻辑上应不排斥这一"文学",因为,特殊情形之语境,有时需要亲近、愉悦、情感式的策略。⑩ 但就立场而言,"实用"的态度,从根本上青睐对计算、功利的考量,更有对社会总体治理或社会宏观"最大多数人"利益保护的偏爱⑪,故其对隐含体谅、同情边缘个体并乐意展现这种个体意愿倾向的"文学"有所忌惮。⑫

法学界和法律界以十分传统的方式,坚持"科学"的态度,或次之沿用"实用"的态度,与观念中的"司法权威需稳定、需决断"的前提预设有着密切联系。⑬ 此前提预设包含了若干内容。第一,司法之所以产生,乃因为冲突或纠纷需要裁断。裁断或是理性的,或是策略的,而无论是理性的还是策略的,最终需要不可置疑的强制。第二,与前一点相关,司法权力的具体适用过程,无须以社会认同作为必要条件,即使"社会认同"的概念可以统计化、精确化,但强调其

---

⑧ 关于"法律与文学"中"文学"的含义,可参见沈明:《法律与文学:可能性及其限度》,《中外法学》2006年第3期,第318、321页;苏力:《法律与文学:以中国传统戏剧为材料》,北京:生活·读书·新知三联书店,2006年,第32页。

⑨ 对判决书文学化努力的批评,参见戴璇:《司法判决书难以文学化》,《安徽广播电视大学学报》2009年第2期,第15—17页。

⑩ 波斯纳法官即表达了这层意思。See Richard A. Posner, *Law and Literature*. 3rd edition, Cambridge: Harvard University Press, 2009, p.353.

⑪ 参见苏力:《法律人思维?》,载《北大法律评论》编辑委员会编《北大法律评论》(第14卷第2辑[2013]),北京:北京大学出版社,2014年,第429页。

⑫ 波斯纳法官对"法律与文学"的基本立场,很能表现这一点。See Richard A. Posner, *Law and Literature*. 3rd edition, p.7.

⑬ 参见孙笑侠:《法律人思维的二元论:兼与苏力商榷》,《中外法学》2013年第6期,第1132—1135页。

重要性,等于是在怀疑专门司法机构存在的必要性。第三,从社会契约角度看,司法权力来自社会各方参与者的认可和授权,然而,认可和授权一旦完成,司法权力便应得到尊重,否则,认可和授权可能等于出尔反尔。第四,司法权力的建立也许来自国家暴力,如果是暴力,强制更有理由是强势的。前提预设涉及的"司法"自然包含了基层的司法。

毫无疑问,"法律与文学"中的"文学",与这种前提预设并不相容。

除了长期的法律职业化和专业化的趋势,伴随而来的法学意识形态及司法权威的前提预设,上述"文学",还会遭遇直接反问。首先,情感打动方式,是利用人之感性的愉悦情绪和非理性的心理波动,发挥挑拨之能事。既然如此,冲突或纠纷的"对错"问题是否被无声无息地偷挪了?法律不讲对错,难道社会需借助愉悦情绪来实现冲突或纠纷的解决?其次,与此相关,愉悦情绪的确可促使人们在积极的层面上理解和认识冲突或纠纷,促使人们增强解决冲突或纠纷的意愿,进一步,形成一定程度的社会共识,如同人们听到激昂的乐曲共同走向一个目标,但是否也因此强化了错误的解决冲突或纠纷之方式的方向?最后,既然可以通过该"文学",使冲突或纠纷的某种解决方案"听起来更像真理",是否也可以使"错误"的解决方案变得像"正确"的?还有,如果理性的交流可以澄清冲突或纠纷的关键,并使之获得"逻辑意义"的解决,不留迷失对错的遗憾,岂不意味着该"文学"原本就是多余的?[14]

显然,本书讨论中国基层司法的"法律与文学",是在挑战。挑战的对象,可能是法律职业化和专业化的某些发展趋势,可能是传统的

---

[14] 中国一位学者的论文,可说隐含了这些意思。参见戴璇:《司法判决书难以文学化》,第16—17页。

法学意识形态,也可能是在追问与这些相关的前提预设。此外,本书的讨论,还可能是在逆势而动,论证为何"文学"不仅没有抹去法律上的对错,反而能够令其成为全新意义的对错;为何"文学"的冲突或纠纷的解决方案"听起来更像真理",如此一个迷惑,甚或危险,有时恰恰不是迷惑,不是危险,而是一个有益的程序编码;以往相信的理性交流能使冲突或纠纷获得逻辑意义之最终解决,究竟是什么意义上的解决,其可能性及其限度是什么,进一步,为何上述"文学"绝不多余。这不仅是在挑战,还是试图跨越。

目前,中国仍处在转型时期。大多数法学理论认为,司法的理性、逻辑、科学,不仅尚未明显地确立起来,而且还有日渐衰微的趋势。⑮ 即使"实用"的司法,也不免有时被视为乔装打扮的其他类型的破坏法治的借口。⑯ 数十年来,基层司法比过去大有进步,但依然面临种种可疑因素的恣肆干扰。以基层司法为圆点,环绕其而存在的社会公共法律文化,依然缺乏严谨、慎重、理智的内涵。尤其是对公共事件化的司法案件的讨论所表现出来的话语喧闹,包括舆论冲击、情绪汹涌,侵蚀着基层司法的专业肌体,阻碍着基层司法权威的建立。⑰

---

⑮ 陈金钊就提到:"现在我们能隐约感觉到,法律人思维中的法律因素越来越少,这不是法律的数量在减少,而是讲,在法律思维过程中决定法律人判断的法律外因素在增多。在法律因素和其他社会因素的较量中,法律的地位被矮化,规范作用在减弱。而这一切都与法律的本质被描绘成道德正义、阶级意志、政治政策、事物的本质以及社会关系等等有密切的关联。"(陈金钊:《法律人思维中的规范隐退》,第5页。)此外,大部分主张法教义学的学者,其思想在逻辑上暗含着这一判断。

⑯ 参见陈金钊:《"能动司法"及法治论者的焦虑》,《清华法学》2011年第3期,第107—108页。

⑰ 不少学者对此忧心忡忡。如周永坤:《民意审判与审判元规则》,《法学》2009年第8期,第3—15页;孙笑侠、熊静波:《判决与民意:兼比较考察中美法官如何对待民意》,《政法论坛》2005年第5期,第47—56页;孙万怀:《论民意在刑事司法中的解构》,《中外法学》2011年第1期,第143—160页。

而基层司法内部,无论人员质素,还是体制机理,亦是亟待专业的提升。⑱ 因此,现在的任务是继续推进传统法学一直信奉的理性化、逻辑化、科学化。⑲ 即使需要弹性的举措作为补充,释放适度的"实用"策略,已是足够。⑳

中国大多数法学理论具有这样的姿态,一个重要原因,在于曾经的中国基层司法建设过程不仅停滞过,甚至近乎"荒废"。而且,即使有过建设过程,其也颇多陶醉于"群众性""大众化"的情怀。㉑ "人民司法",作为显著的文化符号,"马锡五审判"遗产,作为不断翻新的时代承继,便是表达了这一历史阶段的基本特征。㉒ 中国大多数法学理论的深层意识是这样的:首先,伴随无可回避的全球化进程,及中国现代法律职业群体必然形成的社会分工逻辑,曾经带有浪漫色彩的"群众性""大众化"的基层司法,特别是后来的司法建设停滞或荒废,应该且只能成为历史记忆的一部分,而且不免需用"遗憾"描述之。㉓ 其次,中国如期待在今天已有的基础上再进一步,无论是社会、经济的,还是政治、文化的,便需看到正统法学观念的理性、逻辑、科学的元

---

⑱ 参见宗会霞:《法官司法能力研究》,博士论文(2013年),载《中国博士学位论文全文数据库》,第68—89页;凌霄:《中国需要什么样的基层法官——基层法官素质透视》,《山西高等学校社会科学学报》2001年第1期,第49—51页。当然,对此也有不同观点,参见苏力:《基层法官的司法素质——从民事一审判决上诉率透视》,《法学》2000年第3期,第8—15,16页;苏力:《基层法院法官专业化问题——现状、成因与出路》,《比较法研究》2000年第3期,第233—265页。

⑲ 参见张卫平:《回归"马锡五"的思考》,《现代法学》2009年第5期,第153—154页。

⑳ 参见江必新:《在法律之内寻求社会效果》,《中国法学》2009年第3期,第5—14页;孙笑侠:《法律人思维的二元论:兼与苏力商榷》,第1134页。

㉑ 参见郑智航:《新中国初期人民司法——以国家权力下沉为切入点》,《法制与社会发展》2012年第5期,第81—86页。

㉒ 参见陈洪洁:《人民司法的历史面相——陕甘宁边区司法传统及其意义符号生产之"祛魅"》,《清华法学》2014年第1期,第120—123页。

㉓ 参见张卫平:《回归"马锡五"的思考》,第139—156页;陈洪洁:《人民司法的历史面相——陕甘宁边区司法传统及其意义符号生产之"祛魅"》,第123—125页。其实,大多数法教义学的主张者,其思想逻辑均暗含这种观念。

素,其所具有的内在催生的价值和动力。㉔

就此而言,讨论中国基层司法的"法律与文学",似乎是在重要的历史转型时期掺入不协调的话语成分。这种"文学",与"浪漫"这一关键词,势必存在潜在的关联。换言之,该"文学"的合法性在相当程度上需要"浪漫"作为背书。但针对法律来看,"浪漫",终究只是在特定的时代才能有自己的社会需求。如果认为今天的中国法律总体上更期待"冷静",更依赖基层司法的严谨、专业,应与"浪漫"保持疏远,则这一"文学"多少有些显得南辕北辙。另外的问题在于,引入这种"文学",是否会使传统法学设定的基层司法的基本特征显得模糊不清,进一步,使中国的基层司法,不仅过去,而且现在,不能和全球趋势并行不悖㉕;使基层司法的职业者,在提升专业素质的同时,又额外添附提升"文学"素质的负担?

不言而喻,针对中国,讨论基层司法的"法律与文学"具有"非合作甚至抵抗"的动机。该讨论是想追问,围绕基层司法而存在的社会公共法律文化缺乏严谨、慎重、理智的内涵,这一现状究竟意味着什么;严谨、慎重、理智的内涵,又是由谁定义的。该讨论还想追问,对公共事件化的司法案件的讨论所表现出来的话语喧闹,舆论冲击、情绪汹涌,究竟是在侵蚀基层司法的专业肌体,还是"良药苦口";究竟是在阻碍基层司法权威的建立,还是提醒权威的来源至少有时是外在的社会认同。进一步,该讨论又想盘问,这一"文学"激发"浪漫",是否的确会冲击基层司法的严谨、专业。该讨论还会盘问,传统法学界定的基层司法的基本特征是否不可置疑,以及为

㉔ 参见张卫平:《回归"马锡五"的思考》,第153—154页。
㉕ 徐忠明、温荣就认为:"我国正处在法治建设的艰难过程当中,对于法治及其所包含的应有内核,我们的态度应当弘扬、坚守"。徐忠明、温荣:《中国的"法律与文学"研究述评》,《中山大学学报(社会科学版)》2010年第6期,第174页。

何中国的基层司法过去和现在,一定要和全球趋势保持一致;素质提升的负担,怎样理解才适宜。这种讨论,实际上显现了某种深层的分歧,并试图扭转某些重要思路。

深入来说,该"文学"的讨论,等于试图论证,能否在转型时期寻找到协调法律的现代追求和法律的圆润回应之间的辩证机制;能否在这一时期,发现司法的理性与司法的感性之间、司法的冷酷与司法的温暖之间,需要存在必要的张力,以及合作的前景。显然,如果对司法的理性、逻辑、科学的中国当代追求的解决冲突或纠纷的方案提出怀疑,甚至贬抑,十分不明智,亦为徒劳。但这不意味着只有一条道路可做选择,也不意味着增添上述"文学"的元素仅为缘木求鱼。

因此,讨论基层司法的"法律与文学",而且是中国的,本身或许是一种建设性的努力。

二、中国古时与西方的"法律与文学":关于基层司法

历史上,如同学界已讨论的,至少中国在基层意义的审判中便嵌入了"文学"。[26] 唐代时期,文采飞扬的判词(多为拟判)令人炫目,"句句用典,辞藻华丽"[27],"文而有质,情理并茂"[28]。后来的判词,如宋代及明清时期,亦为令人赏心悦目。

唐代康子季曾写:

---

[26] 现有的研究文献及其参考资料,大体上均围绕中国历史上地方一级的审判过程而展开。参见下文。

[27] 参见汪世荣:《中国古代判词研究》,北京:中国政法大学出版社,1997年,第5页。

[28] 参见朱洁琳:《唐代判词的法律特征与文学特征——以白居易"百道判"为例》,《政法论坛》2013年第2期,第83页。

海水有期,三秋必壮,江涛可望,八月须迎。孙戢既曰篙工,是称舟子,自言习水,不虑惊风。岂知白马俄奔,定邀伍相;青凫坐覆,忽访冯夷。应同周象之神,颇异吕梁之子。媚容悲缠枕草,志切投笺,忽以祠瓜,何殊荐芰?御心似石,宁怕海童,泣泪如珠,既追泉客。初均洛嫒,持弱态以凌波;竟学曹娥,抱沉骸而出浪。论情足为纯孝,抚事不愧褒扬。未题黄绢之辞,先寘玄纁之罪。州司滞狱,法恐不然;县请立碑,理应为当。㉙

唐代张鷟曾写(拟判):

栖乌之府,地凛冽而风生;避马之台,气威棱而霜动。惩奸疾恶,实籍严明;肃政弹非,诚宜允列。王铨位参持斧,职在埋轮。履暴胜之清徽,乘葛丰之雅烈。冠施铁柱,贵戚伤心;花发绣衣,奸豪敛手。近辞端右,远届衡阳,联翩紫盖之峰,迢递苍梧之野。但御史推核,受委非轻,有罪必绳,无幽不察。神羊觫角,必触邪人;隼鹫惊飞,先驱恶鸟。推钟建之罪,特奉繇言;举张泰之辜,无亏格式。正当直指,岂是辄干?准犯量科,宜从解退。㉚

宋代有人在判词中曾提到:"法令昭然,有如日星,此州县当所奉行者。"㉛清代袁枚,关于一案判决亦写道:

㉙ 陈重业(辑注):《古代判词三百篇》,上海:上海古籍出版社,2009年,第116页。
㉚ 蒋宗许、刘云生、蒋信、谭勤、陈默:《龙筋凤髓判笺注》,北京:法律出版社,2013年,第21页。原文为繁体,引用时转换为简体。
㉛ 陈重业(辑注):《古代判词三百篇》,第105页。

>　　……该生等年少有为,正应及时则驾,攀桂探吉,金马玉堂……一朝失足,千古饮恨。行止不重则不威,居心不成则不立。本县爱才若命,求贤如渴。细察该两生言貌举止,文章谈吐,亦未尝非可造之才。天之生人不易,万勿自甘堕落。本县实有厚望焉。此判。㉜

中国古代某些时期,判词中,对仗比喻、韵律节奏、简洁凝练和情感打动等叙事元素,清晰可见。在法律调整社会的实际过程中,"文学"之效果似乎未曾使人失望。当赢得诉讼时,人们感受并享受了来自判词或审判语言的"文学"效果所带来的意气风发、舒畅淋漓。即使对于败诉一方,判词或审判语言的"文学"效果,也时常发挥体谅感人、恻隐宽慰的功能。正像一位中国法律史研究者所言:"……一篇文采飞扬、妙语连珠的判词,不仅会在民间广为流传,成为佳话;而且读起来朗朗上口,从接受美学的角度看,是颇能沁人心脾的。"㉝

另外如学界所熟知的,美国大法官卡多佐(Benjamin Nathan Cardozo)较早便撰写了《法律与文学》一文㉞,其中,呈现了一个和中国古时相得益彰的观点——法律判决书的文字应具有文采。他建议性地指出:"当讨论的主旨是要建构一个意愿,带有精心设计的每一个触角,保留和突出所有细微差异和细致纤巧的修饰,我还没有发现比这更好的工具。"㉟卡多佐甚至提醒人们注意:

㉜　陈重业(辑注):《古代判词三百篇》,第272页。
㉝　陈景良:《"文学法理,咸精其能"(下)——试论两宋士大夫的法律素养》,《南京大学法律评论》1997年第1期,第99页。
㉞　See Benjamin N. Cardozo, "Law and Literature", *Yale Review*. Vol.14 (Jul., 1925), pp.699–718.
㉟　[美]本杰明·N.卡多佐:《讲演录·法律与文学》,董炯、彭冰译,北京:中国法制出版社,2005年,第122页。

> 不时有朋友对我说,司法判决与文学无涉。这个偶像必定丑陋不堪,至少也应把它看成一个普通人。人们毫无异议和犹豫的一个判决,必定极为简朴,不能采用动人优雅的风格。我想,许多诸如此类的批评都源于对文学,或者确切点说,对文体风格重要性的错误认识。㊱

卡多佐的意思,指"文学"效果可增强法律判决在读者心目中的地位,对于加强法律权威颇有助益。㊲ 当然,卡多佐并未直接强调基层司法,也可能寓意并非于此。但其对于"文学"效果的期待或许还是广域的。这便不奇怪,后来一位英语世界的学者,似乎心有灵犀且更具信心地提到:"我们许多法官,堪称伟大的口头语言和书面语言的大师。判例汇编,不仅是法律的丰富蕴藏,而且是文学的巨大宝库。"㊳波斯纳(Richard A. Posner)法官亦助攻式地补充,"法律是一门修辞学问,某些最伟大法官的司法意见,诸如霍姆斯的,便具有文学优点,适合文学分析"㊴。

中国古代的"文学"努力和西方类似卡多佐的"文学"倡议,针对基层司法,尽管是诱人的,但总体来看似乎仍为漂浮略过的历史插曲。不难理解,中国古时的司法"文学"实践,更多缘于科举的制度安排,以及判词写作者的"学而优则仕"的文人理念。㊵ 对仗式的骈文写作,行文修辞的舒畅引人,实乃科考要求。㊶ 而文人均知晓文风是展现胸略才华的窗口。科举择贤,"一曰身,取其体貌丰伟;二曰言,取其言词辩

㊱ [美]本杰明·N.卡多佐:《讲演录·法律与文学》,第112页。
㊲ 参见[美]本杰明·N.卡多佐:《讲演录·法律与文学》,第116—117页。
㊳ Kieran Dolin, *A Critical Introduction to Law and Literature*. Cambridge:Cambridge University Press, 2007, p.25.
㊴ Richard A. Posner, *Law and Literature*. 3rd edition, p.xi.
㊵ 参见吴承学:《唐代判文文体及源流研究》,《文学遗产》1999年第6期,第22页。
㊶ 参见楚永桥:《〈燕子赋〉与唐代司法制度》,《文学遗产》2002年第4期,第46页。

正;三曰书,取其楷法遒美;四曰判,取其文理优长。……凡选,始集而试,观其书、判"㊷。"选人有格限未至而能试判三条,谓之拔萃,亦曰超绝,词美者得不局限而授职。"㊸此外,文言的简洁精炼、韵律节奏的叙事传统,时常也无形要求着文字表达的惯习㊹,"修辞更是'刑名之学'的基本功"㊺。因此,判词中的"文学"努力与对基层司法本身内在机制的理解和基层司法的底层需求,没有较多之关系。西方出现过的类似卡多佐主张的判词"文学",更多亦为写作者个性化的一种愿景,其目的有意或无意指向了自我伦理的"情怀"展现。㊻依此看,中国古代和西方的判词中的"文学"宣扬,也与对基层司法的集中关注并无直接联系。

20世纪70年代,作为一场真正学术意义的运动,"法律与文学"在英语世界萌发。学界现在看到,持续至今的这场运动主要包含了"文学中的法律"(Law in Literature)和"作为文学的法律"(Law as Literature),还有其他,如"文学的法律"(Law of Literauture)。㊼

㊷ 《通典》卷第十五《选举三》。转引自吴承学:《唐代判文文体及源流研究》,《文学遗产》1999年第6期,第22页。

㊸ 《通典》卷第十五《选举三》。转引自霍志军:《唐代御史与文学》,博士论文(2010年),载《中国博士学位论文全文数据库》,第179页。

㊹ 参见苗怀明:《唐代选官制度与中国古代判词文体的成熟》,《河南社会科学》2002年第1期,第17页。

㊺ 冯象:《木腿正义》(增订版),北京:北京大学出版社,2007年,第22页。

㊻ 卡多佐的《法律与文学》一文,与其后来的一些文章结集,1931年成书。麦克威廉姆斯(J. Wesley Macwilliams)随即写了书评,书评包含了此意思。See J. Wesley Macwilliams, "Review", *University of Pennsylvannia Law Review and American Law Register*. Vol.80, No.6(Apr., 1932), pp.933-936.

㊼ See Anthony Julius, "Introduction", in Machael Freeman and Andrew D. E. Lewis (eds.), *Law and Literature: Current Legal Issues* (Vol.2). Oxford: Oxford University Press, 1999, pp.xiii-xiv.

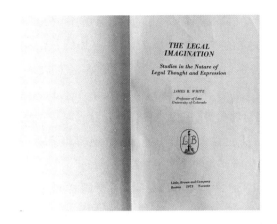

1973年,美国学者怀特(James Boyd White)出版了《法律的想象》,学界公认法律与文学运动始于这本著作 刘星(中国政法大学法学院)摄于2019年11月16日

"文学中的法律",试图在文学作品中挖掘法律的意义。其主要关注"小说或戏剧中法律主题的表达,及法律角色和法律过程的描写"[48]。当然,"文学中的法律"亦会挖掘更广阔的与法律有关的社会政治、经济、文化的结构意蕴。作为法律与文学运动的参与者,沃德(Ian Ward)指出:

> 叙事小说,为我们展现了文学修辞的魅力。与此同时,由于建立在社会、历史、政治、伦理之上,其独特的故事内容,为我们的研究提供了丰富的素材。显然,叙事文本较之法律或政治的文本,更能使我们深入了解社会。[49]

"文学中的法律"研究,当然由于某些文学作品涉及基层司法,而对基层司法有所叙述。但就西方学者的探索兴趣而言,以"文学中的法律"体现出来的基层司法更适宜用来展现、洞悉、反思法律的过

---

[48] Robert Weisberg, "The Law-Literature Enterprise", *Yale Jounal of Law and & the Humanities*. Vol.1, No.1(Dec., 1988), p.1.

[49] Ian Ward, *Law and Literature: possibilities and perspectives*. Cambridge: Cambridge University Press, 1995, p.6.

程,或之中悖谬。如狄更斯(Charles Dickens)的《荒凉山庄》(Bleak House)、卡夫卡(Franz Kafka)的《审判》(Der Prozess)、加缪(Albert Camus)的《异乡人》(L'Étranger)、陀思妥耶夫斯基(Фёдор Михайлович Достоевский)的《卡拉马佐夫兄弟》(Братья Карамазовы),对法律与文学的研究,主要意在提醒司法场域中的繁冗、沉惰、莫测和吊诡,揭示社会意义上的冲突、荒诞、绝望和悲剧。[50]在这里,更多研究走向了文化研究式的冷观与批判。[51]

毫无疑问,还有同样可归属"文学中的法律"的另一种研究。这种研究可谓将文学作品的法律问题,进行法学的教义化。例如,人们特别熟悉的莎士比亚(William Shakespeare)的《威尼斯商人》(The Merchant of Venice),在这部作品中,除象征近代商品交易社会的威尼斯法律与当时社会宗教冲突、异族抵牾、身份歧视的相互关系等主题外,法律与文学的学者,更多兴趣集中在了如何理解法律意义上的合同签订和解释。[52]

卡夫卡的《审判》是法律与文学的经典讨论对象　刘星(中国政法大学法学院)摄于2019年11月16日

---

[50] See Robin L. West,"The Literary Lawyer", Pacific Law Journal. Vol. 27, Iss. 3 (Apr., 1996), pp.1187-1188. 需提到,偶有对中国古代基层司法的研究,例如,翻译过来的《解释性群体:清朝的法律与文学》(欧中坦著,王冰如译,张仁善校,《南京大学法律评论》2006年第1期,第115—135页)。

[51] See Ian Ward, Law and Literature: possibilities and perspectives, pp.9-11.

[52] See Anita L. Allen and Michael R. Seidl, "Interdisciplinary Approaches to International Economic Law: Cross-Cultural Commerce in Shakespeare's the Merchant of Venice", The American University Journal of International Law& Policy. Vol.10, No.2 (Winter, 1995), pp.839-840.

安东尼奥(Antonio)与夏洛克(Shylock)签订了一份协议,若前者不能如约还债,则后者可割下前者胸前一磅肉。法庭上,这份协议是有效的。但为何允许鲍西娅(Portia)出其不意地"以毒攻毒"式地解释协议内容(可以且必须割肉,但不能流血,亦不能多点少点),最后,反置夏洛克于死地?㊺ 协议条款,究竟是已经充分完善,意思清晰,还是有丰富的解释空间?协议如果可以像鲍西娅那般解释,协议怎样才算是完善,避免纷争?协议的隐含条款,或隐含意思,是否为协议的真正内容?㊻ 这均为法教义学的要义所在。显然,此处"文学中的法律"之研究,自然包含了对基层司法的关切,但其主要是对"法律文本和法律对话"规范逻辑的扩展研究,而非司法过程现实意蕴的细微分辨。

"作为文学的法律",试图在法律与文学之间寻求相似性。英文"Law as Literature",翻译成中文,也可写作"法律即文学"。因为,许多研究者,像法律与文学运动的先驱者怀特(James Boyd White)一样,乐意宣布"法律不是'科学',而是'艺术'"㊼,他们赞同怀特的一个观点:文学文本,还有哲学和政治的文本,可视为"修辞",属于言论教育,因而可引导我们如何阅读法律文本。㊽ 此外,20世纪的语言哲学,包括叙事学理论,最大突破便是在语言和"讲述"之中发现所有"话语对抗或合作"的可能机制。㊾ 这为"作为文学的法律"之

㊺ 从比较法角度详尽的讨论,See Edith Z. Friedler, "Shakespeare's Contribution to the Teaching of Comparative Law-Some Reflections on The Merchant of Venice", *Louisiana Law Review*. Vol.60, No.4 (Summer, 2000), pp.1092-1101.

㊻ See Daniela Carpi, "Failure of the Word: Law, Discretion, Equity in the Merchant of Venice and Measure for Measure", *Cardozo Law Review*. Vol.26, Fas. 6 (May., 2005), pp.2317-2329.

㊼ See Ian Ward, *Law and Literature: possibilities and perspectives*, pp.16-21.

㊽ See James Boyd White, *Heracles' Bow: Essays on Rehtoric and Poetics of the Law*. Madison: University of Wisconsin Press, 1989, pp.xi, xii, 33, 34, 37, 38.

㊾ See Ian Ward, *Law and Literature: possibilities and perspectives*, pp.15-17.

策略提供了逻辑路径。㊽ 业界熟知,数百年来,法学研究所关注的法律核心问题之一就是法律文本的解释。㊾ 此处的文本,既包含法律条文的规范文本(还有判例),也包含法律事实的证据文本。与之对应,文学研究所关注的主题之一,则是文学文本解释究竟存在什么秘密。⑩ "作为文学的法律"相信,从晚近的语言哲学和叙事学理论看,法学和文学均在含蓄地表达一种思考:所谓意义,文本透露出来的,或读者阅读出来的,其真实性及合法性极可能依赖对话式的语言陈述的协作。㊱ 进一步,"法律知识是知识,但其不是一种客观存在,而是因体验而来的对意义提出主张的一种方式"㊲。这意味着,解释出来的意义,包括知识,依赖社会的善意沟通与合意建构。㊳ 就此而言,法律文本解释中可发现文学解释实践的印记,以及后者的操作结构。但"作为文学的法律",因其更宏大的法律文化反思的目标,"反体

㊽ See John S. Nelson, "When Words Gain Their Meanings: Turning Politics into Law and Back again Rhetoric-and What can Hanppen When the Word for Law is Literature", *Rehtoric Society Quaterly*. Vol.21 No.3 (Summer 1991), pp.24-27.

㊾ 大多数法学家都在这个问题上发表过见解。

⑩ 参见[德]汉斯·罗伯特·耀斯:《审美经验与文学解释学》(麦克尔·肖,英译),顾建光、顾静宇、张乐天译,上海:上海译文出版社,1997年,第2页。

㊱ See James Boyd White, *When Words Lose Their Meaning*. Chicago: University of Chicago Press, 1985, p.273.

㊲ James Boyd White, "Legal Knowledge", *Harvard Law Review*. Vol. 115, No. 5 (Mar., 2002), p.1397.

㊳ See Stanley Fish, "Fishv. Fiss", *Stanford Law Review*. Vol. 36, No. 6 (Jul., 1984), pp.1325, 1342-43.

系化、反官僚化、反威权化"⑭,反抗法律经济学及其背后的社会功利主义⑮,反抗法教义学及其背后的"法律科学"⑯,甚至反思"修辞如何成为另外一种语词暴力"⑰(这里"修辞",指专业职业化的。——引者注),对基层司法,没有展示出深度的理论兴趣和关照。即使时有涉及基层司法,亦是更多将其作为叙述通道,为宏大命题的讨论和展开做铺垫。

"文学的法律",则关心文学创作与法律规制的关系,有时亦称"关于文学的法律"⑱。依照一般观点,文学创作关乎个性的舒展,而法律规制则寻求对个性舒展的边界划定。⑲ 十分明显,"文学的法律"会涉及基层司法的过程,但由于侧重点在于法律针对文学而出现的控制与"文学"反控制的两者博弈、法律对文学的控制的合理限度,包括从文

---

⑭ James Boyd White, "Law and Literature: No Menifesto", *Mercer Law Review*. Vol. 39, Iss. 3 (Spring, 1988), p.746.

⑮ 参见冯象:《木腿正义》(增订版),第10—11页。作为法律与文学运动的成员,努斯鲍姆(Martha C. Nussbaum)指出:"……经济学思想决心只观察那些能够进入实用主义计算的东西,因此它对可观察世界的质的丰富性视而不见;对人们的独立性,对他们的内心深处,他们的希望、爱和恐惧视而不见;对人类生活是怎样的和如何赋予人类生活以人类意义视而不见。最重要的是,人类生命是一种神秘和极度复杂的东西,是一种需要用思想能力和能够表达复杂性的语言才能接近的东西,但经济学思想对这一事实视而不见。"[美]玛莎·努斯鲍姆:《诗性正义:文学想象与公共生活》,丁晓东译,北京:北京大学出版社,2010年,第47页。

⑯ See William Lewis, "Law's Tragedy", *Rehtoric Society Quaterly*, Vol. 21, No. 3 (Summer, 1991), pp.12-13. White 曾说,法律知识"有别于科学知识,本质上不是命题的、描述的;基本上不是分析的或经验的;它无关真理,而是关乎正义"。James Boyd White, "Legal Knowledge", p.1398.

⑰ Stanley Fish, *Doing What Comes Natually: Changes, Rhetoric, and the Practice of Theory in Literary and Legal Studies*. Durham: Duke University Press, 1989, p.517.

⑱ See Kenji Yoshino, "The City and the Poet", *Yale Law Journal*. Vol. 114, No. 8 (Jun., 1988), p.1838.

⑲ See Thomas Morawetz, "Ethics and Style: The Lessons of Literature for Law", *Stanford Law Review*. Vol.45, No.2 (Jan., 1993), p.499.

化角度探视文学和法律的"历史建构"⑩,基层司法便成为不重要的一个"小程序"的写照。

纵观历史中不经意的中外"法律与文学"的实践,以及今天西方作为交叉学科或跨学科的法律与文学运动,基层司法似乎总是一个缺乏深入讨论的理论盲点。

三、当代中国的"法律与文学":关于基层司法

关于基层司法,中国的当代"法律与文学"学术实践怎样?

涉法文学作品是中国学术实践的主要兴趣之一。整体看,"就文学作品讨论法律问题的日益增加"⑪;其研究成果,甚至"最为丰富,影响最为巨大"⑫。学人已非常熟悉,成为研究经典的电影《秋菊打官司》⑬和《马背上的法庭》⑭,作为例子,对它们的讨论和争议经久不绝。两部作品,本身涉及基层司法,尤其是后一部作品,通过纪实性叙事手法展现了当代中国边远地区基层司法的现实状况。根据对中国知网

---

⑩ 法国哲学家德里达(Jacques Derrida)出版了《文学行动》(Acts of Literature. New York: Routledge, 1992)一书,其中一篇结合卡夫卡作品展开分析的重要文章——《在法的面前》("Before The Law", pp.181-220),从文学作品的版权问题切入,讨论了文学和法律"历史建制"及其相互关系,引发了较多回应。德里达的核心观点是,没有法律,文学无法获得界定,反之,文学不断突破、解构法律而存在。See Hillis Miller, "Derrida and Literuature", in Tom Cohen (ed.) *Jacques Derrida and Hummunities: A Critical Reader*. Cambridge: Cambridge University Press, 2002, pp.58-81. 中文文献参见陈晓明:《文学,在法的前面——解析德里达关于文学与法的观点》,《杭州师范学院学报(社会科学版)》2006年第4期,第20—26页;葛体标:《在法的面前:德里达论文学与法》,《理论月刊》2011第4期,第131—133页;周泓远:《"大法无法"——浅析德里达〈在法的面前〉的解构策略》,《外国语言文学》2015年第4期,第217—227页。

⑪ 苏力:《法律与文学:以中国传统戏剧为材料》,第6页。

⑫ 参见徐忠明、温荣:《中国的"法律与文学"研究述评》,第174页。

⑬ 参见刘恒(编剧):《秋菊打官司》(电影),导演:张艺谋;出品机构:银都机构有限公司;1992年8月31日上映。电影改编自陈源斌的小说《万家诉讼》(原载《中国作家》1991年第3期,第4—20页)。

⑭ 参见杨亚宁、王力扶(编剧):《马背上的法庭》(电影),导演:刘杰;出品人:詹军、刘杰;2006年9月6日上映。

期刊数据所做的粗略统计,1992年至1995年,42篇论文或文章围绕《秋菊打官司》展开。1996年,苏力发表《秋菊的困惑和山杠爷的悲剧》㊄,1997年,冯象发表《秋菊的困惑》㊅,这两篇标志性论文刺激并引发了法学界更深入的讨论。截至2018年7月,约90余篇相关论文或文章发表,这尚未包括相关的著作。《马背上的法庭》上映后,即获第63届威尼斯电影节"地平线单元最佳影片大奖"。稍后,豆瓣网影评诙谐而又中肯地

秋菊(巩俐扮演)　图片取自电影《秋菊打官司》(1992年上映)

宣称:"法学人士推荐电影,如果不感兴趣的建议不要报法学了。"㊆截至2018年7月,发表相关论文或文章共计36篇。当然,除电影作品,不少学者,不仅有法学学者,也有文学学者,亦通过小说作品分析了"法律与文学"问题,如田璐、张娜、闫丽、朱凯关于莫言小说《檀香刑》㊇的讨论㊈、云起、黎杨全、胡和平、丁灿、董燕、郭兴、张岚、王学谦关于余华小说

㊄ 载http://article.chinalawinfo.com/ArticleHtml/Article_26081.shtml,访问日期:2018年9月11日。
㊅ 载《读书》1997年第11期,第3—7页。
㊆ 载https://baike.baidu.com/item/马背上的法庭/9485707?fr=aladdin,访问日期:2018年7月21日。
㊇ 北京:作家出版社,2001年。
㊈ 参见田璐:《法律与文学视角下的〈檀香刑〉》,《社科纵横》2010年第2期,第94—97页;张娜、闫丽:《法律视域下的莫言小说〈檀香刑〉》,《语文建设》2013年第3期,第43—44页;朱凯:《法律背后的人性审视——从〈檀香刑〉说起》,《山东青年》2017年第7期,第115、119页。

《河边的错误》⑧⑩的讨论⑧①,从侧面映照了基层司法。

另需提到,有学者通过对古代文学典籍的研究探索了中国古代基层审判,如苏力的《法律与文学——以中国传统戏剧为材料》⑧②、徐忠明的《法学与文学之间》⑧③和《包公故事:一个考察中国法律文化的视角》⑧④、汪世荣的《中国古代判词研究》⑧⑤、余其宗的《中国文学与中国法律》⑧⑥、傅宁的《试论中国古典文学作品中传播的法律理念》⑧⑦、李建明的《包公文学研究》⑧⑧和邱胜侠的《白居易〈甲乙判〉研究》。⑧⑨

概括说,所有这些讨论,都可归属于"文学中的法律"。但中国学者的研究思路主要集中于两个方面。第一,通过文学作品探索环绕基层司法而呈现的细腻复杂的社会结构,研究基层司法以及其与社会结构活动的相互关联,分析基层法官角色,特别是其与其他社会角色互动的深层逻辑。如苏力之主张,力求在文学作品建构的具体语境中考察法律问题与相关的社会问题⑨⑩,研究的是"事物显示出来的逻辑关系"⑨①。第二,在文学作品中,搜寻关于基层司法的现实活动的对应景

---

⑧⑩ 武汉:长江文艺出版社,1992年。
⑧① 参见云起:《不断被放大的"错误":余华〈河边的错误〉的另类叙事》,《人民公安报》2006年4月11日,第8版;黎杨全:《世界的荒诞真相与"活着"的哲学——〈河边的错误〉新论》,《小说评论》2009年第6期,第149—153页;胡和平、丁灿:《〈河边的错误〉结尾对侦探小说叙事语法的突破》,《文史博览(理论)》2008年第8期,第28—29页;董燕:《中国当代文学中情法冲突的三种书写形态——以〈毒手〉〈河边的错误〉〈云破处〉〈蛙〉为例》,《福建论坛(人文社会科学版)》2017年第8期,第53—59页;郭兴、张岚:《余华小说〈河边的错误〉中的文革叙述分析》,《广西民族师范学院学报》2015年第1期,第84—87页;王学谦:《每个人都是疯子——论余华中篇小说〈河边的错误〉的先锋特质》,《吉林师范大学学报(人文社会科学版)》2012年第6期,第1—4页。
⑧② 北京:生活·读书·新知三联书店,2006年。
⑧③ 北京:中国政法大学出版社,2000年。
⑧④ 北京:中国政法大学出版社,2002年。
⑧⑤ 北京:中国政法大学出版社,1997年。
⑧⑥ 北京:中国政法大学出版社,2002年。
⑧⑦ 载《深圳大学学报(人文社会科学版)》2006年第5期,第89—93页。
⑧⑧ 博士论文(2010年),载《中国博士学位论文全文数据库》。
⑧⑨ 硕士论文(2011年),载《中国优秀硕士学位论文全文数据库》。
⑨⑩ 参见苏力:《法律与文学:以中国传统戏剧为材料》,第3—4页。
⑨① 苏力:《法律与文学:以中国传统戏剧为材料》,第384页。

象,试图找出现实描述与文学建构之间,其互映互鉴的可能性,或作为理论发微的准备,或作为现实研究的铺垫,或作为历史研究的手段。两个方面的思路,最主要特征是将涉法文学作品作为"材料",这种"材料"有时可能会被视为"准经验"。㉒

与这种"文学中的法律"研究略有联系的,是"关于文学的法律"。晚近两个实例,值得深思。第一,崔永元对电影《手机》㉓颇不满,认为其有损自己的声誉,编剧刘震云和导演冯小刚均作出回应,并提到了法律诉讼的可能性。㉔ 第二,经典芭蕾舞剧《红色娘子军》的著作权引起了很大争议,且经历若干诉讼,各方当事人均表达了不满,社会分歧亦较严重。㉕ 两个实例直接反映的,在于询问文学创作的边界是什么,追问特定历史条件下的文学作品的"所有权"究竟出现了什么问题。而对"关于文学的法律",早有学者作出了努力,如王兰萍的《对侵犯肖像权认定的思考——兼谈〈秋菊打官司〉的官司》㉖,王忠民、杨建龙的《产权界定的"剩余"与外部性问题——"秋菊"案例引发的思

㉒ 例如,刘晗评论了苏力的《法律与文学:以中国传统戏剧为材料》一书。刘晗认为:"苏力似乎仅仅将文学文本作为其法律的社会科学研究的'史料'性注脚加以处理……所谓'中国传统戏剧'更大程度上是苏力的法律社会科学研究的脚注和案例而已。"(刘晗:《超越"法律与文学"》,《读书》2006年第12期,第140页)苏力的一篇文章,亦很能表现这一点,参见苏力:《崇山峻岭中的中国法制——从电影〈马背上的法庭〉透视》,《清华法学》2008年第3期,第8—14页。

㉓ 刘震云(编剧):《手机》(电影),导演:冯小刚;出品机构:太合影视投资有限公司(中国)、哥伦比亚电影制作(亚洲)有限公司、华谊兄弟广告有限公司;2003年12月18日上映。

㉔ 参见李真:《什么仇什么怨绵延15年:崔永元连续向范冰冰冯小刚刘震云开炮》,《济南时报》2018年6月2日,第A11版;刘震云:《事情的真相:与崔永元相关的一些细节》,载冯小刚新浪微博2018年7月11日;冯小刚:《十问崔永元》,载冯小刚新浪微博2018年7月11日。

㉕ 参见李苑:《"红色娘子军之父"梁信诉中央芭蕾舞团侵权:十二载版权纠葛初步落定》,《光明日报》2015年5月25日,第5版;赵春燕:《红色娘子军侵权案升级》,《民主与法制时报》2015年8月6日,第4版。晚近相关论文,参见徐家力、赵威:《论1991年著作权法施行之前文学艺术作品改编许可的效力——以"红色娘子军案"为切入点》,《法律适用》2018年第10期,第29—32页;苏力:《昔日"琼花",今日"秋菊"——关于芭蕾舞剧〈红色娘子军〉产权争议的一个法理分析》,《学术月刊》2018年第7期,第99—118页;李斯特:《坏名声与好法治——社会主义中国文艺法律政策中的权利书写》,《学术月刊》2018年第7期,第119—132页。

㉖ 载《法律科学》1995年第6期,第90—92页。

考》⑰;另有一系列关于当代中国小说的,如张士敏的《荣誉的十字架》⑱、韩少功的《马桥词典》⑲、虹影的《K》⑳、涂怀章的《人殃》㉑等关于抄袭、侵权、诽谤问题的文章。㉒但这方面的研究,主要是对传统版权和人身权利的讨论,与基层司法有关,然而基层司法本身未成为思考拓展的欲求空间。

中国学术实践的另一重要兴趣,是基层司法的修辞和叙事活动。"修辞"和"叙事",包含"论证"或"说服"的问题,亦包含"只知道应该讲些什么是不够的,还须知道怎样讲"㉓的问题。其中,也有"逻辑科学的"和"故事讲述的"之分。㉔对"说服"和"故事讲述"的追求,可视为严格意义上的"法律与文学"的努力。因为,如果认为"说服"和"故事讲述"意在吸引阅读和倾听,捕获读者和听者的信赖,不可避免地会运用"故事"技艺并对词汇进行精雕细琢,即讲求陈述和词句的运用推敲,那么,此便接近"文学"策略,甚至与之类似。㉕波斯纳法官说过,"文学之敏感,可使法官写出更好的司法意见,使律师更有成效地呈现案情"㉖。

此层面,与司法事实认定的过程有关。对之,中国学者(主要是法学和文学的)或多或少已感觉到,用来构建法律事实的"证据"的编织

---

⑰ 载《经济社会体制比较》1997年第3期,第41—45页。
⑱ 北京:作家出版社,1989年。
⑲ 北京:作家出版社,1997年。
⑳ 台北:尔雅出版社,1999年。
㉑ 北京:中国文联出版社,2003年。
㉒ 参见刘汉波:《文学法律学研究述评与理论建构》,《重庆社会科学》2007年第9期,第49页。
㉓ [古希腊]亚理斯多德:《修辞学》,罗念生译,北京:生活·读书·新知三联书店,1991年,第147页。
㉔ 参见侯学勇:《法律修辞如何在司法中发挥作用?》,《浙江社会科学》2012年第8期,第58—59页。
㉕ See Gary Minda, "Cool Jazz But Not So Hot Literary Text in Lawyerlands: James Boyd White's Improvisations of Law as Literature", Cardozo Studies in Law and Literature. Vol. 13, No. 1 (Spring, 2001), p.157.
㉖ Richard A. Posnar, Law and Literature. 3rd edition, p.xi.

和排列,总留有"讲故事"的痕迹,及遣词造句的用心。例如,吴跃章和余素青较详尽探讨了"判决书修辞"的含义、方式和结构。⑩⑦王祥修直接提到,"法律就像粗壮的树干,情节就是故事的枝叶。法律没有情节,就构不成案件"⑩⑧;康保成亦认为,"一个司法事件,往往本身就带有强烈的叙事文学色彩,它有发端、悬念、冲突、高潮、逆转和结局"⑩⑨;刘燕同样指出,"案件事实的最终文本不光与证据相关,也是叙事和修辞的结果"⑩,其进一步认为,修辞和叙事亦"建构了事实本身"⑪,"叙事和修辞就是事实的存在形式"⑫。而洪浩、陈虎相信,在判决文本的叙事策略、结构安排、详略取舍、渲染烘托等方面的手法或技巧,正是修辞,法官"通过它来说服读者相信一种事实……"⑬两位学者还强调,优雅文风,可"诱使"(不含贬义)受众仔细研读判决文本,令此文本产生亲近感,具有判决说服力的前置准备功能,故而,其应为判决修辞研究的"一个不容忽视的领域"⑭。

毋庸置疑,基层司法(一审)中,证据的提供者或概括者,未必真会使用九曲回肠的情节手段,使用华丽的语言渲染。但有时,文学作品同样能在平实直叙中直抵人心,赢得阅读和倾听。因此,中国学者这一角度的研究,有些靠近"作为文学的法律"的观点。但上述学者在这一层面的研究,主要集中于证据或"法律事实建构"领域,略有主张语

---

⑩⑦ 参见吴跃章:《判决书的叙事学分析》,《南京社会科学》2004年第11期,第53—59页;余素青:《判决书叙事修辞的可接受分析》,《当代修辞学》2013年第3期,第78—86页。国外学者早有相关研究,参见 William Lewis, "Law's Tragedy", pp.14-16.

⑩⑧ 王祥修:《法律与文学:情与理的交融》,《飞天》2010年第16期,第14页。

⑩⑨ 康保成:《如何面对窦娥的悲剧——与苏力先生商榷》,《中国社会科学》2006年第3期,第157页。

⑩ 刘燕:《法庭上的修辞——案件事实叙事研究》,北京:光明日报出版社,2013年,第13页。

⑪ 刘燕:《法庭上的修辞——案件事实叙事研究》,第19页。

⑫ 参见刘燕:《法庭上的修辞——案件事实叙事研究》,第10页。

⑬ 洪浩、陈虎:《论判决的修辞》,载《北大法律评论》编辑委员会编《北大法律评论》(第5卷第2辑[2003]),法律出版社,2004年,第426页。

⑭ 参见洪浩、陈虎:《论判决的修辞》,《北大法律评论》,第432页。

言准确、节奏之技巧的倾向,另外则是,时常却小心避开语言的审美张力以及由此引发的情感打动问题。⑬

与此不同,有些学者则从中国古代基层司法判词入手,较深入且具体涉及了"文学"的研究,如贺卫方、汪世荣和陈景良的著述,还有文学界吴承学的著述。通过对宋代和清代一些有意思判词进行研究,贺卫方提到,它们都"辞章华丽,对仗工稳,读起来也朗朗上口,铿锵之至"⑭。针对唐代以来的判词,汪世荣认为,其"字斟句酌,遣词用句极为严格,而且继承了唐代判词重文学的色彩的表达方式,具有很强的欣赏价值"⑰。陈景良从宋代诗歌入判着手⑱,概括性地指出:

> 士大夫如此关心民生,每每谈论吏事,一朝从事司法工作,自然会将诗词文章运用到法律及其审判实践之中。因为法律本身就是社会生活的反映,更与政治制度相关。诗词所具有神韵也是士大夫通过法律而塑造理想人格的最佳载体。⑲

吴承学对唐代以来的判词文学的研究颇细致、精致。就这些判词而言,其认为:

---

⑬ 与证据事实研究的努力稍有不同,有学者尝试从基层司法的整体过程来讨论"文学"功能的问题。例如,陈文琼利用"剧场化"的概念,以马锡五审判和宋鱼水审判为具体例子,分析了如何调整诉讼参与者情绪,及如何鼓励当事人和旁听者参与庭审的积极性,却没有探索其中典型的"文学"修辞叙事策略问题。参见陈文琼:《论"文学"在司法实践中的作用——一个"法律与文学"的分析视角》,《河北法学》2009年第7期,第41—46页。

⑭ 贺卫方:《中国古代司法判决的风格与精神——以宋代判决为基本依据兼与英国比较》,《中国社会科学》1990年第6期,第218页。

⑰ 汪世荣:《中国古代判词研究》,第36页。

⑱ 参见陈景良:《"文学法理,咸精其能"(下)——试论两宋士大夫的法律素养》,第99—103页。

⑲ 陈景良:《"文学法理,咸精其能"(下)——试论两宋士大夫的法律素养》,第100页。当然,陈文考虑的主要问题是"法律素养"。

> 因为判的前提是某一事件的发生,判文又包含对于事件的叙述和分析,判的结果也便是事件的终结。因此判文具有关于事件由来、发展及结局等简单叙事因素,具有一定的故事性,或者说具备发展成叙事文学的可能性和空间。而在此基础上对这些因素加以渲染、加工和演绎,自然也就成为案判类的叙事文学了……⑫

这些观点,暗含了对"文学意味"的法律"修辞有着论证、说服、接受等功能,使得法律活动产生有效性"㉑的判断,当然,亦包含了"文学"拿捏。但对于中国古代司法判词进行研究的学者,更多目的,是历史追溯、澄清和评价,偶发"文学"之忧思。

因此,全面看,中国的"文学中的法律"与"作为文学的法律"等研究在"文学"方面,就基层司法而言,均似乎浅尝辄止。其触摸、融入了"文学",却由于各种原因,未充分利用"文学"理论的实锤及系统之理论手段,进入深入思考基层司法的空间。⑫

四、以往实践和学术的遗产

但在笔者看来,前述概括的中国法律与文学之研究兴趣,及中国古代实践和西方"法律与文学"运动,事实上,已隐含了从基层司法裁判方法上拓展"法律与文学"思考并使之明确清晰的逻辑,可以亦应该使之推进和凸显。

---

⑫ 吴承学:《唐代判文文体及源流研究》,第33页。
㉑ 苏晓宏:《法律与文学在中国的出路》,《东方法学》2011年第4期,第68页。
⑫ 特别是针对中国的"文学中的法律",一位学者的批评很中肯:"结合法律阐释文本,是法律和文学交叉研究的一个重要内容,但却不是唯一内容和全部,否则只会使文学主体性丧失或沦为工具,甚至是一个可有可无的工具。对此问题判断的方法很简单:将文学作品抽离,或替换为真实案例或史料,若不影响对法理问题的阐释,那么这里的文学其实就是一件美丽但却不那么重要的装饰。"董燕:《新时期以来中国文学与法学的交叉研究》,《中国社会科学》2015年第8期,第153页。

这一层面,也需深入讨论。

第一,就"文学中的法律"思路而言,通过文学作品,探索环绕基层司法的周边社会结构,研究基层司法与周边社会结构的关联,分析基层法官角色,及其与其他社会角色的互动,在法学方向上无论意图是实证描述还是价值评论本身,总归意在借鉴某种"文学"机制,以使基层司法能够更积极、正面的运作。毕竟,可发觉优秀文学作品,特别是常被法学研究眷恋的精彩文学作品,既然可塑造令人深省的基层司法世界中的结构、关系、人物、事件、情节,自然有时也会传递关于"文学"式审裁方法是否适当,或更有意思的相关的其他隐秘的思考线索,尤其是相关的理论反思之伸展路径。

以《马背上的法庭》为例。这部电影,可使人们深入领会,云南山区基层派出法庭周边复杂社会的"翻山越岭式"的中国背景,深切体会法官老冯还有其他中国基层法官五味杂陈的命运,了解他们与当地各类人物纠葛依赖的关系;也可在这些法官解决纠纷过程中,发觉文学意向的审裁方法描绘的意蕴,并从中获得具有张力的启发。

法官老冯(李保田扮演)、杨阿姨(杨亚宁扮演)和阿洛(吕聿来扮演)　图片取自电影《马背上的法庭》(2006年上映)

电影中的老冯,作为过去一代法律人的符号,虽然终将"逝去",但较之年轻法官阿洛,新一代法律人的象征,依然会较多运用贴近当地生活旨趣、体谅当事人并使当事人尽量暖心愉悦的审裁方法。电影中,一个情节(根据真实事迹改编),是妯娌之间因分家争一个泡菜坛子,彼此翻脸,还打起了官司,经书记员杨阿姨不断调解,仍不能相互忍让。最后,老冯"很酷"地摔碎坛子,"帅气"地拿出5元钱,称买两个,一人一个。旁观群众露出钦佩的表情,大声喊"摔得好,摔得好……",而妯娌二人甚是不好意思。[123] 这种审裁方法,无疑出现了"效果",而在电影叙事渲染中,包括主角及配角的精湛演绎,又焕发着进一步讨论的价值:首先,老冯的"手段",是否体现了过去一代法律人特别是基层法律人,其本身对于自我生存、自我平衡甚至"奋争"的欲望和努力?其次,该"手段"是否只有在"那个"场景、你我他的关系中才有活力?再次,通过文学描绘,由此令人产生兴趣,引发某种现实行动的自觉,但其没有一定的"前进"普遍性的可能?最后,这种"手段",在"那个"场景、你我他关系的"外围空间",具有怎样的意义辐射作用?由此展开另能发觉,这里是否可找到一把有趣的钥匙,打开一扇门,以理解老冯式的"手段"究竟如何反向参与甚至直接建构了"那个"特定的社会结构和背景?"个体"的确难以比肩"整体",但"个体"是否完全不能幽灵式地推动"整体"?换言之,老冯受制世界之时是否也在改变世界?毫无疑问,过去的法律社会学,也可根据观察的现实类似景象,获得启示,提出问题,扩展思路,但"文学"映衬的审裁方式,通过生动叙事的吸引,及细致语境的直接交代,更可简洁明快、迅速清澈地激发思考聚光点。一位文学批评研究者的相关判断是有益的:

> 在人类生活中,我们通常所说的"打官司",大概是除了战争之外"最反常"、最具戏剧性的事件,它天然地适宜成为

---

[123] 参见电影《马背上的法庭》。

文学题材。在和平年代的日常生活中,人们一般不会与法官、律师发生什么关系,一旦发生关系,那就是"出事"了,这个人生活的方方面面都会动荡起来,性格、命运都要经受考验。人与人的冲突、生活中各种力量的冲突,这些在日常生活中通常是潜在的、零散的,但在司法过程中就变得很突出、很集中,这就是戏剧性。[124]

第二,就"作为文学的法律"思路而言,对基层司法修辞活动、叙事行动的关注,理解其中的技艺和策略,分辨司法者究竟怎样构筑一个法学法律视域的"证据世界""法律事实的关系",思考司法者,其究竟如何展开"文学"的语言实践,这同样意味着,对有趣的修辞与叙事技艺需加以重视。如此,不仅是针对修辞叙事方法而言,不仅强调,在基层司法中活泼的修辞叙事策略并非可有可无,而且透露出,下述一个思路前景被忽略或许颇是可惜的:法律上的意见之有效性及合法性,相当程度上不是"绝对真理"问题,实乃缘于社会思想的约定,社会观念的合作[125],"法律中,争议是建立和确认合意的一种方式"[126],"合意的一个功能便是限定争议"[127];既如此,令人愉悦的修辞叙事,不正是可促进约定及合作的达成,进而增进法律意见的有效性及合法性? 否定法律上的"对错判断",肯定属于严重失误,但对上佳的使人惬意之修辞叙事的作用和影响,视而不见,岂不更是失之桑榆? 当然还有,如此之修辞叙事怎样界定为"上佳",怎样行动以实现?

第三,只要研究基层司法的修辞活动、叙事行动,便会隐含着继续

---

[124] 参见张国香:《文学关注着对法律事务的深入反思——李敬泽谈文学与法律的关系》,《人民法院报》2008年1月12日,第4版。

[125] 参见刘星:《中国早期左翼法学的遗产——新型法条主义如何可能》,《中外法学》2011年第3期,第603—605页。

[126] James Boyd White, "Legal Knowledge", p.1398.

[127] James Boyd White, "Legal Knowledge", p.1398.

思考"科学逻辑的论证"与"故事讲述的说服"究竟是何关系的趋向,就会隐约地注意一个相近而又有别的追问:法律人热衷的"科学逻辑的论证",对于基层司法,究竟是"本质"意义上的"科学逻辑",还是社会参与者范式化认可的?如果殊难想象,若无社会参与者广泛的具有"历史语境"限定的意见赞同,一个法律上的自称"科学逻辑的论证"可屹立而不被撼动,可桀骜而不被揶揄,可傲视而不被讥讽[128],那么,进一步,当论及一个"科学逻辑的论证",肯定其存在,是否已暗含相关的"有趣"修辞叙事至少有时已潜入其中发挥着作用?但反之,纯粹的"有趣"修辞叙事,回避共识性"对错"的"花言巧语",就应大行其道?对于基层司法而言,"科学逻辑的论证"与"故事讲述的说服",何者作用为先?或很难断言谁为先?

第四,宏观看,分类有别的修辞叙事的易被接受及易被拒绝,是否意味着,承载其展开的法律语言存在社会分工而来的职业分化、阶层固化的立场问题和态度问题?专业之"阳春白雪"式的语言,其背后,是谁的期待和欲望;通俗之"生动活泼"的语言,其背后,是谁的希冀和渴望?法律修辞叙事的历史演化,是否注定将会朝向前者而非后者,还是彼此妥协?冯象曾深刻地认为,"法律与文学"是"关于资本主义法治何以可能,又怎样终结的纠问"[129]。这是否更直指根本?

再看前述法官老冯的例子。摔碎坛子,拿出 5 元钱,让原、被告各买一个新的,此为"本身没有疑问的正确",还是现场许多人觉得"合适"而成为"正确"?是否没有摔得"很酷"、拿钱"帅气",便真的难以顺利解决纠纷?是否摔得"很酷"、拿钱"帅气",暗藏在"拿出 5 元平分"中,使之成为"无法拒绝"?是否存在比摔得"很酷"、拿钱"帅气"

---

[128] 参见刘星:《多元法条主义》,《法制与社会发展》2015 年第 1 期,第 129 页。
[129] 冯象:《木腿正义》(增订版),第 32 页。

还要"上佳"的"漂亮"选择？反之,"很酷""帅气"是否以后也会屡试不爽,其前途无可限量？"拿出 5 元平分"和"很酷""帅气",何者是关键,还是无法道明谁是最重要的？"很酷""帅气"的行动语言,回应了谁的凝视和等待？法官老冯的行动语言,是否像身体之存在一样,最后终将让位给年轻的法官阿洛？还是彼此协作……

显然,所有这些问题,已隐藏在以往的关于法律与文学的研究中,可挖掘出来,使之清晰、明确,并有所解决、穿透。对现在的中国这或许更重要。

以法学研究整体格局论,中国目前"法律与文学"的实践基本上谨小慎微,即使参与其中者,给人的印象亦是如履薄冰,或矛盾踌躇[130],"既有激情也有疑虑"[131]。不难理解,针对基层司法,中国学界尤其是法学界"使之正规化、专业化"的话语势力殊为强大。如"引言"部分若干注释提示,许多学者,持续坚守法学的"教义学"传统,如不断研究法律解释、法律的体系结构、法条关系,追求"逻辑性";而不少学者,另已卷入跨"经济学""社会学""人类学""政治学"等学科进行研究的法学风尚,颇重视法学与经济学、法学与社会学、法学与人类学、法学与政治学的交叉研究。此外,参与评论"法律与文学"的学者,不少表达了否定态度。如有学者认为,"法律和法学最终要解决的是社会中的实际问题,而不是虚构的问题(fiction)。诚然,进入法律与文学视野的文学文本摹写的就是生活本身,然而这并不能为'文学中的法律'争取到充分的正当性或合法性"[132];还有学者指出,"法律与文学之间不可逾越的差别正构成了这

---

[130] 如苏力的研究,倾向于将法律与文学的研究推入"社会科学"的方向。参见苏力:《法律与文学:以中国传统戏剧为材料》,第 14、35—36 页。徐忠明等人的研究,倾向于为"新文化史"提供滋养。参见徐忠明、温荣:《中国的"法律与文学"研究述评》,第 170 页。

[131] Xiaohuan Zhao, "Court Trials and Miscarriage of Justice in Dream of the Red Chamber", *Law and Literature*. Vol.23, No.1 (Spring, 2011), p.130.

[132] 沈明:《法律与文学:可能性及其限度》,第 313 页。

一运动向外扩展的界限"[133]。

因此,关于中国基层司法的"法律与文学",成为支流细涓,并不意外。故本书讨论中国基层司法的"法律与文学",目的是有所伸张和提倡。伸张和提倡,是就将以往法律与文学的学术实践中隐含的逻辑线索加以明晰而言的,也是就将过去法律与文学的学术实践中隐含的理论空间加以扩展而言的。

五、尝试推进的思考领域

本书尝试明确的有所推进。首先,深化作为司法方法的"法律与文学"的分析层次,更具体地运用"文学"理论工具,包括与之相关的修辞叙事理论,细致推进中国基层司法中"文学"方法的内容洞见。其次,将西方法律与文学运动拓展的宏观文化反思的有益思路,融入中国基层司法"文学"方法的分析中,挖掘其背后的政治道德意义。最后,尽力通过对"文学"方法的多重认识,以求对司法公正的实现和对司法基本理论的重新理解,提供新的思考路径。本书以中国基层司法为理论核心,但会更关心这一核心的深度、厚度和广度,尤其是"受文学反哺"的及"吸取、接纳、拥抱文学"的。

具体而言,本书将在三个关键问题上打开新的思考空间。

第一,文学叙事和法律叙事的关系。文学叙事,尤其是涉及基层司法故事的,毋庸置疑,必须细致,娓娓道来,在任何一般人均可阅读的意义上逐步推进。这种叙事将法律涵义的内容和其他社会涵义的内容,如政治、经济、文化、伦理、生活、人情世故等融合在一起。相反,法律叙事,尤其是正式的、结论性的、体现在判决或司法断定中的,如同业界已

---

[133] 胡水君:《法律与文学:主旨、方法与局限》,《中华读书报》2001年10月24日,第022版。

熟知,势必会进行"抽取""概括"和具有苏力所言之"格式化"[134]。不难理解,法律叙事非如此,便不能实现"介入""控制""矫正"的功能。进一步,能看到,涉及基层司法故事的文学叙事的一个重要特点,在于只要细节安排是合理的,令读者觉得自然而然,其作为结局的意向既可以朝向所谓的"正面",也可以朝向所谓的"反面",或朝向所谓的"对立"的方向演变。即使是虚拟、创作,这种文学叙事,只要读来有如亲历,便完全可能与基层司法中的诉辩或裁断享有类似的逻辑元素。在诉辩或裁断中,当事人以及法官,难道不是通过树立"正面""反面",展开"对立",然后在详尽细致叙说之际走向一个指控、回应和决断的结局?

如果以法律叙事为中心,则这种文学叙事,实际上是扩展了的法律叙事,其试图冲破正式的、结论性的法律叙事的边界,还原后者的出生地或滋生地。又进一步,涉及基层司法故事的文学叙事,具有消解人们易认同、僵化的文学叙事/法律叙事二元对立的逻辑动力。若如此,是否可通过"文学",更同情地理解基层司法法律叙事之"必要的武断"和"时有的犹豫",以及"饱受指责的委屈",更深入地理解,随着时间、空间、话语氛围之转变,该叙事何以能够甚或有意"反转""逆袭",及"柳暗花明"?正如我们在舆情鼎沸的诸如许霆案、张学英案、佘祥林案、彭宇案的基层审判中[135]所看到的?

第二,"可能性"的概念。文学叙事,偶有纪实,但更多是虚构。就一般情况而言,文学叙事之吸引力对大多数社会读者而言远胜实际的

---

[134] 参见苏力:《纠缠于事实与法律之中》,《法律科学》2000年第3期,第3—24页。
[135] 关于许霆案的基层审判,参见百度百科"许霆案",载https://baike.baidu.com/item/许霆案/488723,访问日期:2018年11月25日;关于张学英案的基层审判,参见范愉、王轶、许明月等:《泸州遗赠纠纷案研讨》,载中国人民大学民商事法律科学研究中心、最高人民法院《人民司法》编辑部编《判解研究》(2002年第2辑),北京:人民法院出版社,2002年,第46—90页;关于佘祥林案的基层审判,参见百度百科"佘祥林案",载https://baike.baidu.com/item/佘祥林案/1650117?fr=aladdin,访问日期:2018年11月25日;关于彭宇案,参见百度百科"彭宇案",载https://baike.baidu.com/item/彭宇案/10702516?fr=aladdin,访问日期:2018年11月1日。

法律叙事,正所谓,"文学青年远多于法学青年"。然而,文学叙事之所以能够吸引读者,除了给予慰藉、愉悦、幻想、"远方",还在于为读者提供了其可思索的与现实相关的"可能性"。苏力曾准确指出,以文学作品作为素材,展开法学研究,其合法性在于文学"事物显示出来的逻辑关系"与现实具有类似性,"真实与否"的问题实为多虑。⑬⁶ 笔者认为,苏力之观点,实际已蕴含了进一步的"可能性"概念。

欣赏涉法文学作品,被其取证、起诉、答辩、质证、审判之精彩描绘所激动,被其法律事件的发展、变化、曲折、高潮之巧妙叙说所惊异,被其各类角色从容、笃定、坚毅、惶恐、动摇、懦弱之深入刻画所震撼……读之使人焦虑、欢喜、憧憬、振作、奋发,投身其中,同呼吸共命运,均不缘于,读者未来也完全"可能"经历之,也会像作品中所描述的,"可能"再次发生? 潜意识中,我们不免也会设想"可能这样做",或"可能那样做"? 因

美国作家欧·亨利的短篇小说《警察和赞美诗》,是精彩的涉法文学作品　刘星(中国政法大学法学院)摄于2019年11月16日

此,"可能性"概念是个有趣且景深的路标。加之"生活有时更是充满戏剧性"的现实,如贩卖人让被贩卖人所贩卖⑬⁷,此概念尤其不能忽略。顺此,也就需要思考,在法律角度,可能性与真实性是何关系? 文学的

---

⑬⑥ 参见苏力:《法律与文学:以中国传统戏剧为材料》,第384页。
⑬⑦ 相关事件,参见薛定薪(编辑):《18岁少女把贩卖她的女人贩子给卖了,会被判刑吗?》,载中国普法网(http://www.dahebao.cn/news/1239748? cid=1239748),访问日期:2018年11月1日。

导论　为何研究中国基层司法的"法律与文学"　33

"可能性"能否成为法律的"现实性"的预言?后者,能否或实际上已为前者提供了再生产的契机?又进一步,与其说文学作品是"材料""资料"性的,是否不如说其是我们生存的"背景"和"语境"?

第三,文学构思与法律判断的关系。"可能性"的概念,预示了文学创作者的重要。不言而喻,当乐意阅读文学作品,并为之沉思时,我们实际上已不知不觉地陷入了对创作者构思的"倾心"。但"倾心"之时,是否也是模仿之日?以《秋菊打官司》为例,观众可从许多角度,出自许多"前见",对之观赏、思考和争论。既可指出,秋菊是法盲,未接受基层司法官员的"法治奉送"实为遗憾,中国法治事业在乡村"任重道远"[138];也可指出,故事凸显了太多中国现代法治话语和中国现实社会之间的悖谬、误会,甚至反讽。[139]但只要愿意细心品味,乐意思考和争论,直至坠入其中,不恰恰证明了《秋菊打官司》的叙事是"自然"的,证明作者说服了我们,相信其讲述,折服其精妙?而人们越是争论,反复捕捉作品中的"证据"以论证自己的观点,不越是证明创作者的文学构思甚为成功,其叙事情景、情节,人物关系的纠结和走向,法律故事的演化和结局,越具有吸引力和诱惑力?

由此,就基层司法连接纠纷的原初事实而言,法官是否可参鉴文学的创作者,以"自然"、灵动、游刃有余的方式,运用适恰之语言,调整各个证据和诉说之间的位置、排序和定性?此操作,是否可像文学构思的叙事一样,聚集法律场域之倾听,促成意见之趋同,建立"公正确认"之大致,实现俘获法律听众且增进基层司法的权威和信誉之目的?相反,向文学构思学习是否也存在"危险",制造了幻象?是否也像《秋菊打官司》一样,在吸引读者之时,亦"怂恿"了争

---

[138] 参见廉琰敏:《电影〈秋菊打官司〉的法制教育意义及其启示》,《电影评介》2014 年第 13 期,第 19 页。

[139] 参见冯象:《木腿正义》(增订版),第 52—58 页。

议？或者,是否只要注意听众的类别,小心讲述的场景,便可逐步消除甚至避免争议……

六、关于中国基层司法的"法律与文学":
新的社会条件和可能

毫无疑问,蛰伏于中国的基层司法,"法律与文学"的理论逻辑是可以拓展的。但本书讨论中国基层司法的"法律与文学",还有现实的原因。

一个原因,是中国转型时期的社会背景存在着现实需求。无人会否认,中国现代化发展带来了巨大的社会进步,但人们亦会发觉,各种领域的阶层分化及诉求对垒,总会通过不同时点以不同方式表现出来。部分人的确富有了,社会财富总体而言的确增加了,而某些人某些阶层,相对而言,却依然生活艰辛。[140] 进一步而言,不同阶层或群体的文化、伦理、法律观念和社会情感也出现了分化,甚至还有分歧。[141] 利益格局的调整及转型,实际上引发了意识形态、社会心理感受和法律理解的摩擦及对峙。较易理解,财富殷实、文化"中产阶级"化的品位,会导致对基层司法的理性、科学、逻辑的更多期待;生活匮乏、思想困苦的状态,既会导致对这种理性、科学、逻辑的期待,也会导致对基层司法中的体谅、慰藉、关爱包括正义情绪的伸张之盼望。于是,将"法律与文学"中的"文学"元素注入中国的基层司法,就有了现实性。这种"文学",在不消解、排斥基层司法的理性、科学、逻辑的同时,要求愉悦、宽解、精神提升,便会使一部分有需求的阶层群体感受法律的友

---

[140] 参见冯志宏:《中国社会转型中的财富分配与风险分配》,《探索与争鸣》2014年第11期,第57—58页。
[141] 在媒体报道的许多"事件争论"中均可发现。

爱与慰藉,进一步,在惠及社会之际,巩固法律在社会观念中的正面想象。

另一个"现实原因"更重要。对基层司法的"法律与文学",以往学术实践的谨慎触及,以及不经意的态度,与人们一直熟悉的社会信息交流条件密切相关。这种条件,重要特征之一,在于社会普通成员以公众角色参与涉及法律的公共舆论活动的能力颇为有限。在中国,此种情况或许尤为显著。信息畅通,反馈灵便,无论获得信息还是发出信息的成本可以不在"能否承受"的考虑之内,现在人们均会意识到,是参与涉及法律的公共舆论活动的推动激励之重要前提。

作为公共舆论传播的基本媒介,就中国而言,在过去很长一段时期,是报刊、电视、广播等传统媒体。这些传统媒体,本身权力来源之一是知识分子化的媒体群体(当然另有政治权力来源和控制,但其与本书主题无关,不予讨论)。出现公共事件,在传统媒体中传递出来的声音,由于"知识分子化",不免会受到这类媒体人的知识偏好的影响。[142] 这并非说传统媒体人不重视社会普通成员的意见,或者职业伦理上存在着先天不足,而是说,对知识的重视,还有"崇尚知识"的本能和"偏见"(不含贬义),使媒体人较易倾听专业群体的意见,并将其转达出来。[143] 与此对应,社会普通成员表达意见的途径十分狭窄,缺乏规模效应,没有形成"广泛舆论参战"的趋势。于是,传统媒体人自然可以凭借传统媒体的内在权力建制,实现意见信息的"控制""截取"和"变换",更多释放专业知识;而社会普通成员,便易失去表达意见的推动激励。

---

[142] 深入细致的讨论,可参见陆晔、潘忠党:《成名的想象:中国社会转型过程中新闻从业者的专业主义话语建构》,《新闻学研究》2002年第71期,第23—25、35—36页。

[143] 不断邀请专家访谈、撰文,并让其"总结式发言",即为明证。笔者曾两次参加中央电视台《实话实说》节目,被要求以专家身份"概括"表达意见,深感所谓知识分子的"重要地位"。

这就可以理解,在此种社会条件下,针对法律活动,特别是基层司法,为什么中国学术实践更易走向并保持法学的"教义学"传统,发展出并维护着各种跨学科的法学风尚。在法学群体中,"教义学"和跨学科的法学偏好,尽管存有分歧,互为轻蔑,甚至各自内部也是"你我相轻"[144],但相对社会普通群体而言,它们依然是"行业化"的。社会普通群体总会觉得"教义学"是法条解释和运用的迷宫,觉得跨学科说辞是各种知识相互交织的科幻。在自身专业的陶醉中,当没有感到深切的社会普通群体的意见压力,在路径依赖已成事实、学术叙事已成传统时,法学学术群体维护现状几乎是必然的。

但在今天,随着科技的发展,特别是随着言论表达依赖的互联网技术和传输技术的发展,公共舆论的话语权力关系和配置发生了重要变化。社会普通群体发表意见、反馈信息,向传统媒体人和专家群体宣战,展现纵深的质疑,变得日益成本低微,轻松便利。如微博、微信、博客、贴吧,包括论坛和 BBS 等网络平台的发展及几乎没有任何经济负担的上传方式,对于那些关注涉及法律的公共事件的社会普通成员,或者偶尔消遣于公共信息新奇的社会普通成员,已成为主动表达自己想法的便捷手段。不难发现,现有的传播媒介尽管在某些方面依然存在强弱权力的关系,控制新型媒介的主体在某种程度上可对信息传递进行阻断、删截,但较之以往还是令更多的媒介一般参与者,成为言论的"主人",展现自我。2010 年前后的李昌奎案件[145],作为典型的涉法公共事件之一,随着一审、二审的消息传开,人们不仅能看到相关法院的重要法官如何表达自己的倾向性观点,看到专家学者如何表达赞同或异议的说辞,而且能看到众多社会普通成员(网友)声势浩大的

---

[144] 在众多的关于法教义学和社科法学的文献中,可发现这一点。

[145] 参见百度百科"李昌奎案",载 https://baike.baidu.com/item/李昌奎案/9000529? fr = aladdin,访问日期:2018 年 11 月 1 日。

意见抗争。㊻ 显然,关于李昌奎案,包括同期及稍后的如邓玉娇案㊼、许霆案㊽、彭宇案㊾、药家鑫案㊿、于欢案[151]、2018 年的昆山"反杀正当防卫案"[152],以及由电影《我不是药神》[153]引发的医药法律与伦理的纠结[154]……人们都能发觉广泛的社会普通成员的舆论参与,而且能发觉,专业知识信息的"贵族"力量的强势曲线与弱势曲线如何相互交叉。换言之,传统媒介衬托的"知识"优势,已缺乏了单一性,甚至一种不同景观的趋势似渐形成:更广泛、复杂的社会舆论的蜂拥而至,导致普遍争论引发的问题思路变得扑朔迷离,进一步,专业知识代言人的权威地位"岌岌可危"。我们可看到对法律"砖家"词汇的投掷,对法条教义分析适用的嘲笑,对法律问题繁复说明论证的不屑,对法律人的政治伦理和职业伦理的失望和指责[155],当然也看到了法律人对社会舆论做出的"妥协"或顺应。社会普通成员,仿佛在有力地反问:"实在看不出,小写的我,为何不能成为'法官'?"正如一位学者所言:"公民在司法的问题上越来越不甘沉默,对社会热点案件积极发表看法,都

㊻ 参见邹文鹏、马吉燕、黄崇正:《李昌奎案中舆论监督与司法关系系统论的影响探究》,《法制与社会》2012 年第 29 期,第 55—56 页。

㊼ 参见百度百科"邓玉娇",载 https://baike.baidu.com/item/邓玉娇/5266994?fr=aladdin,访问日期:2018 年 11 月 1 日。

㊽ 参见百度百科"许霆案",载 http://www.baike.com/wiki/许霆案,访问日期:2018 年 11 月 1 日。

㊾ 参见百度百科"彭宇案",载 https://baike.baidu.com/item/彭宇案/10702516?fr=aladdin,访问日期:2018 年 11 月 1 日。

㊿ 参见百度百科"药家鑫案",载 https://baike.baidu.com/item/药家鑫案/9937792?fr=aladdin,访问日期:2018 年 11 月 1 日。

[151] 参见百度百科"4·14 聊城于欢案",载 https://baike.baidu.com/item/4·14聊城于欢案/20583854?fr=aladdin,访问日期:2018 年 11 月 1 日。

[152] 参见刘苏雅:《百件涉防卫案件七件获认定:昆山反杀案引发"正当防卫"大讨论,建议出台司法解释予以明确》,《北京晚报》2018 年 9 月 4 日,第 19 版。

[153] 韩家女、钟伟、文牧野(编剧):《我不是药神》(电影),导演:文牧野;出品机构:坏猴子影业。2018 年 7 月 5 日上映。

[154] 参见《我不是药神》综合讨论帖,载虎扑网(https://m.hupu.com/bbs/22759300-21.html),访问日期:2018 年 11 月 2 日。

[155] 这里的问题十分复杂,也完全可争论。

是为了表达自己的存在——我不应当被忽视,我的意见需要得到尊重和认真的回应。"⑭

程勇(徐峥扮演) 图片取自电影《我不是药神》(2018年上映)

概括看,新科技的发展,由于带来了便捷和低成本的信息交流平台,表现了对关于基层司法的"法律与文学"的天然亲近友好,仿佛为其提供了有氧垫撑。社会普通群体,可能不懂法条的"教义理论",不懂经济学、社会学、人类学、政治学等知识提供叙事支持的法学跨学科话语系统,但在某种程度上,总会明白或亲近"法律与文学"的知识走向。因为,法条的"教义理论",各种跨学科话语系统,要么强调"科学逻辑的管制",要么强调"综合考量的约束",某种意义上,总是缺乏亲切、平等对话及使人心悦和相互交流的立场态度。最重要的是,其频繁制造了"知识"的显贵。相反,对"文学"的涉法作品的理解,尤其是"文学"的修辞与叙事,比之法条教义、跨学科知识话语更轻松易得,关于"怎样说"的技艺,还有策略,比之"说什么"的知识或学问,更易被社会普通成员所掌握。

既如此,新的可能何在?

人们的注意力,可以从"如何才能说"转向"如何更佳说"。每个人发表意见,不仅社会普通成员,而且包括法律专业人士,为吸引公众,需要且不得不重视"共享知识"属性与专业职业知识属性的相互关系,同

---

⑭ 刘燕:《法庭上的修辞——案件事实叙事研究》,第16页。

时,重视修辞技艺和叙事策略。而重视"共享知识"的普通一般性与法律知识的专业职业性的相互关系,重视修辞叙事,进一步,为赢得更广泛的赞誉和支持,夺得意见的领导权,信息交流的参与者需要且不得不踊跃关注说者和听者的关系,关注话语的有效传递和互动。因此,对法律法学职业人而言,面对专业职业知识如何贴近"共享知识",如何使听者愿意听,多少有些需要而且也不得不展现宽容的姿态,同时,多少也需要且不得不对相互关联的修辞叙事技艺展现应有的关注。这既是为了吸引公众,更是为了摆脱被动。毋庸置疑,在当代科技发展出来的新型信息交流平台,"法律与文学"便有了提上议事日程的较大可能。

具体到基层司法,其本身即存在吸引公众兴趣和舆论的特质。基层司法所涉及的纠纷及审裁,尽管琐碎、日常、细小,似乏"惊天动地",然而其信息一旦通过媒介进入公共舆论场域,完全可能一石激起千层浪。因为,对公共舆论表现出兴趣的更多的普通社会成员,其自身经历和生活场景,本身便是不经意的、"底层"的。正是缘于不经意和底层,感同身受,他们也更易甚至更喜好,凭借低成本的途径参与公共舆论"狂欢"以抒发自己的意见,表达对"存在感"的憧憬。对于不易理解、缺乏亲近感的基层司法,普通社会成员会质问,"为何它会如此""为何也能这样审裁""为何判决会如此令人陌生",甚至直呼"活久见!"。而对于容易理解、令人欣慰的基层司法,他们会赞誉,声称"这是为民做主""这是替天行道",甚至大呼"燃爆了!"这些舆论压力,反过来对基层司法又形成了话语推动和精神激励,要求甚至迫使基层司法有所反思,提升应景意愿和对话能力,进一步促使基层司法将其融入自身日常活动中,形成新的自我塑造元素。也正是在这个意义上,在各方参与的低成本传输的公共舆论中,"共享知识"属性和专业职业知识属性的互动机制,以及凝练机巧的修辞叙事的环境,能使各方参与者在注意"说什么"和"表达什么"之际,更注意"怎样说"和

"怎样表达"。"法律与文学"的理论潜力由此彰显。

其实,基层司法的"法律与文学",其更重要的意义,在于"法律含义"的理解合作(关于这个问题,详见本书各章深入的讨论)。这种理解合作可使基层司法更健康并充满活力。只要公共舆论的场景经常存在,而且是便捷和低成本的,各方参与者势必均会意识到"说什么"和"怎样说"的交织与磨合。一方面,仅仅与知识相关的"说什么",有时穿有专业职业的外衣,更有"他者并不知晓"的自然傲慢,易形成话语的歧视和压迫。当社会争议和对立出现时,尤其当典型化的诉讼出现时,这种歧视和压迫在关乎利益的法律领域,极易遭遇反抗和抵制。因为,法律人不会简单地放弃特定知识享有的尊严,同样普通人亦不会简单地承认,自己的"说什么"就是"普通"的。在此,便需要"怎样说"给予辅助,以使"说什么"变得顺达和容易使人接受。另一方面,社会争议对立包括诉讼时,人们有时根本不关心"说什么",这可能是因为被价值立场所影响,被情绪心态所控制,被常识经验所左右,或者被前见预设所支配,于是,"怎样说"就成为唯一疏通的关隘。社会心理和情绪的调整,有时并不与"说什么"的商谈存在紧密关系,相反,倒是与"怎样说"的交流存在直接的因果。顺此而言,无论发挥辅助作用还是发挥独立作用,通过"说什么"展开的"怎样说",或者纯粹的"怎样说",对"法律含义"的理解合作不是可有可无,反之,却是颇有必要的。进一步,"文学"的叙事策略启迪,通过"法律与文学"的话语结构,则会在"法律含义"的理解合作上显示重要价值。也因此,其对基层司法的自我更新、自我练达的助益,逐渐清晰。

七、理论路径、预设

对前面提到的跨学科法学研究,笔者略持小心的态度。然而,小心仅仅是就一般的"治理化"的"社会科学"跨学科而言的,特别是带有社会功利主义色彩的,例如法律经济学。自然,本书毫无疑问也是跨学科的。在某种意义上,任何的法学研究,又都无法逃避跨学科,包括法学的教义理论。法学的教义理论,一旦走进"深层",反复"深说",亦不免借助或企盼其他学科的知识,如语言学、逻辑学、修辞学、哲学,甚至伦理学[如应然问题、与"描述"(descriptive)问题不同的"规范"(normative)问题]。当然,本书是"人文"特征的跨学科,即联合"文学",并借助"文学",对基层司法问题展开讨论,在小心的同时带有纠正社会功利主义的企图。

另外,联合且借助"文学",坦白说,不意味着也注定无法完全疏离"社会科学"。因为,"文学"的操作和有效运行,也依赖对诸如"语言学""修辞学""社会心理学""环境心理学"和"阅读心理学"的理解。而尤其作为"理解根基"的各种心理学,本身亦依赖实验科学的证据。同样被跨学科的经济学,可能还有社会学、人类学和政治学,正像人们看到的,亦依赖各种心理学。如此,"人文"的对各种心理学的依赖和"社会科学"的对各种心理学的依赖,其区别何在?回答应该简明:通过文学体现的"人文",在依赖各种心理学时,更强调"小视角",追寻个体的经验,一定程度上,也注重主观体验;相反,通过类似经济学等体现的"社会科学",在依赖各种心理学时,则乐意强调"大视角",追寻群体的经验,相当程度上,注重广泛场域的客观体验。

提到"小心",还有一层意思,即笔者尽管对"治理化"的"社会科学"持谨慎的态度,但同时认为对其完全排斥颇不理智,而且还包含了自相矛盾。因为,为基层司法服务的"法律与文学",最终还需回应群体经验、广泛场域的客观体验甚至"大视角"的问题。对基层司法的认识,最终不能抛开这些问题。于是,在"治理化"的"社会科学"和"同情化"的"人文学理"之间发现一种平衡,显得尤为必要。但这种平衡,在本书中不是折中,更不是没有原则的各取所长,而是力求通过"文学",用人文化的经各种心理学实证的"主观体验"和"小视角",来衬托及反思社会科学化的"客观体验"和"大视角",由此尝试揭示其中的紧张、关系、结构,及更重要的侧重点。亦在此意义上,本书还会有节制并小心翼翼地借鉴某些政治学甚至经济学的话语手段。⑮

本书中,"文学"一般是指文学作品的书写和鉴赏。笔者期待,其中重要的"故事""叙事""修辞""欣赏",包括"情绪波澜""心灵打动"等概念,成为本书深入讨论的理论工具。正像以往研究的,"法律"和"文学"都是语言的、叙述的,需要通过语言、叙述以传达一个意义⑱,因此,"运用文学手法,法律和判决可以得到更加充分的分析"⑲;也因此,"文学"便难免会为"法律"树立一个"可期待"的路标。当人们都承认法律的社会价值,乐意接受其秩序安排,如何使其真正享有权威,并游刃有余地穿梭于社会实践中,便成为关键且有意思的一个问题。基层司法是"法律"的一个重要环节,是社会的一个"聚焦模块",其更依赖语言、叙述更需要通过语言、叙述,直接地传输一个意义,因此,同样存在"权威并游刃有余"的问题。"文学",当其享有广泛声誉,并为大多数人喜闻乐见之际,尤其是享有社会普遍认可的审

---

⑮ 例如,行为经济学的一个有趣发展,即"心理账户"(Mental accounting)概念。此概念对一般的经济学"理性"概念的"总体性概括"提出了怀疑。其表明,正因为人们对不同的事物具有不同的心理偏好和顾虑,比如,对于大型商品,消费时在意"大钱"得失(如数目较大的标价和折扣),而对于小型商品,消费时却忘记了"大钱"得失,仅记得"小钱"得失(如数目微小的标价和折扣)。因此,总体来看,人们并非那么"全盘理性",会顾此失彼。[See Richard H. Thaler, "Mental Accounting and Consumer Choice", *Marking Sience*. Vol. 4, No.3 (Summer, 1985), pp.199-214]这一概念可延伸至不同人群和主体。换言之,不同的人群,不同的主体,心理偏好和顾虑存在差异,用一个社会统一的"总体性理性"的"成本""收益"来概括,便存在问题。

⑱ *See* James Boyd White, "Law as Language: Reading Law and Reading Literature", *Texas Law Review*, Vol.60, No.3 (Mar., 1982), p.415.

⑲ 王祥修:《法律与文学:情与理的交融》,第14页。

美权威时,从来就推送着一个重要经验:始终保持文本和读者的愉悦互动是吸引公众的关键。这一经验,指示了一条道路,即欲使一个文本占领读者的思想,俘获读者的心灵,需要使这一文本具有自然而然且不易觉察的吸引力。法律,常常并必须通过文本来表现,基层司法,常常并必须借助文本以展开,其除了具有不理会对象是否愿意服从的一面,如果期待社会更多成员自然的接受,亦需要这样一种类似的吸引力。传统观念相信,当法律体现了公正、正义、社会福祉、公共利益和个人权利之际,便会自然获得普遍认可。但历史的经验不断警告人们,人们的"相信"可能乐观了。所谓公正、正义、社会福祉、公共利益和个人权利等概念,一旦放置具体语境,总会公说婆说、异议纷呈。号称体现了这些概念的法律,总会遭遇相反的态度,甚至非议和抗拒,以致人们更愿意用"谁之公正、正义、社会福祉、公共利益、个人权利"来表达自己的疑虑。基层司法,同样如此。这说明,实质性的理念要想获得更广泛的认同,不会轻而易举,相反,倒是较易成为纠纷的战场和无休止争议的源头。于是,借鉴文学的"占领"和"俘获"就具有了理由。实际上,人们也常能发现,精彩并有策略的表达"公正、正义、社会福祉、公共利益和个人权利",要比简单且乏味的表达更易成功。所以,"循循善诱"的演说,"激情四射"的宣言,进而使那些概念充满跃动的能量,从来必不可少。如果法律特别是基层司法对此不屑一顾,实在是殊为不智。

  本书所涉及的各种心理学,特别是社会心理学,是重要的理论预设。通过"文学",后将讨论的落脚点放在对基层司法的"接受"和"认可"的分析,需要对个体和群体的心理感受、情绪活动,予以深入研究。法律研究,早已注意到心理学的重要。20世纪初期,欧洲的心理法学派及美国法律现实主义,均运用心理学作出了重要尝试,并十分喜好在心理学的基础上作出关于法律性质的判断。⁽¹⁶⁰⁾美国法律现实主义(Legal Realism)更是费尽心思,已在广义的司法问题上颇多着力。⁽¹⁶¹⁾笔者对此表示尊重,并有所延续。但笔者却倾向于在心理学的理论路径上,添加"文学",甚至让"文学"显得比心理学更加优先。以此为前提,本书中,"文学"的理论工具和心理学的理论工具将会并用互助。这意味着,本书在展开分析时,有时是独立"文学"的,如聚焦于作者创作构思、故事情节的写作推进;有时是独立"心理学"的,如在阅读反应、情绪波澜的问题上作出思考;有时则是互为映照的,如集中于读者对作品或司法意见的鉴赏;有时则是前者依据后者的,如集中于鉴赏的情感打动。当然,即使是独立"文学"的,其依然暗示了心理学理论和实验的潜在支持。本书对心理学的借助,另需说明,是对其通识或争议较小的理论的参鉴。⁽¹⁶²⁾

社会学色彩的语言哲学(与逻辑学色彩相对)⁽¹⁶³⁾是本书思路的又一理论预设。笔者相信,语言的一般技术规则不能忽视,但更认为,语言使用有其背后的社会含义。换言之,怎样使用语言,用什么样的语言,与使用者的身份、阶层、职业、价值偏好、动机策略和具体环境存在密切联系。⁽¹⁶⁴⁾关于基层司法,法律人更多喜欢及主张专业的语言和术语。显而易见,这不仅仅因为朴素的法律正规化追求和"有效实现社会规制"的理念使然,作为群体,其与法律人"阶层化"

⁽¹⁶⁰⁾ 欧洲的学者如塔尔德(Jean-Gabriel De Tarde)。See David Toews,"The New Tarde: Sociology after the End of the Social ", *Theory, Culture & Society*. Vol.20, Iss.5(Oct., 2003), pp.81-98. 美国的学者如弗兰克。See Jerome Frank, *Law and Modern Mind*. New York: Anchor Books, 1963.

⁽¹⁶¹⁾ See William W. Fisher, Morton J. Horwitz, and Thomas A. Reed(eds.), *American Legal Realism*. New York: Oxford Unversity Press, 1993.

⁽¹⁶²⁾ 心理学者也有很多争论,且随着实证研究结果出现的差异及更迭,理论结论亦在发生变化。

⁽¹⁶³⁾ See Joshau A. Fishman, *The Sociology of Language: An Interdisciplinary Social Science Approach to Language in Society*. Rowley: Newbury House Publisher, 1972.

⁽¹⁶⁴⁾ See Fernando Penalosa, *Introduction to Sociology of Language*. Rowley: NewBury House Publisher, 1981, chap. 4.

的社会存在有着关联。法律人,作为群体(因为个别人或许除外),同样不仅希望基层司法有尊严,亦希望自己有尊严,不仅希望基层司法有效地运行和低成本,而且希望自己便捷和有效益。[165] 与之有别,普通人则更多喜欢通俗的语言和概念。基层司法中,相对法律人,普通人是"劣势"的,即使普通人中亦有社会资源的"优势劣势"之分,语言的选择和期待,随之即会分化,普通人作为整体,依然总会担忧法律之语言的"技术壁垒"。因此,基层司法的语言,便存在了反思空间;看到其中语言的社会含义的复杂性,便有了题中之意。本书会分析微观层面的一般语言规则问题,但更会关注宏观层面的语言的社会问题。其实,联系基层司法讨论"文学",认为"文学"是语言的书写耕耘田,且认为"文学"本身即有社会含义,必须面对不同身份、阶层、职业、价值偏好、动机策略和具体环境的读者,有分寸地沿用社会学倾向的语言哲学思考,实为清醒之举。

如果相信语言具有社会倾向,对语言社会学的辨析不能舍弃,则深入至"政治道德"的理论思路即为不可避免。通过"法律与文学"的框架,讨论基层司法,本身暗含了对语言传达之"听者"的优先考量。"听者"自然可分类,但相对基层司法,"听者"的概念更多会指向并非富有、知识平常的一般群体,特别是在中国。从历史的角度看,即便此类一般群体在不同时期对基层司法体现了不同的想法或期待,但整体上,其对基层司法依然拥有一种类型化的愿景企盼,即有力坚决地解决纠纷,果断锐利地理性裁断时,这一司法,可以表现得"不那么陌生",或"不那么冷冰",尤其是"不那么远离'人民司法'的名分",染上"衙门"之名声。从早年的马锡五,到现在的"宋鱼水式"诸多基层法官模范,他们表现出来的"倾听""体谅""对话""鼓励""耐心",普通

---

[165] 参见谢宏滨:《论法律语言的社会学属性》,《边缘法学论坛》2006年第2期,第81—83页。

群众表达了思念和广泛赞誉。⑯ 这是愿景企盼存在的一个印证。因此,通过对"文学"的分析,讨论语言的社会倾向,继而需要适度地追问,"谁之基层司法方法"的政治道德问题。也因此,本书贯彻历史唯物主义,赞同关于法律存在立场的观点。笔者认为,需要关心基层司法方法的"自治"系谱及其职业技术规范的规律代码。但笔者更认为,"自治"系谱、规律代码,包括对其倾心进而前赴后继的过度自恋和崇拜,本身就包含了对"谁之基层司法方法"问题作出回答的态度。这种态度,是可以且应该反思的。因此,重述一个人们熟悉的思路并不多余:有必要根据具体的历史条件,特别是现实条件,来理解"怎样开展基层司法"。

八、研究方法和材料运用

"法律与文学"关注故事和叙述,而基层司法,通常首先徘徊于案件的基本事实和证据。这些若干方面,似乎暗示了,本书采取"小叙事",即在具体的人物、事件、场景包括证据中展开分析论证是明智的。毋庸讳言,如此写作,一个重要的意义在于"易读易看"。但"易读易看"的意义在"法律与文学"的理论框架中,却在于推进"文学"的一个实践意图,这就是,"易理解"可以有效地产生"走进言论广场"的激励。纯粹的大叙事,抽象的大理论,自有其价值,但也常常会有隔离的作用,易阻碍更多的听者、读者的言论参与热情。而且纯粹的大叙事,抽象的大理论,背后有时还会隐藏知识威吓和要挟的"阴谋",裹挟知识垄断的利益欲望,还会与"法律与文学"的"底层"目的背道而驰。

---

⑯ 学界的讨论很多,有关"文学"的研究,参见陈文琼:《论"文学"在司法实践中的作用——一个"法律与文学"的分析视角》,第41—46页;刘星:《走向什么司法模型——"宋鱼水经验"的理论分析》,载苏力主编《法律和社会科学》(第二辑),北京:法律出版社,2007年,第50—102页。

当然,小叙事,不意味着没有"理论",而本书最终亦是为了追求学术上的一个理论提出。因此,附着在小叙事上不断行进,在"具体"中渗透"理论"浮推"理论",必要时激活和概括"理论",是本书研究方法的一个要旨。

首先,为"小叙事",本书会不断提及并且分析涉法文学作品,剖析作品中关于法律的文学写作和修辞手段。这些文学作品,总是较为优秀,包含了重要的"法律故事",且总会与基层司法有关。现在,人们通常不会否认,经典的涉法文学作品,无论是中国的还是外国的,对法律情节的掌控,对法律要害的拿捏,对法律机理的理解,常是恰如其分。有时,它们还会合乎逻辑的出人意料并极富启发。这就需要人们不断欣赏和体会。而欣赏和体会的前提,即在于仔细推敲作品的小微描绘、语境编织和文字调遣。针对文学作品,本书将在尊重和学习文学评论基本行规的基础上展开论述。其次,"小叙事"要求,本书必须关注现实中法律纠纷的具体事实,在具体事实中分辨"争论"的走向、关系、逻辑和寓意。对涉法文学作品的分析,目的之一,在于回归对现实法律纠纷或案件的细节理解及其把握。本书集中讨论的法律实例,一般颇具典型意义,而典型意味着许多人很感兴趣,乐意讨论,这些实例已成为公共事件而且运用起来十分便捷;同时也意味着实例中的人物、事件、场景等,很大程度上易引起人们的自我联想、"感同身受"。这与"文学"故事叙述的吸引,及由此带来的普通读者"主体自我移情"具有类似性,也因此具有"法律与文学"的分析潜力。需要强调,本书对现实中典型法律纠纷或案件的具体事实的持续剥离、辨析,是叙述之要点。

当然,"小叙事"有时会和个案分析的方法不谋而合,似乎是后者的同款操作。但本书还是想要说明,两者存在差异。"小叙事"的方法有时会集中适用于一个具体个案,然而,其更多时候却会热衷于串联

N个具体个案,也由此,"小叙事"的方法试图在经验和常识两个层面拥有更广泛的阐明涵盖力,其目的,是使理论的提炼能够获得更多实践的支撑。

作为研究方法,除"小叙事",本书也会关注历史比较手段的运用。历史中,存在后人对前人的模仿和学习,也存在不经意的重复,而且模仿和重复时而具有连续性。对法律,特别是基层司法,这种情况是更有可能的。因此在历史中追踪家族类似的实践系谱,并窥视和分析今天实践与过去实践的某种内在联系,肯定会有助于对经验世界的逻辑结构的深入理解。同样,与域外的某些近似实践相互比较,亦如此。当然,这一研究方法本身毫无新鲜之处,但和"小叙事"的方法联系起来,相互融合,便会产生"法律与文学"之"文学"的学术旨趣,类似对"文学"的追忆、跃想,敦促思考者去想象。这一研究方法,对本书而言不应缺席。

本书运用的材料,除了经典文学作品,主要集中于中国基层司法的实践样本。这些样本一般来自主流传统媒体,特别是中国法院系统的报刊媒体,其次来自相关的知名门户网站,有些则来自笔者的访谈和调研。之所以按照如此顺序采用样本,是因为如下几个理由:第一,被采用的法院系统主流传统媒体和网站的样本,一般来说较为"准确",报道者或记者较为熟悉法院的过去和现状,亦常深入基层,了解细节。第二,这些样本尽管有时会有"正面宣扬"的意思,但更多是为了表达事件本身的发生、发展、变化,说明一个现象。第三,这些样本传递出来的信息,一般没有生硬的"违和感",相反,人们有时觉得其有意思,愿意讨论。而实际上,这些信息为人所知后,很多人已经从不同立场、不同角度展开了讨论,或赞扬,或批评。一个可以且允许人们以不同喜好讨论的信息,本身即表现了"较客观"的研究意义。第四,知名门户网站的样本,有时展现了延伸传统媒体样本之广度的特点,不可忽略。同时,其传达出来之后更加广为人知,这对尽快并游刃有余地推进叙事层次,进入理论讨论,赢得他人的研读兴趣,并调动他人参与之欲望,是便利的。第五,笔者认为,将从媒体中获得的样本和自己访谈、调研的资料相互对比、印证,以此为基础,有时直接使用后者,可能亦为妥当。这是将具有广度的间接经验感受和直接经验感受结合起来的有效方式。纯粹的间接经验感受,即使是真实的,终究因为"传来"会使研究者的确信感有所犹豫。单一的直接经验感受,既有孤证的嫌疑,亦有以偏概全的可能,会使研究者手脚畏缩。由此,尽量有机的互鉴,实为稳重之举。也由此,笔者的分析讨论的经验基础或许更稳健。

九、内容框架

本书内容的安排,不以惯常规整的理论模块队列为宗旨,比如,先法律,后文学,再法律与文学,再基层司法……如此,并非因为这一模式有何欠佳,而是因为"法律与文学"的主题意蕴可能会让人觉得,将内容视为"情节",依照"情节"的既逻辑又错落有致的演化,循序渐进,以将思想推陈出来更适宜。

既然主旨是"法律与文学",而且是关于基层司法的,故从同时映射基层司法的"文学中的法律"与"作为文学的法律"的关系讨论入手,使之作为第一章,乃属必要。如前所述,"文学中的法律"和"作为文学的法律",是法律与文学学术路径的两个最重要的内容。此外,"文学中的法律"主要关心涉法的文学作品,从中探究,以求发挥,而相关的文学作品常与基层司法有关联。与此对应,"作为文学的法律"特别关心故事、叙事,关心语言使用、说话的策略,而基层司法从来都是先讲述证据(或法律事实)的"故事",使之合乎情理,为人理解,并成为有"开头、展开、结尾、定论"的一个法律作品,还要对司法参与者(包括司法听众),使用"有意义"及"听来尽量易接受"的辅助说辞。因此,从宏观角度看,分析"文学中的法律"与"作为文学的法律"的关系,可为后面其他章节内容的讨论奠定基础。

第一章,讨论的核心概念之一是"文学叙事"。此概念,表明优秀作家在建构一个经典的涉法文学作品时,如何谋篇布局,巧用修辞,最后使人沉浸其中,占领读者的心灵。所用资料是为人熟知的《威尼斯商人》。另一个概念是"诉讼战场",即参与诉讼后,当事人如何试图扩展自己的证据数量、理由陈述,及巧用修辞,可概括为"如何讲好自己的法律故事",或吸引听者(法官、其他诉讼参与者以及社会公众)。后一概念分析借助的经验资料是"北京八达岭动物园老虎伤人案"的诉讼、社会争议。接下来是本章最重要的概念——"细节社会因素"。此概念,对作家和诉讼参加者而言,包括如何运用的问题,如何推断、联想的问题。毫无疑问,开始从事写作,开始进入诉讼,首先便需要不断地在"细节社会因素"中持续演习,之后,恐怕还需如此。本章将论证,第三个概念是凿开"文学叙事"和"诉讼战场"两者间的通道及深入洞察两者生动关系的有效工具,最终,是理解"文学中的法律"和"作为文学的法律"两者关系的关键密码。进一步,本章将论证,对"文学中的法律"和"作为文学的法律"的关系的清晰把握,是支持法律与文学研究的关键所在。

第二章,贯穿"从法律到文学,从文学到法律"的叙事宗旨,从马锡五审判方式切入,讨论之中"运行逻辑"可能是怎样的。之所以将马锡五审判方式纳入视线,是因为中国的基层司法,其内涵之一是不断承继这种审判方式的精神遗产。遗产之关键词,是"群众路线"。既然是"群众路线",便有"动员群众依靠群众",及如何"为群众所想"及"为群众所喜"。"喜欢",即与"文学"有了联系。本章首先从经典的"封捧儿案"原判决开始,继而从颇受当年革命根据地群众喜爱的相关文学作品《刘巧儿告状》和《刘巧团圆》深入,分析可能的"运行逻辑"。本章理论框架,大致属于"文学中的法律",但暗含了"作为文学的法律"的内在线索。

"运行逻辑",包含对"微观细节"之结构的理解。本章剖析法律场域的诉讼一方的"因果追索"偏好、审判一方的"一事一议"偏好,以及二者之间的冲突和博弈。这被以往法学研究所忽略。基层司法中,诉讼者总会强调,一个行为的出现是因为另一个行为,另一个行为又有原因,并以此作为辩护。审判者为结案,必须在某一节点上切断因果的不断追究。故诉讼者甚至旁听者时有不满,而审判者不免踌躇。当年马锡五审判封捧儿案,纠结之一可能正是这一点。本章继而提出"试错"和"角色不断转换"的概念,用来表明马锡五审判方式的可能"运行逻辑":不断和群众沟通,在沟通中将裁判观点不断试错,而且审判者以"审判者角色"为中心不断变换自己的"角色扮演",或"管理者",或"调解者",或"教育者",或"普通群众",以求得平衡点。封捧儿案的审判,及以其为原型的"刘巧儿"故事文学,都是成功的。而成功传递了一个信息:和群众沟通很有意义,而沟通意味着修辞技艺颇为重要。"因果追索"是第一章"细节社会因素"概念的延伸,"运行逻辑"则是"细节社会因素"概念的后续推升。

第三章,讨论"契约司法",进而提示司法过程中修辞技艺也即"走向文学"的重要。不断试错,本身即意味着审判者和诉讼者及旁听者之间,不断出现"要约",不断出现"承诺"。这是隐蔽的契约实践。用"契约"的概念来理解司法过程,对传统法学而言,等于突破了常规路线。但这一章将论证,不仅理论上而且在实践中,某种层面的契约司法均为可能,也是有益的。本章讨论的另一要点,是"契约司法"与"司法对错"的关系。在本章的讨论中,过去对"司法对错"的一般认识可能存在某些误区,而"契约司法"或许正是破解这些误区的一个有趣路径。最后,如果"契约司法"是可欲的,且非幻想,那么,讨论契约司法过程的对话方式、修辞策略,也就需要推上前台。

第四章,延续并拓展前一章讨论的路径,分析包括"契约司法"对话在内的更广泛的"司法日常话语"的"文学化"。毫无疑问,司法过程中,除正式裁判及程序的规范用语,如在调解、庭前庭后的会面中,裁判者还会与诉讼当事人存在其他形式的语言交流。首先,本章论证,在"司法日常话语"中,生动、趣味、情感代入和温馨故事意味的叙述修辞,颇有益。其有益,不仅是在方法策略层面有助于推进司法过程,而且体现在"司法立场"层面。进一步,本章将深入论证一个重要观点:"司法日常语言"的"文学化"(自然涵盖了"通俗化"),在当代中国基层司法中联系着对"司法政治道德"的选择。其次,本章从另一角度,讨论人们可能会生疑的"文学化"和"司法对错"的关系,分析"文学化"对"司法对错"问题的正面功能,使之融入法学论域。本章可以说是第一章"文学叙事"概念的一个具体法学运用。本章使用的经验样本,主要是中国基层司法日常话语本身即带有"文学化"的具体实践例子。

第五章,讨论以中国"法官后语"为典型的判决书附带的问题。这是将分析从言语转向书写。判决书正文,或者附带,其中带有"文学化"的修辞叙事并不鲜见。但中国的"法官后语"在承载传统意蕴之际,更多协调地对接了现代标准的司法进程。其有独特之处,也有独特的中国语境。对其中包含的"委婉、真情"及"生动感人"的修辞展开分析,可推进司法中"文学"的前景展望,加深对"司法政治道德"的理解。本章依然是对第一章"文学叙事"概念的具体法学运用。而本章的经验材料,同样是中国的具体实践。

第六章,从"附带"书写转向"司法决疑"的讨论。本章分析的核心问题是,基层司法中"疑难案件"的裁判能否从"文学"作品的构思和创作中得到启发。显然,文学作品的修辞无法离开作家的细思,而文学作品的故事情节更是需要作家的构思。本章第一个重点,强调"疑难案件"主要不是逻辑真值问题,而是理解合作问题。换言之,思想分歧,认识分裂,进而出现争议,才会产生一般意义的疑难案件,尤其是成为公共事件的社会化的疑难案件;反之,通常来说便无疑难。由此,本章第二个重点是,"法律与文学"的思路是否可以为判断疑难案件提供协助,即通过"文学叙事"的话语策略,裁判者是否有望化解分歧、弥合分裂、消融争议,将疑难困惑尽量推入理解合作的重新启动,以最终顺利解决疑难案件。这自然会使我们将目光移向文学作品的构思与创作。

本章再次深入至第一章"文学叙事"的概念,并再次通过对《威尼斯商人》的详尽分析,论证优秀的文学作者如何可以通过涉及法律问题的"情节"和"修辞"的精巧安排,将大多数读者的态度由疑惑转变为认同。本章核心观点是,基层司法的疑难案件,必然涉及案情细节,因此,裁判者怎样理解、安排、陈述案情细节,如同优秀文学作者建构涉法文学故事的情节,都拥有巧妙且不失逻辑的灵活空间。"法律与文学"的叙事理念,可以为有关疑难案件的社会化理解合作提供诱人的路径。本章的研究逻辑,也可认为是第一章"文学中的法律"与"作为文学的法律"之关系的分析的一个突破性的个案延伸。除《威尼斯商人》,一些人们耳熟能详的中国的具有公共事件性质的基层司法疑难案件,亦为本章分析之材料。

第七章,着重分析基层法庭空间的塑造。但分析视角不是外在客观的,而是实践内在的诉讼参与者的。从诉讼参与者,特别是当事人及旁听者的视觉、听觉角度,法庭物理空间会产生影响,如法槌、国徽、桌椅摆设;而裁判人员的言行举止、性别等法庭人文空间,同样会产生影响。本章从中国基层法庭空间丰富而又生动的另类实践样本入手,分析灵活化,如家庭化的法庭空间如何建构,论证针对某类案件,如何可以更能切合社会需求,赢得诉讼参与者的情感。本章的基本观点,第一,法庭空间的普遍正规化是必要的,但在家长里短之类的纠纷中,不一样的空间努力,亦为有益,后者有时或许的确需要"轻松""宽慰""愉悦""温馨"和"感人"的元素;第二,空间可以也应随语境的变化而变化,如此会更有助于增强基层司法的社会适应能力,提升其社会声誉,直至社会权威。

  本章的潜在逻辑,在于提示,司法言语、书写、决疑和司法空间存在密切关系,"法律与文学"的分析路径由此可以在中国基层司法的言语、书写和决疑中得以深化,或许亦能够在中国基层司法的法庭空间中深化。概言之,"法律与文学"的"文学",正如参与这一学术运动的学者所熟知的,除了小说,还包括触动视觉和听觉的影视作品、说唱艺术、舞台表演等,既如此,本章所分析的"空间"又可能是"法律与文学"学术疆域拓展的一个新领域。

第一章 "文学中的法律"与"作为文学的法律"的关系

> 说明并讲述一个令人信服的故事之能力,亦为诉讼律师修辞工具箱里的关键部分。
>
> ——Keiran Dolin①

> 一个人若会说一篇滔滔不绝的言辞,而不善于问答,则显得他的说话迟滞;若善于应答而不能作持久而有始终的言辞,则显得其人的言语之浅薄无力。
>
> ——[英]培根②

> ……小说家和剧作家们非常热衷于那些在法庭背景中发生的故事。
>
> ——[美]杰罗米·布鲁纳③

一、问题与目的

本章讨论"文学中的法律"和"作为文学的法律"

---

① Kieran Dolin, *A Critical Introduction to Law and Literature*. Cambridge: Cambridge University Press, 2007, p.29.
② [英]培根:《培根论说文集》,水天同译,北京:商务印书馆,2003年,第122页。
③ [美]杰罗米·布鲁纳:《故事的形成:法律、文学、生活》,孙玫璐译,北京:教育科学出版社,2006年,第33—34页。

的关系,且尽量深入。这一论题,从法律与文学的研究谱系看,少有学者触及,偶有亦不甚明确。④ 学界熟知,法律与文学主要涉及"文学中的法律"和"作为文学的法律"(或可说"法律即文学"),虽有其他方面,如"关于文学的法律"(或"文学的法律")⑤,但前两者无疑是最重要的。

法律与文学的学术实践,在中国法学界的境遇似乎不乐观。⑥ 有学者认为,其渐式微⑦;还有学者判断,其前景堪忧。⑧ 因此,本章写作又可能被视为意义甚微的笔墨努力。然而,本章侧重的是基础理论探索。这一点有别于国内通常对"文学中的法律"的研究,即主要从广义的文学作品,如经典文学文本、戏剧及影视作品进入以展开法律思考,包括对与法律相关的社会、政治、经济、文化的思考;亦有别于国内数量有限的对"作为文学的法律"的研究,即主要分析司法语言的修辞、叙事,及其具有的功能和带来的效果。如果理论分析顺利,并能有所启发,本章的讨论,或许对国内原有的研究在基础理论层面有所帮助。是否改观境遇,自然不敢妄言。而国外法律与文学的学术实践还是平稳的,其已不限于英语国家,欧洲大陆的学者,现在也较多参与其中⑨,这或许与其在基础理论上的

---

④ 曾简略提到两者关系的例子,See Ian Ward, *Law and Literature: possibilities and perspectives*. Cambridge: Cambridge University Press, 1995, pp.3-4; Richard H. Weisberg, "Family Feud: A Response to Robert H. Weisberg", *Yale Journal of Law and Humanities*. Vol.1, No.1 (Dec., 1988), pp.76-77.

⑤ Kieran Dolin, *A Critical Introduction to Law and Literature*, p.41.

⑥ 在英语世界,早有人系统地批评这一学术实践,一个直率批评和分析的重要例子,See Jane B. Baron, "Law, Literature, and The Problems of Interdisciplinarity", *The Yale Law Journal*. Vol. 108, No.5, (Mar., 1999), pp.1059-1085.

⑦ 参见侯猛:《社科法学的研究格局:从分立走向整合》,《法学》2017年第2期,第81页。

⑧ 参见苏力:《"一直试图说服自己,今日依然"——中国法律与文学研究20年》,《探索与争鸣》2017年第3期,第84-85页。

⑨ 如意大利的 AssociazioneItaliana di Diritto e Letteratura 和 Italian Society for Law and Literature,荷兰的 Erasmus School of Law 的 European Network for Law and Literature,挪威的 The Bergen School of Law and Literature。

乐观感受有关。如此,辨析"文学中的法律"与"作为文学的法律"的关系,使之清晰明锐,可能多了一层旨趣。

首先需提到,"文学中的法律"与"作为文学的法律"的关系是一个重要的基本问题,关乎"法律与文学"的核心逻辑,如不澄清明确,或将很难说明"法律与文学"的跨学科或交叉学科的合法性,甚至可为疑惑或质疑者留下颇有利的理由,尤其是针对法律法学领域。比如,"作为文学的法律"的目的之一,在于将法律和文学在一定意义上视为相似的,宣称社会在法律实践时,也是类似地穿行于文学实践。⑩ 可想到,"文学中的法律"的思想活动由来已久⑪,文学评论中的"法律喜好",亦是源远流长,当看到莎士比亚的《威尼斯商人》时,我们早已知道,存在着关于四幕一场"割肉契约"法庭辩论的浩如烟海的文学评论,当然还有法学评论,但是否可以因此便认为,我们有可能甚至有理由将日常生活中的契约纠纷,视为戏剧中"割肉契约"法庭辩论的类似实践?⑫ 如果不能,"文学中的法律"的思想活动不就是文学评论的一部分?由此进一步,从法律法学的角度看,为何需要"法律与文学"?⑬

反过来,"作为文学的法律"试图强调,法律和文学一样具有开放性,且同样爱好并期待美妙的话语策略,思考"怎样叙事"⑭;但法律人,特别是律师,不是常常都在揣摩思路的可能性和多样性,"如何进行法庭表达",及"如何在法律上说的天衣无缝"(以至于莎士比亚说

---

⑩ See Sanford Levinson, "Law as Literature", *Texas Law Review*. Vol. 60, No. 3 (Mar., 1982), pp.373-403.

⑪ See Richard H. Weisberg, "Wigmore and the Law and Literature Movement", *Law & Literature*. Vol.21, No.1 (Spring, 2009), pp.129-141.

⑫ 关于四幕一场的"割肉契约"情节,参见[英]莎士比亚:《莎士比亚戏剧经典·威尼斯商人》,朱生豪译,北京:中国国际广播出版社,2001年,第141—163页。

⑬ 文学研究者似乎更喜欢"文学与法律"的称谓,至少从中国学者发表的论文和大学研究机构的名称,可看到这一点。

⑭ See Guyora Binder, "The Law-as-Literature Trope", in Michael Freeman and Andrew D.E. Lewis (eds.), *Law and Literature: Current Legal Issues* (Vol. 2). Oxford: Oxford University Press, 1999, pp.72-76.

第一个该杀的就是律师⑮)？法律人的这种生性灵活,显然可在职业内部加以实现,且有内在动力,似乎无须去看文学作品以获得灵感。现实恰恰是,文学生产者需要观察法律人,而法律人似乎可不关心文学生产者,如此,"作为文学的法律",怎样需要"文学中的法律"作为一种必备的支撑,提供逻辑的担当？同样进一步,从法律法学的角度说,为何需要"法律与文学"？

如果上述疑问成立,则延伸的困惑也会随之而来。例如,打开文学经典或重要的文学作品,阅读之中的法律叙说或涉法故事并予深入追究,以获得材料体验、理论解析,是否会提升或至少辅助法律法学研究的水准？⑯ 又如,揣摩文学叙事的技艺,或普遍意义的生动修辞策略,关注"怎样说话"和"如何表达",关注语言对他人的情感愉悦和宽慰,像判决书中的"暖心话语"⑰,是否推高或至少辅助了法律现实活动的功能及法律权威的提升？⑱

另外,需承认,面对传统根基牢固且职业心态总是保守(人们也常说法律活动本身也倾向于保守)的现代法律职业群体,法律与文学的倡导者及研究者,常是步履艰难,犹如法律与经济学(尽管法律与文学反对之)、法律与其他某某学的追随者一样,几乎很难占据法学研究包括法律实践的中心。即使位居文学界前列的大家,如狄更斯、巴尔扎克(Honoré de Balzac)、托尔斯泰(Лев Николаевич Толстой)和卡夫

---

⑮ 参见[英]莎士比亚(Shakespeare, W.):《亨利六世》(中) [英]贝特(Bate, J.)、[美]拉斯马森(Rasmussen, E.)编,北京:外语教学与研究出版社,2014年,第111页。

⑯ 参见苏力:《编者絮语》,《清华法学》2008年第3期,第5—6页。

⑰ 近期例子,参见本书导论部分题记。另外2016年6月23日南京市玄武区人民法院微信公众号推送了一份判决书,其中写道:"繁体字'親愛',蕴藏着一句多么深挚的劝勉!'亲要见面,爱要用心'。希望双方检索一下自己的'親',盘点一下自己的'爱'。"王艳、林山:《南京一法官写暖心判决书:"讲情"可能比"说理"更易被接受》,载《澎湃·时事》官网(http://www.thepaper.cn/channel_25950),访问日期:2018年2月5日。

⑱ 争论总是存在。详尽讨论参见刘星:《司法日常话语的"文学化":源自中国基层司法经验》,《中外法学》2010年第2期,第165—181页。

卡,曾从事法律职业,或出身于法律科班⑲,暗喻了"文学中的法律"颇有写作的社会身份根基,似乎也无法使法律职业群体对"法律与文学"有较大程度的认可。法律职业人仍可断言,闲暇之余喜好并阅读"文学中的法律",并不意味着法律工作也要文学式的,要从文学中汲取素养;而赞赏或实践"作为文学的法律",如此进行的文学式法律工作,可能是"不严谨、不严肃"的,挪移了法律实践"客观理性"的压舱石。还有则是,知识的添附需要成本。原有的法律研习,自身便需付出大量精力、财力,若单纯的法律知识可使法律人在职场上足以应付,又使外人觉得这是正当的职业表现,且能再次唤醒"隔行如隔山"的社会分工遗训的记忆,则对大多数的法律人,怎会有研习文学的激励?

托尔斯泰的《安娜·卡列尼娜》 刘星(中国政法大学法学院)摄于2019年11月16日

概括地讲,种种迹象说明,澄清、明确"文学中的法律"与"作为文学的法律"的关系无法回避。如欲研究"法律与文学",便需有所努力。

当然,这并非讲,澄清、明确了"文学中的法律"与"作为文学的法律"的关系,对"法律与文学"跨学科或交叉学科的期待便可顺理成章,并高枕无忧。实际上,有如法律与社会学、法律与经济学、法律与政治学甚至法律与哲学的学术实践一样,即使学术行规及传统已然承认,还会有

---

⑲ 参见维基百科相关人物词条。

人类似凯尔森（Hans Kelsen）一样固守"纯粹法学"（Pure Jurisprudence），去挑战其合法性。因此，澄清、明确，意在增强一种理论根据的信念，增强其有理由的动能，使人们从犹豫变得有些许自信，甚至些许自觉，以推进这一学术进程，惠泽社会法律实践尤其是中国的。

二、诉讼战场

前面提到，法律人尤其是律师，时常会且乐于探讨法律问题答案的可能性和多样性，而作为真实的社会现象，我们也常用"精彩""机智"等措辞，对其加以描绘。从法律行业传统的角度看，人们亦习惯认为，这是"理性"的自我揭示和对阵，其是在法律框架之内的说理式的"争夺"或"征服"。换言之，无论怎样的可能性，还是怎样的多样性，都是法律内存化的。但在这里，需要小心，因为我们不能忽略一个概念——"诉讼战场"。

诉讼的重心，可能是占据核心的法律人，如法官，也可能是巧扮核心的法律人，如律师（检察官可视为特殊的代理国家的律师），有时更可能是暗夺核心的外行人，即当事人。严格说，诉讼中法官、律师均有自己的利益，但当事人自己的利益最为要害，其为诉讼的直接动力；亦可指出，没有当事人的利益争夺，也就没有诉讼，甚至没有作为社会分工一部分的法律行业。当事人，最重要的特点，在于既想进入常说的"法律范围"，又想跳出其外，赢得法律的认可或当感觉法律不利于己时突破其框定。也因此，当事人，或基于不谙熟法律行规，或基于强烈的欲跨出法律行规，而时常将诉讼战场复杂化。关于复杂化，一个非常重要的佐证是，法庭上，法官常会或不得不说，"请当事人不要讲与本案无关的内容""请当事人围绕本案焦点陈述己方诉请"，或干脆指出,"当事人所说的内容,与本案没有法律上的关系"⑳。

　　复杂化的重点,对当事人而言,首先,要尽可能提出有利于自己的证据理由和法律理由,不论这种理由在他人看来是否与案件相关,是否具有论证作用;其次,律师总会推波助澜,即基于当事人的委托压力,及试图表现自己的职业能力以赢得代理市场,律师势必将当事人的理由精巧化、专业化,充分施展"法律包装"之能事。比如,北京八达岭野生动物园老虎伤人案,作为原告,当事人便提出了很多人,包括不少法律人均难以理解的诉讼理由。原告承认,自己在危险区擅自下车是不对的,但却主张,被告动物园管理方对事故发生应承担更大的责任,因其未尽全力保护的义务。具体言之,被告未经过评估论证,便违法经营猛兽的危险活动,没有对游客进行安全教育和培训活动,未采取必要的安全措施,没有对猛兽和游客进行有效隔离,没有应急预案,同时没有配备必要的救助设施和设备,对员工未进行必要的培训,对伤者又未采取有效的护理如包扎止血。此外,原告甚至提出,其母亲下车救助自己,属于"见义勇为",而被告应对其母亲的死亡承担全部责任。㉑ 仔细阅读不难发现,其中自然包含了律师的"一番苦心"。说其复杂,因为从网络等媒体可以发现,大多数人表示无法认同原告的诉讼理据㉒,但这不影响社会争论的持续,且不影响这些理据,"貌似可以提出",许多人也似乎真实地感觉,要等法院作出最终判决才能断定是非曲直。㉓

---

　　⑳ 有学者对此曾深入研究。See Austin Sarat and William F. L. Flestiner, "Law and Social Relations: Vocabularies of Motive in Lawyer/Client Interaction", *Law & Society Review*. Vol. 22, No. 4, 1988, pp.737-760.
　　㉑ 详情参见王巍、曾金秋:《八达岭老虎伤人案当事人起诉动物园》,《新京报》2016年11月23日,第A01版。
　　㉒ 随机统计,在各网站相关"评论"中约占85%以上。
　　㉓ 一个典型例子,参见叶泉:《老虎伤人事件,如果打官司会怎样》,《法制日报》2016年10月14日,第07版。

尤为需提到,复杂化之核心,在于如果社会争论扩展和持续,允许争论各方表达自己的意见,所谓理据的逻辑特征更有模糊不清甚至"被动者可能峰回路转"的趋向。针对老虎伤人案,当地政府对被告动物园管理方的责任作出了认定,称伤者与死者违反兽区禁止下车的规定,不理会管理人员和其他游客的警示,擅自下车,造成事故,因而事件不属于生产安全责任事故。㉔ 其意是指,伤者和死者自己应承担责任。反之,中国消费者协会法律部负责人却认为,自驾游览过程中,完全可能发生因车辆受损、机械故障、游客患病、生理需要等需要开车门求助的情形,致使消费者暴露在凶猛动物攻击范围内,经营者仅发放警示说明、签订协议,显然不够,应采取与危险程度相当的更有效的措施,如对车辆加装防护装置、挖掘隔离壕沟、配备自卫工具等,同时,应设置救生员,配置麻醉枪等设备。㉕ 明显可见,这两个"稍具权威意味"的机构作出的表达,包括有影响的纸质媒体,如《工人日报》,其刊登的文章对中国消费者协会态度的声援㉖,对原有争论起到了发酵作用,既刺激了原有大多数否定原告的舆论倾向,也在某些人的感受中似乎扭转了原告诉讼理由"过软"的劣势处境。最重要的,据此为基础,进一步以归谬辩驳为嗜好的争论,似乎增加了主要理据的模糊性。例如,批评原告时,人们最多提到的归谬辩驳是,"有人想不开,非要怪地铁公司?""全国铁路何止万里,怎样封得完,万一死人又是错""为何算是见义勇为,要是别人被虎咬,她会救?"㉗而支持原告的却说,"雨天商家购物,商家反复提醒'地面湿滑,小心慢走',但没有采取防护措施,有顾客着急滑到,难道商家没有任何责任?"㉘"在机动车道上

㉔ 参见王巍、曾金秋:《八达岭老虎伤人案当事人起诉动物园》,第A01版。
㉕ 参见杨召奎:《消协表态,何以网友齐吐槽?》,《工人日报》2016年10月26日,第3版。
㉖ 参见邓海建:《经营者之责优先于消费者守规》,《工人日报》2016年10月26日,第3版;同载《南方法治报》2016年10月26日,第16版。
㉗ 在相关的网络评论中可见大量的类似说法。
㉘ 杨召奎:《消协表态,何以网友齐吐槽?》,第3版。

骑自行车,被撞,机动车不承担一部分责任?""行人闯红灯出事故就负全责?"㉙甚至,有网友反讽到,原告故意下车,以自身安全为诱饵,诱使其母被老虎咬伤致死,是对动物园管理方的敲诈,动物园管理方应反诉。截至2017年2月4日,获该说法得点赞37 369次。㉚ 在此,人们实际上的确难以断定,哪些类比性的归谬是不具有论证能力的,哪些不可能受到迎合。正如一位学者所说:"法律故事在结构上是叙事的,在意义上是对立的,在目的上与生俱来是带有修辞色彩的,允许理由的质疑。"㉛

由此深入,可发现一个重要问题,即所有的"貌似可以提出""可能峰回路转""争论持续性"和"论证模糊性",均与其中不断涉及的"细节社会因素"并引发新的"细节社会因素"的可能联想有着密切关联。换言之,我们遭遇了传送微观现实信息的话语空间的持续繁衍。上述例子中,如原告提到"被告违法经营猛兽"的"未经论证",便为一个细节社会因素,而且,这个细节社会因素可能引发"谁来论证""怎样论证为有效"的细节社会因素的联想,人们又会卷入其中并展开讨论。再如,批评原告者说"有人想不开,非要怪地铁公司"的"有人故意跳下地铁铁轨",亦为一个细节社会因素,该因素可使人联想"真跳下去的人"可能与地铁公司有恩怨,"恩怨"作为一个细节社会因素,还会引发人们争论"跳下地铁"的是与非,进而追究这个归谬类比是否成立,其中又是开放的。在此,我们可逐渐发觉并触摸有关"细节社会因素"的关系网络。而在这个关系网络中不断穿梭游弋,我们便会理解,若想具有说服力,怎样归纳细节社会因素变得十分重要。这意味着,策略化

㉙ 在相关的网络评论中可见类似说法。
㉚ 参见《八达岭老虎伤人当事人起诉动物园索赔154万》,载腾讯网(http://coral.qq.com/1632049100),访问日期:2017年2月4日。
㉛ [美]杰罗米·布鲁纳:《故事的形成:法律、文学、生活》,孙玫璐译,北京:教育科学出版社,2006年,第34页。

地连接想象"细节社会因素",将人们日常生活中的熟悉感受巧妙地激活,生动地唤醒"这是理所当然"的心理认定,就变成在诉讼战场及由其引发的社会争论中赢得认可的关键之一。显然,不断搜寻细节社会因素时,话语声张者的目的,在于不断打动或直击人们日常生活感受的认同情绪,以获得其支持。

此处,一言以蔽之,不可避免的"细节社会因素"的卷入,及这种因素因诉讼战场参与者和社会争论参与者的欲望而变得完全可能持续延展,另外,这种因素背后的"吸引他者认同情绪"的心理驱动,恰是理解可看到"作为文学的法律"的一种现象的逻辑依据,进一步,这一依据正是理解"文学中的法律"与"作为文学的法律"之关系的逻辑路径。

或可这样陈述,看到这些卷入、持续延展及心理驱动,便能顺理成章地反问,当参与者以辩论模式进入诉讼战场,包括广泛的社会相关争论,并且真实地进行法律实践,是否也在暗示进行文学实践的可能?这里,是否正是一种隐约的"作为文学的法律"(即怎样陈述案情的是非曲直与讲述文学故事具有类似性)?而且,其中还包含了"好看",即潜在的有可能成为文学素材的"文学中的法律"?

三、文学叙事

为了理解依据、进入路径,便有必要转入对文学叙事的讨论。众所周知,经典的故事化涉法文学,其优秀文学生产者时常恰是娴熟地塑造了诉讼战场,使人们可重温或回忆诉讼战场的感受,让人们以更惊异同时更反思的心态,去体会诉讼战场的"灵性"。

莎士比亚的《威尼斯商人》中"割肉契约"的桥段,原本在类似的现实契约活动中十分平淡。无人不知,若买卖肉块,掐在精确的斤两之间几乎是不可能的事情,尤其是一刀切割下来的斤两。若从活体身上切下一块肉时没有一滴血留下,更是匪夷所思。因此,买卖从来都是"大致准确"或"后续刀补"(多了切除,少了切添),或流血时买卖者均认为这是十分自然的。严格说,没有人会认真对待"割一磅肉必须精准无误"及"活体身上割肉不得流血"的买卖契约诉求。广泛看,人们通常是以某些模糊心态,包括模糊认识,来对待并忍受买卖契约的不完全性[32],否则,实难想象现实中这种契约活动如何顺利进行。那么,为何《威尼斯商人》中,人们可以且颇有兴趣地在"割一磅肉必须精准无误"和"活体身上割肉不得流血"两个问题上,展开"法律纠缠"?为何这一戏剧出现后,人们不断争论,夏洛克和安东尼奥签订契约,如后者违约将在后者胸前割下一磅肉,鲍西娅为反击夏洛克辩称的"割一磅肉不能多一点也不能少一点,且不能流血"[33],究竟是智辩还是诡辩?[34]而争论本身,是否恰恰证明了,这两个问题可以且颇是值得深入讨论?完全可以想象,如果剥离所有的戏剧语境,仅剩下夏洛克的"如果不允许在安东尼奥胸前割下一磅肉,就让威尼斯的法律见鬼去吧"[35],和鲍西娅的"割一磅肉不能多一点也不能少一点,且不能流血",非常明显,如同一般活体肉块买卖,几乎没有人会认为,需严肃对待其中的诉辩逻辑,甚至会认为,鲍西娅的言辞纯属诡辩。

现在的文学评论,尽管对《威尼斯商人》的主旨、意义包括价值取向,存有颇多讨论和争论[36],但大体而言,均认为其是无可争辩的优秀

---

[32] 关于不完全性,可参见经济学理论。See Philippe Aghion and Richard Holden, "Incomplete Contracts and the Theory of the Firm: What Have We Learned over the Past 25 Years", *The Journal of Economics Perspectives.* Vol.25, No.2 (Spring, 2011), pp.181-197.
[33] [英]莎士比亚:《莎士比亚戏剧经典·威尼斯商人》,朱生豪译,北京:中国国际广播出版社,2001年,第165页。
[34] 关于智辩或诡辩的争论,See Daniel J. Kornstein, "Fie Upon Your Law!", *Cardozo Studies in Law and Literature.* Vol.5, No.1 (Spring, 1993), p.35.
[35] [英]莎士比亚:《莎士比亚戏剧经典·威尼斯商人》,第147页。
[36] See Michael Jay Willson, "A View of Justice in Shakespeare's The Merchant of Venice and Measure for Measure", *Notre Dame Law Review.* Vol.70, Iss.3 (Jan., 1995), pp.696-725.

戏剧作品,而其中四幕一场的法庭激辩情节,无疑是全剧的高潮之一,甚至是最重要的。㊲ 换言之,如果不能使夏洛克在法律纠缠中落入陷阱,理屈词穷,最终惨遭鲍西娅出其不意的雄辩碾压,整部戏剧的文学诱惑力便会大打折扣。㊳ 这意味着,以文学鉴赏论,四幕一场的法庭诉辩颇成功,观众屡次被挑起法律乃至文学的惊奇情绪是自然而然的。文学史亦曾记载,莎士比亚的"割肉契约"桥段,来自民间文学的"智断肉券",

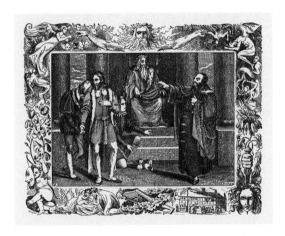

威廉·莎士比亚的《威尼斯商人》:威尼斯、法庭、四幕一场。木刻版画,1838 年 图片来源 Digital Vision Vectors/Getty Images/视觉中国

后者虽有"智"字标示,但也终归是小范围的传诵,而其成为文学和法学研究者的兴奋点,完全是因为《威尼斯商人》的后来激发。㊴

因此,需静心、认真地对待《威尼斯商人》的文学叙事。笔者认为,围绕四幕一场的法庭辩论情节的叙事铺垫至关重要。这一铺垫包

㊲ See Daniel J. Kornstein, *Kill All the Lawyers?*: *Shakespeare's Legal Appeal*. New Jersey Princeton University Press,1994, pp.65-67.

㊳ See Clayton Koelb, "The Bonds of Flesh and Blood: Having It Both Ways in 'The Marchent of Venice'", *Cardozo Studies in Law and Literature*. Vol.5, No.1 (Spring, 1993), p.107.

㊴ See Ann Barton,"The Merchant of Venice", in G. Blakemore Evans (ed.), *The Riverside Shakespeare*. Boston:Houghton Mifflin Co., 1974, pp.250-251.

括以下几个层次:

第一,虽有安东尼奥对夏洛克的轻蔑,甚至歧视,莎士比亚仍让其与夏洛克签订的割肉契约完全出于自愿,毫无被迫之嫌,另让契约经过公证以作法律语境的兜底。㊵ 而且情节预示,安东尼奥违约的可能性极低,最后的割肉约定,似是没有风险的随意之笔。

第二,偶然的情况,最终发生。安东尼奥的货船遭遇海难不能返回,安东尼奥无法履约偿还欠款,但其自己认定且坦然面对违约惩罚——割下胸前一磅肉㊶,故事氛围的演化,开始走向"悲剧"。

第三,在鲍西娅假扮法律博士出现前,夏洛克起诉要求依约行事,必须割下一磅肉,所有人均感无奈,有指责夏洛克残忍的,有要求夏洛克仁慈一些的,有愿意代安东尼奥数倍偿还欠款的㊷,而这些,都在表明夏洛克在法律上已无法抗拒。

第四,夏洛克表现出一个意思,威尼斯是法治之邦,自己严格依约行事且绝不作出任何让步,正是对威尼斯法治的尊重。㊸ 令人深感,既然讲法律,便要像夏洛克一样一丝不苟、理直气壮,否则法治只能是美丽的谎言,而故事氛围的进一步趋向,又只能是"悲剧"。

㊵ 参见[英]莎士比亚:《莎士比亚戏剧经典·威尼斯商人》,第37页。有学者详尽讨论了公证问题。See Edith Z. Friedler, "Shakespeare's Contribution to the Teaching of Comparative Law–Some Reflections on The Merchant of Venice", *Louisiana Law Review*. Vol. 60, No. 4 (Summer, 2000), pp.1088-1090.

㊶ [英]莎士比亚:《莎士比亚戏剧经典·威尼斯商人》,第121—125页。

㊷ [英]莎士比亚:《莎士比亚戏剧经典·威尼斯商人》,第141—147、155页。

㊸ [英]莎士比亚:《莎士比亚戏剧经典·威尼斯商人》,第157、159页。

显然,这些叙事铺垫都在指向一个核心:夏洛克是在要求法庭严格依法依约作出判决,任何法律之外的调解、和解等,均意味着,夏洛克站在了"法律正义"的制高点。这样的叙事逻辑清晰地传递了一个信息:击败夏洛克,并使人感觉有理有据,只能是在"法律通道"中针锋相对,像夏洛克本人一样,严格讲求法律、严守契约,且在这一通道中"置之死地而后生"。在莎士比亚笔下,既然夏洛克如此热衷严格依法依约行事,拒绝所有的退让,回绝他人的仁慈恳求,且这些在当事者和旁人看来,是那样的不可阻挡,则夏洛克包括这部戏剧的任何读者,就自然不得不且乐意接受甚至期待与夏洛克一样"严格"的反击诉辩。事实上,当鲍西娅说出,"既然你要求公道,我就给你公道,而且比你所要求的更地道",即必须在安东尼奥胸前割下一磅肉,但不能多一点,也不能少一点,而且不能流下一滴血,夏洛克哑口无言㊹,他人包括绝大部分戏剧观众或读者,很大程度上,只会觉得鲍西娅的反驳强而有力。㊺ 读者也的确可以说,"战胜夏洛克残忍要求的并非道德与情理,而是逻辑"㊻。

在此,在"割一磅肉不能多一点也不能少一点,且不能流血"这一单独看来注定是无人认真对待甚至可能反感的买卖契约诉求周围,《威尼斯商人》中实际上填补充实了合乎逻辑的"细节社会因素"的语境,使其线索显得真实可信(除了关系不大的"鲍西娅假扮法律博士"㊼),并在需要时令其峰回路转,最终让人觉得这一诉求可以且必须得到严肃的辨析,非常值得究其关键。文学生产者以其敏锐的对生

㊹ 参见[英]莎士比亚:《莎士比亚戏剧经典·威尼斯商人》,第163页。
㊺ 有学者做过大致统计,80%以上的观众或读者赞赏鲍西娅的诉辩。See Daniel J. Kornstein, *Kill All the Lawyers?: Shakespeare's Legal Appeal*. New Jersey: Princeton University Press, 1994, p.66.
㊻ 贺卫方:《中国古代司法判决的风格与精神——以宋代判决为基本依据兼与英国比较》,《中国社会科学》1990年第6期,第215页。
㊼ 参见[英]莎士比亚:《莎士比亚戏剧经典·威尼斯商人》,第151、153页。

第一章 "文学中的法律"与"作为文学的法律"的关系

活细节的观察理解,且以精湛的叙事技艺,讲述了如何可将一个不重要的法律问题变为重要的,将一个几乎没有什么特别意义的法律理解,变为迷人猜想。看完四幕一场,对法律感兴趣的大多数人,难道不想追究为何鲍西娅可以这样诉辩,且强而有力?㊽

当然,不能认为,在《威尼斯商人》四幕一场法庭辩论的文学叙事之后,人们会沉浸于现实中"割肉契约"这样一个具体的法律问题,在交易实践中关注割肉多少和是否流血的细节。但是,其显然可以启发关于另类的契约细节是否应予完善、契约的合理条款是否已隐含的讨论,更重要的是,通过文学叙事,优秀的文学生产者提醒了关于契约的一个重要理解,即契约是否完善、契约是否可细究条款含义,很大程度上取决于参与者是否分享了共同的话语背景和当时参与者置身其中的相关社会语境。文学,通过优秀文学生产者的叙事,极佳地诠释了契约纷争如何与相关细节社会因素必然地联系在一起。

进而言之,通过文学创作中的社会细节语境及因素的叙事过程,我们会发现涉法故事文学叙事展示的"文学中的法律"的构建机制,进一步,发现必须在"细节社会因素"的运用之上,且要在更像是穿梭于类似现实老虎伤人案的"作为文学的法律"之上,"文学中的法律"才能证明自己的可能性和合法性。

正是这样,前面总结的逻辑依据及路径,便有了可理解和走进的必然性。或可以说,可以让人们自然而然地回忆甚或思考"作为文学的法律",比如在前面讨论的老虎伤人案中,回忆甚或思考为什么有的参与者可以陈述得有意思,且似有说服力,为什么有的陈述似乎更能

㊽ 事实表明,对法律感兴趣的许多人参加了讨论。See Kenji Yoshino, "The Lawyer of Belmont", *Yale Journal of Law and Humanities*. Vol.9, Iss.1 (Jan., 1997), pp.183-184; Daniel J. Kornstein, *Kill All the Lawyers?: Shakespeare's Legal Appeal*. New Jersey: Princeton University Press, 1994, pp.65-67.

得到较多人的认同和欣赏,就像我们在涉法文学故事中看到的某些情形,便是情理之中的事。

四、两者关系辩证

通过对《威尼斯商人》四幕一场法庭辩论的考察,我们可以体会,在经典的故事化涉法文学中,文学生产者既像法律人一样,会规范且内存化地框定法律问题的主线(否则我们会觉得遇到了一个文学法盲),也像普通当事人一样,会尝试跳出法律行规的束缚,以求诉讼战场的拓展。但文学生产者不同于法律人之处,在于其会更主动、更有兴趣地将法律问题的主线镶嵌于多样化的"细节社会因素"中,让规范性的一般问题具象化,并且变得容易被接受;文学生产者不同于普通当事人之处,则在于其会更娴熟、更"有才华"地将复杂多样的"细节社会因素"有机连接,让所有关联性的现实元素自然流畅。深入地说,这意味着,经典文学的生产者具有更敏锐地捕捉和激发社会一般公众法律感受的经验,其有能力调控这种感受,使社会一般公众不经意地认同其叙事,进入对其叙事的鉴赏从而引发思考。这样的文学生产者知道,面对一个法律故事,社会一般公众在一个情节上会有怎样的喜悦或焦虑,会有怎样的失望或希望,且知道什么样的情节演变可有效地使法律故事更加精彩,以吸引读者,最终凝聚一种社会认同或激起人们讨论的热情。[49]

这里的分析,当然不是说法律人不够聪明或不如优秀文学生产者那样睿智。一些法律人的判决书、辩词,同样被颂为经典,令人陶醉,且文学创作者对这样的法律作品也赞许有加,并将其作为创作

---

[49] See James Boyd White, "What We Know", *Cardozo Studies in Law and Literature*. Vol.10, No.2 (Winter, 1998), pp.152-153.

素材。法律人的日常说辞,有时也会有"段子手"的风采,甚至试图进行文学创作。㊾在某些情况下,法律人同样会着魔地研究一个法律问题的思路的多样化和复杂化,也可以说这是其职责所在。但作为社会分工的专业者,法律人终归受制于业内行规,而业内行规的一个特点,即在于压抑过分的灵性和思想突破,强调规范的一般性。如果法律人不断推陈出新,肆意挥洒才华,显然与法律的总体稳定性包括保守性背道而驰。因此,不是法律人没有优秀文学生产者聪明睿智,而是法律人必须冷静对待自己的社会定位,某种程度上,不得不收敛自己的聪明睿智。

同样,此处分析,亦无压低参与诉讼的当事人聪明程度的意思。作为普通人的当事人,自然会像其他普通人一样,有日常生活感悟的灵巧和机敏。他们有时就像在网络世界浮现的,也会令人措手不及地想到,"玩电脑玩多了,看个电视都想快进";会生动地感叹,"不怕赚钱少,就怕走得早";还会幽默地提醒,"你的智商余额不足,请充值后再说";甚至不断编出亮瞎人眼的微笑话……而在行动上,如果房产调控政策涉及家庭和个人的关系,则他们之中有人就会知道,离婚、再婚是一个可利用的突破口且屡试不爽……但所有这些,都存在一个明显的特点,即零散化。因为他们无意图去确定一个叙事目标,准备一个意趣盎然、挑起阅读味蕾的路线图。最重要的,他们各有其他职业,这便使其没有在文学行业中寻求基本生存的动能或机遇,甚至没有兴趣。相对文学生产者,总体来看,依然不是他们不够聪明,而是他们心系所在别处,故尺有所短、寸有所长,尽管这里存在是否具有天赋的问题。

也因此,这里的分析所突出的问题,在于怎样看待和评判经典涉法故事化文学叙事对法律场域的潜在渗入,及对法律问题的挑战,怎

㊾ See Kieran Dolin, *A Critical Introduction to Law and Literature*. Cambridge: Cambridge University Press, 2007, p.25.

样看待和评判文学生产者的优秀涉法叙事和诉讼战场参与者的精彩现实陈述之间的关系,最终,这种文学叙事对法律人是否具有真实的意义。

　　故事化的文学创作,尤其是涉法的,如前所述,必须是在细节描述中展开。而相关的文学创作,如果的确是成功的,或者说真正俘获了读者的心灵,掀起了读者思绪的波澜,则必然显示了文学生产者敏锐的对法律化事物以及人与人之间的细节关系的理解和推敲,同时,显示了这类生产者对法律化的故事发展逻辑的熟练掌控。文学生产者的这种能力,既可以说是富有天赋的与大多数人生活感受的巧妙契合,也可以说是调动了叙事智慧以剪裁大多数人的生活实践。正如一位学者概括的:

> 文学叙事"虚拟"现实……它不仅给是什么,还给可能是什么或可能是什么制造空间。一个虚拟的世界,尽管它可能不太舒服,但却是令人兴奋的。它将熟知的事物和可能的事物紧密联系在一起。[51]

　　但笔者想进一步说明的是,从法律角度看,这类生产者在故事化涉法文学作品中的努力,实际上正是对诉讼战场参与者的拟制演绎。因为,在欣赏优秀的涉法文学作品时,我们总会不知不觉地赞赏文学生产者的类似诉讼战场参与者的法律叙事能力和技艺,我们基于不可避免的对现实法律争议的回忆甚或反省,会倾向于将经典的涉法文学叙事,与我们经历过的或正在经历的类似法律现实联系起来,互映对照,有可能将阅读所获得的经验及教训投射于这一法律现实,使之成

---

[51] [美]杰罗米·布鲁纳:《故事的形成:法律、文学、生活》,孙玫璐译,北京:教育科学出版社,2006年,第40页。

为潜移默化的实践素养。(52) 文学生产者的努力，显然是有可能成为现实预习的。在这一层面，我们看到的，正是如何将"文学中的法律"融入"作为文学的法律"，看到的正是"文学中的法律"如何可成为"作为文学的法律"的背后推手，如果像法律与文学运动那样，我们可以将后者定义为"法律与文学具有类似性"(53)，理解为"法律是艺术"(54)。

同时，我们亦可认为，真实诉讼战场参与者的积极且成功的诉辩努力，与文学生产者优异的涉法文学创作，完全有可能交映成辉。或者说，真实诉讼战场参与者的完美诉辩努力，包括更广泛的社会参与者的话语操作的努力，如本章开始已提及的，有时会使文学生产者兴奋不已。这类生产者，的确具有对细节社会因素的敏感和使用技艺，但在与细节社会因素的连接这一关键点上，被极强利益驱动的当事人，还有被各种原因激励的社会广泛参与者，就把握数量而言，远胜于文学生产者群体。"群众中蕴藏着无穷的智慧"，"群众的眼睛是雪亮的"，以及针对文学生产者的"艺术源于生活"，这些耳熟能详之表述，均在侧面表明，当事人尤其是社会公众在涉及细节社会因素的连接问题上的能力是无可限量的。针对某些诉讼战场的情形，及相关的社会讨论，我们亦会发出"精彩""令人陶醉"的感叹，使用"太戏剧性了"的措辞，这便意味着，仿佛可在诉讼战场及相关的社会讨论中看到"文学叙事"的魅影。(55) 文学生产者，对此不会无动于衷，而是会将其

---

(52) 如此可理解，为何不少美国法学院在合同法课程中讨论《威尼斯商人》。*See* Michael Jay Willson, "A View of Justice in Shakespeare's The Merchant of Venice and Measure for Measure", pp.697–699.

(53) *See* Gary Minda, "*Cool Jazz But Not So Hot: Literary Text in* Lawyerland: *James Boyd White's Improvisations of Law as Literature*", *Cardozo Studies in Law and Literature*. Vol. 13, No. 1 (Spring, 2001), p.157.

(54) *See* James Boyd White, *The Legal Imagination: Studies in the Nature of Legal Thought and Expression*. Boston: Little, Brown and Co., 1973, pp.xxxiv–xxxv.

(55) 许多学者早就指出，法律领域的讨论其实就是一种叙事。*See* Kieran Dolin, *A Critical Introduction to Law and Literature*. Cambridge: Cambridge University Press, 2007, p.30.

作为写作素材。当看到老虎伤人案中原告诉称,自己下车是不对,但被告仍因诸多管理不善而需承担主要责任,其母下车救助自己属于见义勇为,被告应承担全部责任。看到有人反之评论说,"全国铁路何止万里,怎样封得完,万一死人又是错"。有人调侃道,"原告故意下车,以自身安全为诱饵,诱使其母被老虎咬伤致死,是对动物园管理方的敲诈,动物园管理方应反诉",且获得网友的点赞。还有其他无数生动(尽管有时针锋相对)的归谬类比,热衷涉法文学创作的作家难道不会表现出兴趣,难道不会发觉其中蕴藏了丰富的写作机缘?在这一角度,映入我们眼帘的,恰是如何将"作为文学的法律"汇入"文学中的法律",恰是"作为文学的法律"如何可成为"文学中的法律"的潜在动力。

理解"文学中的法律"与"作为文学的法律"的关系之关键,在于"细节社会因素"这一概念。此概念一方面清晰衬托着"文学中的法律",使"文学中的法律"可自然成立;另一方面明确支撑"作为文学的法律",使"作为文学的法律"可自如运行。在《威尼斯商人》四幕一场的法庭辩论中,人们正是通过对细节社会因素的累积阅读,来感受法律故事的线索和图景;在老虎伤人案的诉讼战场及社会争论中,人们正是通过对细节社会因素的不断连接,来洞悉利益分歧的关键和要害。而无论是法律人、法律行业外的一般人,还是文学创作者,都可以且必须通过这一概念,在面临"文学中的法律"时感应"作为文学的法律",在实践"作为文学的法律"时回望"文学中的法律"㊶。"法律辩论

㊶ 当然,有时也存在没有争论的诉讼,或没有广泛的社会相关争论。但即使这里无法提到诉讼战场的概念,其也依然和细节社会因素有着密切联系。换言之,对细节社会因素,人们只是具有了暂时的共识,或者说共识也是因为在细节社会因素上具有了认识上的暂时通约。这就有如,人们阅读没有争议的文学作品,在于对具体的情节发展、人物形象、场景铺垫的阅读,呈现了总体的即时默许,出现了暂时的共同理解。概括来看,诉讼战场及与之逻辑类似的广泛的社会争论,将细节社会因素明确展现出来,没有战场和争论则是隐去了这些因素。然而即使如此,一般来说,所谓没有争论的诉讼,没有广泛的社会相关争论,包括人们阅读文学作品时没有争议,其起点依然是"有争论或不同观念"。因为,实在难以想象,诉讼可以起源于"没有争论",文学作品可以起源于"没有不同观念"。

和文学故事讲述拥有共同的叙事中介。”(57)

五、修辞与吸引

现在需讨论更进一步的问题:修辞与吸引。

关于修辞与吸引,我们可先看《威尼斯商人》中法庭辩论时的语言组合。其中一句话,也即鲍西娅关键时刻说出的“既然你要求公道,我就给你公道,而且比你所要求的更地道”(as thou urgest justice, be assur'd Thou shalt have justice, more than thou desir'st),很有“秋风扫落叶”之势。所谓“秋风扫落叶”,是指依照剧情和语境的发展,这句话可使人感到是对鲍西娅之前的“既然夏洛克你要求严格执行契约,则不能流血同时不能多点少点亦为严格执行契约”这一断言的概括推升。逻辑上看,仅提到这一断言,实际上已完成了法庭趋势的峰回路转,夏洛克的失败亦成定局。因此,这时再说出“给你公道,而且比你所要求的更地道”,其意义无异于要让鲍西娅的形象占据情理、公义和胸怀档次的顶端,让观众或读者感受何为气势如虹,及何为夏洛克失败的不可置疑。

在这里,为理解缘何能够概括推升,及缘何能够气势如虹,就需深入辨析“既然你要求公道,我就给你公道,而且比你所要求的更地道”的语言组合策略。应认为,仅说出“既然你要求公道,我就给你公道”,自然也是可以的,同样会有再次“概括”的效果,但接续上“而且比你所要求的更地道”,才会真正出现“概括推升”及“气势如虹”。因为,依然从逻辑上看,“更地道”一词,完全可能意味着存在“地道”和“不太地道”之分。如果联系前一句中的“公道”一词,将“更地道”转

---

(57) [美]杰罗米·布鲁纳:《故事的形成:法律、文学、生活》,孙玫璐译,北京:教育科学出版社,2006年,第49页。

换成"还要公道"或"更公道",显然也是可以的。如此,这就出现了一个有趣的语义蕴含或含蓄指向:夏洛克的"公道",是有可能被说成"不太地道"或"不太公道"的。若这样理解可以成立,那么,我们便可发觉,通过"既然你要求公道,我就给你公道"并接续"而且比你所要求的更地道",莎士比亚事实上等于是以隐蔽的方式,将逻辑上的"不太地道"或"不太公道"转变为似隐似显,一方面,让人们觉得夏洛克的"公道"实际上的确有些"不太地道"或"不太公道",故鲍西娅的霸气宣示是在替天行道,另一方面,又让人们觉得夏洛克实际上是"公道"的,不过却遭遇了道高一尺,即遭遇了鲍西娅主张的一个更大写的"公道",这是"奇迹",由此,两方面结合,便完全呈现了鲍西娅不可思议的碾压态势。也正是因此,通过复杂的"层递"修辞的使用,情绪力量稳步激发,而且,这种情绪力量是"逻辑"和"凌然"的巧妙暗合。无怪乎,当葛莱西安诺(Gratiano)随即欢呼,"啊,博学多才的法官!听着,犹太人;好一个博学多才的法官!"[58],我们会觉得这很自然。也是如此,便可解释我们为何会觉得这是"概括推升"及"气势如虹",而不是简单的再次"概括"。

再看另一段对话。剧中巴萨尼奥(Bassanio)曾对夏洛克说,"初次的冒犯,不应该就引为仇恨",而夏洛克则说,"什么!你愿意给毒蛇咬两次吗?"[59]此处"毒蛇"的"借代"修辞运用,使夏洛克的回应显得既理性又尖锐,且十分老练。其实,四幕一场法庭辩论的许多对话,均显示出夏洛克绝非等闲之辈,亦非胡搅蛮缠,在鲍西娅进行最后反击之前,他的每一句应对,理由几乎都是成立的。只是,作为一个特殊的铺垫,"毒蛇"语词的对话安排,似乎给后来鲍西娅对夏洛克的致命一击增添了力量。因为,"毒蛇"的"借代"修辞从夏洛克那里顺口而出,其

---

[58] [英]莎士比亚:《莎士比亚戏剧经典·威尼斯商人》,第163页。
[59] [英]莎士比亚:《莎士比亚戏剧经典·威尼斯商人》,第145页。

不仅显得理性和尖锐,甚至还有反唇相讥的睿智。既然如此,要战胜他就必须更理性尖锐,更睿智,观众或读者的心中,自然就会期待更强大的对手闪亮登场,且出现焦灼的等待。实际上,当鲍西娅说出"既然夏洛克你要求严格执行契约,则不能流血同时不能多点少点亦为严格执行契约"时,一切瞬间逆转,而夏洛克"毒蛇"的"借代"陈词,反衬了鲍西娅的势不可挡,更反衬了鲍西娅的老练,也使此时的法庭辩论更精彩。

这里,修辞的作用和吸引的意义十分清晰。

作为常识,所谓修辞就是语言的策略运用,诸如层递、借代、反复、比喻、隐喻、排比;而所谓吸引,就是故事叙述者的目的在于期待俘获观众或读者的心灵,使其好奇被叙述的故事如何开端、展开和作结,进一步,提升叙述内容的鉴赏效果和感染力,换言之,叙述者颇有激励以启动策略修辞。

老虎伤人案中的某些语言组合亦可这样分析。比如,原告尽管反复提到被告未尽到全力保护的义务,但原告陈述中有一点颇为重要,即首先承认自己也有不对之处,擅自下车。虽然旁观者易认为承认是必须的,且承认恐怕是无奈之举。然而,也要看到原告的陈述也可像许多诉讼中的诉称一样,闭口不谈自己的不是,仅是指控,或将"不是"转变为有理由的"不是"(实际上原告在其他场合的确解释过为何下车,似乎下车是有合理原因的[60])。因此,原告存有叙述目的,即获得第一步的"可理解"。正因为首先通过叙述承认自己也有不对之处,旁观者甚至包括法官,便可能存在一种心理:原告似乎的确有话可说,且这"话"可能还是需要先听听的。众所周知,修辞的目的之一,就在于增加听者对叙述者的"等待"耐心,只要听者愿意"等待",叙述者

---

[60] 如2016年10月23日上午,该案伤者接受《新京报》采访作出解释。参见曾金秋:《老虎咬人事件伤者:将通过法律维权》,《新京报》2016年10月24日,第A11版。

也就把握了吸引听者进一步倾听的机会。实际上,此案中,很多旁观者当然可能包括法官,已知道事情的大致经过并看到了录像(事件发生时录像即已流传),如果不策略地提到自己有过,原告诉称的效果,恐怕在一开始便会是很不乐观的。其实,社会心理学的实验研究已有证据表明,诉讼中,如果一方先于另一方提出对己不利的证据,前者随后的辩护,便存在较吸引人及较可信的可能。[61]

另外有意思的是,以此为基础,原告通过一连串的"被告具体义务"的列举,竭力扩充"理由"的阵容,即使有些"理由"在他人看来或许似是而非。扩充"理由"的阵容之举,本身就可看作一种"排比"修辞的挪用。其中,需要的正是层层进入、步步衔接,而效果至少是在他人看来诉称很严肃,且加强了诉称气势。如果将此与前面的"首先承认自己的不是"联系起来,也就可能造成"别人需要认真对待自己诉称"的氛围渲染。其实,也正是依托这些,原稿进一步提出的母亲救我属于见义勇为,似乎也就有了一定的基础。

从广泛争论的参与者角度看,有一点是肯定的,即言论发布者即使有时会因为"随意而为",甚至出于"娱乐精神"来表达意见,但一般而言其也是想让自己的意见"脱颖而出",而当意见浩如烟海,完全可能被湮没之时,为"脱颖而出",修辞就会变得十分重要。一个直击要害的意见固然是第一步的,但令人眼前一亮的诸如类比、明喻、暗喻、反讽等语言组合,同样可成为吸引读者的利器,它们要么能够使人感觉醍醐灌顶,要么能够即刻戳中读者笑点,要么能够让人迅速展开想象。因此,面对老虎伤人案这样的公众讨论的对象,出现不胜枚举的神评论,之中修辞的运用首先得以且必须进入读者的观察视野。

---

[61] [美]戴维·迈尔斯:《社会心理学》(第11版),侯玉波、乐国安、张智勇等译,北京:人民邮电出版社,2014年,第238页。

其实,一个无法回避的事实是,修辞与吸引是我们日常语言颇为重要的一部分。因为,只要使用语言进行交流,往往就会在乎是否有人倾听,在乎倾听者是否愿意倾听,我们常会心怀一个叙述目的,希望征服交流对象。对文学实践来说如此,对法律实践而言也未必不是如此。依此论,"怎样说",有时确比"说什么"更重要。笔者提到这一层面,联系前面分析的"细节社会因素",是想说明修辞与吸引实际上存在了装饰"细节社会因素"的功能。《威尼斯商人》中的"比你所要求的更地道",其使"严格执行契约""不能流血""不能多点少点",以及"怎样公道"这些"细节社会因素"的队列,变得循序渐进、节奏有力;戏剧中的"毒蛇"语词,亦使"何为冒犯""何为仇恨",另有"是否教训""是否防备"及"是否理性"这些"细节社会因素"的关系,变得错落有致、令人警醒。老虎伤人案中的"首先承认不是",类似地,使"为何不是""怎样不是",还有"坦诚""承认之效果",包括"需先让步",这些"细节社会因素"的图谱,变得错综复杂、使人玩味;而该案中的"理由堆列",更是将其中所涉及的更广泛的"细节社会因素"的前景,变得似乎山外有山、前赴后继;广泛的社会讨论中所表达出来的各种类比归谬,毫无疑问,莫不如此。显然,修辞与吸引,完全可使原来叙事者的叙述内容原子单位,产生全然不同的景观和意义。

由此深入,另外不能忽视的,则是修辞有时对逻辑存在一种"绑架"的可能性,这就是,让社会语言交流经过修辞效果,来坚定或动摇对逻辑的依赖。② 仍以老虎伤人案为例,卷入之中的社会广泛讨论,其各自修辞势力的强弱,即有可能调整对立双方诉辩逻辑强弱的格局,换言之,如果一方的类比归谬层出不穷、日益翻新,且听起来或看

---

② 就连反对法律与文学基本理念的波斯纳也承认这一点,尽管其特别运用经济学予以解释。参见[美]理查德·A.波斯纳:《超越法律》,苏力译,北京:中国政法大学出版社,2001年,第570—579页。

起来颇有吸引力,人们便有可能逐渐想到,这种"层出不穷""日益翻新"是否的确反映了这一方诉辩逻辑的真实可靠,而另一方反之。

在此,一个埋藏更深的问题亦必须揭示出来,即修辞与吸引,实际上不仅装饰了"细节社会因素"这一要素,不仅含有"绑架"的可能性,而且可催化之,以不知不觉的方式,打开人们对其空间繁衍的想象。在老虎伤人案中,社会广泛争论中的类比归谬层出不穷、日益翻新,等于暗示无数的"细节社会因素"有待发现;原告在诉称理由上的层层进入、步步衔接,等于预示了更多的"细节社会因素"有待甄别;原告首先提出自己也有不是,等于展现了另有"细节社会因素"可先预估。同样,在《威尼斯商人》中,对"毒蛇"的语词组合使用,等于是说明与"毒蛇"经验相关的"细节社会因素"有待认识,"比你所要求的更地道"的霸气宣示,等于是在闪现"不太地道""不太公道"之际,点醒了与之相关的更复杂的"细节社会因素"有待辩驳。这里,因为修辞与吸引,所以人们更易有情绪、有动力想到更多的潜在"细节社会因素"。

在这个意义上,概括地讲,如果文学实践对现实利益、损失的再分配是含蓄默许的,法律实践是直截了当的,则修辞与吸引在后者中的作用,恐怕便有必要提上讨论的议事日程。亦在这个意义上,通过修辞与吸引的平台,"文学中的法律"激励起"作为文学的法律",及后者孕育出前者,就不是简单的随机而就,而是多少有些必然的趋势使然,进一步,"文学中的法律"与"作为文学的法律"的关系,也就变得更牢固。

六、真实与虚构

对法律与文学运动的一个重要批评,即人们熟知的法律关涉真实,文学却完全可能乐于虚构。㉛ 即使人们可在老虎伤人案的诉讼战场和社会争论中看到此起彼伏、别开生面甚至生动有趣和令人瞠目的场景,其也是真实的,无关虚构。而《威尼斯商人》中的四幕一场法庭辩论,尽管使人感觉步步切实、身临其境,甚至令人深陷其中为剧中人物紧张、焦虑、兴奋还有无法自持,其依然是虚构的,无法等同于真实。换言之,"……文学是在讲故事中有意无意地'招惹'上了官司,这时候案件为叙事服务;而司法事件是生活中的波澜,它无须考虑是否被文学家所利用"㉜。就此而言,尽管"文学中的法律"与"作为文学的法律"之间存在着有意思的通道,但对其予以重视,是否过于乐观了?

  该批评最易为人们想到,也可说是中肯的,其不仅意味着有如波斯纳所强调的,法律与文学的社会分工、目的、旨趣必是不同的㉝,而且也意味着提醒强行跨界或许有逻辑风险。㉞ 换言之,将"文学中的法律"视为文学评论的一部分,将"作为文学的法律"视为法学家早已争论不休的法律灵活性问题的另一替代表述,从而将两者剥离,或许更符合人们的一般感受。针对此批评,法律与文学运动的参与者有所回应。有学者指出,就真实与虚构而言,只要故事化文学揭示的人物与事物的逻辑关系与现实世界存在着高度的相似性甚至一致性,则将法律研究与文学故事联系起来,便没有什么瑕疵。㉟ 事实上,更多的法律与文学参与者所采用的故事化文学文本,总是较现实主义的,这些文

㉛ See Julie Stone Peters, "Law, Literature, and the Vanishing Real: On the Future of anInterdisciplinary Illusion", *Publications of the Modern Language Association of America*. Vol.120, No.2 (Mar., 2005), pp.442–453.

㉜ 康保成:《如何面对窦娥的悲剧——与苏力先生商榷》,《中国社会科学》2006年第3期,第157页。

㉝ See Richard A. Posner, *Law and Literature*. 3rd edition, Cambridge: Harvard University Press, 2009, pp.7–8.

㉞ See Robert Ginsberg, "The Law as Literature", in Zachary Hoskins and Joan Woolfrey (eds.), *Social Philosophy Today* (6). Charlottesville: Philosophy Documentation Center, 1991, p.249.

㉟ 参见苏力:《法律与文学——以中国传统戏剧为材料》,北京:生活·读书·新知三联书店,2006年,第384页。

本,显示出来的人物、场景、情节,包括给予读者的刺激想象,与现实世界的"逻辑关系"并无多大差异。而文学评论内部的学术操作,也常是在这类文学中,挖掘关于现实世界和现实我们的意义,仿佛其与对现实世界及我们的理解存在逻辑上的关联。

本章想推进的一个理解,是"可能性"[68]。该概念或许能使我们更冷静地看待上述批评。再看《威尼斯商人》,这部戏剧中的文学故事,之所以大多数人沉浸其中,与之中人物同欢喜、同忧愁,甚至随着故事的发展而感到自己仿佛身临其境,正是因为不仅故事构筑的语境与我们身处的现实世界具有很大的逻辑类似性,并且,大多数人深感故事完全可能这样发生、发展,其非虚拟之神话。若觉得故事生硬、牵强附会,大多数人显然不会被打动,不会与其中的人物同呼吸共命运。因为,其显然与我们的真实世界距离甚远,其不仅没有现实意义,更没有逻辑的"可能性"。概言之,失去了"可能性",大多数人便不会对其中的法律问题感兴趣。来自故事化文学作品的"可能性"概念,实际上,源自现实世界的可能性。现实世界的人物、事物充满了或然性,或然相比必然虽非重心,但却总是存在,故大多数人对"可能性"就有了期待和谅解。回到老虎伤人案的诉讼和社会争论。当看到动物园的监控录像,发现伤者自己擅自下车时,后面的车辆则依然小心行进,大多数人觉得伤者自己承担责任几乎是无可争辩的。但伤者,不仅可能起诉要求动物园管理方赔偿,而且可能要求被告承担主要责任;其不仅可能要求赔偿,而且可能主张其母下车救助自己属于"见义勇为",从而要求更多的赔偿。作为社会争论的一个例子,有人也可能提出"伤者是诱惑动物伤人故动物园管理方可以反诉"这类出其不意的批评。在现实世界的情景中,我们看到了"可能性"是怎样表演、繁衍

---

[68] 笔者曾在另一论文中简略提到此概念。参见刘星:《马锡五审判方式的"可能"的运行逻辑:法律与文学》,《清华法学》2014年第4期,第86页。

的。恰恰是因为这些可能出现了,人们通过不断讨论,发觉其也未必一定无理,所以,我们便易产生对新"可能"的诉求和批评的期待,并逐渐出现了对已发生的"可能"的谅解。缘此,现实世界中的"可能"及人们对其所具有的体验,是故事化文学作品中"可能性"被理所当然接受的根基。也是基于这个"可能性"的概念,文学语境和现实语境有时也可相互穿插。例如,在看到《威尼斯商人》四幕一场法庭辩论中夏洛克哑口无言时,有人眼泪夺眶而出,呼喊"夏洛克太悲惨了",指称"这个世界太残酷了"[69],此人至少在这一刻觉得自己遇到了真实的事件。更明显的例子则是,1946年我国华北地区在演出《白毛女》时,有观众(战士)奋起拔枪,欲杀死戏中的"黄世仁",将其视为真实世界的恶霸敌人。[70] 而在老虎伤人案的诉讼战场和社会争论中,看到炫目的诉讼主张和令人惊异的评论,我们也会有"太戏剧化了"的兴奋,至少有时觉得自己仿佛也遇到了"不真实"的事件。

笔者还想推进另外一个理解。这就是,某种意义上,需要看到"建构"与"虚构"两个概念,有时可能正是一个硬币的两面。现在,人们已基本承认,对文学故事选材和诉讼战场的法律材料选定存在着类似性,也即都属于"建构"的叙事。[71] 于是,如果看到故事化文学作品不可避免地精心编排了人物、事件、情节、场景的叙事路径,那么,也需看到诉讼战场同样存在编排叙事路径的用心,甚至需看到,法学研究中,包括本章所提到的现实法律经验材料并在其中寻找联系,亦为一种编排用心的表现。因为,毋庸置疑,无论文学还是法律战场或法学研究,面对的可用素材总是多如牛毛,且编排的最后结局一定是"挑

---

[69] 参见[德]海涅:《莎士比亚笔下的女角》,温健译,上海:上海译文出版社,1981年,第76页。
[70] 后来演出,还要求战士枪里不能有子弹。参见孟于:《我在华北联大文工团演喜儿》,《新文化史料》1995年第2期,第24页。
[71] See Kieran Dolin, *A Critical Introduction to Law and Literature*. Cambridge: Cambridge University Press, 2007, p.29.

出"一些、"舍弃"一些,而就法律战场或法学研究而言,硬说"挑出""舍弃"遵循了或可遵循"客观铁律",亦恐颇是冒险。从此出发,便需看到对"建构"和"虚构"之间关系再理解的必要。在此,若仅看到"建构",自然是没有新意地重复了法律与文学运动的学者早已提到且已深入研究的"故事"观点和理论。[72] 反之,若将这里的"建构"和用来描述文学特点的"虚构"概念联系起来,就会发觉新的思路。所谓"新",是指若将故事化文学作品解释为,其所运用的原子素材都是"看起来是真实的",或至少是有可能出现的,由原子素材构成的故事逻辑亦属可能,我们却非要用"虚构"来定义,那么,法律事件中的"建构"有时可能更像是"虚构"的。例如,老虎伤人案中,所发生的令人措手不及的诉讼主张,还有网络上各种有趣的评论,我们难道不会认为,在我们的讨论中,被"建构"的"它们"要比《威尼斯商人》四幕一场"割肉契约"的故事更不可思议？进一步,如果认为后者是"虚构"的,则被"建构"叙述的老虎伤人案和由此引发的广泛讨论,看上去不更像"虚构"的？由此,我们是否有理由指出,当批评法律与文学运动时,用来描述文学作品特点的"虚构"一词,颇像一个无实际价值的概念,且似乎还是过于本质主义的？暂且不说纪实文学,就是故事化的文学作品,比起我们身边发生的法律事件,有时阅读起来真的会使人感到"比较靠谱"。因此,在承认"建构"这一概念的基础上,用"虚构"语词作为刀尖,剥离法律和文学,多少有些一叶障目。也因此,对于本章前面讨论的"文学中的法律"与"作为文学的法律"的关系,自然就应予以认真的对待。

这里,我们可将"可能性"和"虚构"的概念捆绑起来再做发挥。谅解"可能性",并谨慎反思地评估"虚构"的概念,或许对法律人的职

---

[72] See Ian Ward, *Law and Literature: Possibilities and Perspectives*, pp.4-7.

业实践有所裨益。一个要点可看到,法律人总是囿于逻辑的推理,缺乏柔性地对待自己认为的匪夷所思,如此,便可能钝化应对丰富多彩的现实世界的敏感能力;面对未曾遭遇的复杂事件、纠纷或案件,便可能变得呆板无策,甚至在不知不觉地认为只有自己的行为是理所当然之际,却被外界认定为刚愎自用。这意味着,亦可提出一个推论:越是仅坚信,逻辑的推理及顽强对待自己认定的匪夷所思才是小心翼翼的表现,越是可能逐步远离了小心翼翼,因为,真正的小心翼翼,是对各种"可能"包括所谓"虚构"的警觉,是对"峰回路转"或"反转"抱有必要的心理准备。如此,对于"文学中的法律"与"作为文学的法律"的关系的必要理解,我们又有了一个价值预期的背书。

七、结　语

本章从"诉讼战场"的节点进入,且经文学叙事的路径展开,讨论并深入分析了"文学中的法律"与"作为文学的法律"的关系。笔者需要指出,诉讼战场,实际上暗示了更广泛的蕴含不同意见的社会法律实践,如立法领域的价值冲突、执法领域的思想差异、守法领域的态度分歧,其实例,不胜枚举。换言之,诉讼是焦点,而其他领域却是对此焦点的实践扩展。故涉及法律广泛领域的其他故事文学作品,如《一报还一报》(*Measure for Measure*)、《局外人》,以及《我不是潘金莲》[73]和更宏大的电视剧《人民的名义》[74],也就不可避免地被纳入讨论的范畴,进一步,"文学中的法律"与"作为文学的法律"的关系,也非

---

[73]　刘震云(编剧):《我不是潘金莲》(电影),导演:冯小刚;出品机构:北京耀莱影视文化传媒有限公司、华谊兄弟传媒股份有限公司、北京文化·摩天轮文化传媒有限公司、浙江东阳美拉传媒有限公司。2016年9月8日上映。

[74]　周梅森(编剧):《人民的名义》(电视剧),导演:李路;出品机构:最高人民检察院影视中心、中央军委后勤保障部金盾影视中心等。2017年3月28日首播。

仅经由诉讼而确认,其也能在更普遍的社会法律实践中获得确认。

另要补充两点。

第一,笔者相信,关系之澄清,其逻辑依据的揭示,不仅可推进对"文学中的法律"学术实践的理解,推进对"作为文学的法律"或学术或现实的实践的理解,而且可促进诸如对"关于法律的文学"的深入理解,进一步,提升整体的"法律与文学"跨学科努力的价值体验,最终有益于思考、反省法律法学问题。而本章另附着在现实故事和文学故事的微观图景中进行梳理、推演,亦在肯定式地践行法律与文学的叙述策略之际,期待对法律法学问题的把握有所助益。因为,笔者的确相信一个观点:法律法学问题的解决,终究要依赖具体的细节步骤来实现。

第二,笔者想提到,重复教科书定义的"法律"和"文学"的特点,进而否定法律与文学跨学科的学术逻辑,或许多少属于"用定义来定义"。而笼统宣称法律应对的是逻辑、文学应对的是情感,认为"与法官和辩护律师不同,作家写作时,并不知道文字会发生现实的痛苦和死亡……与法律学者不同,文学批评家,几乎不曾提出一个对社会正义的公共事务具有真实约束力的解决方案"⑮,进一步,宣称法律之专业理性,绝非文学之普遍可阅读性所能相比的,无意间,可能否定了社会民众参与法律问题讨论的必要性。时至今日,越来越多牵动公众神经的公共事件性法律问题的出现,已提示这种参与,不仅必要,而且有益。

毫无疑问,法律与文学有其局限,但法律与其他某某学的研究,均有局限性。故所谓的局限,不能成为否定法律与文学的学术努力的理由。只要我们承认,作为现象,法律肯定不是"自主自洽"的,那么,从

---

⑮ Robert M. Cover, "Violence and the Word", *Yale Law Journal*. Vol. 95, No. 8 (Jul., 1986), p.1601.

立法看到政治学、从成本看到经济学、从运作看到社会学,还有更早的从理性说理看到逻辑学,晚近的从语言叙述看到语言学、修辞学包括文学,就是无法避免的,也的确裨益甚多。因此,问题不是有无局限,而是能否廓清。本章追踪"文学中的法律"与"作为文学的法律"的关系,便是廓清尝试。

第二章　从法律到文学,从文学到法律
马锡五审判方式的"可能"运行逻辑

> 你是从群众泥土里长出的一棵树,群众泥土是你智慧的源泉……能深入、能显出;既细致、又自然。
>
> ——谢觉哉①

> 马专员:……大家有意见都可以提,咱们大家商量。
>
> 锁　儿:专员,你是专员嘛,你还做不了主?你说吧巧儿该断给谁,就断给谁,还开会做什么啊?
>
> 马专员:(笑)现在是民主政权,希望大家多提意见,一块儿商议。这件事也不能只让我一个人做主。
>
> ——《刘巧儿》(评剧)②

第一章强调了"诉讼战场"和与之联系密切的"文学叙事"之重要,特别强调了一个核心概念——"细节社会因素"。将这些概念引进法官作为主角的基层司法过程,会得到怎样的进一步思路?本章首先尝试对作为新中国基层司法历史标志符号的"马锡五审判方

---

① 谢觉哉:《锡五同志灵右》,转引自张希坡:《马锡五与马锡五审判方式》,北京:法律出版社,2013年,第223页。
② 王雁(改编):《刘巧儿》(评剧),北京:中国戏剧出版社1963年,第66页。

式"展开某些探索。导论提到,孕育于革命战争时期的该审判方式,长期以来被不断承继,是中国基层司法的一个"潜流涌动"、激励想象。其实,这已意指首先以马锡五审判方式作为一个具体的分析对象颇为必要。为与第一章的叙述风格相协调,推进"法律与文学"的研究,贯穿"从法律到文学,从文学到法律",本章将引入马锡五审判方式直接涉及的当年重要案例——"封捧儿抢婚案",引入几乎同期的生动文学作品——《刘巧儿告状》③和《刘巧团圆》④,作为基本的讨论材料。

当然,为"更基层司法",为"更文学叙事",本章的讨论将层次更细腻、递进更丰富。由此,篇幅稍长,望读者忍耐。因为阅读后会"拨云见日"。

一、问　题

对马锡五审判方式,已有研究十分丰富。⑤ 近年实践中,一些地方法院以遵循马锡五审判方式为要旨,展开司法"创新"⑥,如推行基层民事审判大陪审制模式,增加陪审员人数并增加其在合议庭中决定的权重⑦,这些,显然更激起了学界展开相关研究的兴趣。不用怀疑,在马锡五审判方式上,理论本身的研究、理论与实践的互动、理论试图对实践的或赞许或批评持续不断,说明这种方式的确重要。

相关研究涉及几种主要思路。第一,实质公正论,认为马锡

---

③ 袁静:《刘巧儿告状》,沈阳:东北书店,1947年。
④ 韩起祥(著)、高敏夫(记录):《刘巧团圆》,香港:海洋书屋,1947年。
⑤ 截至2019年9月13日,以"马锡五审判方式"关键词作为主题查询论文,《中国学术期刊网络出版总库》,计196篇;《中国知网博硕士论文库》,计30篇。此尚未涉及学界熟知的相关学术著作和报纸文章。
⑥ 相关的一般介绍和统计,参见佟季:《新中国成立60年人民法院诉讼调解情况分析——马锡五审判方式在我国的当代司法价值》,《人民司法》2010年第7期,第60页。
⑦ 参见袁定波:《最高法审判权运行改革试点12月将启》,《法制日报》2013年11月15日,第05版。

五审判方式注重纠纷解决结果的是与非,却忽略了程序正义。⑧ 第二,环境决定论,认为马锡五审判方式是当时各种社会条件的产物,带有浓重的时代印记。⑨ 第三,文化承继论,指出马锡五审判方式是中国传统纠纷解决模式的一种延续。⑩ 第四,政法策略论,主张应将马锡五审判方式与政党的政治目的联系起来,视其为政党全面政治战略的一部分。⑪

毋庸置疑,相关研究十分有益,因其运用多种理论框架,从不同角度侧重深入,澄清了关于这一审判方式的若干内涵、利弊所在、与周边语境的相互关联、与历史传统的呼应关系,以及其与政治设想的内在契合。但是,如果马锡五审判方式的基本特征,像普遍认为的,为"座谈而非坐堂""倾听群众意见"和"审判调解相结合"⑫,那么,上述几种主要思路便存在着某些疑问。

从实质公正论看,这种思路暗含了"程序正义不可或缺"的法治现代性逻辑。然而,依职业化、专业化的司法范式来审视马锡五审判方式,须面对如下两个困惑:第一,民事诉讼简易程序、小额诉讼简便方式、诉前司法确认及刑事和解,已为当下中国制度所接受,甚至被视为现代司法重要的一部分。我们十分清楚,这些司法形式不能被认为带有标准程序正义的主要元素。类似的调解制度,随时间推移,也已成

---

⑧ 此观点的近期例子,参见郑重:《继承与反思:评马锡五审判方式》,《法制与社会》2011年第4期,第113页;李家祥:《"马锡五审判方式"及其司法理念——以封捧儿"婚姻申诉案"为分析样本》,《西南政法大学学报》2009年第4期,第99—101页。

⑨ 此观点的例子,参见张卫平:《回归"马锡五"的思考》,载张卫平主编《民事程序法研究》(第五辑),厦门:厦门大学出版社,2010年,第56—59、68—70页。

⑩ 此观点大致情形,参见强世功:《权力的组织网络与法律的治理化——马锡五审判方式与中国法律的新传统》,载《北大法律评论》编辑委员会编《北大法律评论》(第3卷第2辑[2000]),北京:法律出版社,2001年,第3—5页。

⑪ 此观点的近期例子,参见魏治勋:《司法现代化视野中的"马锡五审判方式"》,《新视野》2010年第2期,第58—59页。

⑫ 参见张希坡:《马锡五与马锡五审判方式》,第188、192页。

为现代司法程序的固有的环节。将调解视为标准程序正义的成员亦是不易。第二,历来被看作标准程序正义的美国刑事诉讼制度,其诉辩交易机制,恐怕已超越了"审判调解相结合"的想象,令我们至今避而远之,可我们却极少致以微词。因此,实质公正论似有"政治正确"的程序正义之固执倾向。

就环境决定论而言,其逻辑指向了"何种制度取决于何种环境"的思路,此外,暗含了"时代变迁,故此审判方式应归属历史"的结论。但是,这种观点难以解释如下一些问题。第一,在当时的社会环境条件下,从陕甘宁边区甚至更广范围的其他抗日根据地看,马锡五审判方式据以产生的陇东农村地区,并非唯一。尽管不完全相同,但类似环境条件的农村地区依然存在。为何马锡五审判方式却独创于陇东农村地区?第二,更广泛看,如果环境极为重要,是关键要素,为何环境迥异的某些西方国家,如美国,同样发展出了庭前调解制度?此外,英语国家为何早已出现了陪审团制度,这种制度中,越是重要的案件,无论刑事还是民事,越是需要作为陪审团成员的普通人士提出案件是与非的最终定性意见,法官不仅"倾听",更是必须接受,这与"倾听群众意见"相比,似乎有过之无不及?可以发现,环境决定论可能依赖了略含糊的因果制约预设。

从文化承继论看,其判断依据以"传统总是相传"为指引,却需要面对如下一些追问。第一,同是中国的其他地区,如当时的某些城市,为何没有繁衍出与马锡五审判方式相近的司法机制,却常常重视现代程序主义意蕴的司法机制?第二,包含"倾听群众意见"的马锡五审判方式,时常被定义为"群众路线",如被传诵的毛泽东题记,"马锡五同志:一刻也不离开群众"[13],那么,其为何显然无法在文化传统中

---

[13] 毛泽东题记,见《解放日报》1943年2月3日,第1版。转引自张希坡:《马锡五与马锡五审判方式》,北京:法律出版社,2013年,第12页。

新疆昌吉市人民法院赵瑞琴法官(左一)在财产损害案件现场主持调解 新疆昌吉市人民法院提供,摄于2013年9月8日

发现任何踪迹?因此,可以认为,文化承继论似有"传统不易改变"的强式历史决定论的陈迹。

再看政法策略论。该论强调了政治对司法的制约和推动,并以政党发动群众参与司法过程以支持政党政治为思考核心。但其同样需面对一些追问。第一,让群众来审判对立面,甚至调动群众审判自己的纠纷,无须法官包括马锡五式的司法人员来主导,是否更能获得群众主体性自觉的激励,实现政党政治的群众动员?一般来看,民众似乎更期待自治,而非他引[14],在审判方面或许并不例外。第二,马锡五审判方式产生于战争年代,如为更有效地展开政治,政党完全可以取消司法,将一切纳入政治管制,如此,似乎更适合政治策略。事实上,后来甚至和平时期的政党政治都曾认为,"司法成为政治附庸"均属多余。[15] 既然如此,当时为何让显然带有一般司法定义内容的马锡五审判方式得以存续,甚至大加赞扬?因此,可认为,政法策略论似有"政治至上"(在中国)的强式政治决定论的旧痕。

---

[14] 参见[美]乔·B.史蒂文斯:《集体选择经济学》,杨晓维等译,上海:上海三联书店、上海人民出版社,1999年,第226页以下。

[15] 如"文化大革命"时期取消公检法。

当然,关于马锡五审判方式,争论广泛⑯,上述思路亦相互批评,另有竭力支持今天推行者⑰,也由此引发了一种妥协意味的"其精神可继承、需继承"的观点。因各种原因,不少研究总乐意如此概括地宣称。⑱ 但众所周知,提及"精神如何",随之而来的问题则是某种具体司法方法既可称为符合精神又可称为背离精神。因此,"精神继承"往往可成为一种策略托辞,进一步成为"我行我素且自我保护"的盾牌。其结果则是或导致新的争论,或无声无息地"去除"马锡五审判方式。例如,在纠纷解决中,坚持程序正义,严格执行职业化、专业化的诉讼操作,却同时强调审判人员要态度温和地对待当事人,而且要认真听取当事人的陈述主张并关注(仅是关注)社会的普遍意见,是否可归入"精神继承"?显然,其既可谓之"新形势发扬",也可谓之"行之故我",存"去除"之蕴或至少使"精神继承"形同虚设。

在笔者看来,以往研究存在的疑问。或许缘于对一个焦点即马锡五审判方式的运行逻辑没有清晰的把握及理解。本章所称的运行逻辑,指规律往复的机制。这种机制,可谓之必须依赖细节清晰,且一切均能依照"沙盘操作"而明确。对观察者而言,其意味着,只有知晓一种审判方式如何能像亲历诉讼一样展开、推进、收结,知晓其路线图如何能细致描绘,之中规律往复的机制方能准确定位、干净剥离。或许,仅仅是或许,未能以对这种运行逻辑的理解作为基础,所以前述研究似如抽象的普遍性探讨,且如前述所分析

---

⑯ 早在当年,即存关于此审判方式的争论,详情可参见侯欣一:《从司法为民到人民司法——陕甘宁边区大众化司法制度研究》,北京:中国政法大学出版社,2007年,第224页;另可参见杨永华、方克勤:《陕甘宁边区法制史稿(诉讼狱政篇)》,北京:法律出版社,1987年,第124—125页。

⑰ 这种观点往往是环境决定论的修正改版,即认为今天部分环境如不发达地区仍似当年。重要例子,参见张立勇:《论马锡五审判方式在当代的继承与发展》,《人民司法》2009年第7期,第24—26页;王立民:《马锡五审判方式的再思考》,《人民法院报》2009年9月9日,第5版。

⑱ 参见张希坡:《前言》,载张希坡:《马锡五与马锡五审判方式》,北京:法律出版社,2013年,第1—6页;李喜莲:《马锡五审判方式的"回归"与未来》,《求索》2010年第5期,第130—131页;王铁玲:《马锡五审判方式的启示》,《人民法院报》2009年12月16日,第5版。

的,极易遭遇反例进而出现种种疑问。因此,首先研究细节,并深入辨析这种运行逻辑,或许能有助于疑问的清澄。其实,对马锡五审判方式的各种研究,对法学而言,目的主要在于推动司法实践,即在当下及未来是否可以在纠纷解决中以"看得见"的方式借鉴、模拟、改善。就此而言,疑问之所以存在,亦缘于"看得见"的实践预期制约着研究的理论能力,换言之,人们容易以法律活动细节营造的可能性,审视相关学术思考的意义。故运行逻辑的微观讨论已成必要。

当然,这并非说,自研究始没有关于马锡五审判方式的具体运行描绘。早在1944年,《解放日报》即以《马锡五同志的审判方式》为题发表过评论,提到了此审判方式如何操作,并附典型案件以作经验说明。[19] 稍后,《新华日报》以《一桩抢婚案》为题发表评论[20],亦有类似提及和说明。[21] 再后的若干史料记载、法律史研究,均或多或少有相似陈述,而个别学者的研究更加似有具体说明之意向。[22] 但所涉陈述经常是一般概说,即使联系若干案例也经常是简略说明,出于种种原因,没有同时或可能也无意从细节上勾画以仔细推敲。正缘此,相关信息难免措辞含糊,或一带而过,或粗略言之从而使日后的"微观复盘"成为困难。我们知道这种审判方式的概略含义、基本情形,却不知道当细节上的争论出现以后,究竟会发生什么,亦不知道争论的逻辑会步入纠纷解决微观活动的哪一个方向,具体机制如何衔接,尤其在

---

[19] 参见《解放日报》1944年3月13日,第1版。
[20] 参见张懋:《司法为民的楷模——记马锡五和马锡五审判方式》,《中国审判》2006年第8期,第15页。
[21] 参见李普:《一桩抢婚案》,载李普著《光荣归于民主》,上海:拂晓社,1946年,第130—135页。
[22] 参见张希坡:《马锡五与马锡五审判方式》,第193页;侯欣一:《从司法为民到人民司法——陕甘宁边区大众化司法制度研究》,第218页。两部著作中均提到马锡五如何具体教育当事人。

具体案件中。也由此,以往研究的疑问呈现便在情理之中。故需要开辟新的研究路径。

二、材　料

先看相关的文学作品。本章涉及的相关文学作品主要有20世纪40年代的袁静所著秦腔《刘巧儿告状》、韩起祥所著说书《刘巧团圆》,50年代的评剧《刘巧儿》[23]及由其改编的同期电影《刘巧儿》[24],另有1996年的电视剧《岁月不流逝》[25],2009年的电视剧《苍天》[26]。其中,与马锡五审判方式联系最密切的作品是《刘巧儿告状》《刘巧团圆》和《苍天》。从关于马锡五审判方式的文学作品进入,缘其大体以原事件的基本情形作为依据,并且侧重细致的司法故事之叙述。最重要的是,其多结合颇经典、本身富有戏剧性并有足够吸引力的真实"封捧儿案"或"刘巧儿故事"而展开,由此丰富了审判过程的细节构造,展现了诸多"具体"的如关于纠纷和司法过程的事件复杂、矛盾发展及各种情节的可能走向和选择。而这些,可令人可仔细察看、检验马锡五审判方式的"沙盘模型",进一步,使该审判方式运行逻辑的微观讨论成为可能。

---

[23] 王雁(改编):《刘巧儿》(评剧);演出:中国评剧院。1956年开始演出。
[24] 集体(改编)、何孝充(执笔):《刘巧儿》(电影),导演:伊琳;出品机构:长春电影制片厂。1957年上映。
[25] 高戈(编剧):《岁月不流逝》(电视剧),导演:蔡平生;出品机构:甘肃电视台、庆阳电视台。1996年首播。
[26] 高领(编剧):《苍天》(电视剧),导演:刘毅然;出品机构:广州市香香文化传播有限公司。2009年8月10日首播。

评剧《刘巧儿》剧本 刘星(中国政法大学法学院)摄于 2019 年 11 月 16 日

  从文学作品进入,当然是有风险的。因为,文学作品如常识所认为的,总包含虚构、想象的成分,其所建构的人物、事件、情节等,时常可能留有作者主观世界的印记。而针对上述作品,在相关的文学研究中,已有学者指出,尽管以原事件基本情形作为依据,但作为丰富故事具体内容的某些素材,具有"推测成分"[27],甚至某些原有的事件被略作修改(参见后文)。韩起祥也曾谦逊地提到,有些事实不了解而且故事编述有缺点,望人们提出意见以改进。[28] 这意味着,文学进入或可能与法学学术期待的"原事物真实"相去较远,据此展开的讨论可能根基滑动。但是,笔者借助文学作品,并不意在考证"法律历史"中的微观细节,并以其为"真实"的踪迹;笔者同时认为,就马锡五审判方式而言,将文学作品与相关史料相互印证以求微观细节的可能真实也属于一厢情愿,其完全可能存在循环论证,即文学作品的真实依赖相关史料的印证,而后者的真实又依赖前者的印证。[29] 本章如此借助,与之有

---

 [27] 参见张宁:《中国现代文学中的离婚叙事》,硕士论文(2009 年),载《中国优秀硕士学位论文全文数据库》,第 41—46 页。
 [28] 参见韩起祥(著)、高敏夫(记录):《刘巧团圆》,第 98 页。
 [29] 有学者对这里问题展开了有趣且深入的讨论。See Christopher Tomlins, "Revolutionary Justicein Brecht, Conrad, and Blake", *Law & Literature*. Vol.21, No.2 (Summer, 2009), pp.185-199.

别,意在获得与"事物真实"相似的一种可能性。这是指,如果在文学作品中看到的事件、情节等故事发展逻辑在现实中有可能存在,这就是重要的。这缘于一个普遍易接受的理论预设:现实中的未来,总存在许多可能,而法学学术并不拒绝相反恰是欢迎这些可能的研究。㉚因此,从文学作品进入,对本章来说并不存在前述风险。进一步,也正是以此为由,本章所讨论的相关"具体运行逻辑",为一种"可能"的,但又极富启发。

本章研究所用材料主要为袁静的《刘巧儿告状》、韩起祥的《刘巧团圆》㉛,偶尔涉及其他材料。之所以如此,基于如下理由。

第一,时间上,两部作品最接近马锡五审判方式产生的年代。此外,在地域上,作者均在当地创作。袁静为当时的陇东中学教员㉜,韩起祥为当时常行走于陕甘宁边区各地的民间说书人。㉝ 两人十分熟悉该审判方式"原产地"的人情、风土、习俗,并且有极丰富的关于该审判方式的各种信息。袁静创作时,曾经亲访马锡五,后者告知,"天上无云不下雨,地上无媒不成亲"等民谚,袁静将其用于作品,使作品在当时当地颇具亲和力。㉞ 可以认为,两部作品中的故事叙述对该审判方式的勾画描绘,非常贴近当时相关的文化环境和情绪氛围。这一理由,并非意指两部作品"更可能是真实的反映",而是意味着,在《刘巧儿告状》和《刘巧团圆》中,或可以得到马锡五审

㉚ 立法研究或许是最典型的例子。其中讨论对象既涉及已存在的问题,也涉及未来可能出现的问题。

㉛ 两部作品何者为先,学界有不同看法。周而复、郝在今认为是《刘巧儿告状》,参见周而复:《后记》,载韩起祥著、高敏夫记录《刘巧团圆》,第146页;郝在今:《〈刘巧儿〉传奇》,《中国作家》2006年第4期,第90页。张希坡则倾向于认为是《刘巧团圆》,参见张希坡:《马锡五与马锡五审判方式》,第224页。两部作品除故事主要人物、主线类似,细节描述存在不少差异,而此差异恰可互补以资研究。参见后文。

㉜ 参见郝在今:《〈刘巧儿〉传奇》,第83页。

㉝ 参见周而复:《后记》,载韩起祥著、高敏夫记录《刘巧团圆》,第143页。

㉞ 参见郝在今:《〈刘巧儿〉传奇》,第84页。

判方式的"可能"的运行逻辑的同情式体验。㉟

第二,相对看,两部作品聚焦于封捧儿案或"刘巧儿故事",完全将之作为主题线索。而该案或"故事",本身便是关于马锡五审判方式的旗帜样本。两位作者在作品中非常注重对纠纷情节的合理交代和审判细节的合理安排,尤其不回避该案处理过程中的各种意见冲突和矛盾,始终以不断化解冲突和矛盾为线索,以推进故事的展开,最后,以马锡五审判作为结局。两部作品虽然有"刘巧儿婚姻自主"的主线,但如原案事件本身所发生的,同样侧重将马锡五审判描绘为事件发展的关键,并且热衷于渲染这一审判的细节过程。而众所周知,"刘巧儿婚姻自主"有别于一般"中国旧社会抗婚"的独特意义,正在于其包含一个要素——马锡五审判。该要素,隐喻着"婚姻自主"的实现或真正解放,注定需要正能量的权力者及权力的有效运用。该理由表明,两部作品相互结合,之中或可以令人体会马锡五审判方式的"可能"的运行逻辑的具体含义。

第三,尽管时代久远,但两部作品预言式地透露了"我们今天身边随时仍再现"的信息。例如,《刘巧儿告状》中提到,"司法工作要改进""听取民意判案情"㊱,《刘巧团圆》中提到,"民众的意见要尊重,判案子才会有力量"㊲。这些话语,即使是今天,依然还在使用并被人们着力宣扬。再如,《刘巧儿告状》中提到,对于政府司法包括当时边区共产党的司法,有群众说到了民间谚语,"官断十条路,九条人不知"㊳。此谚语,后来为评剧《刘巧儿》沿用㊴,其呈现了无论当时还是

㉟ 另可注意,马锡五本人曾具体提到"刘巧儿告状一剧",参见马锡五:《新民主主义革命阶段中陕甘宁边区的人民司法工作》,《政法研究》1955年第1期,第11页。
㊱ 袁静:《刘巧儿告状》,第39页。
㊲ 韩起祥(著)、高敏夫(记录):《刘巧团圆》,第87页。
㊳ 袁静:《刘巧儿告状》,第32页。
㊴ 参见王雁(改编):《刘巧儿》(评剧),北京:中国戏剧出版社,1963年,第49页。

现在一般百姓对司法常有的疑虑:审判思路和结果,存在"神秘性"。此外,两部作品塑造的人物具有多元性和丰富性,各类人物的主观意识被赋予了复杂的价值判断,有积极者、消极者,还有"中庸者"(参见下文)。换言之,两部作品在具有当时印记这一优点之际,还有使人感兴趣的现代"话语"和现代复杂人物关系的类似图景。这便沟通了过去与现在,构建了互相融接的思考平台,进一步,意味着从中可探索一种普遍性,亦即某种审判方式的"可能"的运行逻辑或许并不局限于具体的时间和空间,相反,只要存在纠纷,其便具有不断被沿用或启发后来演化者的潜力。

从相关文学作品进入作为讨论视角,当然意味着对其他法律史料的关注、一般法律现象的分析仅为辅助。本章侧重文学进入时,仍使文学与法律两个方面相互交叉以展开主题,并以法学问题——一种审判方式的"可能"的运行逻辑——为讨论目标。从法律史学看,关于马锡五审判方式的文学作品,学者已有论及,但论及仅意在说明这些作品如何配合当时正式的宣传以协助该审判方式的推广[40],没有其他学术意向,而且不及文学界就这些作品而展开的关于当时《在延安文艺座谈会上的讲话》[41]如何发挥主导影响,如何促使其配合政治战略的深入讨论。[42] 文学界的讨论,似有"法律与文学"的学术旨趣,即文学如何可能成为塑造现实世界的动力,改变人们的社会想象,调整人们的社会行动策略,进一步,发挥政治性的控制功能。[43] 而法学界的论

---

[40] 参见张憋:《司法为民的楷模——记马锡五和马锡五审判方式》,第15页;张希坡:《马锡五与马锡五审判方式》,第224—225页;侯欣一:《从司法为民到人民司法——陕甘宁边区大众化司法制度研究》,第220页。

[41] 1942年5月,毛泽东在延安举行的文艺座谈会上的讲话。1943年10月19日在《解放日报》正式发表,1953年4月编入《毛泽东选集》第三卷。

[42] 文学界讨论的例子,可参见周而复:《后记》,载韩起祥著、高敏夫记录《刘巧团圆》,第133—143页;吴雪杉:《塑造婚姻》,《读书》2005年第8期,第5—11页。

[43] 参见冯象:《木腿正义》(增订版),北京:北京大学出版社,2007年,第32页。

及,浅尝即止,虽触及了"法律与文学"理论框架的边缘,却显然没有正式启动,亦没有自觉视之为新的思考路线。因此,概括地说,本章全面推进"法律与文学"的主旨,并视之为关于马锡五审判方式的新的研究路径。当然,本章相关主旨亦不同于文学界的努力,后者侧重"文学与法律如何相互协作以治理社会",本章讨论却倾向于"文学中的法律"㊹,并推进、丰富可归属"文学中的法律"范畴的本章前面已提到的"可能性"概念,及其对法学研究的意义。

补充一点,本章集中参用《刘巧儿告状》和《刘巧团圆》,隐含了其他法律史料及对一般法律现象的分析将以"封捧儿案"为重点,此不言而喻。

三、审判疑点

先讨论"封捧儿案",可能是适宜的。

原判决书"事实"部分记载:(1)封捧儿与张柏幼时定亲,后封捧儿之父封彦贵为财,以"婚姻自主"为名,将封捧儿卖与他人,张家告发,县府查实撤销;(2)封彦贵再次将封捧儿卖与朱姓富人,封捧儿与张柏定情,并告知张柏自己对父卖婚不满;(3)张家聚众二十余人抢亲,张柏参与并亲自将封捧儿从封家"拖出",与封捧儿成婚;(4)封彦贵告发,华池县司法处初审判决封、张婚姻无效,并处张柏之父张金才徒刑6个月,但一般群众对判决不满。㊺

"理由"部分记载:(1)封、张幼时定亲虽为父母包办,但"地方一般社会惯例均如此";(2)封彦贵为财两次卖婚骗财,"引起乡村群

㊹ 有学者较深入地讨论了"文学中的法律"。See Ian Ward, *Law and Literature: Possibilities and Perspectives*. Cambridge: Cambridge University Press, 1995, pp.4-15.

㊺ 参见艾绍润、高海深编:《陕甘宁边区判例案例选》,西安:陕西人民出版社,2007年,第81—82页。

众不满";(3)封彦贵之错非张金才聚众抢婚的理由,张等抢婚使群众恐慌,使社会秩序紊乱;(4)封、张二人自愿结婚,符合婚姻自主原则;(5)初审判决"只看现象,不看本质",放纵了封彦贵。㊻

"判决"部分记载:(1)初审撤销;(2)张金才、张金贵、张德赐、张仲、张老五处有期徒刑或苦役;(3)封彦贵处苦役并处没收卖婚所得;(4)封、张二人婚姻自主有效。㊼

如果仅阅读原判决书,便会出现一个疑问。张柏参与了抢亲,并且自己"拖出"封捧儿,为何没有被判处刑罚?从判决书的逻辑看,张金才等抢亲被判处刑罚,是缘于其行为使群众出现恐慌,而且使社会秩序出现了混乱。既然如此,张柏参与抢亲并亲自"拖出"封捧儿,同样使群众出现了恐慌,并导致社会秩序混乱,似乎应该类似地被判处刑罚。另外,判决书提到,封彦贵卖婚的错误不是张金才等人聚众抢婚的理由。这意味着,聚众抢亲与他人卖婚的错误应属"一事归一事"。如果"一事归一事"应该是个原则,那么,"自主婚姻有效"与"参与抢亲行动"亦应分开来说。如此,"支持自主婚姻"并不等于需要"容忍参与抢亲",判处张柏受罚才属适当。而从判决书依据的法条来看,其写明,《刑法》第 150 条和第 298 条第 1 款、《刑事诉讼法》第 361 条第 1 款,及陕甘宁边区《婚姻法》第 5、6 条之规定。㊽ 这样写明意味着,审判试图在法律层面加以展开。如果遵循法律框架,则张柏应被判处刑罚。

判决后,马锡五曾向当时陕甘宁边区高等法院代院长李木奄请

㊻ 参见艾绍润、高海深编:《陕甘宁边区判例案例选》,第 82—83 页。
㊼ 参见艾绍润、高海深编:《陕甘宁边区判例案例选》,第 80 页。此书所述人名,某些可能有误,如"封捧儿"记为"封棒儿""张德赐"记为"张得赐"。本书参照张希坡所述使用人名,参见张希坡:《马锡五与马锡五审判方式》,第 176 页。
㊽ 艾绍润、高海深编:《陕甘宁边区判例案例选》,第 83 页。另此处刑法及刑事诉讼法的规定,应指"六法全书",关于为何援引,参见胡永恒:《1943 年陕甘宁边区停止援用六法全书之考察——整风、审干对边区司法的影响》,《抗日战争研究》2010 年第 4 期,第 90—91 页。

示:没收封彦贵卖婚所得是否合适?群众对判决虽然大体满意,但张金才亲属认为处罚过重,应如何处理为宜?[49]李木庵回复,没收问题,应视朱姓富人是否为善意第三人而定,而张金才等抢亲,如果属于一时情绪激动,又因为自家婚姻起事且婚姻已认定为有效,可以考虑减轻刑罚[50]。马锡五的请示和李木庵的回复,均没有涉及张柏是否判处刑罚的问题。这暗示了,审理案件时,无论马锡五还是在场群众,包括后来有时被法学界认定为陕甘宁边区"现代正规司法萌芽"标志的李木庵[51],似乎都不认为张柏参与抢亲应判处刑罚。为什么?

以往法学界的研究及相关资料对此似乎均无提及。[52]没有提及,可能出于某种忧虑。如果追究,或许会导致一个"马锡五对封捧儿案的审判存在较大纰漏"的结论。进一步,华池县司法处的初审仅处罚张金才等而未理会张柏,高等法院代院长李木庵的再查同样没有触及张柏问题,而介于之间的马锡五审判亦未能"独自清醒"。如此,不仅边区各级司法"水准"必遭侧目,而且后来受到大力宣扬的马锡五审判方式的正面能量亦将出现折扣,另外封捧儿案"婚姻自主"主题的全部历史意义恐将会重写。这种结论,对赞同马锡五审判方式及质疑者都是尴尬的。2009年电视剧《苍天》的改编,可佐证这一忧虑。在略带纪实性并由"马锡五审判历史"权威张懋、张希坡任"历史顾问"的《苍天》中,张金才成为竭力反对抢亲且没有参加抢亲的人物,张柏却独自抢亲,并且是抢亲的"主角"。后来县司法处判处张柏刑罚,而马锡五审判时,也认为张柏错在没有通过官方途径解决纠纷而私下抢

---

[49] 参见张希坡:《马锡五与马锡五审判方式》,第176页。
[50] 参见张希坡:《马锡五与马锡五审判方式》,第177页。
[51] 如侯欣一:《从司法为民到人民司法——陕甘宁边区大众化司法制度研究》,第154—156页。
[52] 倒是文学学者有所提及,参见吴雪杉:《塑造婚姻》,第7页。

第二章 从法律到文学,从文学到法律

亲，并认同县司法处对其的定性，只是指出处罚过重。进一步，待审结之日，恰好张柏苦役已执行若干，马锡五主持的法庭随即宣布苦役“足够”，封、张二人就地举行“婚礼”。(53)

封捧儿与张柏
图片取自网络

忧虑是可以理解的，但其依据的“张柏未罚疑问”的逻辑本身有疑问。

依笔者看，对“张柏未罚疑问”可以作如下解释。

第一，以“身份”论，张柏与其他参与抢亲者有所区别。张柏，是案件纠纷中“婚姻有效的践行者”，没有张柏，判决书着力宣扬而且无人异议的一桩自主婚姻便无法实现。这意味着，先对张柏执行徒刑或苦役，然后允许其与封捧儿成婚共同生活，等于否决了执行徒刑或苦役期间的婚姻生活，实质结果则为“在审判那一刻”及“判决执行之时”，否定了封、张婚姻有效；反之，若判决婚姻有效并随即执行，便不能对张柏判处刑罚。在这里，“一事归一事”原则，即“抢亲错了便应处罚而其他另说”本身便存在适用上的困难。

---

(53) 参见高领(编剧)：《苍天》(电视剧)，第 18—22 集。

第二,因为"践行者身份"的差异,张柏的抢亲行为与其他人的抢亲行为便存在重要区别。这一点近似婚内的强迫亲昵关系与婚外的强迫亲昵关系之区别,虽然均可以认为"使他人恐慌了,致使社会秩序混乱了",但依然难以认定婚内强迫到底是可以还是不可以。

第三,封捧儿本身也愿意甚至期待"被抢",特别是张柏的"对她抢亲"(判决书中封捧儿"告知张柏自己对父卖婚不满"的叙述可显露迹象)。封捧儿的这一主观状态,会使"张柏抢亲"这一行为性质发生奇妙的变化,即称之"救亲"也没有什么不当。因此,"救亲"和"抢亲"的表述对张柏而言似乎均可适用。

这样解释无疑是有理由的,而且能大致说明对张柏作出刑罚判决为何存在两难的问题。进一步,亦可有助于理解为何马锡五、参与审判的群众及李木奄对张柏不论其他。这里透露的一个思路,即对张柏是否判处刑罚,实际上是一道法律上的"选择题"而非"判断题"。而之所以是"选择题"的核心理由,在于"抢亲非法与婚姻合法的内在冲突",其为悖论。判决书提到,一般群众对初审结果是不满的,从现有的资料信息看,这种不满主要是针对"断散封张二人婚姻"而言的(参见后文)。这意味着,如果判决封、张二人婚姻成立,则群众大体上会认为合情合理,而群众认为合情合理的逻辑基础显然正在于悖论所包含的"可选择性":要么处罚张柏,要么准许婚姻。但选择后者是更可接受的。这就表明,"张柏未受刑罚"是个疑问,但不是一个难以解决的问题。

如果能理解这一层面,便可发现,深入讨论张柏未受刑罚的疑问,其重要性并不在于疑问本身,而在于封捧儿案中与之相关的如下延伸问题。

首先,尽管张柏因为"身份差异"可以区别于本案中受到刑罚的张金才等人,但在一般人的情理思考中,两者之间亦存在"疑问"的传递。

意思是,如果惩罚张柏是不可接受的,一般人自然会产生对张金才等人处罚的"同情"。因为,后者毕竟是"事出有因",不是无故寻衅滋事以"使群众恐慌、致社会秩序混乱"。虽然"一事归一事"是原则,且张柏与其他张姓抢亲者的"身份"存在区别,而群众也不愿遭遇恐慌,不想看到村际邻里出现无序,但是,所有这些不意味着群众对"事出有因"的"因"无动于衷。

其次,判决书写明,封彦贵卖婚的错误不是张金才等抢亲的理由。显然,如此否定也等于暗示审判的决定者亦认为"卖婚"与"抢亲"毕竟存在关联,"抢亲"终究不是独立事件。

再次,案件涉及"卖婚",此问题又涉及财富的优势,这对未拥有一定财富甚或大体无财富可言的普通一般群众来说,注定是一个"不平等"的压抑。而"不平等"的压抑,自然会使这类群众产生对财富上处于劣势的张金才家予以同情的心理,进一步,这可能促成一个矛盾心态:不愿意看到"没有安全的生活环境",但也不愿意看到"财富上处于优势可以获得婚姻优势"。这种心态完全可能恢复对"卖婚"和"抢亲"的因果关系之认定。

最后,如果封、张婚姻是否有效不是一个问题,而是一个容易得到答案的"选择题",则逻辑上,普通群众势必会倾向于认为,"抢亲"是为了一个普通群众乐意看到的战胜"财富优势"的婚姻,一个甚至是可以明确得出答案的婚姻。既然如此,为何不能认为张金才等人"抢亲"缘于"卖婚",或没有"卖婚"便无"抢亲"?进一步,为何不能至少宽大处理张金才等人?上述李木奄回复称,张金才等抢亲如果属于一时情绪激动,又因为自家婚姻起事且婚姻已认定为有效,可考虑减轻刑罚。这一回复也暗含了"李木奄式法律思考"与"群众式外行思考"类似。它们同样指示了,"一事归一事"原则与"事件因果关系认定"的思维存在某种紧张关系。

因此，如何在审判中回应一般人对“事出有因”的“因”的感受，回应一般群众对“财富优势”的联想式理解，并进而解决“一事归一事”原则和“事件因果关系认定”思维之间的紧张关系，便成为关键。

四、案情“文学”

1944年《解放日报》刊载的《马锡五同志的审判方式》一文，在介绍封捧儿案时，关于抢亲的过程，仅提到张金才纠集张金贵等二十余人，携棍棒为武器抢封捧儿成婚，只字未提“张柏参与”。评论以顺带绕过的方式，回避了“张柏在抢亲中究竟扮演了什么角色”的问题，只是集中表明群众对“断散封张婚姻”的不满。(54) 此外，1946年《新华日报》刊载的《一桩抢婚案》一文，在介绍此案时，叙述与《马锡五同志的审判方式》一文类似，同样仅指出，“对于好好的小夫妻要给拆散掉，群众尤其不满”(55)。这些评论和文章，其时的意义十分重大。《刘巧儿告状》和《刘巧团圆》，在案件情节上，采取了与《解放日报》《新华日报》刊载的两篇文章相同的策略和问题意识，消融了“张柏参与”(56)。两部文学作品甚至更有倾向将张柏描绘为“并不赞同抢亲”(57)，将焦点逐步集中于对本章前述讨论的“事出有因”和“财富优势”的忧虑及“一事归一事”原则和“事件因果关系认定”思维之间的紧张关系。

如何展现案情？

第一，两部文学作品建构了一个“事出有因”的因果链条。(1)有

---

(54) 参见《解放日报》编辑部：《马锡五同志的审判方式》，《解放日报》1944年3月13日，第1版。

(55) 参见李普：《一桩抢婚案》，第131—132页。

(56) 袁静：《刘巧儿告状》，第18—23页；韩起祥（著）、高敏夫（记录）：《刘巧团圆》，第58—63、75页。

(57) 袁静：《刘巧儿告状》，第16—17页；韩起祥（著）、高敏夫（记录）：《刘巧团圆》，第58、66—67页。

袁静的《刘巧儿告状》 刘星(中国政法大学法学院)摄于2019年11月16日

媒婆称:"赶脚靠的两条腿,说媒靠的一张嘴……只要财东来寻我,老汉女娃也能配"[58]。这预示事件发生的第一个环节。(2)封彦贵为朱姓富人之财,对封捧儿称,嫁朱后必是"享不尽的荣华,受不尽的富贵"[59],遂私下卖婚。这是事件的第二个环节。(3)封捧儿与张柏定情,封捧儿对父卖婚不满,认为"婚姻大事不自由,你看欺人不欺人"[60];张柏顿感"拆散我夫妻罪不轻"[61];而张金才等认为,封彦贵"定下亲事又要赖"(指封、张两家原为封捧儿和张柏所定娃娃亲)、"几次卖婚罪不轻"[62],于是决定抢亲。此为事件的第三个环节。

因果链条的建构,表明事件的发生、发展有其内在逻辑。如果因果链条成立,则人们看问题便容易运用"联系的方式"以究是非,不仅会联系"近因",比如此案中的"卖婚",而且会联系"远因",比如此案中的"说媒",同时倾向于在"一事归一事"和"事出有因"之间产生纠结的心理。从文学论,这可以视为故事"文学"最常见的一种"情节安

---

[58] 袁静:《刘巧儿告状》,第1页。
[59] 韩起祥(著)、高敏夫(记录):《刘巧团圆》,第37页。
[60] 袁静:《刘巧儿告状》,第10页。
[61] 韩起祥(著)、高敏夫(记录):《刘巧团圆》,第55页。
[62] 袁静:《刘巧儿告状》,第18页。

排”策略。(63)

第二，两部作品用“合理化”的方式赋予了每一环节以复杂性。针对第一个环节，作品中提到，虽说媒婆的言行引发了封彦贵卖婚，但媒婆原本并不是毫无社会价值可言，其对封彦贵说媒，也是基于“天上无云不下雨，地上无媒不成亲”(64)。这是当地多年来被人们认可的习俗，亦可认为是当地结亲婚嫁成功的有益渠道。(65) 针对第二个环节，作品中提到，封彦贵卖婚对封捧儿的刺激很大，然而，为何不能理解这样一个理由：“养儿能防老，养女总是他家人，不教卖来谁养女”？(66) 更何况，当时婚嫁惯习时常是女赴男家，没有“回报”，对女方家而言终归是个“不合理”的问题。(67) 针对第三个环节，作品中提到，张金才等抢亲还缘于时间的“紧迫”。朱姓富人，“三天就要娶，眼看大祸就来临”(68)。这意味着，无论封捧儿和张柏自主婚姻，还是封彦贵赖婚卖婚，原本可以经过其他途径如告知政府去解决，但时间不允许。抢亲成为不得已的选择，否则一旦“生米做成熟饭”会使其他（如让政府调解、打官司）变得没有任何意义。

使每一个环节合理化，展现“理由”的复杂性，表明案件的解决注定无法轻而易举，而对涉案者及旁观的评论者来说，基于利益权衡和道德立场的差异，势必引发争议和讨论，进一步，案件中“一事归一事”和“事出有因”的纠缠关系在人们心理认识中更加趋向复杂。显然，从

(63) 相关因果情节问题的文学理论，参见孙绍振：《文学创作论》，福州：海峡文艺出版社，2004年，第476—477页。

(64) 袁静：《刘巧儿告状》，第6页。

(65) 马锡五便讲，说媒说得实在，结亲者会欢迎。参见韩起祥（著）、高敏夫（记录）：《刘巧团圆》，第95页。

(66) 袁静：《刘巧儿告状》，第4页。

(67) 当年此问题的确复杂，相关研究参见强世功：《权力的组织网络与法律的治理化——马锡五审判方式与中国法律的新传统》，第10—11页。

(68) 袁静：《刘巧儿告状》，第10页。

文学看,所有这些可视为故事"文学"的一种"冲突渲染"策略。⑥⑨

第三,合理化之后,两部作品均赋予每一个环节某些"是非辨别的可能性",以进一步凸现各环节之间的宏观冲突。围绕第一个环节,作品中提到,媒婆常说,我是说媒,然而"配好配坏我不管,混吃混喝混银钱"⑦⓪。这意味着,说媒这一行为并非错误,但却可能有良劣之分,既然存在良劣之分,那么,张金才等人抢亲的理由的分量便会有所增加。围绕第二个环节,作品中提到,封彦贵指望用女儿发财,曾寻某家,"问得票子二十万整,以后又把心变啦"⑦①,再寻另一家,"问得票子三十万整,二次又是变了心"⑦②,后朱姓富人给钱最多,封彦贵说"不管他四十、五十(指年龄——引者注),给啦,我为的是钱"⑦③。此意味着,封彦贵收取财物是可以理解的,但若"视钱财比女儿重要"而且有贪财之意,便存在"可理解"与"可指责"之别的可能,进一步,张金才等抢亲的理由亦有增加之趋势。围绕第三个环节,作品提到,张金才等人到封家抢亲,途中遇人劝说,"政府禁止卖女儿,官司一定打得赢"⑦④,"他卖女儿他不对,大家给你来调停"⑦⑤,张金才等人执意不变。此同样意味着,存在判断抢亲终归是不应当的可能性,由此张金才等人抢亲的理由的分量又在减弱。

赋予每一个环节以某些"是非辨别的可能性",预示着,案情在法律之外的社会伦理、财富优势上并不是全然不可证伪的,更预示着,之中参与者与旁观者有理由提出各种不同的价值判断层面的意见。这些同样可以增添"一事归一事"与"事出有因"相互关系之间的紧张程

---

⑥⑨ 相关文学理论,参见晓苏:《文学写作系统论》,武汉:湖北人民出版社,2006年,第197—205页。
⑦⓪ 袁静:《刘巧儿告状》,第6页。
⑦① 韩起祥(著)、高敏夫(记录):《刘巧团圆》,第18页。
⑦② 韩起祥(著)、高敏夫(记录):《刘巧团圆》,第18页。
⑦③ 韩起祥(著)、高敏夫(记录):《刘巧团圆》,第25页。
⑦④ 袁静:《刘巧儿告状》,第20页。
⑦⑤ 袁静:《刘巧儿告状》,第20页。

度,但是也另外埋设了"需作出是非断定"的可能思路。能够理解,在文学上,此可以视为故事"文学"的一种"冲突深化"策略,同时也借此来暗示纠纷解决或许可能"柳暗花明",其效果是使读者增加对最终结果的期待,或者说阅读兴趣的再次提升。[76]

第四,颇重要的而且具有直接法律启发意义的,是《刘巧儿告状》的作者从初审裁判员的视角,将案情的法律难点予以清晰的"法律与文学"的冲突悖论式处理。首先,裁判员认为,封捧儿与张柏虽然是自主结婚,但法律明令禁止抢亲,"要是政府批准他两个结婚,那就承认抢亲是合理的"[77],进一步,"照顾了法令,就不能照顾……老百姓的意见;要是接受老百姓的意见,又不能照顾政府法令,这不是叫人作难么"[78]。这意味着,逻辑上如果婚姻名分成立,那么抢亲罪名便不能成立,反之,抢亲罪名成立,婚姻名分则不能成立(其可视为再现了前面提到的李木奄的担忧)。其次,"政府要是批准这个抢亲案子,老百姓都看样子作……那还成什么世界"[79]。这表明,他人可能因此而获得抢亲的某种理由,并由此导致大规模的秩序混乱。最后,后果上,抢亲是暴利相向,"两家动武成仇人……谁见仇人再结亲"[80]。此可理解为,法律建构的婚姻基础是和睦,如果允许抢亲等于是通过法律的方式改变了法律本身针对婚姻基础作出的初始承诺。

揭示法律的难点,实际上是将案件中"冲突的成分"推至关键方面。不仅普通人会争议和讨论,官方办案人亦会在法律逻辑上难以定夺。更重要的,这种揭示意味着将普通人的争议和讨论提升至一个高点:否定抢亲,其结果等于应否定封、张的婚姻。此外,还提到"抢亲"

---

[76] 参见傅修延:《讲故事的奥秘:文学叙述论》,南昌:百花洲文艺出版社,1993年,第207—209页。
[77] 袁静:《刘巧儿告状》,第37—38页。
[78] 袁静:《刘巧儿告状》,第38页。
[79] 袁静:《刘巧儿告状》,第36页。
[80] 袁静:《刘巧儿告状》,第38页。

或可导致婚姻的基础不稳,实际上,等于从审判结果的角度增添了前述案情"因果链条"纠结的丰富性和张力。可以理解,从文学角度说,这是故事"文学"经典式的"高潮铺垫"策略,事件的最后结局完全视此问题能否"乾坤扭转"[81]。

《刘巧儿告状》和《刘巧团圆》所建构的"事出有因"的因果链条和合理化的"复杂性""是非辨别的可能性"及"法律与文学"的冲突悖论,是否为当时所有事情经过的"真实"不得而知。除主要人物和基干情节外,其他任何细节,由于历史久远且史料分说各异,恐怕无法复原。但从一般人们接受的经验常识和社会情理角度看,其"可能性"显然是存在的。真实的世界中,我们作为读者,遭遇这些并非匪夷所思。而前述《新华日报》刊载的《一桩抢婚案》中写道:"群众的舆论虽然彼此不尽相同,有的说女家(指封家——引者注)最不对,有的说男家(指张家——引者注)最不对,但没有谁说男家或女家完全对的"[82]。此可佐证"可能性"。

五、审判"文学"

众所周知,此案的审理为当年共产党司法辖区内群众参与审判的经典案件。可以想见,该案件富有争议,颇为棘手,无论当事人还是办案者,特别是一般群众,均有不同的意见,因为其涉及所有参与者的各种感受、法律规定的意义、案件处理的实际效果、政府办案人的权威,还有政府当时的政治期待等,因此,对该案的解决便需要慎重和有效的安排及办法。从现有的学术研究及其他正式资料看,人们只知道马锡五深入调查了案情,组织引导了审判讨论,群众一致主张,"不能

---

[81] 相关文学故事理论分析,参见傅修延:《讲故事的奥秘:文学叙述论》,第100—102页。
[82] 李普:《一桩抢婚案》,第132页。

断散封张婚姻",基本认为"张金才等抢亲和封彦贵卖婚均不当"。概言之,人们大体延续了《解放日报》和《新华日报》刊载的文章对案件的理解。然而,我们并不知晓,审判之际,各方参与者对案件究竟是如何讨论的,尤其是对前述所提的各种问题,马锡五在开庭时究竟是如何引导化解的。

再看《刘巧儿告状》和《刘巧团圆》。

庭审中:

第一,关于抢亲,(1)封彦贵称,张金才"做事太欺人,半夜三更来抢亲"[83];(2)某群众提出,首先不对的是抢亲,"有理就该到政府里讲,为什么拿棍拿棒,动武抢亲?"[84](3)某群众不同意,"你们大家说这个道理通也不通?要是……不卖人,我大叔(指张金才——引者注)也就不会抢亲!"[85]此时,"众人都说,'对着啦,对着啦'"[86];(4)但某位较有声望的群众[87]指出,"……不该抢亲来犯法,两家都曾劝说过,你们不听咱的话,当初若是调停好,事情也不会闹得这么大"[88],后大体无人再论是非。

讨论至(4),意味着,夜里动武肯定是不对的,对卖婚不满可以先通过乡里调停以解决,即使有"三天成亲"的紧急情形,亦不能成为夜里动武及拒绝采取其他调解方式解决问题的理由,何况明显违法。此时,抢亲问题逐渐明朗。

第二,关于卖婚,(1)张金才称,封彦贵"谁说你有人心肠,尽拿女儿做买卖"[89];(2)朱姓富人说,"婚姻条例我能背下,奉送财礼老规

---

[83] 袁静:《刘巧儿告状》,第50页。
[84] 韩起祥(著)、高敏夫(记录):《刘巧团圆》,第88页。
[85] 韩起祥(著)、高敏夫(记录):《刘巧团圆》,第89页。
[86] 韩起祥(著)、高敏夫(记录):《刘巧团圆》,第89页。
[87] 即"老胡"。老胡"五十余岁,农村中有威望的老汉"。参见袁静:《刘巧儿告状》,开篇处"人物"。
[88] 袁静:《刘巧儿告状》,第51页。
[89] 袁静:《刘巧儿告状》,第50页。

矩,这件事情不犯法”(90);(3)某群众认为,封彦贵卖婚不对,“他为银钱把女子(指女儿——引者注)不给好人,给了个祸害星”(91);(4)某群众提到,封彦贵“没理性,前后包办她婚姻,卖来卖去四五次,你脸比城墙厚几层”(92);(5)封捧儿坚称,朱姓富人“老来我年轻,二人年龄不相称,柱儿(即张柏——引者注)和我有缘分,宁死要做赵家(即张金才家——引者注)人”(93),后众人皆支持封捧儿。

讨论至(5),封捧儿公开表态,只愿意嫁给张柏,以封彦贵式多次卖婚来获聘礼的行为至此无法成立。聘礼习俗存在着一个限度,不应该贪婪,更不应该三番五次将女儿以“货品买卖”待之,并违背其意愿。这里,卖婚问题逐渐清晰。

第三,关于说媒,(1)某群众说,“媒婆也不对,见天起来,黑口黄牙,尽想得哄人吃人,要是没这号子人,也就少些是非”(94);(2)由于媒婆看上朱姓富人家财而说媒,某群众便将矛头指向朱姓富人,“你不该凭腰里有钱,就掏大价钱握赶穷人”(95);(3)媒婆称,封捧儿“不爱穷光蛋,嫁给财东好吃穿,这件事情她心愿”(96),但封捧儿的“只愿嫁给张柏”表态对此给予了否定;(4)在场群众对“说媒”话不多,却对媒婆“都用说不出的那种眼色”(97)。

讨论至(4),表明嫌贫爱富的说媒富人的财产优势,虽然不能认定为封彦贵卖婚的“直接动因”,但总归是“相互关联”的。现在,说媒问题逐渐难以权夺。

---

(90) 袁静:《刘巧儿告状》,第51页。
(91) 韩起祥(著)、高敏夫(记录):《刘巧团圆》,第88页。
(92) 袁静:《刘巧儿告状》,第50页。
(93) 袁静:《刘巧儿告状》,第53页。
(94) 韩起祥(著)、高敏夫(记录):《刘巧团圆》,第89页。
(95) 韩起祥(著)、高敏夫(记录):《刘巧团圆》,第89页。
(96) 袁静:《刘巧儿告状》,第51页。
(97) 韩起祥(著)、高敏夫(记录):《刘巧团圆》,第89—90页。

审判大会开始前，司法处裁判员便说，今天“审问温台区抢亲案子……大家有意见都可以发表！”(98)马锡五则说：“今天开这个会，是为尊重乡亲们的意见……”(99)群众讨论后，马锡五问：“现在咱们边区实行民主，你们大家看这个问题该怎么解决？”(100)群众的意见为：(1)抢亲处罚；(2)卖婚处罚；(3)聘财充公；(4)媒婆管教；(5)封、张二人即刻结婚。(101) 马锡五随即表示：“……感谢众乡亲，各人的道理讲得清，根据法令来审判。照顾风俗和人情，父老的意见我尊重，犯法的也要受处分……”(102)

除张金才、封彦贵、媒婆、朱姓富人外，一般群众关于“抢亲”“卖婚”的意见逐渐趋于一致，关于“说媒”却显得犹豫未定。马锡五以此为基础，同时兼顾政府的权威和政治治理的设想，从法律角度出发以两个决定平衡群众的讨论：(1)针对“抢亲”，断定“抢亲”属于“扰乱地方惊四邻”(103)，以其作为理由，使群众讨论呈现的“一事归一事”和“事出有因”的纠结关系，最终走向以“一事归一事”为原则；(2)当众教育媒婆，“你说媒也好，只要两家情愿，你说得实在。如果再骗人，政府要处罚你”(104)，以此为另一理由或手段，切断了“说媒”与“卖婚”和“抢亲”的因果关系，更剔除了朱姓富人“掏大价钱握赶穷人”这一更远因与“说媒”及“说媒”至“卖婚”的因果传递，凸显一个要点，即法律不轻易或说无法追溯“持续不断的远因”。

但如何面对裁判员的法律担忧？裁判员犹豫的是，针对封、张二人的婚姻，如果“婚姻有效”则“抢亲合理”，反之，“抢亲无理”则“婚姻无效”；尊重群众的意见便难依照法律，反之，依照法律便难尊重群

---

(98) 袁静：《刘巧儿告状》，第 50 页。
(99) 韩起祥（著）、高敏夫（记录）：《刘巧团圆》，第 88 页。
(100) 韩起祥（著）、高敏夫（记录）：《刘巧团圆》，第 90 页。
(101) 参见韩起祥（著）、高敏夫（记录）：《刘巧团圆》，第 90—92 页。
(102) 袁静：《刘巧儿告状》，第 54 页。
(103) 袁静：《刘巧儿告状》，第 54 页。
(104) 韩起祥（著）、高敏夫（记录）：《刘巧团圆》，第 95 页。

众的意见。《刘巧儿告状》和《刘巧团圆》的故事叙述,用心之一在于着力渲染开庭时马锡五等询问封捧儿和张柏的"婚恋"态度。马锡五让裁判员对封捧儿说,"你到底愿意跟谁,尽管说! 不要怕……"[105]马锡五直接问张柏,"你愿意要她不要"?[106] 封捧儿毫不犹豫地表示,"死也要跟他!"[107]张柏坚定地回答:"我没巧儿(即封捧儿——引者注)不成亲!"[108]如此反复数次。[109] 其中,一个重要的情节是马锡五对封捧儿以明知故问的方式再次确认:你愿意到朱家,还是张家? 封捧儿则奇怪地看了马专员一眼说:"我愿意去赵家(即张家——引者注)嘛!"[110]显然,如此渲染的目的,在于明确封、张婚姻的不可推翻。作为对应,《刘巧儿告状》和《刘巧团圆》中,另外详细描述了对抢亲的"争论":有人认为抢亲属应急,有人认为抢亲非必须……[111]这一"争论"突出了一个判断:为保护封、张的婚姻,抢亲之外通过政府的调解亦为可行,但抢亲者却是固执的。而上述提到的群众关于"抢亲"的讨论,结尾时无人再有异议,此亦表明,"抢亲"不免过分。故马锡五说,抢亲者若当初听劝,不极端行事,听从乡长和群众尤其是政府的调停,"也不会受罚"[112]。至马锡五提到另一种方式而非"抢亲"仍可以保护封、张的婚姻时,"婚姻有效"与"抢亲合法"的推论通道便被封死了。换言之,"封张婚姻"的理由与"抢亲行动"的理由并不存在相互依赖的必然关系。裁判员的担忧其实是不存在的。这一问题的消解,也使裁判员认为的第二个担忧,即"群众仿效'抢亲'可能导致社会秩序混乱"

---

[105] 袁静:《刘巧儿告状》,第53页。
[106] 韩起祥(著)、高敏夫(记录):《刘巧团圆》,第95页。
[107] 袁静:《刘巧儿告状》,第53页。
[108] 袁静:《刘巧儿告状》,第53页。
[109] 参见袁静:《刘巧儿告状》,第53页。
[110] 韩起祥(著)、高敏夫(记录):《刘巧团圆》,第95页。
[111] 袁静:《刘巧儿告状》,第16—23页;韩起祥(著)、高敏夫(记录):《刘巧团圆》,第57—58页。
[112] 袁静:《刘巧儿告状》,第55页。

问题迎刃而解,因为"抢亲"已失去了自身理由。

至于裁判员认为的第三个担忧,"'抢亲'使婚姻失去和睦的基础",《刘巧儿告状》和《刘巧团圆》中均描绘了马锡五的"循循善诱",封、张二人的积极回应,及张金才、封彦贵如何冰释前嫌等情节。马锡五问封捧儿和张柏,"你们俩个遂了心愿,可是两家老人打了一架,又吃了官司……俩亲家关系搞不好,这可怎么办呢?"[113] 封捧儿聪明地答道,让张柏迅速向封父"赔个礼,下个话"[114],而张柏自己亦替封父说情以期减轻处罚。[115] 在张金才一方,最重要的目的即婚娶成功,目的达到则"抢亲"处罚引来的不快容易消散,故当法庭认定封张的婚姻有效时,其在法庭人员的陪同下,"满面笑容"且主动向封彦贵"作揖打招呼",说"亲家,这可……可对不起你咧"[116];封彦贵"也忙回礼",称"说哪里话来,都是我不对,亲家不要见怪"[117]。另马锡五教育封彦贵,孩子们对你有"孝心,老的就要有个疼心"[118]。经此,"抢亲"包括"抢亲"引发的处罚,未必会导致婚姻失去和睦的基础。

对裁判员"抢亲"担忧的处理,实际上寓意着终结普通人关于"抢亲"而引发的争议和讨论。当"抢亲"暴露出自身的问题时,或需要严厉批评,或需要自我检讨,原有的各种相关难点便呈现了逐渐消失的可能。

法庭最后判决,对张金才、封彦贵分别处罚,聘财"没收一半"[119],封、张二人举办婚礼,另提议媒婆由"乡长督促来务正"[120]。结果,群众对此齐呼,"公平公平实公平,赞成赞成都赞成"[121]。根据《刘巧儿告状》和《刘

---

[113] 袁静:《刘巧儿告状》,第 54 页。
[114] 袁静:《刘巧儿告状》,第 54 页。
[115] 参见韩起祥(著)、高敏夫(记录):《刘巧团圆》,第 94 页。
[116] 袁静:《刘巧儿告状》,第 55 页。
[117] 袁静:《刘巧儿告状》,第 56 页。
[118] 韩起祥(著)、高敏夫(记录):《刘巧团圆》,第 95—96 页。
[119] 韩起祥(著)、高敏夫(记录):《刘巧团圆》,第 95 页。
[120] 袁静:《刘巧儿告状》,第 54 页。
[121] 袁静:《刘巧儿告状》,第 54 页。

巧团圆》的描绘,在群众眼中,"买人卖人都不行,骗亲抢亲也不让"[122],"这可把案断美了……要不是新政权,老百姓一辈子也说不上话"[123]。

至此,不仅前面案情"文学"所铺垫、推演的情节冲突,经过细腻且循序渐进的审判"文学"的说理推进及"人物相互宽容"的生动描述完美作结,而且"群众路线"红色司法的魅力跃然而出。在这些叙事和描述中,对马锡五审判的故事进行了

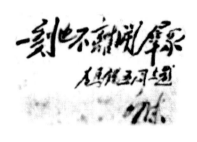

毛泽东为马锡五题词:一刻也不离开群众 甘肃庆阳市中级人民法院提供

较令人信服的表达,同时,观者亦可获得一定鉴赏的舒畅及思考的调动。从文学角度看,人们自然期待的故事高潮,或一个带有喜剧色彩的大结局,最终实现了。[124]但最重要的,这些叙事和描述。用"文学吸引以激发"的方式将如下意义呈现出来:马锡五的审判,其中包含的对原事物矛盾格局的大体合理判断,及使原事物矛盾格局经法庭审理以发生变化,最后使人发觉,群众意见具有可塑性,其与法律之间存在有益互动的可能,即使裁判员这类专职人员担忧的"法律困惑",亦存在自我协调的可能,而关键,却在于一类审判运行逻辑可以有效地发挥作用。

六、"可能"的审判运行逻辑

文学中存在创作,当时文学且存在政治宣传的目的[125],故其中审判

---

[122] 韩起祥(著)、高敏夫(记录):《刘巧团圆》,第2页。
[123] 袁静:《刘巧儿告状》,第55页。
[124] 作为常识,一般来看,传统的涉法文学故事总具有高潮结局的特点。
[125] 参见周而复:《后记》,载韩起祥(著)、高敏夫(记录)《刘巧团圆》,第146—147页。

皆大欢喜的结局自然属于对原审判的真实结果的有意提升。但此不意味着,当时文学中的"可能"捏塑对法学没有价值。经上述梳理可以发现,审判过程如第五部分讨论的情节发展,如果的确如此演化并非"不可能"的,而依照本章的理论预设,"可能性"即为本章讨论的意义所在。因此,分析其中"可能"的"运行逻辑",变得可行而且具有意义。

依笔者看,"可能"的"运行逻辑"之一是"试错"。"试错",指庭审参与者不断讨论可能的解决方案,以排除之中较劣者。因为案情复杂、存在意见分歧,而主审人员未必能够把握问题的关键,或审判人员设想的化解思路未必能够得到较广泛的认同,不断讨论,尤其是"让群众不断讨论",且排除较劣者,使不同意见相互磨合,摸寻较佳者,变得是一种有益的过程。从《刘巧儿告状》和《刘巧团圆》观察,除案件当事人,如封彦贵、张金才、媒婆和朱姓富人,其他旁听及参与讨论的一般群众对封、张的婚姻一致赞同,但对其他问题皆存异议。同时,不可忽略的是,如原裁判员所担忧的,异议(如怎样处理"卖婚"和"抢亲")对封、张婚姻的圆满亦存在影响,异议的各种问题若不能得到较有效的解决,封、张婚姻的结局恐有遗憾。因此,不断尝试异议问题的解决途径,使之交错对照、筛检相对劣者,且逐步形成价值判断的趋同,便需要稳步推进。

"试错"的逻辑,显然不包含绝对意义上的"对错"概念。审理解决方案的胜出者或淘汰者,均不是"普遍性质"的"是与非"。相反,其仅指特定语境的相对优劣。此外,试错的功能颇为关键,其凸显了某阶段、某环境中的不可回避的"是与非",以求群众就案件审判形成价值判断上的"确定意向",使此意向成为案件判决的较佳参照。

"可能"的"运行逻辑"之二是"不断转换角色"。"不断转换角色",意味着纠纷解决者尝试临时的身份变化,目的在于随时调整案件参与者对主审者的心理感受,或觉得"亲近",或觉得"感动",或觉得"钦佩",或觉得"敬畏"。在《刘巧儿告状》和《刘巧团圆》中,不仅庭审时,可以发觉马锡五"不断转换角色",而且审理前,亦可以看到其尝试变换"身份"。在庭审过程中,当马锡五说,"今天开这个会,是为尊重乡亲们的意见……"时,其角色是"管理者";当马锡五说,"你们大家看这个问题该怎么解决"时,其角色是"商谈者";马锡五对封彦贵说,孩子们有"孝心,老的就要有个疼心"时,其角色是"教育者";马锡五问封捧儿和张柏,"你们俩个遂了心愿,可是两家老人打了一架,又吃了官司……俩亲家关系搞不好,这可怎么办呢"时,其角色是"调解者";马锡五说,"各人的道理讲得清,根据法令来审判。照顾风俗和人情,父老的意见我尊重,犯法的也要受处分"时,其角色显然是"审判者"……而开庭前,马锡五深入了解案情,与群众交流,其颇自然地接受某乡亲递上的"香烟"而放下自己的烟袋,不生硬地拒绝[128],此时,"身份"是"普通群众"……

"不断转换角色"的逻辑,当然不意味着没有决定性的"中心角色",相反,却意味着,多种随附角色转换的目的在于辅助中心角色,即衬托"审判者"。此逻辑的核心功能,是通过优化案件参与者对主审者的各种心理感受,反复强化主审者的公信认同,以使最终审判的结果大体可被接受。

"试错"逻辑和"不断转换角色"逻辑,两者之间存在紧密的辩证关系。前者,意在查寻"是非观念",但因为查寻过程完全可能出现无序的状态,即"公说婆说",且可能意气用事,即"不欢而散",结果或许是各种意见均归流产。所以,为使查寻有效率地展开,并获得实质性的最终结案断定,便需要聚合引吸,包括方向的引导,而对聚合引吸和

---

[128] 参见袁静:《刘巧儿告状》,第42页。

方向引导的期待,必然指向主审者多种角色变换的成功。在此,其缘由是,主审者单一角色的疏导能量时常低于多种角色的转换,或说其他各方参与者在心理上更容易接受主审者的"刚柔并济"和"情理交融",接受其"威权时不失平易"[122]。反之,"不断转换角色"的逻辑,意在控制讨论的局面,而控制完全可能出现"中断场景",即强行制止或无奈放任,而且可能令人心生疑窦,这就是"控制者何德何能"? 其结果,便是角色的转换可能沦为无谓的戏剧表演。从这一角度看,若希望讨论局面控制得成功,并获得实质性的最终结案断定,便需孕育"是非观念"和摈弃"意见伪劣者"。如此预期,自然指向了不断查寻"是非观念"的憧憬,即试错逻辑。这里的缘由是,无论自己认为的"正确",还是他者认可的"正确",其真实存在实际上仅为一种可能,亦常能够成为参与讨论的激励,而且常能够成为维护主审者地位和协助"主导行动"的动力。

七、审判运行逻辑指向的深层法理问题和关键环节

探索上述运行逻辑,最有益的价值是触及马锡五审判方式"可能"所面对的深层法理问题,同时,触及马锡五审判方式"可能"所欲处理的关键环节。

在《刘巧儿告状》及《刘巧团圆》描绘的封捧儿案中,一个颇具关注意义的现象,是当事人及群众的自发性讨论,倾向于对事件因果关系的不断追索,却不易认可"一事归一事"原则。本章第五部分已提到,当事人包括不少群众,在讨论"抢亲"的是非时,倾向于追究"卖婚"的原因,在讨论"卖婚"的是非时,又倾向于追究"说媒"的原因并

---

[122] 现代社会心理学研究已论及这一点。参见[美]戴维·迈尔斯:《社会心理学》(第11版),侯玉波、乐国安、张智勇等译,北京:人民邮电出版社,2014年,第217页。

马锡五,庆阳中院第一任院长(原陕甘宁边区高等法院陇东分庭庭长1943-1946年) 甘肃庆阳市中级人民法院提供

延伸至"买婚"(朱姓富人出大价钱)的原因……这等于是说,没有前一原因便无"买婚",没有"买婚"便无"说媒",依此类推。而本章前述案情"文学"部分讨论的两部作品中的案件的因果交代、冲突推进,明确预示了这一现象的逻辑前提。当然,对因果关系的不断追索有其意义。此为联系地看问题,目的是更周全地解决纠纷。但这种"联系"也存在一个困局,即对因果关系的不断追索有可能导致结论的荒谬。

第一,结论奇异荒谬。以封捧儿案中"卖婚"为例。其与"说媒"有因果联系,但"说媒"既与财富优势也与社区习俗和生活习惯存在因果联系,此处,便出现两条因果关系的线索。之一,财富优势是"说媒"的原因;之二,社区习俗和生活习惯是"说媒"的原因。依财富优势的线索,需要追究财富优势者,此或许可以接受;但依社区习俗和生活习惯的线索,其便与一般群众的需要有因果联系,如此,在这条线索上,对因果不断追究的结果是一般群众的需要也是"卖婚"的原因。进一步,在责任认定上,一般群众需要的当事者"一般群众",也是"卖婚"的责任者。概言之,如追究"卖婚"进而追究"说媒",也就需要至少在一条因果链条上继续追究"一般群众",结果即为荒谬。

第二,错责推卸荒谬。仍看封捧儿案。当提出"抢亲"缘于"卖婚","卖婚"缘于"说媒",进一步,"说媒"缘于"买婚",等于是暗含这样一个推论:"抢亲"没有错误,因为出现了"卖婚";"卖婚"没有错误,因为出现了"说媒";"说媒"没有错误,因为出现了"买婚"。其结果是排列在前面的行为均没有错误,直到最后一个原因,这同样荒谬。而这种错责推卸的背后,可能隐藏了预先设定的立场选择,即有人预先便想认定某人没有错误,如《刘巧儿告状》和《刘巧团圆》中描绘的强调无"卖婚"便无"抢亲",其意思可能缘于站在张金才家立场的一方,原本就认为"抢亲"是理所当然的。这依然具有荒谬的成分。

联系式的因果关系讨论,一方面容易导致无节制地追索原因链条,另一方面容易忽略因果关系原则和"一事归一事"原则的相互制约。除思维联想的定势及容易出现的是非立场,当事人还有群众之所以如此,亦因为其在纠纷解决过程中并无"决断定案"的责任。其角色,主要是提出利己的主张或旁观议论,而非定分止争。提出利己主张者及旁观议论者,通常没有"从司法角度解决实际问题"的压力。这种压力,表面上是"必须解决",实际上是"问题解决最后结果好坏"的责任负担和官方权威之损益。此外,主观上,当事人和一般群众可能不清晰或不在意任意因果联系追究可能产生的前述"结论荒谬",因为,其通常并不熟悉法律责任的确定不可能无限追索因果。

正是因此,可以看出办案者与当事人及一般群众存在重要差异。前者,具有定分止争的责任,从而会产生"解决实际司法问题"的压力,且知晓确定法律责任的要害或关键,并担忧"问题解决最后结果好坏"的责任负担和官方权威之损益。因此,办案者在关注"因果关系"之际,更倾向于遵循"一事归一事"原则。

根据这一分析,本章通过《刘巧儿告状》和《刘巧团圆》讨论的马锡五审判,其所面对的深层法理问题,便是基于职业分工和知识差异而产生的当事人、一般群众的"因果关系"偏好与办案者的"一事归一事"偏好之间的对立与纠缠。马锡五审判,试图处理的关键环节,便是使两种偏好各自收敛,进而有益地互补。

显然,如果侧重"因果关系",则案件审理易存在拖延的趋势且易复杂化,可能使责任的清晰划分成为困难。更重要的,在迎合当事人及一般群众偏好之际,还可能最终使之发觉纠纷是难以解决的(意见颇有分歧时),进而怀疑办案者的能力和权威,司法公信因此被质疑。相反,若侧重"一事归一事",那么案件的审理虽容易迅捷,但可能遗漏了对必要的关联法律问题之处理,使某些必要的责任认定逃出了审理的视野,在让办案者"果断"处理纠纷之际又存遗憾。因为,"事出有因"总需要给与恰当的权衡,进一步,也属于重要的,遗憾同样会导致当事人及一般群众对办案者能力的怀疑,对司法公信力的质疑。

由此深入地看可以发现,本章通过文学作品讨论的"可能"的"试错"逻辑与"不断角色转换"逻辑,实际上正是为了应对深层法理问题而孕育,也是为了处理关键环节而塑造。因为,两种逻辑交替发挥作用,可以使"因果关系"偏好推动的"因果追索"伸张之时亦可以节制,使"一事归一事"偏好侧重的"责任自负"明确之际亦可以稳妥。最重要的,两种逻辑的交替运作,可使当事人、一般群众"议论"和办案人员"判断"之间保持必要的张力。"因果追索"面对"试错",会使讨论参与者本身时常排除不必要甚至"荒谬"的因果联系,趋向逐劣;而"因果追索"面对"不断角色转换",会使讨论参与者在办案者的灵活引导下更有益地理解因果联系的边界,趋向择优,并逐步理解当事人法律责任的具体及时认定的必要性。同时,"责任自负"面对"试错",特别是"因果关系"的持续检验,亦会使办案者考虑"因果追索"的可能性,不使办案者忽略追究某些"因"的必要性,进一步使其他各类讨论参与者感受案件"处理的恰当全面",增进审判认同。

从"因果关系"偏好和"一事归一事"偏好的对立与纠缠看,之中隐含了另一个重要问题:如何降低审判权力的成本。降低此成本,不仅意味着办案者可以节省时间和精力,而且意味着司法机构行使审判权时较少遭遇"对审判不满"的压力。《刘巧儿告状》中提到,初审后,刘巧儿倔强地称,"……我就要告到专员跟前,专员那里不行,要告到边区政府,拼了命也要把官司打赢!"[128]《刘巧团圆》中提到,初审后,刘巧儿"心里就是不服……打定主意要上告"[129]。其他相关文学作品,包括相关史料及研究,亦广泛地提及了这一点。[130] 故降低审判权力的成本,如同人们现在非常熟悉的,亦为司法公信的要害所在。

可以觉察,无论"因果关系"偏好还是"一事归一事"偏好,对审判权的运作均存在双刃性,或曰利弊同在。如"因果追索"尤其是一般群众参与讨论的"因果追索",可使办案者减少讨论的精力而更注意对具体问题的判断,同时,可使办案者容易成为"中立者"而避开被指责的压力[131],但庭审却需要更多的时间,也容易受到"办案拖沓"的埋怨。而"责任自负"尤其是办案者主动认定的"责任自负",可以节约庭审时间,但可能因为忽略某些必要的复杂因果关系而遭遇不满,或因为独自认定责任而承担"认定是否正确"的压力,如此,会使节约庭审时间变成反增案件的整体处理时间(如二审、再审、解决上告)。

就此看,"试错"逻辑和"不断角色转换"逻辑对"如何降低审判权力成本"具有重要的意义。首先,两种逻辑配合运行,既可以使办案者之外的其他参与者在进行讨论时自我发现"荒谬",使其感受到办案者的亲和力和权威性俱在,减少办案者的责任压力,也可以使案件的处

---

[128] 袁静:《刘巧儿告状》,第35页。
[129] 韩起祥(著)、高敏夫(记录):《刘巧团圆》,第76页。
[130] 参见王雁(改编):《刘巧儿》(评剧),第69页;高领(编剧):《苍天》(电视剧),第19—21集。相关史料及研究介绍封捧儿案时一般均有论及。
[131] 群众参与审判带来的一个便捷,如同英语国家的陪审团,实际上有利于法官减轻责任、省事。关于这一点,参见[美]理查德·A.波斯纳:《法理学问题》,苏力译,北京:中国政法大学出版社,2002年,第261—262页。

理更可能结束于一次审判。因为,自我发现"荒谬",等于自我教育,进而等于更容易倾听"相对有益"的审判意见;感受办案者亲和力和权威性俱在,可以使当事人和一般群众,更容易接受办案者的审理过程和最终决定。这样,审判权力的成本便会减少。其次,于"试错"逻辑中穿插"不断角色转换"逻辑,在使当事人及一般群众自我教育且趋向形成"较佳"案件解决意见之际,一般群众,经办案者灵活地引导,极可能共铸强大的舆情,会对固执的某方当事人形成"定向约束",进一步,可以使此类当事人感到"自错"且基于自尊或"面子"放弃固执[132],从而使办案者可以更顺利地结案。如此,审判权力的成本同样会减少。

八、在基层司法中

现在需要讨论进一步的问题:看到马锡五审判方式的"可能"的运行逻辑、其所应对的深层法理问题,以及所欲处理的关键环节,此意味着什么?马锡五审判方式与当年的基层司法状况紧密相连。通过《刘巧儿告状》和《刘巧团圆》,可以更直接、具象化地理解这种审判方式与基层司法的"可能"的内在关系。笔者想说,如果一般而言的基层司法,总是涉及了上述深层法理问题,总是面对类似的所欲处理的关键环节,那么,本章讨论的"可能"的运行逻辑,便展现了更富想象力的思考空间。令人颇感兴趣也无法摆脱的是,一般而言,基层司法的确总涉及、面对深层法理问题和类似的所欲处理的关键环节。

首先,从"因果关系"偏好和"一事归一事"偏好看,在任何基层司法中,两者几乎是不可避免的。作为常识,基层司法首先要处理庭审中的事实认定。事实认定,必然涉及各种证据指示的"事实"的相互关

---

[132] 此缘于当事人通常更在意周边多数人形成的社会关系。在这方面,法律社会学的研究讨论甚为丰富。

联,且需要确定"事实"间的边界,而未经过法律训练或不熟悉法律者,无论是当事人还是旁观者及参与讨论者(如陪审员),自然与《刘巧儿告状》和《刘巧团圆》中描绘的当事人及一般群众具有类似性。他们易搁置法律的规定,而总是讨论"事实如何",在"事实"之间建立不断延伸的因果脉络,其背后,"一般是非道德判断"也容易对"事实断定、联系"发挥催化作用。关于这一点,类似第一章讨论"诉讼战场"时提到的,我们可注意一个经验现象。基层法官在审理案件时,经常会不断地提醒庭审参与者注意围绕关键事实而陈述或辩论,或指出"此或彼事实,与本案无关或属另一法律关系"。同时,若考虑当事人的某种诉讼策略,如"转移关注视线以避开于己不利的事实讨论","因果关系"偏好另有强化之趋势。相反,对办案者而言,熟知法律已成事实认定的认知背景,法律规定的"构成要件、相关要素"等知识框架,必然使办案者倾向于对"责任的集中认定",剔除其认为的"无关联事实者"。关于这一层,我们又可注意一个经验现象。基层法官在审理案件时,认定案件依据的"事实",总是少于卷宗罗列的当事人提交的"事实",而当事人或其他参与者、旁听者时常会抱怨办案者"断章取义",或只说此"事实"不论彼"事实"。这便表明,"一事归一事"的偏好同样是经常出现的。此外,办案者需在有限或制度约束的时间内解决纠纷,其偏好更有增加之趋势。因此,在基层司法中,这两种偏好的出现是不大可能避免的,恰恰长期存在且对立。

其次,上述两种偏好的存在且对立是否意味着各自应收敛进而有益互补?这是本章通过文学作品讨论的马锡五审判,其"可能"应对的关键环节。当然可以认为,支持办案者的偏好,有利于标准、现代式的司法过程的建构,因为其具有法律知识背景以作标准化的支撑。但需要注意,在基层司法过程中,一般既允许也认同当事人的"事实"辩论。在此,这种辩论的存在,虽然意味着标准、现代式的司法过程尤其是诉辩制颇欢迎的"愈辩愈明"之目标,又意味着办案者通过辩论可获得原未觉察却又必要的"联系认识",即让办案者发现"启发性"的"因果联系",以全面恰当地"掌握事实"。进一步,如果当事人"事实"的辩论具有"启发性",则参与讨论者越多,意见会越丰富,从而使全面恰当地"掌握事实"具有了较多可能。正因此,一般基层司法,尤其是允许并认同当事人的"事实"辩论这一真实存在,其本身便包含了"因果关系"偏好可有助于"一事归一事"偏好以稳妥解决纠纷的意蕴。当然,如本章已明确的,"因果关系"偏好亦存弊端,当事人辩论越多,越会增加"无休止"讨论的可能进而出现"混乱",而参与讨论者越多,意见也会"无休止"进而失控。基于此,概言之,两种偏好各自需收敛且有益互补,实为基层司法应面对的重要难点之一,亦大体不可避免。

由此推进,本章通过文学作品讨论的马锡五审判,特别是其中"可能"的"试错"逻辑和"不断转换角色"逻辑,实际上是对一般化的基层司法难点或"如何使基层司法更有效、更有益地展开"这一普遍性问题,提示了新的尝试性解决方案。此并非说其必定是正确的,而是说其的确具有需要认真对待的普遍意义的"建设性"。针对基层司法,制度再产生的意义注定是两方面的:其一,临时性地适应社会环境;其二,反复触及社会的一个"始终存在"。而"临时性地适应",时常包含"反复触及"。不可否认,某些"临时性地适应",会因为时过境迁而需要变通,甚或消逝,但更多者,则与"反复触及"相互融合。这意味着具体与普遍的辩证合作。笔者更倾向认为,而且在此部分已经论证,通过文学作品讨论的马锡五审判,作为一种可能的制度再生产的方式,因其含有"试错"逻辑和"不断转换角色"逻辑,而两种逻辑恰面对深层法理问题和所欲处理的关键环节的一般性,缘此,实可将其归属于具体与普遍的辩证合作。

九、结　语

马锡五审判方式是重要的。重要之原因,既在于曾经或继续被政治竭力推崇,也在于当下中国基层司法中的确存在对其的自觉模仿,但更在于其"可能"体现了对基层司法中普遍性机制矛盾如何解决的一种路径。此路径,蕴含了具体的运行逻辑,其或许清新且有朝气,也或许具有吸引后来者推陈出新的能力。

毛泽东在接见司法工作者时与马锡五交谈　图片取自网络

而试图理解一种"可能"的具体运行逻辑,如法律历史中的,像马锡五审判方式,势必依赖对微观细节"事物"的走向及博弈的景象绘制,对之尽力思索,此便和法律与文学的"文学故事"可供研判的学术主张存在了关联。[13] 因为,"文学故事"时常可提供这类走向及博弈。"文学故事"当然不可被当作事实,但如果"文学故事"以其具体人物、地点、事件、情节的精致布局来映衬、凸现甚至刺穿了法律实践的可能

---

[13] 关于此学术主张,参见 Richard Weisberg, "Coming of Age Some More:'Law and Literature' Beyond the Cradle", *Nova Law Review*, Vol.13, Iss.1（Apr., 1988）, pp.118-119, 121.

结构,令人相信"可能结构"本身便可能被未来的法律实践所复制,那么,重视、追究其中的法学意义肯定具备了理由。[134]《刘巧儿告状》和《刘巧团圆》中的马锡五审判故事正如此。本章"法律与文学"的努力,将此一并激发。

最后讨论一个问题,即有读者可能会认为,本章探索的"马锡五审判"主要源于文学作品,如此,探索的与之相关的"马锡五审判方式",究竟是原本的法律意义的,还是塑造的文学意义的? 这是个疑问。笔者想说,至今我们研究的"马锡五审判方式"是历史中的,其要么经前人概括描述,要么经后人继续概括描述。而概括描述,严格讲,不可能避开"建构"的元素,也无法逃脱"可能"的嫌疑,故其与文学作品的包含"建构"元素的"塑造"具有了相通之处,尽管前者可能没有或尽量避免"审美的想象"。

> ……真实性并不等于真实发生过的某个事件;从哲学上看,任何对真实的再现(包括法律认定的事实)都是一种创造出来的事实。人不可能研究现实生活中真实发生过的一切事,必定要有选择,要有描述和抽象,而任何选择、描述或抽象的同时也就是对研究对象的"物自体"的构建,也即"扭曲"(不含贬义)。[135]

这种观点,是否正是允许笔者找寻马锡五审判方式的新研究路经的又一重要理由?

---

[134] 一位研究"法律与文学"的学者提到,叙事小说正是因为依赖修辞,才与社会、历史、政治、伦理等因素有了密切联系。See Ian Ward, *law and literature*: *Possibilities and Perspectives*, p.6.
[135] 苏力:《法律与文学:以中国传统戏剧为材料》,北京:生活·读书·新知三联书店,2006年,第384页。

第三章 走向"文学":契约司法

> 规定一方是绝对的权威,另一方是绝对的服从,这本身就是一项无效的而且自相矛盾的约定。
>
> ——[法]卢梭①

> 对罗马人而言,法庭的意义不是说服法官,而是赢得大多人的认同和赞赏。……当听者发觉倾听说者的语词是愉快的,听者的注意力和相信程度便会增加。
>
> ——Piyel Haldar②

> 正如自己知道如何令人信服,法律人也知道如何使用修辞技术去说服,将文学手段和司法手段结合起来。
>
> ——Christian Biet③

---

① [法]卢梭:《社会契约论》,何兆武译,北京:商务印书馆,1982年,第16页。
② PiyelHaldar, "The Function of the Ornament in Quintilian, Alberti, and Court Architecture", in Costas Douzinas and Lynda Nead (eds.), *Law and Image: the Authority of Art and the Aesthetics of Law*. Chicago: The University of Chicago Press, 1999, p.124.
③ Christian Biet, "Judicial Fictiona and Literary Fiction: The Example of the Factum", *Law and Literature*, Vol.20, No.3 (Fall, 2008), p.405.

本书第二章集中讨论了马锡五审判方式,可谓是从法律到文学,从文学到法律。但这种审判方式,特点即为"群众路线",而"群众路线"包含着与群众的交流、商量和"切磋"。如此,交流、商量和"切磋"从另外一个角度是否可繁衍出"契约"的概念?更广泛地看,交流、商量和切磋之中是否包含着不断的"要约"与"承诺"以及"协议"?如果是,契约司法,至少是基层裁判层面的,是否可能?进一步,"走向文学"是否顺理成章?

一、思路和限定

本章讨论契约司法,这或许是一个新的论题,其是指基层法院在审理案件时与当事人就案件的争议焦点(即常说的"争点")④相互交流,达成某种具有约束力的协议,可能保留一些而排除另外一些,然后基层法院依此推进审判。本章虽然涉及了学界已辨析的争议焦点,但本章的讨论不意在"如何处理这种焦点"⑤,而意在"如何理解契约式司法"。

既然是契约,就意味着基层法院和当事人均需要尊重选择与合意,并表现出必要的伦理诚挚,或者不允许反悔。讨论这样一个问题肯定较棘手,也可能令人困惑,甚至可能是冒险的。因为,普遍的司法理解认为法院只能秉持客观、中立的地位,听取当事人的陈述,引导事实问题、法律问题及其他方面问题中的争议焦点以展开收结。而绝大多数国家的司法历史似乎也始终保持了这样一种模式。此外,"契约"一词常假定参与者地位总是平等的,但通常人们不觉得也不认为司法

---

④ 关于争议焦点存在不少分类,但一般认为,关于事实问题、法律问题的争点最重要。参见黄湧:《民商事案件争点整理若干技术问题》,《人民司法》2010年第9期,第46页。

⑤ 学界对"争点"已有广泛讨论。

过程中法院和当事人的关系可以、可能如此,否则,当事人将纠纷提交法院似乎并无必要。然而,思考却是有时也需要开放的,在法律与法学中亦应如此。契约司法或许能成为一个新的例子。

其实,无论是学术界还是实务界,已开始悄悄地接近"契约司法"。如有的学者指出,在某些情况下,法官与当事人以宽松和谐的方式就案件争议焦点进行交流,并作出大致议定,不失为有益的司法方法。⑥ 有的实务者认为,法官应当与当事人交流法律问题的争议焦点,形成法律适用的共识,如此,有利于提高服判息讼率,反之,庭审讨论的方向则可能出现偏差,当事人易出现异议。⑦ 另有实务者提到,微观司法层面上,法官极有必要将内心确信的过程与当事人的认知进行某种沟通,以形成理性的诉讼氛围。⑧ 从实践角度看,正如有研究者描述的:

> 目前审判实践的通常做法是,在进入法庭审理阶段,原告诉称与被告辩称终结后,法官首应归纳原、被告双方无争议事实,接之则述明法官认为本案的争议焦点并征求当事人意见,争议焦点固定之后,似乎再无变动可能。⑨

而在其他国家的审判实践中,也可以看到类似情形。例如,一位德国学者提到:

---

⑥ 参见赵泽君:《民事争点整理程序的合理性基础及其建构》,《现代法学》2008 年第 2 期,第 113 页。

⑦ 参见单云娟、周立:《能动司法背景下的民商事案件争点整理技术方法分析——以保障审判权有效运行为视角》,载《全国法院系统第二十二届学术讨论会论文集》(中国知网·2011 年 1 月 20 日·中国会议),第 11—12 页。

⑧ 参见许建兵、薛忠勋:《谈司法伦理在司法方法中的实现》,《人民法院报》2012 年 10 月 12 日,第 5 版。

⑨ 黄湧:《民商事案件争点整理若干技术问题》,第 49 页。

人们可以将法官与当事人的合作表述为行为趋势,并且将其概况为一种主义——合作主义(Kooperationsmaxime)。通过这样的方式使得在最严重的争议中彼此互相让步的必要性——这是现代的、社会的民事诉讼的典型特征——变得同合作本身一样显而易见。⑩

毫无疑问,这些意见和实践透露了"商议"的概念,而商议的概念是可以走向"契约"的。

但悄悄接近终归是接近,走进且明确提出才是实质性的。

讨论基层司法中的契约司法会涉及如下几个问题:第一,为何需要?第二,是否可能,或者是否存在某种逻辑根据?第三,涉及的法官和当事人的诉讼伦理是什么?第四,风险如何,应怎样评估,如果存在优点,其优点怎样看待为宜?第五,讨论是否包含了其他更有意思、更有意义的问题,如是否需要建设性地构筑基层司法中法官与当事人的新型法庭关系,更宏观的,如法律职业人与外行人的新型社会权力关系?本章尝试在这些问题中逐步推进思考。思考的一个重要目的,是走向对"法律与文学"修辞的讨论。

本章的基本观点是,作为可能的基层司法制度塑造,契约司法存在实践性的需求并值得成为一个路径选择;尽管可能造成传统司法知识的内在裂痕,产生关于司法概念的某种困惑,但基层司法的现实环境以及原有的内部元素关系,能使此路径选择变得具有可能性,甚至变得不应拒绝。以此为基础,本章将推演一个理念:契约司法,意味着基层司法有时(仅仅是有时)需要容忍甚至发展"相互性"的概念,并

---

⑩ [德]鲁道夫·瓦萨尔曼:《从辩论主义到合作主义》,载[德]米夏埃尔·施蒂尔纳编《德国民事诉讼法学文萃》,赵秀举译,北京:中国政法大学出版社,2005年,第372页。另一位德国学者也有类似的概括,参见[德]罗尔夫·施蒂尔纳、阿斯特里德·施塔德勒:《法官的积极角色——司法能动性的实体和程序》,载[德]米夏埃尔·施蒂尔纳编《德国民事诉讼法学文萃》,第449—450页。

非应一味固守"单向性"原则,而"相互性"指向了法官与当事人之间平等互动的新型司法关系的建构,是对法官的纯粹理性化、威权化、管束化的"单向性"司法的局部调整,应该作出尝试,其目的在于基层司法更顺利、更积极的制度运作效果。当然,所有讨论仅限于基层司法。⑪

需补充两点。第一,或许有人认为,基层司法实践中已出现了"商议"的概念,这一概念已通向"契约",甚至可以说正是"契约"的一种展示,因此,似乎没有必要用"契约"的名分作为替代。但本章所讨论的"契约",其含义及逻辑预设突破了"商议"。"商议"依然保持了法官威权引导的基本态度,而之所以说保持,首先,这种"商议"一般而言预设法官总是可以"正确地"作出判断⑫;其次,这种"商议"主要是在实务界常说的"庭审管理"(寓意权力的纵向约束)的思考框架中建立的。⑬ 相反,"契约"更强调法官与当事人相互引导的主线,其预设法庭中的"正确判断"并不注定来自单方面,而且试图在"庭审管理"之外摆放一个"彼此促进"。另外应提到的是,在一定条件下概念的作用十分重要。就基层司法甚至广泛的公权力运作而言,如果仅书写"商议"一词,便可能更多倾向于"工作方法""处事态度"的思考联想,而难以呈现出更有意义的眺望格局。反之,通过概念的转换,深入至"契约"的书写,则不仅会在微观上考量怎样工作、处事,而且会通过"契

---

⑪ 本书中,"基层司法"中的"基层",主要指各级司法中最低的环节,就中国而言,主要指地、县级司法,尤其以人民法庭为代表的面对社会大众各类纠纷的司法的环节。而从案件类型论,本书所指基层司法主要限定于对民事诉讼、行政诉讼、刑事自诉、刑事附带民事诉讼等纠纷的审理。

⑫ 例如,有人提到:"司法实践中当事人出于诉讼策略的考虑,故意迟延或杂乱无章提出主张或诉讼材料,争点总是难以确定……"赵泽君:《民事争点整理程序的合理性基础及其建构》,第109页。这种表述隐含了"法官可以且应该正确判断"的意思。

⑬ 参见谢圣华、宁杰、徐公明、王建平:《加强司法方法研究,提高司法工作水平——司法方法研讨会观点辑要》,《人民法院报》2009年11月26日,第5版。如一位德国学者所说,商议"合作的要求只是表达了当事人必须接受法院的相应的诉讼指挥并且在其中积极合作"。[德]罗尔夫·施蒂尔纳、阿斯特里德·施塔德勒:《法官的积极角色——司法能动性的实体和程序》,载[德]米夏埃尔·施蒂尔纳编《德国民事诉讼法学文萃》,第444页。

约"概念的提醒,来设想基层司法与社会民众之间权力结构的重建、基层司法与社会民众之间权利义务的再分配,甚至有深度地反思以往的司法原理。在特定条件下,概念的变革才是推进实践的要素。第二,或许有人认为,基层司法中的契约司法尚未出现实践样本,既然如此,理论上的分析讨论似乎易陷入空泛、学究型的思辨。笔者以为,在法学讨论中,若有实践样本自然是一个较好的学术语境条件,但法学与法律实践的互动本身就是常态的,而这种互动的一个重要原因,便在于理论的活跃有时可以激发实践的前行。实际上,即便从实践本身看,新的实践样本亦源于对固有实践现状的超越,其原来就是实践中思想激励的一个结果,而实践中的思想激励与理论分析的滋养和培植有时存在微妙的相互依存的关系,或者可以说后者有时也许还是前者的潜在替代。[14] 既是这样,讨论的努力便是有理由的。

二、为何"契约"

看到司法中的"商议"进一步试图讨论"契约",自然和司法中人们熟知的一个核心矛盾密切相关——如何正确判决/如何效率判决。毫无疑问,在基层司法中,从法官的视角而言,"正确"的审判颇为重要,即使当事人可能是结果主义的(不问对错只问输赢),而非过程主义的或实质主义的(既问输赢又问对错),做到"正确"依然展示了法官角色的正当性,总会迫使法官不能舍弃对"是非"的深入追究。但期待展示正当性或去深入追究,不免需要一定甚至过高的社会成本,即足够的人力、物力和财力,而这些在基层司法中却总是有限的。因

---

[14] 作为法官的法律家,随着法律教育的发展,总会越来越多地出身于法学理论盛行的法学院之类的法学机构。法学理论正是通过法学的规训嵌入他们的思想之中。相关的深入讨论,参见刘星:《法学知识如何实践》,北京:北京大学出版社,2011年,第1—24页。

此,恰如人们不断强调的,法官不能拒绝或者忽视效率问题。⑮

上述核心矛盾还连接着另一盘错结构。第一,深入追究"是非"是否的确可以实现"正确"?如果答案是肯定的,从公正期待的心理角度看,这种追究便是难以拒绝的,甚至颇为可欲;如果不能实现,或者有时不能实现,这种追究即需要重新考量。我们可以发现,深入追究至少有时不能实现"正确",因为就审判中的事实问题和法律问题而言,人们有时的确存在着巨大分歧,即使忽略当事人胜诉或败诉的利益驱动这一因素导致的滋扰⑯,甚至忽略法院审判时面对的社会压力等因素导致的彷徨⑰,而仅从逻辑上仔细甄别,巨大的分歧依然是真实的。某些人们习惯称为"疑难案件"(或"难办案件")的司法情形,便是重要例子。在此,深入追究本身,便会遇到而且需要深入追究。第二,深入追究"是非"以求正当性,是否会像爱泼斯坦(Richard A. Epstein)所强调的,当耗费社会成本之际,使耗费本身失去了正当性?⑱在此,人们自然会担忧为何必须要在或许并不特别"重要"的审判中投入不成比例的财政支出,尤其是从社会功利的大视角来看。换言之,财政支出的适当或合理的调节,本身也体现着"正当"的含义,而这一"正当",与深入追究"是非"的正当,孰轻孰重不能轻易断定。这意味着,追求正当有时却可能违背了正当。

实际上,正如人们不断看到、熟悉的,现实的基层司法制度选择总是摇摆于上述核心矛盾且束身于上述盘错结构。一方面,制度总会提示并

---

⑮ 人们对此讨论甚多。参见金俊银、吕方、陈海光:《论法院公正与效率主题创世纪司法与审判新貌:最高人民法院"公正与效率主题世纪论坛"综述》,《法律适用》2002年第1期,第37页;王亚新:《民事诉讼准备程序研究》,《中外法学》2000年第2期,第140—143页。

⑯ 当事人总会认为自己的诉求是正当的。

⑰ 有些公共争议非常广泛的司法案件,说明这有时是真实的情形,法院可能会发觉压力中似有"正确成分"。

⑱ See Richard A. Epstein, *Simple Rules for a Complex World*. Cambridge:Harvard University Press,1995,pp.98-99.

要求基层法官必须认真对待证据和相应的法律规定,尽力寻求法律事实和法律理解的可靠性和清晰性;另一方面,制度又会提醒甚至支持基层法官应当且必须有效率地对待证据及相应的法律规定,不能无休止地等待证据及法律规定的全面收集或无可辩驳的理解,"……不断提出新问题,无限审理下去"[19]。更广泛地看,不仅基层司法制度,从基层司法扩展上升的整体司法制度,亦是如此摇摆及束身。例如,等级明确的上诉及申诉制度的存在,或许特别表达了对这一核心矛盾及更深层的盘错结构的回应:可以上诉或申诉,以求真实的正确判决,但上诉或申诉又是存在限度的,即便"正确"仍不能获得普遍的认同,限度依然需要设定,这便是不能同时也不应允诺无休止的上诉或申诉。

因此,恰是在这里隐约能够感到启动"商议",甚至从"商议"走向"契约",可以成为应对此核心矛盾的一个制度备案。

但上述核心矛盾及盘错结构,涉及一个更内在的亦应认真讨论的基层司法中的重要机制:当事人的诉讼策略选择和法官的审判路径选择之间的对立和纠缠。上述核心矛盾及盘错结构或可以说是这种机制的外在表现。关于诉讼策略、审判路径,本书第一章和第二章均有讨论。但为本章后面问题的分析,有必要做进一步拓展和深化。

一般来看,如第一章提到的,当事人起诉或应诉,无论是在证据问题(或称事实问题)上还是在法律问题上,倾向于"诉讼战场"的扩大化,即尽量增加自认为有关且有利的证据或法律规定的数目。之所以如此,一方面,因为胜诉欲望的驱动容易使其认为"理由"越多越可能赢得诉讼(尽管可能是一厢情愿);另一方面,作为当事人,常常不能确定究竟何种证据及哪些法律与本案有关,真正可支持己方的诉讼请求(法院以往判决有时存在不确定性)。关于后一点,笔者

---

[19] 冯文生:《争点程序整理研究》,《法律适用》2005年第2期,第45页。

做过一些实际调查,一些当事人还有相当一部分律师,在准备诉讼时,总会尽量扩展表达诉请理由的证据和法律规定的数量,其原因之一,是他们常常无法预测法官会怎样思考,他们的观念是"宁多勿少"。不仅中国如此,笔者2014年在瑞士访学时,与当地律师交流时发现,即使是在被认为法律运作具有相当确定性的瑞士,当事人及律师也同样如此。

除了扩大化,如本书第二章提到的,当事人类似地亦会拓展证据问题与法律问题的"诉讼战场"的"因果延伸",即不断强调案情理解的因果链条。例如,就现实情形而言(相对第二章文学作品中描绘的情形),一个诽谤的侵权行为,当事人有时会认为或强调其非简单发生,而是存在着"前因后果",之所以进行诽谤,是因为被诽谤一方已有刺激诽谤他人的言论或行动,被诽谤一方之所以有这些言论或行动,是因为发生了另外一些事件或出现了另外一些情形。在此,重要的是,当事人并不认同因果关系的追索有时必须或只能适可而止,同时,当事人相信,只有如此才能廓清"合情合理"的责任分担,尽管这可能出于"诉讼策略"的动机,或出于诚实理性的是非追究。[20] 在此,确如一位中国法律实践者提到的,较复杂的案件中易出现诉讼焦点的漂移,当事人之间的争论,总会出现"跑题"现象。[21]

关于当事人选择偏好的存在,如本书第一章分析的,一个可发挥强有力证实作用的事实是,当事人在审判后常会提到基层法院的判决忽略了自己提出的某些诉请依据。"不知道法院的判决书,为何对我的证据一带而过,甚至只字不提""不理解法院的判决书,为何对我的法律观点轻描淡写,甚至不理不睬",诸如此类,均是人们熟悉的典型

---

[20] 参见第二章。
[21] 参见段文波:《一体化与集中化:口头审理方式的现状与未来》,《中国法学》2012年第6期,第136页。

的语句陈述。而法院判决书的实质内容总是少于由当事人各方陈述构成的案件卷宗,也可作为印证。

法院一方如何？显然,作为基层司法的审理一方,法院恰是且必须与当事人相反。社会分工带来的社会角色的责任约定,迫使且要求法官只能倾向于"诉讼战场"的收缩和删减,从而最终解决纠纷。如同第二章所分析的,法院需要删减横向的其自认为无关的证据问题和法律理解问题的数量,亦需要割断纵向的其自认为多余的"因果关联"。而关于法院的选择偏好,在基层法院的许多判决书中,我们可以读到"……与本案无关""……属于另一法律关系"的陈述,足可作为印证。

在此,颇棘手而且可引发颇有意思的争论的,是当事人的诉讼策略选择和法官的审判路径选择之间存在着一个紧张关系,亦即难以确认何者为适当或何者是合理的。对某一证据问题或法律问题的理解,无论是横向串联性的,还是纵向因果性的,究竟是否与案件纠纷本身有关,争论空间有时显然是开放的。支持当事人,自然会遇到强有力的反驳：当事人可能是多欲望驱动而非理性驱动,或者当事人并不熟悉"真正的"证据规则与法律条文之间的相互关系……反之,支持法官也同样会遇到强有力的批评：法官之间有时也会存在意见分歧,或者即便法官之间没有意见分歧,为何只能说法官的意见一定正确？法官形成意见后,也可能遭遇上诉或申诉后的改判纠正,或者法官自己有时也会改变自己的意见。概言之,面对提交出来的证据,当事人总是可以知道其中的意思,而面对公布出来的法律,立法者期待人人都能阅读和明白这种法律,当事人从而亦知道其中的意思,故在对证据问题和法律问题的理解上,为何必须说当事人的理解胜过法官,反之,必须说法官的理解胜过当事人？[22]

---

[22] 参见刘星：《多元法条主义》,《法制与社会发展》2005年第1期,第127—128页。

这里可以发现,允许"商议"甚至打通"契约"的道路,似乎是没有逻辑障碍的,而且还能用"顺理成章"来描述其可能存在的基础。

目前司法实践中,如前面所提到的,主要是通过有些学者和实践者提出的"争点(诉讼争议焦点)整理"的商议式话语策略,以应对法官与当事人之间的上述分歧。这种话语策略包含了两种成分,一是"科学"的,二是"实用"的。"科学"的成分,在于相信法官通过理性的方法可以甄别司法中的"正确"问题;而"实用"的成分,在于设想正确的争点归结应结合妥协式的修辞包装,即态度及语言的温和表达,甚至认为此种包装是不能缺乏的,其恰是可以表现为"商议"。因为,其可以弱化法官与当事人之间的"原本是场误会"的紧张关系。而这一紧张关系,正是法官与当事人的各自执着。

显然,商议式话语策略虽然认为妥协是必要的,但整体看并没有放弃"正确"的基本预设,因而尽管实践中的确可能缓和了基层司法中的紧张氛围,摇动了更多"友好"的商议橄榄枝,但终究难以再进一步。另有可能的是,这种策略有时因为"正确"的理念而使修辞技艺出现折扣,即有时造成当事人认为法官或许是在"花言巧语""避重就轻",或许是在迂回地推送自己的观点。因此,可以认为以往"争点整理"的商议式话语策略若有不足,甚至拘泥于"庭审的权力管理"的思维框架,恰是缘于缺乏对上述颇棘手的当事人诉讼策略选择与法官审判路径选择之间的对立关系的深入理解。

三、"契约"的可能性

契约司法可以成为对"如何正确判决/如何效率判决"这一矛盾的某种回应,亦可形成对"深入追究是非"及其正当性悖论的某种舒缓,更具体地看,能够视为对当事人诉讼策略选择与法官审判路径选择之间的纠结之某种针对性化解。但其会遇到一个强有力的质疑:实际操作中,是否真有可能达成契约,当事人能有多少意愿接受这种司法方式?

一般来看,除非审判过程的强制或"软硬兼施"的提示,否则当事人不会轻易放弃自己的拓展拖延的诉讼策略,如果退守某一诉请依据不顾其他,其时常会感觉被动且危险。与此密切联系的是,当事人之间的对抗性总是决定了一方认为不重要的而在另一方被视为重要。

例如,笔者现实观察的一个房产继承案件,其中涉及两个关键问题:一是所有继承人之间签订的"被继承房产均分协议草案"是否有效;二是被继承的房产被一位已参与签署草案的继承人主张为其中包含了自己的部分产权,应当如何断定。主张包含自己部分产权的继承人认为,"被继承房产均分协议草案"仅是草案,即使自己参与签署了,依然不能视之为正式协议,因而没有必要集中审辨;相反,真正的讼争焦点在于房产中的产权成分组合。其他继承人却认为草案十分重要,其表达了草案签署人的真实意思,必须集中审辨,而房产中的产权成分组合问题也是重要的,房产产权仅属于被继承人。显然,逻辑上,如果协议草案是有约束力的,房产产权成分组合问题便失去了讨论意义;如果协议草案无效或可能无效,势必无法避开对房产产权争议作出判定。但由于担忧不运用拓展拖延的诉讼策略而造成的不利结果及诉讼对抗性,上述两个关键问题无法经过当事人与法官之间的"契约"只论其一。严格来说,从诉讼预期和心理感受角度看,因为对抗性,认为房产产权成分组合存在问题的绝大部分继承人,不会放弃案件涉及的协议草案和房产产权成分组合这两个争执。

然而,如前面已论及的,现实中法官完全可能甚至必须自己归纳争点,并不依循当事人的诉讼思路逐一解决所有争点,实践中,法官也常是这样操作的。在上述案件的审理中,一审法官几乎完全围绕房产产权成分组合的证据问题和法律问题推进审理,似乎假定协议草案仅是草案,不可能具有法律上的约束力,故使当事人觉得根本没有调查询问的必要;二审法官却主要在协议草案的证据问题和法律问题上调查询问,尤为关心协议草案签署时的意思表达是否真实,是否存在胁迫,仿佛房产产权成分组合的讨论应有一个前提,但这一前提还未存在。

这似乎表明,"契约"是不太可能的,法官硬性归纳争点是唯一的选择。

但有意思的且应该看到的是,法官有时会运用一种"默认"或"默许"的方式,将争议焦点加以集中。而这种方式似乎可以获得当事人在某一时点、某一场景中的共同认可,调动当事人某种程度的自愿情绪。在上述案件的审理中我们可以发现这种情形。一审中,当一方当事人提到,协议草案与正式协议肯定存在区别,既然是用"草案"两字写在协议上,便已表明会有未来的"正式协议",而且还意味着,"草案"变成"正式协议"时协议内容完全可能发生变化,所以,没有理由认为协议草案具有法律上的约束力。对方当事人除了强调协议草案是协议之外没有进一步的反驳。恰是在此,法官及时转向调查询问房产产权成分组合的问题,并且尤为仔细。因此,一审过程中,双方当事人均认为后一争点才是本案的"真正"争点。相反,二审中,坚持协议草案有效的一方当事人再次提出,"草案"签署时,所有当事人都同意房产应均分,现在的反悔者在当时表达了真实意思,而反悔者也承认当时的确同意均分,法官遂反复询问签署"草案"时是否存在胁迫,不论其他。因此,二审过程中,双方当事人均感受到协议草案的效力是"真正"的争点。

这里,当然可以反复争论此案究竟如何判决为宜,争论其中的法律问题究竟如何理解为宜,甚至直接争论法官如此调整审理焦点是否"正确",或者干脆认为两个焦点都审理更应当。但实际的审理过程,因法官的"默认"或"默许"终归变得缩紧,并且当事人尽管有些许不解和不满,最终还是在"某时某刻某种场合"的意义上共同接受了法官关于争点的"选择",不乏自愿的成分。因此,可发觉,法官和当事人进行沟通以确定审理过程是存在希望的。

法官的"默认"或"默许"的功能,表明法官在基层司法的微观场景中的权威示意,因其传递了细微的"平等"意向,可以发挥促成契约司法得以实现的潜在作用。面对法官的这层作用,当事人的诉讼策略也未必一成不变。如果联系其他因素,例如当事人担心自己的时间、财力、人力成本,自己的社会形象,旁观者的舆论压力,再结合法官权威身份传递的少许平等暗示,接纳法官的这层作用,进而接受契约司法,则更进一步凸显实际的可能性。

河南新乡市红旗区人民法院张习坤法官(右一)与当事人平等地讨论案情　杨鹏云(河南新乡市红旗区人民法院)摄于2018年5月31日

事实上,尽管当事人的诉讼策略选择和法官的审判路径选择从客观看很难确认何者可以贴上"正确"的标签,但这并不意味着,不存在某一时刻、某一场景的"正确"之合意。前述案例中,无论一审还是二审,经过某种过程如法官的"默认"或"默许",均出现了这样一种关于"正确"的带有自愿情绪的临时合意。基层司法中,甚至包括其他层次的司法,只要纠纷争议是真实的,客观"正确"的艰难与临时合意的磨合总会交替呈现。法官通过司法成功地解决纠纷,使大多数人觉得应予认可,也正是依赖这一临时合意的在场。[23] 可以指出,临时合意作为桑斯坦(Cass R. Sunstein)曾反复讨论的"未完全理论化协议"的一个微观表现[24],是理解基层司法中的契约司法实际可能性的一个关键词。

有一点或许需要深入分析。法官的"默认"或"默许"得以发挥作用的一个前提,在于当事人的理由诉辩已呈现出一定程度的"正误"识别。一定程度的"正误",自然不是客观意义的绝对,而是临时合意氛围中的相对。换言之,基层司法总是微观场景化的,正因为微观场景化,参加者的人数颇为有限,思路差异的复杂性及由此引发的观点理由对立的开放性变得较为收敛,一方当事人的理由陈述才能够显现"临时正确"[25],使得另一方当事人出现"临时承认",而且进一步使得法官的"默认"或"默许"仿佛是一种"临时确认",反过来又使当事人能够以某种程度自愿的方式接受审理过程的管束。前述案例的一审及二审情形恰是如此。这正是机会所在。能够想象,如此微观场景、"临时正确"和"临时承认"及其衬托的"临时确认",如果法官可以恰如其分地发挥权威示意、智识引导、修辞掌控,包括平等友善情绪的传

---

[23] 相关问题的详尽讨论,参见刘星:《司法中的法律论证资源辨析:在"充分"上追问——基于一份终审裁定书》,《法制与社会发展》2005 年第 1 期,第 118—120 页。

[24] 桑斯坦对"未完全理论化协议"的讨论,参见 Cass R. Sunstein, *Legal Reasoning and Political Conflict*. New York: Oxford University Press, 1996, pp.6-8, 50.

[25] "临时正确"的一个重要语境条件是"封闭"。当"封闭"时,参与者获得的信息和能够想到的理由都是较为有限的,因此讨论较易终结,"临时正确"较易获得认可。反之,如果语境条件是开放的,如同现代人们熟悉的网络世界,参与者获得的信息和能够想到的理由较为具有持续性,故讨论不易终结,"临时正确"相对而言是困难的。

第三章　走向"文学":契约司法　145

递,契约司法便显然不是一个乌托邦式的思路。

四、法官和当事人的角色伦理

即使契约司法具有实际操作的可能性,仍然可质疑其是否背离了法官和当事人的角色伦理。如本章提到的,若允许法官不仅可以"临时确认",而且可以主动参与诉讼交流,发挥智识引导、修辞掌控和传递平等友善之情绪,与当事人沟通形成案件审理的司法契约,法官的角色或职业伦理便是非常有问题的,当事人的参诉角色伦理亦为可疑。也可以这样说,如果这一伦理问题不可逾越,契约司法的实际可能性便会令人沮丧。

原有的法官角色伦理时常被人们赋予一个洛克(John Locke)、孟德斯鸠(Charles de Secondat, Baron de Montesquieu)式的假设前提:法官客观中立地倾听案情、审理曲直,是社会分工赋予这一角色的基本要求。[26] 这个假设前提包含了特别明显的原教旨主义的"单向性"概念:法庭审理过程中的所有承载案件内容信息的话语流动,应当且只能朝向法庭的中心,即法官,只有这样才能维持并保证司法的中立客观。基于这种前提和概念,亦由于基层司法必然涉及复杂的证据问题,而证据,根据"谁主张谁举证"的原则主要由当事人向法庭提供,法官的"仅听则明"似乎显得更为重要。但原有的法官角色伦理的潜在逻辑是"客观正确"的审判。如果深入追究,标准的"客观正确"实际上极难存在[27],人们看到的一般只是特定时期、特定语境的约定意义的"共识正确"。因此,有必要重新认识这一"单向性"的概念,更深层次

---

[26] 参见[英]洛克:《政府论》(下篇),叶启芳、瞿菊农译,北京:商务印书馆,1983年,第78、80页;孟德斯鸠的观点,参见[法]孟德斯鸠:《论法的精神》(上册),张雁深译,北京:商务印书馆,1982年,第76页。

[27] 尤其人们现在普遍接受了"法律事实"的概念,这表明证据基础上的"正确"才有意义。

而言,应当追问法官的角色担当,究竟在于追求"客观正确"还是在于有益、有效地促成一个约定含义的"共识正确"。显然,"共识正确"才是最有意义的。进一步讲,如果"共识正确"才是最有意义的,那么,辩证地理解审判的中立客观,反思地理解法官的"仅听则明",便为题中之义。在此,一个思考路径可以打开了:第一,基层司法中,法官并不必然地应恪守原有的法官角色伦理;第二,引入庭审的"相互性",即在法官和当事人之间允许适度的互动甚至平等的交流,便是一个是否应开启的问题,而不是一个是否应拒绝的问题;第三,还可认为,"共识正确"实现的一个元素或许正是来自且依赖法官适度参与的平等互动。

此外,司法的实践和制度也从来没有遵循原教旨主义的法官角色伦理。显著者,如绝大多数国家已确立的调解制度,其允许甚至要求法官适度地主动与当事人交流,在有来有往中解决纠纷。这实际上从侧面隐蔽地回应了很不乐观的"客观正确"的司法命题,或者说,至少暗示了这一命题有时需要纠正,因为至少有时的确难以发现纠纷中的"客观正确",相反,达成"共识正确"是更可欲的。[23] 更进一步,其也表明上述"单向性"的逻辑应予纠正,至少应当宽容"相互性"的逻辑,应当心态较为开放地理解法官与当事人之间的庭审平等互动。由此,问题的关键不在于是否恪守原有的法官角色伦理,而是如何调整"单向性"和"相互性"之间的关系,在实践中发现两者的有益互补。

而从更广泛的公权力运用来看,司法是公权力的一种表达方式。公权力的运用,一种是可以顺畅地运用,如交警礼貌地执法;另一种是遇障碍地运用,如强制拆迁等。人们可以接受一个观点,强制地运用公权力,面对一般公众,在没有其他选择的情况下才能认定具有不可

---

[23] 调解制度自然包含了缓解当事人之间紧张关系及重建当事人以后彼此协调关系的意图,但无法否认,如果"客观正确"存在,调解势必会缩小自己活动的空间。

怀疑的正当性,只要公权力自认为并承认是基于历史合法性逻辑而产生的。[29] 因此,强制在运用公权力时,自然地存在许多可选择的空间,契约便是其中之一。同时,历史合法性逻辑要求的公权力,一方面是宣示权威;另一方面是有效、有益地解决实际问题。而后者最重要,若不能如此实际上便违背了社会赋予公权力这一逻辑的初衷,如服务公众、惠泽社会。就此而言,我们亦需要理解法官角色伦理的丰富性与复杂性。

从当事人的诉讼角色看,只要不是图谋虚假的证据提交,没有恶意利用诉讼和法律寻求非法的目的,那么,利益最大化地运用证据规则,运用诉讼和法律,诚实地举证和陈述诉请,这是当事人角色伦理的基本要义。[30] 与原有的法官角色伦理正好对应,当事人角色伦理潜在地鼓励了非恶意的"尽情诉说",其中隐含的一个预设是,诉说越丰富,越能为法庭提供全景的案情,并越有利于法官作出"正确"的判断。之中可触摸的逻辑思路十分明显,通向了"客观中立"的诉讼设想。这依然是单向性的:不断地向法官表达当事人所知、所想的一切,后由法官逐一分辨及裁断。同时,这也依然是"客观正确"的司法预期的话语产物,忽略了"共识正确"。于是,在庭审中,当事人可以无拘无束地让法官面对数量繁多的争议焦点。然而,如果去除"客观正确"的"绝对性"的幻象,还原"共识正确"的"基本性"的实际,便能发现,尽管可以赋予当事人不断提出诉请的权利,但一般而言,当事人欲求的"正确"依然只能在多方参与的思想合作中得以实现。进一步,如果诉请无限,或诉求的数量远超司法裁断成本支出的能力,思想合作产生的"正

---

[29] 历史合法性,这里是指社会契约的结果,或民众集体选择的结果。
[30] 参见唐东楚:《当事人真实义务与民诉法诚信原则的裁判适用》,《政法论丛》2015 年第 1 期,第 104—109 页;另参见德国学者的概括,[德]鲁道夫·瓦萨尔曼:《从辩论主义到合作主义》,第 380 页。

确"则根本无法出现。正是在此意义上,参与诉讼的当事人应该且只能正视甚至收敛"不断诉请并要求法官逐一裁断"的欲望。当事人的角色伦理,亦应也只能被融入另外一种成分:诉讼行动的"相互性"。

新疆昌吉市人民法院赵瑞琴法官(左一)入户询问案情　新疆昌吉市人民法院提供,摄于2013年10月11日

实际的诉讼实践同样凸显了原有的当事人角色伦理的浮泛。基层司法,尤其是在庭审过程中,当事人总会遭遇法官的限定,当事人可以提出许多诉请及其理由的陈述,但陈述过多时必然会面对法官的删减,即使法官也许或应当拥有必要的耐心。[31] 诉讼实践,特别是基层司法的诉讼实践,总是无声地提醒诉讼当事人的角色想象,并非其诉说越丰富就越能在之中的司法分辨走向"正确",尤其是有意义的"共识正确"。诉讼实践,尤其是基层司法的诉讼实践,甚至有时并不关心"正确",包括"共识正确"。因为,司法有时的确没有能力来应对无穷无尽、没有时间限制的"正确诉求"。因此,问题的关键又回到如何调整"单向性"和"相互性"之间的关系,发现两者的有益互补。

---

[31] 法官的耐心是个有意思的问题,在另外的论文中笔者深入讨论过。参见刘星:《走向什么司法模型——"宋鱼水经验"的理论分析》,载苏力主编《法律和社会科学》(2007年第2卷),北京:法律出版社,2007年,第60—64页。

五、"契约"的风险

对契约司法肯定会存在担忧。首要者或许是,如果"契约"达成,当事人可能因此被"出卖"了。这里的意思是,如果锁定当事人的诉请争点放弃其他,并通过了协商自愿的协议,则可能会使当事人失去某些保护自己重要权益的机会。对这种担忧需要仔细研讨。

在此,第一个层面的问题是,如果法官为了审判的便捷,利用当事人对相关法律及证据的专业知识的缺乏,而随意删减或限制诉请陈述,并诱导当事人的认可,自然会产生对法官角色正当性的质疑。这里提到保护当事人权益是正确的。但一般来看,契约司法,至少本书尝试定义并描述的契约司法,不以法官这种诱导为启动方式,其需要以法官与当事人之间诚恳的合作交流为条件,故这一层面的问题并非棘手。难以处理的是第二个层面的问题,即经过契约,某些争点被锁定,某些争点被剔除,我们却无法判断哪些才能贴近"共识正确"的范畴。仍以本章前述讨论的房产继承纠纷为例。假设法院试图通过契约司法解决案件,那么,房产产权成分组合和各个继承人之间继承协议草案的效力,哪个才是接近"共识正确"范畴的争议焦点?一审、二审的实际审判存在差别,对争议焦点各有确定,此已令人担忧,而且即使二审作为高一级别的裁断,同样并不容易令人感到是"稳妥"的[32],因为,如果出现再审,二审对争议焦点的确定被推翻也是有可能的。毫无疑问,两个争议焦点均对当事人的重要权益有着关键意义,确定一个争议焦点便会排斥某些权益。因此,令人纠结的地方显然在于:一些权益,必会失去

---

[32] 笔者曾与一些民法专家和法院的民事审判法官交流过,在不知道实际审判结果的情况下,他们大体认为继承协议草案的效力是争点。然而,一审法官认为协议草案的效力根本不是一个问题,笔者也认为这未必就一定是错误的。

保护的机会,但却无法对"失去"做出确证。

要害是什么？怎样判断为宜？

在此,需要辨析"契约"各方之间的微观权力关系,特别是法官与当事人之间的微观权力关系。之所以担忧权益会失去保护的机会而又无法对此做出确证,是因为人们通常容易预设,法官要比当事人掌控更多的法庭场景优势。优势,不仅包括法庭权力,还包括职业专业知识的优等断定及法庭环境蕴含的"高低"(如法官座位最高)。但如果真正进入一般理解的契约,包括本章所讨论的契约,这些微观权力关系便会出现新的含义,并应被赋予新的理解。当事人之间,尤其是法官与当事人之间,如果形成"解决纠纷过程"的契约,则这种契约实际上与其他契约并无过多的区别,大致而言,亦为基于平等自愿而产生。虽然当事人期待并意图不断让法官重视其所提出的一切诉请,但当事人如果亦期待和意图解决纠纷问题,则不得不面对自己的意见被缩减、被控制的局面。因此,当事人便具有了参与平等契约的动力,这种动力,既可能是不得已的,也可能是积极主动的。而在法官一方,情形类似。除了"强制"及"弱强制"(如"软硬兼施"),通过契约来推动司法并及时有效地解决纠纷,对法官亦为乐见的选项。这里便需要转入对平等自愿契约中的权益保护问题的讨论。

可理解的是,严格来说,有如新制度经济学理论所讨论的,因为契约参与者的初始自备资源和认识判断能力的差异,以及复杂背景条件,任何契约均可能存在并非完全对等的权力关系,进一步,契约一方失去某些权益自然不是奇怪的事情。[33] 实践中,人们已普遍接受了契约的一个预设:只要契约是平等自愿的,那么契约已包含的权益失去

---

[33] 经济学领域的"不完全契约"是核心概念。See Philippe Aghion and Richard Holden, "Incomplete Contracts and the Theory of the Firm: What Have We Learned over the Past 25 Years", *The Journal of Economics Perspectives*. Vol.25, No.2 (Spring, 2011), pp.181-183.

便不存在"特别不合理"的问题,除非其中出现了现代民法反复重述的欺诈、重大误解及显失公平。㉞ 而且,失去某些权益有时可能恰是获得契约另外的利益或讨价还价的前提条件。㉟ 从这些方面看,针对本章讨论的司法契约,由于纠纷解决必须在一定的时限内实现,当事人总体而言也希望如此,特别顾虑失去某些权益便显得无法得到"同情"的理解和强调。某些权益可能真的失去了,但共同期待的纠纷解决却可以向前推进。

还需要看到,权益是否正当及是否应该保护,人们或许对其存在意见分歧,某些人认为的权益在另外一些人看来可能不是,换言之,权益与否实际上与"共识正确"的集体意识关系密切,由其认定似乎才具有一定的正当性。而"共识正确"的集体意识的一个特别现象在于,其可能是变化的,同样是历史的、语境的。这对本章讨论的司法契约尤为重要。仍以前面提到的房产继承案为例。诉讼不集中于被继承房产的产权成分组合,而是集中于协议草案的效力,或者反之,某些人会认为其中某些权益被忽视了,另外一些人会持相反的观点。此外,更重要的是,也许"共识正确"的集体意识在一段时期倾向于对被继承房产的产权成分组合的辨析,另一段时期则转向了对协议草案的效力辨识。而在司法实践中,确实可以发现这种"共识正确"集体意识的转变。㊱

因此,契约司法过程中的当事人权益的可能失去而又无法做出确

㉞ 参见刘承韪:《契约法理论的历史嬗迭与现代发展——以英美契约法为核心的考察》,《中外法学》2011 年第 4 期,第 774—794 页。更深入且有启发的讨论,See Robert E. Scott and George G. Triantis, "Incomplete Contracts and the Theory of Contract Design", *Case Western Reserve Law Review*. Vol. 56, Iss.1 (Fall, 2005), pp.187–202.

㉟ 经济学在这方面的详尽讨论,See Oliver Hart and John More, "Incomplete Contract and Renegotiation", *Econometrica*. Vol.56, No.4 (Jul., 1988), pp.755–785.

㊱ 集体是相对的概念,指通常人们不会异议的一个"大多数",并非指全体。关于这种意识转变的深入讨论,参见刘星:《多元法条主义》,第 137 页。

证,的确令人感到失望,但细心深入地看,则会发觉这并不是一个不可面对、无法作出权衡的"纯粹风险",它有偶然性,无法圆满,但更有语境性且必须面对社会性。

关于契约司法的另一个担忧可能是:当事人会因"感觉被误导"而抱怨法官,进而抱怨司法。在某种意义上,这比前面的担忧更棘手。因为其中涉及了公共权力的道德失败——司法绝无任何理由可以误导当事人。另外,如果"感觉被误导"可以成立,那么社会心理层面的潜在蝴蝶效应会逐渐出现,使人们对司法渐增不信任感。在此,人们理解的误导包含了一个假设前提,即法官因为专业知识和法庭权力而具有影响力方面的优势,当事人在这两方面显然是弱势的,因而易受左右或控制。

这里需要讨论两点。

第一,是否感觉被误导。从当事人一方的心理角度来看,的确是个复杂的问题。如果法官提出争议焦点问题需删减,交流商讨也是必要的且需要当事人的理解,则当事人基于自己的诉讼利益驱动产生戒备的感觉颇为正常。这种感觉,既可能出现于契约达成之前,也可能出现于契约达成之后,而当事人认为契约极可能有悖于自己的诉讼利益时,便会强化这种感觉,进一步,可能导致出现感觉被误导的心理。但这一点仅是问题的一个方面。从另一个方面看,当决定将纠纷提交至法院或到法院应诉,在某种程度上,说明当事人已心存对法官的一定信任。进入诉讼后,当事人总会为自己的利益谨慎判断和权衡,在契约上,其不仅可以据理力争与法官交流意见,而且可以最终拒绝。因此,契约的达成便可能成为当事人自愿的三思而行的结果。进一步,问题的关键则在于法官如何有效、有益地运用相对优势的专业知识及法庭权力化解当事人被误导的感觉。

第二,什么是误导?感觉被误导与实际被误导是不同的。实际被误导自然应受谴责,本章讨论的契约司法亦排斥法官明知误导而为之的情形。真正的困难且对法官颇为尴尬的是,当经过引导而达成契约的结果最终偏离了"共识正确"的理解,被大多数人认为是不适宜的甚至是错误的,"被误导"似乎便无法避免被揪出来作为对法官的指责。而法官审理案件并最终作出判决,有时的确不易预测及把握"共识正确"。但这一困难及尴尬,类似法院"正确判决"的不确定性。此种不确定性是司法的社会伦理成本(因为不确定性,有时社会可能怀疑司法的道德性)。面对这种成本的应对,显然不是放弃司法。进而言之,因为对"共识正确"的可能的偏离而放弃契约司法,其理由自然也无法充分。或许这里的关键,首先在于法官尽力摸索可能贴近"共识正确"的判断,其次在于建立融洽的达成契约的法庭氛围。

因此,契约司法过程中的感觉被误导是个棘手的问题,但仍像前面那个风险一样,并非是无法面对、无法提出办法解决的"纯粹风险",其依然具有偶然性,难以圆满,但另有机会融通且有其他途径以积极面对。

毫无疑问,关于契约司法也许存在其他风险,如契约过程中,法官因"放低身段平等签约"可能会降低法官、法院的权威。然而,上述两个风险可能是最重要的,细化讨论有助于对问题进行深入检视。

六、"契约"的优点

一项制度得以存在,既依赖一定的环境条件,也依赖自身的优点,而且经过权衡可以发现,面对风险时优点具有持续性和抗衰性。因此,讨论"契约司法"的优点是必要的。前面提到了基层司法的效率问题,亦提到了当事人的诉讼策略和法官审理策略的对立纠缠,另分析了其中"契约"制度创新的需求和可能性。其实,此已触及并暗示了"契约"的一个优点:增添基层司法审结案件的活力和能量。

但其他的优点还需要进一步讨论,它们是独特的且具有足够的吸引力。

第一,这种契约司法有助于建构一个自愿的"共享式诉辩理解背景"。在基层司法中,由于各种原因,如争辩策略的不同选择、诉讼的思路差异,特别是利益的分化期待,当事人之间包括当事人与法官之间的对话会出现"没有相互对应的情形"。以往在法庭中,法官会强制性或"软硬兼施"地将诉辩议题予以集中,这有时会遭遇当事人的心理不满(这里主要指因为诉讼的思路差异),或感觉被强迫,或感觉被诱导,故仍不易解决"集中"的问题,即使解决了,"诉讼理解背景"极可能依然是分裂的。而"契约"较佳优势在于,可以舒缓当事人之间特别是当事人与法官之间的"议题缺乏集中"的紧张,形成思路意识接近的话语背景,其中重要的是借助了自愿的概念。通过"契约"中的自愿及其对各方心理疏通的搭建,可以气氛融洽地推动当事人及法官进入"共享式诉辩理解背景",尽管这并非是必然的。可以试想,越是缺乏自愿型的共享式诉辩理解背景,基层司法就越容易陷入操作疲惫且实际效果难尽如人意的局面。

第二,与前面一点相连,契约司法可更为有效地增加裁判的确定性及可预测性。上文已反复提到,基层司法面临的最大困难或许就是复杂的案件事实证据问题。这里想深入展开的是,事实证据越是辐射开放,与其连接的法律规范就越会趋向多样化(因为正如有的学者分析的,事实证据问题与法律问题常是相互交织的[37]),其结果为,裁判的不确定性和不可预测性将会增加。一般来看,当事人提出的所有诉请及理由或争议焦点,只要当事人具备足够的辩解能力,尤其是在律师参与的情况下,总会将其中的相互关系连接起

---

[37] 参见苏力:《纠缠于事实与法律之中》,《法律科学》2000年第3期,第10—12页。

来,而且具有利益驱动以展开连接。如此,依照当事人的所有诉求、理由或争议焦点来逐一审视定夺,势必在数量上增加法官的裁断。数量越多,则质量的压力越大,进一步,法官裁断的"模糊性"空间亦逐渐打开。而这种数量及质量的问题,特别是"模糊性"空间的打开,实际上正是裁判不确定性和不可预测性的重要原因之一。因此,通过契约司法的方式使诉讼各方参与者气氛融洽,缓解焦虑,逐步自愿地阻隔一些诉请及理由,比之强制及"软硬兼施"的方式更能令人满意地减少法官裁断问题的数量,进一步顺利地提升法官裁断的质量,收缩"模糊性"的空间,以更能有效地增加裁判的确定性和可预测性。

河南新乡市红旗区人民法院家事案件开庭　杨鹏云(河南新乡市红旗区人民法院)摄于2016年11月10日

　　第三,这种契约司法可促进基层司法的社会亲和力。在司法中,"契约"是一个可以激发人们对公共权力友好想象的语词,因为,其中包含了平等、自愿、对话、协商及诚实信用等多种含义(尽管也包含博弈)。如果人们发现,作为当事人,可以和传统的威严法官就诉讼问题达成协议,而且此协议又是法官乐意通过交流的方式来促进"自愿承诺"而形成的,法官时而还具有邻家朋友般的诚挚表现,那么,在不失中立品格的前提下,法官实际上为社会增添了更可信赖、依赖的预期。其中,法官不仅仅是运用权力,更展现了公共权力与社会的和善互动、彼此协助。基层司法在此方面尤为明显,因为,其与社会基层民众的联系最为密切,而社会基层民众更多聚集在社会大多数的人群中。基层司法的一个特点在于,一般来看,由于案件经常涉及细小琐碎的纠纷,而且代理成本容易使人有所顾忌,当事人更多会亲临法庭。因此,基层司法从另一方面表现了更广泛的法律外行人与法律职业人的直面接触。概言之,基层司法正像人们已完全理解的,是司法权力在社会底部场域的最重要体现。从这方面观察,当事人的法庭感受较易在社会基层民众中逐步传播,基层法官的形象也较易在社会基层民众中被反复捏塑,甚至被视为整个法官群体的基本标志。就此而言,基层法院的法官,通过"契约司法"的活动而使当事人产生惬意的心理感受,柔性地推进纠纷的解决,并使当事人乐意传播,基层司法的社会亲和力的实现与增加是会令人欣喜的。

河南南阳市南召县人民法院白土岗法庭法官与当事人联系 曹逢春(河南南阳市南召县人民法院)摄于2018年3月29日

上述三点是契约司法独特的进一步优点。除此其还具有更深层的积极意义。

首先可以注意一个现象。在传统的基层司法中,当事人依照诉讼制度起诉,本身便可被视为一种"承诺"。因为,诉讼制度为法院一方的意愿表达了一种"要约",即如果当事人要求法院受理自己的纠纷,当事人便应接受法院一方期待的一些条件及程序规则。当事人自然可以选择是否起诉,但起诉之后便是对"要约"的"承诺"。这是基层司法的一个发动点。其中暗含了"契约"的元素,甚至可看作体现了一种契约的框架。随时间推移,在基层司法漫长的演化中,调解制度逐渐成熟并确立,而调解的协议,不仅是当事人之间的正式契约,而且可视为法院与当事人之间就纠纷解决而达成的类契约(因为其中也有要约和承诺,如法院询问当事人是否愿意调解,当事人有时以"愿意"作为回复)。于是,调解成为基层司法内在格局中的"契约"生长点。

以往的理论相信,就起诉制度看,法院被动受理案件或行使司法权力是宪制的必要配置。公权力中,既需要积极干预社会的成分,如立法权力和行政权力,也需要弱势影响社会的成分,如司法权力。㉝ 这种理解是正确的,但忽略了一个理解思路。公权力中的一种弱势影响表达,如司法权力,实际上也意在减少公权力运用中的社会阻力,特别是减少行政权力的社会阻力(如通过行政诉讼纠正行政权力的问题以减少社会的怀疑与不满),微调立法权力的社会阻力(如通过司法解释以减少社会对立法的疑惑与不解)。根据这样一个逻辑,司法权力也存在尽量减少自身的社会阻力的问题。这意味着,如果大多数司法总是从基层司法起步的,则减少自身的社会阻力首先需要从基层司法着手。而包含"契约"元素的起诉制度,尤其是富有"契约"色彩的调解制度的生长,从这一角度看,的确不失为一个有益的路径找寻。因为,它们运用怀柔及与社会温和交换的方式,通过公众更乐见的形式,来使公权力更顺利地运作。也因此,本章讨论的"契约司法",实际

㉝ [美]汉密尔顿、杰伊、麦迪逊:《联邦党人文集》,程逢如、在汉、舒逊译,北京:商务印书馆,1980年,第391—392页。

上是试图从基层司法出发在司法权力内部促成新的生长点,增加面对社会阻力的体制能量,进一步,在宏观的宪制层面不断增强司法权力的社会适应度,以垫撑行政权力、立法权力面对社会阻力的能力。正是在这里,以小见大,以点见面,可发觉本章讨论的"契约司法"所能具有的潜在的巩固社会公权力效率机制和正当性格局的意义。

除了这一重要之点,更广泛地看,行政权力与立法权力本身已在尝试通过"契约"元素以优化自身,如行政合同实践[39]、立法草案征求意见的实践;而司法权力本身也在其他层面释放着"契约"的概念以推动实效,如诉辩交易实践[40]、刑事和解实践[41]。所有这些,又从另一角度表明,催生着本章讨论的"契约司法"所能具有的现实性的社会价值。概言之,如果认为将私权利领域的契约融入公权力领域,一定程度地复活"社会契约"的理念[42],对私方与公方是均为有益的,更能营造整体的社会良性秩序,那么,"契约司法"的更深层的积极意义不言而喻。

七、如何"契约":修辞与态度

"契约司法"的一个重要问题是契约参与方的权力不对称。这种不对称,隐含或涉及了其他不对称,如信息、知识、自主性和话语能力的不对称(这个问题在论及契约风险时已有所涉及)。此外,本章讨论的"契约",其中一方是基层法院,一旦"契约"成功实现,基层法院几

---

[39] 参见余凌云:《行政契约论》,北京:中国人民大学出版社,2006年,第20—48、75—86页。
[40] 典型例子如众所周知的美国司法实践,中国也有尝试,参见曲伶俐、刘道明:《诉辩交易的理性思考》,《山东审判》2003年第4期,第61—64页。
[41] 参见于柱、陈茜茜:《审判视域下的刑事和解应用体系构建》,《人民司法》2018年第10期,第73—77页。
[42] 关于历史进程中已发生的私权契约和社会契约的传递关系,参见苏力:《从契约理论到社会契约理论——一种国家学说的知识考古学》,《中国社会科学》1996年第3期,第79—114页。

乎没有任何动力发生违约,相反,当事人则是可能违约的。当然,基层法院完全可以宣称这是契约,不能违反,甚至不去理会当事人的任何违约要求,指责当事人的诚信背弃,但如此却会削弱未来的当事人进入法庭后接受"契约"的可能性,其中,还包含了增加当事人对启动契约商议的法官的怀疑和警惕。因此,如何尽力提高自愿守约的成功率,使当事人形成在契约达成后更为乐意自觉遵守的心理状态,以吸引后来的当事人达成契约,便是需要分析的。也因此,如何达成契约,需要专作讨论。

首先主导契约达成的必然是基层法院的法官。法官的主导,不是因为法官可以把握纠纷的争议焦点的"正确",而是因为法官是法庭场所的权力主角。也由于这一点,法官势必要在两个方面有所努力。其一,法官需要根据以往的司法经验,尽力摸索特定司法语境下的公共感受;其二,法官需要特别注意修辞手段和法庭态度。

仍以前面论及的继承房产纠纷案为例。被继承房产的产权成分组合是一个主要争议焦点;继承协议草案的效力是另一个主要争议焦点。而在实际诉讼中,还涉及了其他次要的争议焦点。例如,某个继承人是否比其他继承人尽到更多的赡养被继承人的责任;再如,主张自己拥有被继承房产部分产权的继承人自己没有任何房产,而其他继承人均有房产,这是否意味着被继承房产分割应当有所倾斜。在起诉状和答辩状中,双方当事人都尽力展开了诉请、回应和理由的内容,陈述颇为复杂。显然,继承房产纠纷几乎是最古老、常见的民事纠纷之一,在以往基层司法中表现出来的争议焦点亦是十分广泛。法院在这方面的经验积累是丰富的。甚至可以说继承房产纠纷案件中涉及的争议焦点问题,相对以往继承纠纷均有重复之处。更重要的是,围绕法院的经验,针对具体的纠纷争议焦点,人们也往往形成了某些公共感受,这些公共感受还有一定的传承性。因此,面对这个特定的继承房产纠纷,法院回忆过去的司法经验,洞悉查验现有司法语境的公共感受,变得必要而且是可行的。在此,具体而言,法官可以深入社区,适当询问当地民众的感受,利用现代科技媒介(例如网络)进行试点问答,或者采取其他方式以获取公共感受的信息。[43] 而从当事人的角度看,事实上,凡参与继承纠纷诉讼的当事人一般生活于特定区域的群体之中,常常能够感受甚至分享群体的公共感受。虽然,有时在法庭诉讼中,出于利益动机或诉讼策略的考量,亦会背离或忽略这种公共感受,但是,最终总会顾忌或接受这种公共感受的无形压力。[44] 这一点,也正是在这起继承纠纷案中,基层法院法官洞悉查验公共感受的必要性和可行性的重要基础。毫无疑问,公共感受有时未必清晰,未必已形成,或可能还是分裂的,但在特定区域的群体中,正因为是"特定"的,故公共感受更多呈现了倾向性甚至确定性。基层司法在此便具备了向"契约司法"推进的主要条件,亦具备了要求法官尽力摸索的现实基础。在这起继承纠纷案中,基层法官也就有理由进行"契约司法"的尝试。

就修辞手段和法庭态度而言,上文已提到,法官在这起房产继承纠纷案中,用"默认"及"默许"的方式含蓄地确定了争议焦点,而当事人似乎也顺从了。尽管某些当事人事后还是存有异议,在某些外人看来,法院的做法或是可争论的,但庭审过程至少表明,法官的某些意思表示在当事人中是会受到尊重的,而其中缘由,恰在于进入法院的当事人会认同法官的权威身份。在此,笔者想说的是,"默认"或"默许"亦是一种修辞方式,一种法庭态度。这种方式、态度略显离开了"强制",不同于"软硬兼施",却靠近了"矜持",进一步则包含了走向"平

---

[43] 像几位基层法官所说的:"法官在争点整理过程中,要充分了解社情民意。"单文娟、周立:《能动司法背景下的民商事案件争点整理技术方法分析——以保障审判权有效运行为视角》,第18页。

[44] 参见徐伟、鲁千晓:《诉讼心理学》,北京:人民法院出版社,2002年,第120—129页。

等交流"的意蕴。而一定程度上,因为法官的权威身份,当事人在这起案件的庭审过程中也的确表现出了"可接受之"的态度。这里可注意这样一个观点:具有某种权威的主体,当其表现出某种温和修辞及态度时,其效果极可能优于缺乏这种权威的主体,因为,在普通民众的心理层面上,公权力的温和、柔性、灵活甚至生动的修辞或态度,比之强势、硬性、僵化或死板的修辞或态度更易获得接受。⑮ 正是在这个意义上,基层司法可以通过友善、可亲甚至活泼的修辞及态度以营造融洽的法庭气氛,从而促进心理及意识的共享背景的形成。⑯ 在这里也可发觉,期待甚至要求法官尽力展示修辞及态度的宽仁及技艺,与当事人适度的友善互动,以逐渐走进"契约司法",不仅不是困难,更是逻辑的水到渠成。而在上述继承纠纷案中,基层法官同样有理由进行"契约司法"的尝试。

修辞及态度解决的另一个问题,在于尽力消除当事人对法庭"契约倾向"的疑虑。如果法官认为契约是必要的,并尝试在庭审中促成其实现,当事人难免初期会有不解与担忧,例如,想到法庭是否仅仅为了尽快结案、不重视自己的诉请和理由及隐藏了敷衍的意思。实际上,在上述案例中,法官的"默认"或"默许"也曾产生当事人些许的类似不解和担忧。但是,良好友善的修辞及态度可以缓解不解和担忧,取得当事人的好感及信任。尽管当事人最终关心的一定是纠纷的利益得失,关心可以达成的契约是否有利于实现自己的诉讼预期,但拥有权威身份的法官的诚恳、温和,包括令人愉悦的修辞及态度,可以使当事人倾向于认为契约与自己的利益或诉讼预期存在有益的联

---

⑮ 参见[美]戴维·迈尔斯:《社会心理学》(第11版),侯玉波、乐国安、张智勇等译,北京:人民邮电出版社,2014年,第197—200页。

⑯ 实务界有人提到:"实践中,一些老法官在审判中,往往临深履薄,处处小心,在裁判之前,多与当事人事先沟通,以一种朴素的方式向当事人'丑话说在先',办案时间虽较长,但不容易引发当事人的情绪反弹。"黄湧:《拆除法官与当事人思维里的墙——以证明标准问题的释明为讨论对象》,《法律适用》2014年第7期,第120页。

系,进一步亦会使当事人倾向于正面理解法官的用心,最后接受契约。在此,发挥作用的正是心灵的体谅与关照。

深入来看,无论是修辞手段还是法庭态度,都是接近特定区域群体的公共感受并使之发挥影响当事人作用的重要渠道。积极友善、富有启发、敞开心扉的修辞及态度,当被基层法官顺利地运用于庭审过程中时,当事人将会较易自我反省,重新审视自己的诉请、回应、理由的社会接受度,调整自己的诉讼策略来贴近公共感受,尽管这并不必然是乐观的。由此可以认为,在理解特定区域群体的公共感受的基础上重视修辞与态度是实现"契约司法"的主要思路。也由此可以发觉,契约参与方的权力不对称,还有信息、知识、自主性、话语能力的不对称,怎样能获得新的正面意义;可以发觉,在这样的修辞和态度影响下,当事人怎样可能减少甚至远离违约的意识和动机。

总体来说,本章讨论的契约及其达成,对法官而言,其中要求的感情含量极可能高于技术含量。甚至完全可以认为,正因为权力、信息、知识、自主性及话语能力的不对称,及法院面对这种契约没有违约的任何动力,基层法院故而需要付出更多的感情投入。更广阔地看,这也是基层司法的社会定位在价值层面上的必要延伸,如果我们的确认为,"人民司法"还有"司法为民"不能且不应成为空洞的概念或说辞。

八、结 语

20世纪40年代,马锡五的司法故事为人传颂,影响甚广。无论当时还是今天,人们更倾向于将"群众路线"作为解释马锡五司法故事的基本逻辑。㊼这是正确的。但笔者又认为,这一故事中包含了作为现代法律基本理念的"契约"的线索。马锡五审理案件时,注意尊重群众、倾听群众意见,甚至动员群众共同讨论案件并协商解决纠纷的途径,让群众在人民司法中接受教育的同时又使其成为司法过程的积极主体。㊽我们可以发现,马锡五特别注重基层司法与特定区域的公共感受的关联,注重与群众的坦诚、友善的话语交往,以此为基础,尤为注重法官与群众互动而形成的纠纷解决的议案,这种议案于是就包含了不断的"要约""承诺"的往来,不断的口头协议。亦如前面详尽分析的,其处理的正是"如何对待争议焦点""如何最终解决案件"。㊾

笔者提到这些,第一,意在表明,突破某些正统司法原理的"马锡五审判方式",也许又是以其他正统法律概念为基础的继往开来,其可能是以新的方式进行原有要素的重新整合。因此,"契约司法"在打破原有的司法话语之际,同样可能是在重新调配原有的整体法律话语结构,推进司法在社会中的作用,而所有这些,不仅在本章开始部分提到的充满现代司法理念的当代中外司法中体现了潜在需求,而且在中国红色司法历史中已体现了实际的需求和供给。第二,意在表明,将过去的历史创新和今天的想象创新相互联系起来,寻求时间的连续性,或许会有颇富启发性的思考张力。

㊼ 从马锡五审判方式出现开始,特别是1944年3月13日《解放日报》发表的《马锡五同志的审判方式》一文,几乎所有正面评价性的官方或学术讨论均如此认为。一个典型的评价例子,可参见张希坡:《马锡五与马锡五审判方式》,北京:法律出版社,2013年,第204—205页。

㊽ 参见张希坡:《马锡五与马锡五审判方式》,第193—194页。

㊾ 虽然马锡五审判案件的微观具体过程,因时代久远,不易还原,但法律史学界基本认为,马锡五判案时不断与当事人、群众交流,回答问题,大体是真实的。

因当事人均为残疾,江苏南京市玄武区人民法院陈文军法官(右三)决定将法庭搬到原告家中开庭 江苏南京市玄武区人民法院提供,摄于2017年8月16日

更深入地说,"契约司法"如果成立,我们不仅可看到令人感兴趣的进一步的新型法庭关系、新型的法律职业人与法律外行人的宏观权力关系,以及整体司法理论特别是司法制度如何可内在打磨、自我创新,增添新的令人兴奋的法学思索的愿景。传统理论要求的法官中立、客观是有其理由的,但仅仅看到这些会让司法理念失去更丰满、更实际、更有效及更贴近社会的机会和源泉。如果解决纠纷是司法的真正目的,那么,解决纠纷的道路显然且应当是多样化的、渐次增长的。正是在此意义上,司法理念是可以具有新鲜质素的,其不仅应该重在"肃穆"而且可以激发"生动",其不仅应该求属精英框定而且可以采纳民众推动。如此,对"法律与文学"的思考就需打开了。

当然,本章是探索性的,没有也不可能企图将"契约司法"作为根本性的替代方案。毕竟基层司法中,作为当事人的诉讼参与者完全可能拒绝契约,此外,有时共识意义上不容争辩的案件是存在的,而法官亦完全可能自恃"理性",认为自己可以把握"正确",其结局是,法官只能用传统的方法来"强制式控制",或用已出现的其他方式柔中带刚进行"控制"。但是,提出这样一个可能的思路,这种思路对当事人和法官均是有益的、可行的,还能够提升基层纠纷解决的正面机制和弹性能力,即使只有部分甚至较小的可能,对实践依然具有价值。笔者不认为,在基层司法中契约司法可以由点及面,逐渐遍地开花,但的确认为,条件成熟且境况许可之时,契约司法不失为一个有益的候选项。实践,不正是应该一点一滴地去做并进行尝试?

第四章 司法日常话语的"文学化"

源自中国基层司法经验

> 言之无文,行而不远。
>
> ——《春秋左传正义》①

> 不费劲就能有所领悟,对于每个人说来自然是件愉快的事情……
>
> ——[古希腊]亚理斯多德②

> 隐喻不是话语的某种装饰。隐喻远不止有一种情感意义。它包含"新的信息"。实际上,通过"范畴错误",新的语义领域就从新的关系中诞生了。
>
> ——[法]保尔·利科③

一、问题与限定

法学中,特别针对司法,讨论"文学化"多少会有

---

① 杜预注、孔颖达等正义:《春秋左传正义》(下册),《十三经注疏》,黄侃经文句读,上海:上海古籍出版社,1990年,第623页。
② [古希腊]亚理斯多德:《修辞学》,罗念生译,北京:生活·读书·新知三联书店,1991年,第176页。
③ [法]保尔·利科:《语言的隐喻使用》,佘碧平译,载胡景钟、张庆熊主编《西方宗教哲学文选》,尹大贻、王雷泉、朱晓红等译,上海:上海人民出版社,2002年,第590页。

些令人疑惑。因为,人们习惯认为,法律和文学的行业界限十分明确;法律尤其司法实践,如有"文学化",则其理性、逻辑、严谨将受到"歪曲",其根本也将受到影响。但如果开放学术研究姿态和心态,乐于尝试各种可能(当然仅以这种可能是否可带来法学的有益发现为要旨),并且如果注重解决现实司法问题,强调是否可带来实践帮助,则"文学化"的讨论或许会有启发。本章继续努力。

本章中,作为定义,"文学化"是指司法活动中目的在于感染、吸引司法对象的比喻、隐喻、排比、插语、故事等修辞叙事实践。如果具体划分,则这种实践,有时见于司法正式文本④,有时见于司法非正式文本⑤,有时见于司法日常话语。就司法日常话语而言,在诸如调解、非正式开庭的司法,甚至正式开庭审理前置、后续过程的司法中,包括前面一章涉及的"契约司法",均有可能看到。⑥ 本章集中讨论这种实践在司法日常话语中的表现。

司法文本中的修辞叙事十分重要,而司法日常话语中的修辞叙事也同样重要。后者体现出来的司法形象、影响、权威等,与前者类似。但后者之重要有时甚至超过前者。因为,人们在后者中可更为直接、具体地体会司法的某些运作,窥视其某些内在,触及其鲜活,从而将感受放大,故需更为重视。而后者中文学化的修辞叙事,作为可能的修辞叙事种类之一,在特定司法语境如"解决家长里短纠纷"的广泛基层司法中或具有重要功能,如更为容易吸引、打动、感染司法对象,进而提升司法者的角色感召,增强其形象、影响、权威的正面性,又进而更易促进纠纷解决,故需细致辨析。

与本章"文学化"相关且人们易想到的一个现象是"司法用语通俗

---

④ 近期研究。See Yxta M. Murray, "Tragicomedy", *Howard Law Journal*, Vol. 48, No. 1 (Fall, 2004), pp.309-350.
⑤ 如中国基层司法实践中伴随正式判决书发出的"法官后语"。第五章会集中讨论。
⑥ 因为在这些司法日常话语中没有也不大可能有正式的用语规定要求。

化"。笔者想先强调,本章后面论证也适用于支持"司法用语通俗化"的主张。针对许多主张司法用语专业化的观念,已有法学研究者和法律实践者提出,"应注意司法语言的通俗性"。⑦ 但在本章逻辑中,通俗化的辨析涉及了文学化,而文学化的辨析突破了通俗化的思考边界,拓深了通俗化的原有基础(因为"感染"的概念,详见下文)。故本章思考比其更进一步。

从现有中国学术研究状况看,司法日常话语的"文学化"自然是盲点。作为司法方法的探索,为人熟知者,如规范理论的科学主义,以及经验实证的实用主义⑧,均未对其予以关注。前述科学主义强调演绎逻辑、正规程式,以传统法学的"法律特性论"为宗旨⑨,故自然而然地本身已暗含对司法方法中日常话语"文学化"的研究意图的排斥。⑩前述实用主义虽然强调生活经验的运用,彰显务实,原本可以也应该关注这种日常话语的"文学化"。因为更生动的日常话语"文学化",可更为有效地协助实用化的问题解决(见后文详论),但因更注重甚至青睐"战术目的""精确结果"等主题,故其不知不觉地,与之擦边而过,无形中忽略了对"人文"性质的司法日常话语"文学化"的思考。⑪

从世界范围司法知识的研究谱系看,司法日常话语的"文学化"亦为盲点。自 20 世纪 70 年代始,英语国家法律与文学运动对司法文学

---

⑦ 苏力:《制度是如何形成的》(增订版),北京:北京大学出版社,2007 年,第 116 页;贺卫方:《中国古代司法判决的风格与精神——以宋代判决为基本依据兼与英国比较》,《中国社会科学》1990 年第 6 期,第 218—219 页;王秀红:《法官的品格与素养》,《人民司法》2006 年第 5 期,第 22 页。

⑧ 规范理论的这种研究在中国法学中是传统,因而文献十分广泛。从实证经验出发,直接阐述实用主义的著述例子,参见苏力:《送法下乡——中国基层司法制度研究》,北京:中国政法大学出版社,2000 年;赵晓力:《通过合同的治理——80 年代以来中国基层法院对农村承包合同的处理》,《中国社会科学》2000 年第 2 期。

⑨ 参见本书导论开始部分。

⑩ 在近年关于科学、逻辑的法律方法、推理的大量研究中可发觉这一点。

⑪ 倒是个别法律实践者明确提到应关注这种文学化修辞叙事,参见何雅静:《站在法律与文学的边缘》,《人民法院报》2007 年 1 月 29 日,第 8 版。但该文为随笔小文。

展开了深入研究⑫,但主要针对法官正式司法文书(作为文本的司法意见)及律师的正式法庭表达。⑬ 的确,针对司法,法律与文学运动关注了法官、律师等受到文学熏陶后,可以怎样提高表达能力、道德情操,即法律人本身的素质,进而关注了在法律人和当事人之间,司法模式中的"文学化"具有怎样的意义,如判决书的影响力⑭;但几乎未在司法者和被司法者的微观实践互动关系——司法日常话语过程可作典型——中,给予考察。以制度环境论,英语国家司法者无需承担像中国司法者有时无法回避的政治任务,如和谐解决纠纷,尽力避免上访;这些国家司法者,本身也不面对制度激励,无须像本国律师那样,运用各种手段表达自己的意见,以吸引法庭某些群体的注意;当然,这些国家同样也存在科学主义法律逻辑思想的强有力制约⑮,故司法日常话语的"文学化"成为学术盲点,有其缘由。而以社会条件论,英语国家社会民众亦无对司法者的司法行动形成某种中国式的社会压力,如抱怨司法者"司法冷淡",相反,则是通常较为尊重司法者,于是,司法日常话语的"文学化"成为学术盲点,亦在情理。

本章从中国基层司法经验进入,从而展开讨论。之所以如此,因为,第一,相对西方以及其他非西方国家⑯,在中国基层司法运作中,"人民司法"指导理念(传统社会主义意识形态)与现代司法理念的交

---

⑫ See Ian Ward, *law and literature*: *Possibilities and Perspectives*. Cambridge: Cambridge University Press, 1995, p.15.

⑬ See Peter Brooks, "The Law as Narrative and Rhetoric", in Peter Brooks and Paul Gwirtz (eds.), *Law's Stories*: *Narrative and Rhetoric in the Law*. New Haven: Yale University Press, 1996, p.20.

⑭ See Richard A. Posner, *Law and Literature*. 3rd edition, Cambridge: Harvard University Press, 2009, pp.329-360.

⑮ 法律与文学运动遭遇了很多批评。批评对立面之一正是一直存在的主张科学主义法律逻辑的思潮。参见冯象:《木腿正义》(增订版),北京:北京大学出版社,2007年,第22页,尤其是该页注释34。

⑯ 这里的非西方国家特别意指东欧、苏联等前社会主义国家。

织影响、此消彼长,或许表现得最为突出,特别是在当代。[17] 此独特之处,使中国基层司法者和被司法者的关系可能变得最为直接和"面对面"[18],同时,不失现在所说的"司法"的基本要素。而最为直接和"面对面",使信息交流成为近距离,进而使司法日常话语的"文学化"显露得更为真实、具体和典型,故更具有分析价值。第二,从历史看,基于特定长期国情,中国基层司法者因为特殊的社会、政治、文化、财政等压力。比如,群众殊为希望作为"官"的司法者比较全面地解决自己的要求和困难;再如,政府不断自上而下地强调政治稳定(像尽力避免上访);又如,基层司法机构本身缺乏物质、人力资源……故总是不得不从有效彻底解决实际问题的角度来展开司法行动。而有效彻底解决实际问题,要求中国基层司法者必须注意科学、逻辑之外另类司法方法的运用,至少需要注意,另类司法方法和科学、逻辑司法方法的相互协作,不能仅是呈现法律科学逻辑化,以示裁判的"冷漠"和"中立"。于是,除了前述"实用主义"的手段,还有本章将要讨论的司法日常话语的"文学化"手段,也许包含了"可以协作"的结构特征,而从这种结构特征中可以分析这种"文学化"所拥有的最为显著的实践依据。

本章第一部分讨论中国当代基层司法日常话语的一些"文学化样本",以及其中的可能考察意义、制度创新意义。第二部分、第三部分讨论司法日常话语的"文学化"的两种主要功能及其细节机制,以及可能遭遇的批评,进而揭示对这种"文学化"进行研究的重要价值。第四部分分析这种"文学化"的微观司法"市场结构",考察其中特殊的"需求/生产"关系。第五部分扩展且深入分析这种"文学化"所蕴含

---

[17] 虽然目前更为强调"人民司法",如"司法为民"的理念,但随正规法学教育的发展,具有现代法科背景的人员不断成为法律人,进入司法领域,现代司法理念显然也在持续加强。

[18] 在中国基层法院人民法庭司法中是最为明显的。

的司法政治问题,提示对其进行研究的深层思路。

作为限定,笔者需指出,中国基层司法日常话语的"文学化"是和中国基层特定社区语言、群体感受、场合情景、表达惯习等密切联系的,也是与其相互对应并因此产生效果的。它们为语境化。这意味着,本章讨论已经预设,这种"文学化"的目标是"基层群众喜闻乐见",而非"曲高和寡"。

二、经验材料

下述一份经验材料来自中国基层法院一名法官的"手记"(关于"手记",后文会介绍说明)。在一起监护权纠纷案件中,一位祖母在儿子去世后,要求孙子留在身边,而孙子的母亲要求自己带孩子。祖母情绪非常激动、难过。河南南阳市南召县人民法院一位法官说道:

> 您老也别太伤心了,我知道您是个明白人。儿子不在了,想起来心里难受,可是,您想过没有,孩子也是李梅(孩子的母亲——引者注)身上掉下来的肉,丈夫刚刚去世,孩子又不在她身边,她的心里是个啥滋味?何况孩子还太小,没有了爹,不能再失去娘,是不是?[19]

这里包含一些"文学化"。第一,法官使用了插说,即"我知道",使叙述增添了亲切感、真挚感,而且具有吸引力,可消融法官和听者的距离。从一般文学修辞理论看,插说在叙述结构中不是必要成分,但对于产生某些文学化的情感回应来说却是必要的。第

---

[19] 王小慧:《心结》,《人民法院报》2007 年 3 月 21 日,第 8 版。

二,法官使用了比喻,将"身上掉下来的肉"指示"生下孩子",使叙述既亲和,又能调动听者身体极度感应,从而使听者发生较深的心灵触动。[20] 第三,法官使用了"相同角色并置"的对称叙述——提到双方都失去了最亲近的人——手法,经过移情效果,使祖母的感情活动成为相互性的,即在感受自己痛苦之时体验他者(自己孙子的母亲)痛苦,在体验他者痛苦之时反省自己痛苦,进而使祖母清晰地意识到,自己孙子的母亲和自己处于同样境地,让祖母容易转变最初想法。作为结果,后来祖母的确说道,"都是女人,我知道她的心",并同意调解。[21]

注意另外一份经验材料。这份材料同样来自中国基层法院一名法官的"手记"。内容是:

河南南阳市南召县人民法院白土岗法庭法官与当事人商讨案件怎样处理　曹逢春(河南南阳市南召县人民法院)摄于2018年3月29日

---

[20]　当然,这一比喻借用是在特定语境中展现作用的,无论祖母还是母亲都与自己孩子有着血肉亲情。

[21]　参见王小慧:《心结》,第8版。

乡镇法庭面向农村，当事人大多来自农村，很多都是种菜的行家里手，都很乐意传授自己的种菜经验，一边聊着种菜的点点滴滴，一边把话题扯到刚开完庭的案子上。老庭长（山东垦利县人民法院永安法庭庭长——引者注）"醉翁之意不在酒"，一场以种菜为题的聊天，不但拉近了法庭与群众的距离，更增进了原、被告之间的思想交流。

一次，老庭长在一起离婚案件开完庭后，把原、被告叫到菜地旁聊天，原、被告夫妻俩本就是通过种植大棚菜发家致富的，但自从妻子生下第二个女儿之后，重男轻女思想严重的男方觉得生活没有了奔头，经常在外面喝酒，回家与妻子吵架也成了家常便饭。并要求与妻子离婚。老庭长说起种菜，勾起了双方起初创业盖大棚、种蔬菜、卖菜致富的回忆。双方都承认那时候生活辛苦，但家庭和睦，日子过得幸福快乐。趁热打铁，老庭长把原告狠狠地教训了一顿：女儿也是自己的孩子，培养成人，做父母的同样高兴，封建思想、腐朽观念该换换了。听了老庭长一席话，原告惭愧地低下了头，并表示要好好对待妻子和女儿，靠种菜卖钱，供两个女儿好好上学。一起原告坚持要离婚的案子，最终以撤诉而结束。②

在这份经验材料中可看到另外一类"文学化"：故事型的叙述。第一，老庭长运用巧妙的倒叙引导，先说过去，再提现在，将表面话题（过去怎样种菜）逐渐推向实质话题（如现在离婚问题），使原来拒绝实质话题的当事人不知不觉地接受进而转入对某些道理的反省。其效果

---

② 扈亭河：《第二调解室》，《人民法院报》2007年2月14日，第8版。

是,"是故事就有趣味"㉓,"注意倾听讲述得很好的故事,会被吸引,不知不觉进入其中"㉔。第二,老庭长利用了当下话语情景营造感染氛围,使当事人触景生情,处于心灵冲突的状态,又使其自我感动,处于类似文学化的"内心被打动",如此,让"种菜"话语活动成为"法律"话语活动的推动力,进而使当事人产生自我疑问:为何自己要让纠纷发生?应注意,"……故事中最令人难忘的情节集中传达了某些信息,其效果更突出"㉕。第三,在叙述行动中借助隐喻象征,使菜园场景和法庭场景互为映射,特别地,使当事人感觉法庭场景有如菜园场景,产生类似文学化的"景情想象",从而将法庭中对峙、生硬的感受转化为菜园中和谐、亲切的感受。叙事理论学者费伦(James Phelan)曾说,"……叙事不仅仅是故事,而且也是行动,某人在某种场合出于某种目的对某人讲一个故事"㉖。颇有意思,作为例子,上述三个方面,使老庭长可以非常顺利地在某些情况下进行"家长式"的法律教育,如在上述经验材料中,批评试图离婚的一方。

再观察另一些来自基层法官"手记"的经验材料。如一位离婚妇女,经历坎坷,父母早逝,初恋被骗,离婚6年,前夫没给一分钱,抚养两个孩子十分艰辛,在追讨抚养费的基层法院法庭庭审上不断痛哭;法官并未制止,却说,"你心中的苦闷不是一两句劝说就能解开的,痛快地流淌眼泪,哭够了再说,你会觉得又过了一道坎"㉗。在此,可以看出,"你会觉得又过了一道坎"是暗喻,具有类似文学化的推动对象进

㉓ 刘俐俐:《故事问题视域中的"法律与文学"研究》,《文艺研究》2015年第1期,第44页。
㉔ Peter Brooks,"The Law as Narrative and Rhetoric", in *Law's Stories*: *Narrative and Rhetoric in the Law*. ed. Peter Brooks and Paul Gwirtz, New Haven: Yale University Press, 1996, p.16.
㉕ [美]戴维·迈尔斯:《社会心理学》(第11版),侯玉波、乐国安、张智勇等译,北京:人民邮电出版社,2014年,第236页。
㉖ [美]詹姆斯·费伦:《作为修辞的叙事:技巧、读者、伦理、意识形态》,陈永国译,北京:北京大学出版社,2002年,第14页。
㉗ 佚名:《哭够了再说》,《人民法院报》2007年1月31日,第8版。

行自我想象进而实现自我解脱的意义。这类似上述第一份经验材料。再如,一次农村家庭纠纷庭审,黑龙江伊春市桃山林区人民法院一位法官,"就像乡下人一样双腿盘坐在土炕上,与老人的亲家及儿媳妇唠起了家常,从今年庄稼的产量和价格谈到明年的打算,不知不觉地就把话题引到了家庭关系上来"㉘。这里,法官的"文学化"行动类似上述第二份经验材料。

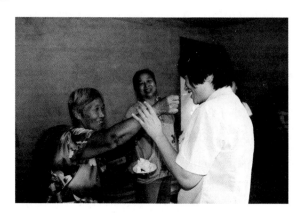

河南新乡市红旗区人民法院家事审判庭张巧荣法官(右一)为孤寡老人过生日　杨鹏云(河南新乡市红旗区人民法院)摄于 2016 年 7 月 4 日

怎样理解这些经验材料?

通常说,看到它们,一般研究或实践法律的读者容易觉得,其仅反映司法者平易近人、措辞运用较为策略的话语作风,未必或没有反映典型的"文学",如散文、诗歌、小说式故事表达;或者容易不去沿着"文学化"方向思考这些经验材料。作为上述"手记"以及其他"手记"作者的基层法官,极为可能也是这样感觉的。㉙ 在笔者看来,这很自然。然而,正因为自然,因为这样感觉以及这样一般容易觉得,故作为诸如比喻修辞、故事化的引导叙述等司法日常话语,上

㉘　廉守信:《难忘与老庭长办案》,《人民法院报》2007 年 1 月 31 日,第 8 版。
㉙　他们在写作甚至谈论这类作品时,总将其视为略带"文学化"的文字表达,轻松抒怀地展现司法生活。

述经验材料可作为典型(后文将集中讨论第一份和第二份经验材料),其中最为可能的"文学化"内容,时常也就被排除在了"文学化"的法学考察视野之外。

指出这些,意在提示如下三点。

第一,如果没有"文学意识"地思考这里的话语活动,则容易将其中文学化元素和实用化的技术元素相互混淆,进而抑制了这种"文学化"的价值的思考和想象空间。文学化元素虽有"策略"意旨,也即巧妙解决问题,但其中亦包含了亲和作用,意图之一是内在地表达"友善"甚至"友爱",而非"控制",因而包含了"感染意义"。而如本章第四部分、第五部分将要深入讨论的亲和作用,特别的、也许颇为重要的"感染意义",是重新思考和想象司法者和被司法者和谐关系建构的一个新颖的切入点,具有司法政治建设的另类生动旨趣。与此不同,实用化的技术元素,如通过利弊权衡的机巧分析,使被司法者了解利害得失,其主要目的,甚至全部目的,在于"策略实施",运用智识征服他者,基本没有亲和作用,一般并不包含"感染他者"的成分,[30]故这种技术元素,不大可能使人类似地重新思考和想象,缺乏类似的另类生动旨趣。

第二,如果不从"文学意识"角度分析这种活动,司法方法的丰富性也就可能不知不觉地被缩小、减少。不断丰富司法方法的可能性,其意义在于加深理解司法公正实现途径的丰富性。同样如在本章第五部分所提及的,司法公正的实现,如果我们认为被司法者理解的"何为司法公正",像司法者的理解一样是重要的[31],以及被司法者所

---

[30] 实用技术地帮助被司法者理解利害得失,有时也可以使其感觉"他者理解自己"。但这种情形时常因为"文学化修辞叙事伴随"比如设身处地式的叙述而发挥作用。

[31] 其实,1999年最高人民法院在《人民法院五年改革纲要》(参见《最高人民法院公报》1999年第6期)中指出,要增强、公开判决书的说理性,这实质上就是考虑了被司法者理解的"司法公正"的要求。关于这一问题的详细讨论,参见刘星:《走向什么司法模型——"宋鱼水经验"的理论分析》,载苏力主编《法律与社会科学》(第二辑),北京:法律出版社,2007年,第95—102页。

接受的"司法为民"的法律实践,在一个重要方面决定着"司法公正"的普遍认同的可能性,那么,从被司法者被"文学化"打动,进而认同司法公正,并为"司法为民"所感动而言,切开司法方法中的"文学化"一面,就有着不应忽略的积极意义。

第三,另从效果看,正是因为这种"文学化"既有"策略"意旨也有亲和感染作用,故比单纯实用技术也许更为实际有效。试举一例。一位法官曾技术娴熟、实用地提出了事后证明对当事人双方都是最佳的调解方案,当事人双方也爽快签署,调解随即生效。但其中一位当事人事后则到处告状,声称调解方案是由法官所强加。这位法官十分苦恼,决定以后不再提出方案。[32] 可以想见,如果在当事人之间、当事人与法官之间,法官通过"文学化"方式辅助性地营造了良好氛围,而不仅仅运用实用技术或仅仅传达实用信息,情况也许另样。文学修辞叙事的亲和感染可发挥"辅助"作用,是支持实际效果呈现的重要因素。

除此三点,另需延伸讨论。即严格来讲,类似上述经验材料的文本在当代中国比较有限。本章提到的几份经验材料来自随笔性的法官"手记",见诸《人民法院报》副刊(一般在第8版);而在副刊中,类似的"手记"并不丰富。可以发现,在各个基层法院网站、法官自己的博客、法院自办的内部刊物中,亦能发现一些类似文本,它们时常被划入"法院文化"范畴,但依然不丰富。[33] 笔者在和某些基层法院的法官讨论司法方法时,他们同样表示,没有注意这种"文学化"的主动实

---

[32] 参见范愉:《调解的重构(下)——以法院调解的改革为重点》,《法制与社会发展》2004年第3期,第107页,注释53。
[33] 在基层法院网站中,较多的是"法官文学""法官随笔""法官手记"等栏目;内部刊物,如广州市中级人民法院主办的《广州审判》、成都市中级人民法院主办的《当代法官》,其中也有法院文化的栏目。

践。㉞若如此,上述样本的代表性以及实证分析价值则是一个疑问。这里提示着一个重要问题:也许当代中国基层司法中的日常话语"文学化"本身即为比较有限。这有可能。

但笔者已期待,从较低限度来理解这一经验的可能性。"比较有限",甚至"十分有限",恰恰可用来讨论在当代中国基层司法如何展开一种制度创新。它们仍是重要的样本。笔者想指出,真正需要注意的是,如果可发现并且论证当代中国基层司法的确存在对司法日常话语的"文学化"的市场需求,这种"文学化"的司法者个体实践也被发现卓有成效,而且此种个体实践其本身透露出无需实践者付出更多的精神成本㉟,此外如果可发现,并且论证这种"文学化"对司法者和被司法者和谐关系建构——或一种十分重要的司法政治建设——存在着可能的支持动力,能逐渐协助"中国经验"的司法模型的某种形成,则一种由点及面、由少变多的制度创新便变得非常具有诱惑力。

三、辅助理解

司法日常话语的"文学化"具有怎样的功能?本部分讨论"辅助理解"功能,下一部分讨论"辅助权威"功能。尽管可能存在其他功能,如

㉞ 广东佛山地区的基层法院法官、广州中院法官,特别是较为年轻的法官,他们有时认为这不重要,甚至多余。

㉟ 在此就可指出,"文学化"品性要求的精神成本不高。一般而言,人们总是自然地喜欢"文学化"实践。事实上,不少司法者私下总爱讲述玩笑,展现幽默,或用"文学化"方式表达意思。就"文学化"方式表达意思来讲,试举例子。一位基层法官曾提到:"来之前,院长语重心长地说,法庭舞台虽小,你要带领大家把戏唱好。"参见薛书敏:《法庭,我的精神家园》,《人民法院报》2007年4月4日,第8版。另外一位年轻基层法官也提到:老法官对我说,"你现在是法官,如果你连自己内心的天平都不能平衡,你怎么能够做天平的守护者啊?"参见朱经文:《永远做天平的守护者》,《人民法院报》2007年3月28日,第8版。2005年全国法官十杰之一、广东佛山市中级人民法院民一庭法官黄学军曾说:"我们的法官就应把庭审当做缓解纠纷的'减压器'、化解矛盾的'润滑剂'"。参见广东法院网(http://www.gdcourts.gov.cn/fgfm/hxj/t20060620_11150.htm),访问日期:2007年5月9日。

提高微观司法活动效率㊱,使司法者在互动理解中提高司法判断,㊲以及前面提到的支持司法实际效果呈现。但笔者认为,而且将要论证,前面两个功能是基本的,实为最重要。

司法展开,总要面对两个问题:其一,辨析法律意义上的对错,如判决中的法律对错;其二,使一定意义上的妥协成为可能,如调解(包括刑事案件、行政案件的调解)中的妥协。当然,诸如调解等,并非完全忽略法律意义上的对错。解决这样两个问题,不仅需要司法者自己的确信,而且需要被司法者的一定程度的确信。在今天中国司法环境中,使后者产生一定程度上的确信已被认为更重要。因为,我们已经发觉,更为有效率地推出司法结果,减少司法过程的外部性,不仅是效率要求而且是"政治"要求。同时,被司法者的确信也能有助于"司法公平"更为顺利地实现。

针对第一个问题,即辨析法律意义上的对错,司法日常话语的"文学化"如果得当,则可促进被司法者的逻辑理解。同时,也能使被司法者更为相信司法者的"对错判断"。以上述第一份经验材料为例。如果不通过调解解决问题,法官就需判决。如果判决,在法官的"插说""比喻""相同角色并置"的对称叙述影响下,作为祖母的被司法者,已经感觉甚至相信自己不对,认为法官说得颇为在理,甚至自己已经产生了思绪感动,于是,法官接下来的判决——如果判决——也就更为容易被祖母接受。当然,事实上这里的纠纷解决以调解方式而实现。但在调解中,依然可看到祖母如何顺利地通过"文学化"作用,来接受法官提出的"法律意义上的对错"——谁有孩子的监护权。

㊱ "文学化"生动,因而可使具体司法关系迅速实现融洽,进而使各方较快地实现相互理解。
㊲ 如在下文分析的"辅助理解"功能的基础上,通过司法日常话语的"文学化",被司法者不仅更为容易理解、认同司法者的意见,同时也有可能反过来在这种"文学化"的平台中进一步思考司法者的意见,提出异议,甚至和司法者商榷。这里的深层功能是:被司法者和司法者的畅通交流,有可能使司法者调整自己,进而提出更为合适的司法意见。

在此，"文学化"之功能，从理论上讲，最为重要的是，首先，在于以激发、调动被司法者情绪的方法，铺垫对法律问题的对错辨析，或如波斯纳分析的，在于唤醒、调动被司法者的原有知识及其兴趣，使被司法者与司法者形成共同的知识条件，而后实现"法律意义上的对错"信息的有效传递。[38] 其次，则在于使对法律问题的对错理解，在"文学化结构"中加以展开，进而实现法律层面的寓"辨"于乐，使法律辨析在"文学化纹路"中得以生动清澈。因为，需要提到的是，"文学化"感人之处也部分地在于其"暗示、传达的思想和信息"[39]，而这些思想和信息，能和被司法者的原有意识，也即特定社区的社会意识相互契合，进而提供理解上的协助支持。"熟悉易懂的表述比新异的表述更具有说服力。"[40]再看上述第一份经验材料。其中，"身上掉下来的肉"的比喻，既激发、调动了祖母有意愿去"倾听"法官的意见，使祖母更易接受司法解决，也传递了"母子都是至亲"的含义，可使祖母更易明白，进而理解"孙子的母亲的法律地位——拥有监护权"。这里所分析的，意味着"文学化通道"中的思想认识可成为法律通道中的思想认识的启动装置和有效平台。司法日常话语的"文学化"，可内在镶嵌地成为法律意义的对错解决程式的并置要素且具有"催化推动"效用。

针对第二个问题，即如何使一定意义上的妥协成为可能，司法日常话语的"文学化"如果得当，则像人们非常容易理解的，可减弱纠纷各方的对立情绪，营造商谈的和睦氛围。[41] 以上述第二份经验材料为例。当来到自己曾亲身经历且具有象征意义的"菜园"，听老庭长谈起种菜，聊唠家常，纠纷各方时常就会——自然并不必定——在故事描述化的倒叙展开中，转

---

[38] 参见[美]理查德·A.波斯纳：《超越法律》，苏力译，北京：中国政法大学出版社，2001年，第584页。
[39] [英]克莱夫·贝尔：《艺术》，周金环等译，北京：中国文联出版公司，1984年，第10页。
[40] [美]戴维·迈尔斯：《社会心理学》（第11版），第226页。
[41] 社会心理学的研究表明，幽默的环境和拥有"好心情"之际易被说服。参见[美]戴维·迈尔斯：《社会心理学》（第11版），第234页。

变对纠纷的初始固执立场,逐渐倾向"以和为贵"。当然,在第一份经验材料中,我们也能发现类似的转变,尽管这也并不必定。

这里,"文学化"之功能,依然从理论上讲,第一,在于减弱对立矛盾的信息流通,增强相互理解的信息流通。可注意,上述比喻、倒叙等的运用,恰恰就是减弱法律对立的信息、增强日常合作的信息。第二,在于微妙地转变纠纷各方的角色认定,即让纠纷各方不仅意识到"他者是纠纷的对立一方",而且更多地意识到,"他者和自己角色类似",如都是有经验的菜农。同时,彼此可能还是"相互合作的角色",如总会交流种菜经验。进而言之,颇为有意思的是,这种功能使其意识到,"以前是"而且"现在是"角色类似、相互合作的,总体上讲,正所谓"将心比心"㊷。于是,以此为基础,司法日常话语的"文学化"调控、弱化了纠纷各方之间的冲突格局。㊸

通过上述分析,可指出,司法日常话语"文学化"的"辅助理解"功能颇为明显,其司法方法意义上的"内在性"能够予以揭示;而且,因为上述两个问题对司法来说实为根本,这种"辅助理解"功能相对其他可能的功能(除了下面分析的另一功能)也实为基本且最重要。同时,因为这里"文学化"的目标并非"法律问题之外"的单纯地打动被司法者,倒是蕴含了一个意旨,即进一步使被司法者感情释放和纠纷意识逐渐化解两种过程合而为一,进而蕴含了另一意旨,即进一步使情绪溶融和法律决疑同时实现,故上述分析也证明了,这种"文学化"手段对科学主义的司法方法以及实用主义的司法方法均具有辅助价值;而在中国当代基层司法实践中,对后者可能更有意义。这便不奇怪,为何有的中国基层司法实践者认为,在司法中,"良好的沟通技巧很重

㊷ 角色临时转换的作用,参见[美]戴维·迈尔斯:《社会心理学》(第11版),第217页。
㊸ 尽管民事案件的调解和刑事案件、行政案件的纠纷调解有所不同,但第一点分析,依然适用于后两者。

要"㊹,"调解时要注意'营造必要的调解气氛'"㊺。也就不奇怪,在普遍意义上,为何有的学者提到,在法律实践中,文学化修辞叙事可成为一种"让真理听起来更像真理的手段,在许多时候,这还是唯一可能获得的手段"㊻;文学化的"故事可提供一个经验,一个洞见,而且可提供一个或更多的感情回应"㊼;文学化的"语言可激活法律"㊽。尽管这些学者观点主要不是针对司法日常话语而言。

这里有必要深入讨论。

有人或许认为,即便上述"文学化"在司法日常话语中存在意义,即便是否运用上述"文学化方法",其结果存在差异,但这些依然未必提示,这种"文学化"是必要的,或者存在意义和存在差异并不等于具备了足够理由对其需加以运用。同时,能够设想,如果可能"让真理听起来更像真理",可能提供"一个洞见""一个或更多的感情回应",则便可能"让谬误听起来像真理",便可能提供"一个偏见""一个或更多的对偏见的固执"㊾。而且,"激活法律",也存在是在正确方向还是错误方向激活的问题。㊿ 在上述经验材料中,文学化修辞叙事发挥了正面的有效作用。但在另外场合未必如此。

笔者认为,这里需要澄清两个问题:第一,重视司法日常话语的"文学化",以何作为基础?第二,上述"文学化"之功能和被司法者的司法预期、前见,存在怎样的关联?

先论第一个问题。以法律辨析质素作为基础,重视司法日常话语

㊹ 参见最高人民法院政治部编:《全国法官十杰》,北京:人民法院出版社,2006年,第164页。
㊺ 参见最高人民法院政治部编:《全国法官十杰》,第76页。
㊻ Thomas Cole, *The Origins of Rhetoric in Ancient Greece*. Baltimore Johns Hopkins University Press, 1991, p.140. 转引自[美]理查德·A.波斯纳:《超越法律》,第585页。
㊼ Martha Minow, "Stories in Law", in Peter Brooks and Paul Gwirtz (eds.), *Law's Stories: Narrative and Rhetoric in the Law*. New Haven: Yale University Press, 1996, p.26.
㊽ Ian Ward, *law and literature: Possibilities and Perspectives*, p.27.
㊾ 波斯纳就有类似的看法,参见[美]理查德·A.波斯纳:《超越法律》,第606页。
㊿ See Yxta M. Murray, "Tragicomedy", p.349.

的“文学化”,和不以法律辨析质素作为基础,自然有所不同;以“实际效果”精确理解作为基础,重视司法日常话语的“文学化”,和不以“实际效果”精确理解作为基础亦为不同。重视这种“文学化”,如果期待对法律对错的准确理解,则首先要求有能力辨别法律上的对错;如果期待符合实际需求的准确理解,则首先要求有能力认识实际需要。应当承认,司法日常话语“文学化”的运用,没有这些前提,则对法律对错和实际效果的认识,就有可能产生严重扭曲。故预设这些能力前提的上述“文学化”强调,本身已包含避免对错混淆、效果误认的能力要求。

再看第二个问题。被司法者本身亦总在要求司法者对法律对错、实际效果的基本理解。一般说,进入诉讼,无论审判过程还是调解过程,被司法者必定非常关注实质性的法律问题及其结果问题的解决方案,其具有捍卫自己诉讼立场的强烈激励。就此而言,被司法者主动或在一定程度上愿意接受对己不利的诉讼结果。通常看,首先是以一个条件——司法者提出的法律对错、实际效果的理解可基本成立——作为基础。因此,对被司法者,本章讨论的“文学化”的功能发挥,是以没有明显背离基本法律道理和生活道理作为前提的;如果明显背离,则被司法者依然不大可能接受甚至可能产生某种心理反感。其实,被司法者对实质问题或诉讼利益的基本关注,总会限定这种“文学化”的功能边界。在前述反复讨论的两份经验材料中,作为母亲的当事人,以及提出离婚的当事人,被法官的“文学化”所打动,首先因为,“文学化”所推进的法律道理以及生活道理和一般人们认可的理解不存在基本的对立冲突;相反,可自然、渐进地贯通;也是因此,这些“文学化”则起到了即使不是“使其豁然开朗”也是“促其敞开心扉”的作用。(51)

---

(51) 努斯鲍姆讨论过文学推动情感及其与司法的关系,其回应了大量批评司法中文学情感的观点,并主张文学情感总是司法中无法回避的一个因素。但其讨论,比较笼统,缺乏细致分析。参见[美]玛莎·努斯鲍姆:《诗性正义:文学想象与公共生活》,丁晓东译,北京:北京大学出版社,2010年,第84—105页。

四、辅助权威

如看到"文学化"的恰当运用,可有效地协助被司法者对法律对错的理解,使一定意义上的妥协成为可能,这也意味着被司法者因为"文学化"的作用,对司法者的权威身份可能产生了某种附加值的认同。于是,需要讨论司法日常话语的"文学化"如何可以"辅助权威"。

司法过程,既是中立解决纠纷的过程,亦为传达司法者的司法观点,进而使被司法者接受这一观点的过程。当事人要求法院解决纠纷,本身已蕴含一定程度的法官权威认同,从而使司法者的司法观点被接受成为可能。但可能仅为可能,不意味着必然。诸如现实中不断申请再审、要求上访,包括一审之后提出上诉等,都表明法官权威、司法者观点没有被接受。众所周知,就审判而言,败诉一方总是不太认同法官权威及其司法观点。故最终接受司法者的司法观点,取决于很多因素,如法官在特定社区已拥有一定的声誉威望;法官表达的观点在当事人看来很有道理;法官表现出来的耐心、同情等人格感动了当事人……正是在此意义上,本章讨论的"文学化"或许具有了价值。

仍以上述第二份经验材料为例。其中老庭长,不仅能引导作为菜农的当事人通过讨论种菜来讨论案件争议,而且能顺此"把原告狠狠地教训了一顿",并能使"原告惭愧地低下了头",进而表达了一种家长主义。这与老庭长的"文学化"存在密切关联。首先,老庭长运用故事描述型的倒叙方式谈起种菜,甚至向作为菜农的当事人请教种菜,这种方式在以感染触动形式协助被司法者认同司法者的法律意见之际,又拉近了司法者和被司法者的关系。其次,更为重要的是,在使司法者和被司法者之间显得地位平等或使司法者显得平易近人之际,上述"文学化",以亲和打动效果潜移默化地提升了司法者在被司法者心目中的地位,巩固了司法者的魅力型权威,进而加强了其司法权威。因此,我们看到了,这种"文学化"如何能在司法者和被司法者之间建构"主持谈判者更可信赖"的意识感受,且能使当事人更加尊重老庭长的主持谈判的身份,当然也包括了如何能在司法者和被司法者之间建构"主持说理者更可信赖"的意识感受,且能使当事人更加尊重老庭长的主持说理的身份。而如以上述第一份经验资料为例,比如"插说""比喻",我们也能发现类似效果。

对此,需要分辨两点。第一,如果被司法者因为种种原因,如纠纷争议十分尖锐、对司法者具有陌生感,从而使司法者缺乏一定威信,则"文学化"能产生一定弥补效果。上述第一份经验材料可为例子。第二,若司法者已经具有了一定威信,则"文学化"能产生烘托甚至加强效果。上述第二份经验材料中老庭长的情形极为可能属于这种状况。应注意著名修辞学者布斯(Wayne C. Booth)所提示的:文学化的叙事,是人们"共同具有的、对他人造成伦理、实务、情感、智力等各方面效果的无穷资源"[52]。

这里再次需要深入讨论。

司法日常话语的"文学化",其提升的司法权威主要为魅力型,和一般司法理论主张的理智型——或用韦伯(Max Weber)术语来说法理型——权威,有所不同。颇为重要的是,魅力型权威是"吸引性"或"号召性"的,且包含着某种"行政色彩",即"自然而然可以管理对象",或"使对象感觉可以自然而然地被管理"。但司法本身似乎应避免"吸引""号召""行政"。因为,司法角色的基本要求在于"中立"和必要的"距离感"及"消极"(源于不告不理原则,和中立原则相互衬托)。这是反对"文学化"运用的可能理由。于是,需要深入讨论:在司法中,是

---

[52] Wayne C. Booth, *The Rhetoric of RHETORIC: The Quest for Effective Communication*. Oxford: Blackwell, 2004, p.vi.

否应提升魅力型权威?在上述第一份和第二份经验材料中,法官通过"文学化"的运用,使当事人内心产生"法官可亲、生动"的形象,且由此产生愿意主动接受法官引导的想法,但为什么当事人应接受"亲和生动的引导",而不是应在理智化的对抗言说交流中接受"辨法析理"㊼,其中,法官为中立角色,不是"管理"而是"判断"?

笔者认为,司法中源自"亲和生动"的威信,的确不会产生"距离"、保持"消极",但这不意味着不能保持"中立",保持"辨法析理式的判断"("中立""辨法析理式的判断"在司法中实为最根本)。这就有如令人尊敬的长者被邀请解决争端,邀请者尊敬长者,同意且恭请长者解决争端,这些,即使本身预设了长者的"和蔼可亲""家长式的可能主动",甚至有时预设了长者的"威严",以及由此而来的"你说怎样就怎样"(因为"你是长者"),也不意味着,长者因此便无法保持"中立",作出"条理分明的判断"。事实上,邀请者接受长者,有时正是预设了"长者更加公平"的认知,且长者也时常因为"中立""明辨"的历史记忆,被认定为有威信。因此,在司法中,"中立""判断"作为司法根本要素,不会因为司法者的"亲和打动"而无法得到保持。

其实,不仅如此,在此可完全翻转过来深入认为:因为"文学化方式"的适当使用可提供对"法律对错""实际效果"的辅助认识,准确地说,寓"辨"于乐,增添与被司法者原有意识(特定社区意识)相互协调的附加"思想、信息"的传递,从而促进对道理的理解,故其所推进的权威认同,在另一方面,则是以提升魅力型为表象的、实际为提升理智型

㊼ 这是北京市海淀区人民法院宋鱼水法官事迹报道之后非常普遍的用语,意指在法律上充分说理。

的权威认同。㊴ 这里,魅力型权威呈现了两个层面:一是直接生动;二是间接引导。而在"间接引导"中,可发现"纯魅力"和"纯理智"的巧妙暗合。㊵ 于是,这里展开的深入讨论反而提示了一个重要思路:司法中,魅力型权威和理智型权威的结合,可能因为更生动,故更为积极。而因为权威认同在司法中同样是根本的,决定司法制度的成败,"文学化"之"辅助权威"功能,尤其是辅助魅力型权威和理智型权威的相互结合,相对其他可能的功能(除了前面分析的"辅助理解"功能),又是基本的,最为重要。

五、微观市场机制

对上述"辅助理解""辅助权威"功能的洞悉,依赖对一个基础问题的澄清:司法日常话语的"文学化",其自身的"需求"与"生产"两者之间具有怎样的关系? 因为,进入司法时,进入者未必期待这种"文学化",没有期待也就没有需求。故生产过程,存在了特殊性。这便涉及本章讨论的"文学化"的微观市场机制。微观市场机制,依存于微观司法场景。作为定义,微观司法场景,指基层司法中常见的空间较为狭小的司法环境。第一,在微观司法场景中,司法者和被司法者是面对面、近距离的。因为微观化,司法者的各个角度、层面的表情、眼神、手势、措辞……都会发生至少可能发生最直接的效果,故一种基于信息

㊴ 哈尔达(Piyel Haldar)指出,在古罗马,修辞学家昆体良(Marcus Fabius Quintilianus)就曾提示,语词润色是形象思维的一种方式,其使语言生动,由此可展现表达清晰的功能,因为作为认知工具其预先假定了修辞打开的意义场域。此外,重视语言润色,不仅可推进对案情的理解,而且会使听众乐意倾听讲述,增加注意力和相信程度。See Piyel Haldar, "The Function of the Ornament in Quintilian, Alberti, and Court Architecture", in Costas Douzinas and Lynda Nead (eds.), *Law and Image: the Authority of Art and the Aesthetics of Law*. Chicago: The University of Chicago Press, 1999, p.124.
㊵ 社会心理学有类似的研究。参见[美]戴维·迈尔斯:《社会心理学》(第11版),第230—233页。

快速流通的感染交换可发挥重要作用,以较为独特的方式改变微观司法场景中各个参加者对他者,特别是被司法者对司法者的印象和看法。其独特在于:如果具有吸引力、感染力,则是即时效果的,也更为多角度、多层面,特别是具有难以抵御性。第二,在这种场景中,司法所要解决的问题,首先是"纠纷",而"纠纷"是所有在场者都关注的内容,纠纷如何解决,始终吸引着被司法者的特别注意;由于这种情形,"文学化"产生的吸引总是需要和"纠纷"问题的吸引彼此竞争,相互顶替。

福建厦门市海沧区人民法院家事法庭郭静法官(左三)给家庭困难的当事人子女送去慰问金付臻(福建厦门市海沧区人民法院)摄于2014年6月18日

基于上述两点,一个特殊生产过程得以呈现:当司法者没有运用"文学化方法",被司法者未必需要;一旦司法者运用了"文学化方法",被司法者完全可能容易感觉需要㊱,甚至有时尤其需要。此为微观司法场景中"文学化"的"市场机制"。仔细思索上述两份多次讨论的经验材料,可有所发觉。

为何会有这种市场机制?笔者认为,因为被司法者时常具有隐

㊱ 波斯纳曾提到,如果司法语言信息成本不高甚至很低,被司法者则颇为愿意理解。参见[美]理查德·A.波斯纳:《超越法律》,第588—589页。

蔽、潜在的心理期待:希望司法者表达某些关怀。㊼ 所以隐蔽、潜在,缘于被司法者都知道进入的地方是"中立、公正解决纠纷"的司法场所,且此场所并不"主动";这一判断阻碍、压抑了对"司法者对我关怀"的预期。所以期待、希望,缘于无论未来的胜诉者、败诉者以及其他参加者,都知道面对着公共权力,而公共权力包含的"治理"概念,可使他们发觉——至少感觉(因为生活经验、集体化的历史记忆)——一个进一步的概念:某种"温和对待"是可能的。通常情况下,人们都会心存"对温和的期待",面对公共权力,这一期待更为突出。㊽ 就此而言,也就可以深入理解,为何在上述两份经验材料中,能觉察,如果司法者没有通过"文学化"引发"亲和打动",被司法者依然会继续注意、强调司法者的法律引导;而一旦司法者展开了"文学化"行动,则被司法者便不知不觉地面对了法律引导和"温和"引导的竞争,甚至有时更被后者所吸引。

这个市场机制如的确如此,则有何意蕴?

至少可发现,司法者形象可以较为顺利地反复再塑。因为微观以及信息几乎可全方位地不断传递、交流,故一方面,司法者的"亲和打动"形象,较为迅速地得以逐渐丰满,如从风趣到练达,从练达到机智,从机智到"使欣赏者无法抗拒"⋯⋯另一方面,司法者的"法律"形象与"文学化"形象得以不断相辅相成,换言之,司法者的"法律"形象需要巩固时,"文学化"形象得以呈现支持,反之,后者形象需要巩固时,前者得以展示援助,且"支持"和"援助"又能持续。故老庭长在使菜农感到越来越亲、可敬之际,使菜农相信,老庭长的说服甚至"教训"

㊼ 参与司法过程的被司法者一般存在着"抚慰""舒缓"以及"愉悦解决纠纷"的潜在渴望,而文学化的修辞叙事具有抚慰的功能。参见[美]理查德·A.波斯纳:《法律与文学》(增订版),李国庆译,北京:中国政法大学出版社,2002年,第440页。

㊽ 作为典型的例子,一般民众总是期待拥有重要权力的政治家是"温和对待型"的。

都是应当接受的,老庭长已经可以家长化了;同时,越是家长化,越是生动有趣。

在此,还能更为具有深度地看到,前面第二、第三部分分析的"文学化"的两种功能,是在司法过程的特殊"需求/生产"的微观市场机制中加以呈现的。而基于这种机制产生的原因,即被司法者时常具有隐蔽、潜在的心理期待,不仅在上述第一、二份经验材料显示的熟人司法关系中(可发觉法官和当事人的关系是比较熟悉的),而且在不甚熟悉甚至陌生的司法关系中,"文学化"的可能性、效用性均为比较乐观,只要存在微观司法环境。这里,回忆古德里奇(Peter Goodrich)曾经的分析或许有益。其结合亚理斯多德和西塞罗(Marcus Tullius Cicero)的修辞理论,讨论过语言的辞藻技艺和"具体情景"的关系,认为"具体情景"及讲者与受众的相互关系,才是理解这种辞藻技艺的关键。⁵⁹

因此,同样在此,鉴于微观司法场景在司法活动中更为广泛,需要再次提到,一种由点及面、由少变多,随即推广开来的普遍性制度创新,在中国也就十分可能。

六、司法政治意义

对"文学化"之功能所依存的微观市场机制展开分析,其用意,最为重要的是,在于推进一些更为关键、核心的对司法制度的理解。而这既可能也很必要。因此,需要讨论,通过"文学"在司法中的生产机制,可开辟何种关于司法政治考察的新视野。所谓司法政治,在这里,指司法活动蕴含的深层社会权力关系。

---

⑤⁹ 参见[英]彼得·古德里奇:《法律话语》,赵洪芳、毛凤凡译,北京:法律出版社,2007年,第89—90页。

第一,如可以提出"被司法者隐蔽、潜在的期待"这一概念,则应当附带凸显一个可能挑战现代法学知识甚至现代司法行规的问题:为何作为司法方法外在形式的话语,必须是"法律专业"的?⁶⁰ 前面第二部分的分析,仅仅表明,"文学化"行动适当之际,并不妨碍反而会促进对法律问题的专业解决,然而我们可追问,在广袤的基层司法中,面对一般民众,为何不能期待纠纷解决在一般民众"欢迎""喜闻乐见"的话语中得到实现?

任何专业语言,在促使职业内部人士快捷、简洁、熟练、准确地解决专业问题之际,也非常明显地使外行人增加了理解负担。⁶¹ 因为,众所周知,语言的理解需要成本。一般而言,对外行人,语言越是专业,其理解成本也就越高⁶²,其高有时甚至使理解根本无法实现,或使理解者失望地放弃理解。但对司法实践,有四点必须正视。其一,司法活动,应使且必须使作为外行的被司法者明确地理解其内容。这既是社会化的法律权力制度配置的基本初衷,也是作为外行的被司法者确认司法制度的缘由之一。其二,法律需有公开性、明确性这一"基本知识"已经提示,不应使这里的理解出现障碍,否则,全社会自觉遵循法律,特别是自觉尊重司法裁判,也就无从谈起。其三,司法活动,从社会分工的角度来说,是为了以中立化、亲临化的第三者身份解决纠纷。这是一个基础性的司法自我存在的根据。其四,尤为应该注意,当自身利益已经卷入了司法过程,因而必然关注自身利益之际,同时,当即使信息成本很高,依然渴望理解司法者提出的法律知识之际,被司法者也就可能产生一个因为理解障碍而存在的

---

⁶⁰ 有学者的确认为应当是"法律专业"的。参见孙笑侠:《法律家的技能与伦理》,《法学研究》2001年第4期,第9页。

⁶¹ 关于这个问题的一个经验实证分析,具体针对法律,参见刘思达:《当代中国日常法律工作的意涵变迁(1979—2003)》,《中国社会科学》2007年第2期,第101—105页。

⁶² 参见[美]理查德·A.波斯纳:《超越法律》,第572—575、588—589页。

艰难悖论:对司法者的法律表达,既感失望,又存希望。这是一种社会政治的迷惘。

依此来看,减少甚至消除被司法者的理解成本,是司法语言的一个根本性的职责所在,甚至是司法语言的一项政治道德。在这个意义上,对司法日常话语的"文学化"的检视并且加以提倡,则不仅仅是辨析、赞扬其如何可帮助外行的被司法者理解法律专业内容。讨论,是不能到此为止的。其中,必定还包含了,应继续追问,有何理由要让被司法者,特别是作为一般民众的被司法者这样的外行,付出成本,来理解法律专业内容?在此,分析需要走向司法政治的一个深度层面:基层司法中的司法日常话语"文学化",当其极为可能深受欢迎、喜闻乐见,是怎样具有抵制甚至消除语言成本带来的"司法异化"的潜能的(这里的讨论,涉及司法语言通俗性问题,如本章开始所述,本章赞同通俗性,但超越之)。"司法异化",其实质,一个方面,在于让司法外行通过"人民民主"(或"人民当家做主")、"社会契约"等方式,主动认可司法内行行使司法权力之际,反倒遭遇后者的"高高在上""无需前者认可、明白"的统治。

这里,涉及对另外两个问题的辨明。其一,如果在司法中,具有法律知识的代理人,如律师,其存在较为普遍,而且,被司法者一般而言总是具有能力承担代理成本,本章这里的分析,则存疑问。在这种情形下,语言障碍以及由此带来的悖论和深层的社会政治迷惘,可能并非明显,甚至是不存在的。但对于中国广大基层司法环境来说,实际情况则是,这种代理人的数量十分有限,被司法者承担代理成本的能力同样十分有限。[63]故本章上述分析依然成立。其二,当语言未成为交流障碍,专业语言可以通用,或者如某些学者所

---

[63] 一个实证研究,参见王亚新:《农村法律服务问题实证研究(一)》,《法制与社会发展》2006年第3期,第3—34页。

理想憧憬的,当全社会崇尚法治时,法律专业语言也就可以成为社会通用语言㉔,在这种情况下,本章上述分析也会存在疑问。应当承认,当通过语言获得法律信息的成本不高或没有障碍时,司法中"文学化"的需求就会逐渐减少,甚至最终消失。其实,这也是为何有的司法过程根本没有或根本不需要"文学化"的重要原因之一。㉕ 但专业语言可以通用,长期来看,在广袤的中国基层中几乎没有可能;更准确地说,这种憧憬,仅仅是理论上的企盼,基于韦伯式的法律专业现代性的实际发展,特别是在中国基层,其几乎是不大现实的,法律语言的交流困惑从而无法回避。同时,上述学者的憧憬,本身另包含了"法律语言可以而且需要通用"的追求,亦包含了"反对法律语言永远不被理解"的逻辑,只是意在"自上而下"。故本章前面的分析,依然需要认真地对待。

第二,如可以提出"被司法者隐蔽、潜在的期待"这一概念,则可以从新的角度去理解"司法公正"社会建构的成功方式。众所周知,在不同群体甚至不同个体之间,"司法公正"的定义总是存在差异。㉖ 因为,价值认识的差异、利益差异,包括知识差异,在现实中总会造成对司法公正的理解差异。㉗ 尽管许多学者从各种角度试图定义"司法公正"㉘,但可以看到,从实践角度来说,司法者认为的司法公正,时常可能遭遇被司法者的否定㉙;反之,被司法者主张的司法公正,时常可能在司法者看来并非恰当;同样,某些被司法者相信的

㉔ 例如,孙笑侠:《法律家的技能和伦理》,《法学研究》2001年第4期,第9页。
㉕ 关于这一点的分析,参见[美]理查德·A.波斯纳:《超越法律》,第576—577页。
㉖ 参见何家弘:《试论司法公正观念的相对性》,《中国司法》2000年第4期,第5—6页。
㉗ 关于知识差异,"听众的智力和知识越不足,争议问题本身越复杂"。[美]理查德·A.波斯纳:《超越法律》,第588页。
㉘ 参见姚莉:《司法公正要素分析》,《法学研究》2003年第5期,第3—23页。
㉙ 作为例子,有司法实践者提到,要求当事人平等举证在法官看来是司法公正,但在诉讼能力不高、法律知识匮乏且没有经济能力聘请法律专业人士的当事人看来,自然易认为不是司法公正。参见胡科刚:《怀念马锡五》,《中国审判》2006年第8期,第18页。

司法公正,在另外一些被司法者看来不是司法公正。人们熟知的针对司法的上诉、申诉、上访,包括缠讼,从经验层面上,已说明了这些。

但通过司法日常话语"文学化"的作用发挥,当被司法者即时、不断地认可司法者的生动形象,进而即时、不断地认可司法者的权威及司法意见,并且感觉到平等、愉悦和温馨,此时,被司法者和司法者所理解的价值差异,被司法者之间的价值差异、利益差异(在面对司法者时),自然可能部分消融,甚至基本消融。这并非是说,本章讨论的"文学化"可从根本上促成对司法公正的共识,而是认为,在具体微观的司法场景中,这种"文学化"的吸引和法律问题(进入司法过程后的最初阶段)的吸引,针对被司法者,前者因为感染意义的独特价值,有时具有颇为重要的化解后者尖锐程度的作用;被司法者被感染了,因而感觉到平等、愉悦和温馨,从而有时的确可能发觉"如此已经公正"。

当事人欣喜地收到执行款　杨鹏云(河南新乡市红旗区人民法院)摄于2017年3月17日

这里的细节机制是:司法日常话语的"文学化",如同一些学者所意识的,在于凭借潜移默化的方式,将对方被压抑的思想、情绪和欲望释放出来,从而使司法者可以和被司法者实现感受上进而思想上的相互理解,包括被司法者之间的相互理解。⑦ 因为,司法者的"法律见解",往往代表一个主流性的法律见解,这一法律见解的正当性是相对的,并非没有任何可质疑的地方,因此,这里便存在"主流压抑边缘"的问题。并且当纠纷是非不是泾渭分明时,败诉一方遭遇的压抑以及由此而来的痛苦,是更为明显的。司法日常话语的"文学化",可以舒缓压抑的沉重,使被压抑的边缘获得慰藉,从而表现出"对他者的理解"。

进而言之,在化解过程中,我们逐渐可看到,司法公正如何能通过"文学化"的即时相互融洽,来实现桑斯坦式的"未完全理论化协议"⑦,即达成一段时刻、一定层面的司法公正共识。其实,在司法公正的理解中,全面、整体的一致理解非常困难,但某一阶段、某一层面的合作理解则有可能,也可以看到;而本章讨论的"文学化",基于感染的特殊效用,针对被司法者所认为的"司法公正"这一视角,则为这种可能以及成功提供了一个富有启发意义的思考路径。

第三,如可以提出"被司法者隐蔽、潜在的期待"这一概念,进而提出"司法者形象可以较为顺利地反复再塑"的概念,则可以且应当深入反思"司法为民"话语强调、制度要求⑫,及其另类基础。讨论"司法为民",则需要将司法者的"耐心"作为基础。司法者的"耐

---

⑦ *See* Peter Brooks, "The Law as Narrative and Rhetoric", in Peter Brooks and Paul Gwirtz (eds.), *Law's Stories: Narrative and Rhetoric in the Law*. New Haven: Yale University Press, 1996, p.16.

⑦ Cass R. Sunstein, *Legal Reasoning and Political Conflict*. New Haven: Oxford University Press, pp.6-8, 50.

⑫ 例如,最高人民法院2003年发布了《关于落实23项司法为民具体措施的指导意见》。之后,各地各级法院相继出现许多"司法为民便民"的具体措施。

心",作为当代中国基层司法的一个经验[73],富有争议。[74]但其亲民为民的一面,已经获得了广大基层群众的普遍认可,包括基层司法人员的普遍认同。[75]

在理解"耐心"时,人们可以发现司法日常话语"文学化"的重要意义。其一,"耐心"时常包含了"动之以情,晓之以理"的行动内容,而很难想象,包含这种内容的"耐心"可以远离这种"文学化"来发挥更为出色的作用,毕竟文学化的修辞叙事时常是一种"想象性活动,它的功能在于表现情感"[76],而"情感表现得真挚、没有人为的痕迹,则具备强有力的说服力量"[77]。这里的一个进一步思路是:从应然角度看,司法日常话语的"文学化",实际上是以对案件审判的"特别关注"和"感情投入"作为前提,故越是认真且越是具有耐心,也就越应该自然而然地展开"文学化"行动。其二,特别需要提到,通过这种"文学化"体现出来的"耐心",没有呆板、迟钝,甚至本身已经排斥了耗费时间的可能低效,换言之,由于可以使被司法者愉悦、会心地较快同意如何解决纠纷,故可以富有成效地使被司法者深感惬意。在本章提到的第一份经验材料中,便能隐约发现这一点。其三,还需更深层地看到,正如伊格尔顿(Terry Eaglton)所说的,文学修辞叙事的政治立场无

---

[73] 经验典型例子,如中国基层法官宋鱼水。其司法中"耐心"的事迹,广为流传。参见王峰:《让人"胜败皆服"的好法官——记北京市海淀区人民法院知识产权庭庭长宋鱼水》,《法制日报》2004年11月24日,第5版。

[74] 对此,不少人赞同。也有反对意见,例如有人提出:"任其(指当事人)讲述……效率很低。"方小玲、王建华、秦志松:《强化服判息诉"五步工作法"》,《人民检察》2006年第6期,第48页。

[75] 江苏苏州市吴中区人民法院的法官就说,耐心和亲"浸透出的软力量是无法抗拒的"。曹萍、高为民:《法律权利与道义责任的两难抉择》,《中国审判》2007年第6期,第80页。

[76] [英]罗宾·乔治·科林伍德:《艺术原理》,王至元等译,北京:中国社会科学出版社,1987年,第232页。

[77] Olivia Stockard, *The Write Approach: Techniques of Effective Business Writing.* San Diego: Academic Press, 1999, p.61.

处不在⑱,故司法日常话语的"文学化"也有政治立场问题。显然,使用什么语言修辞叙事和这一语言修辞叙事的喜用群体的愿望、要求——不仅仅是司法过程中的具体愿望、要求——有着潜在关联。因此,使用群众喜闻乐见的语言,即是潜在地贴近群众的愿望、要求,其政治立场从而也是群众性的,展现了"耐心"式的"司法为民"中更为广阔的"联系群众"的一面。

江苏苏州市吴中区人民法院高为民法官(右二)船头送法 刘轶臣(江苏苏州市吴中区人民法院)摄于2017年10月23日

在此所以论及"司法为民"的另类基础,因为中国基层司法实践已经表明,"司法为民"在纠纷成功解决、司法效率提升、司法权威认同、司法公正共识等方面具有促进作用。也因此,深入来说,通过本章讨论的"文学化"重新审视"司法为民"的另类基础,并张扬其中的积极成分,是从新的层面重新认定、再次主张解放区及解放初期马锡五式生动活泼的"人民司法"理念,及其在当代中国基层司法实践中的基本价值。

当然,可能存在其他司法政治问题,也需要分析,本章在此是初步的。但上述三个问题可能是基本的,提示了某些方向。

---

⑱ See Ian Ward, *Law and Literature: Possibilities and Perspectives*, p.39.

七、结　语

结束之际,再说三点。

第一,尽管本章推崇司法日常话语"文学化"的制度创新,但是,不认为此无边界。其主要应实践于可能长期存在的法律援助(如律师代理)匮乏的基层司法中。

第二,因为没有也不可能注意司法日常话语的"文学化"(参见本章开始部分),所以,英语国家法律与文学运动的学术探索,难以触及微观司法场景中的"文学化"的"市场机制",进而难以触及对司法互动关系具有重要意义的"被司法者的隐蔽、潜在期待"这一概念。此概念,对于"司法异化"、司法公正共识等问题的辨析,具有启发价值。从中国基层司法经验出发,如本章所尝试,探索司法日常话语的"文学化",可以为了解"法律与文学"知识进而为增进对司法知识的整体理解提供新的资源。

第三,本章的分析论证,也许可部分有效地用于目前中国基层司法时常以文书形式展开的"法官寄语"("法官后语")实践,使其积极意义更为明显地挥发出来。这种寄语,有时附在判决书之后,有时单独成篇。其中,表达了对当事人或被告人的法外教育、深情希望、婉转宽慰,为此目的,时常也使用了文学化的修辞叙事。当然,这又是有意思的中国基层司法经验。

第五章　判决书"附带"
以中国基层司法"法官后语"实践为主线

> 法律文本可写成诗或采用叙事或寓言的方式……如果这样写,潜在根据是适当的,法官提供的避免危机的法律救济方式能够为双方所理解,那么,按照这种方式完成的法律文本,便肯定是清晰的,会产生法律要求的明确的、无可置疑的结果。
>
> ——Stanley Fish①

> ……之所以捍卫文学想象,是因为我觉得它是伦理立场的必需要素,一种要求我们关注自身的同时也要关注那些过着完全不同生活的人们的善的伦理立场。
>
> ——[美]玛莎·努斯鲍姆②

一、问题和思路

对判决书"附带",历来存争论;而作为或许被称

---

① Stanley Fish, *Doing What Comes Naturally: Changes, Rhetoric, and the Practice of Theory in Literary and Legal Studies*. Durham: Duke University Press, 1989, p.138.
② [美]玛莎·努斯鲍姆:《诗性正义:文学想象与公共生活》,丁晓东译,北京:北京大学出版社,2010年,第7页。

为"新事物"的中国"法官后语",刺激并拓展了其争论空间。③ 现代司法理念,以及以"群众路线""审判为民""解决问题"等为关键词的政法司法理念,是目前审判实践的主要思想背景。在这一背景下,相关争论变得更富吸引力且有建设性。随着正规的法律教育不断展开,职业法律人的数量不断增加,尤其是司法群体日益专业化,而中国继续处于转型时期,尤其是被司法者及广大司法关注者继续以自己的意愿、设想,包括憧憬,来面对司法,争论只能且必须存在和深入。

现有争论已富有启发。相关学术探讨,涉及了判决书"附带"的多样性,如西方国家的"法官异议"、中国古代的"判劝结合"、当代中国的"法条附设"和"权利告知"(告知申请执行权等),甚至"法官不同意见",另有"法官后语";此外,涉及了"附带"产生的缘由、其本身可能的意义,并涉及了更广泛的判决书功能、法官角色定位等问题。④ 现有争论,增进了人们对判决书"附带",尤其是其作用的理解,亦为中国司法实践提供了参考和智识。

但至今为止的争论,表现出不足,需要且可能继续深入。第一,在考察"附带"产生的缘由及"附带"的意义时,这些争论,没有涉及司法者认为和被司法者需求之间微观互动的辩证关系,尤其未觉察被司法者如何尝试定义司法,即提出"司法应怎样"。例如,司法除了理性裁判还应该表现出协调、关爱等;而这种尝试或提出,意味着"司法"本身

---

③ "法官后语"如何在当代中国法院开始、发展,参见周道鸾:《情与法的交融——裁判文书改革的新的尝试》,《法律适用》2002年第7期,第32页。

④ 关于"法条附设"和"权利告知",参见姜慧军:《余姚法院民事裁判书出彩:"法官后语"、"法条原文"让当事人明理明法》,《法制日报》2002年11月3日,第10版。关于"法官不同意见",参见孙笑侠、褚国建:《判决的权威与意义——论法官"不同意见书"制度》,《中国法学》2009年第5期,第162—171页;张泽涛:《判决书公布少数意见之利弊及其规范》,《中国法学》2006年第2期,第184—193页;万方:《刍议合议庭少数意见公布制度》,《法律适用》2005年第10期,第68—70页;邓鹏飞:《刑事裁判法官反对意见研究》,硕士论文(2009年),载《中国优秀硕士学位论文全文数据库》,第8—25页。关于西方国家的"法官异议"、中国古代的"判劝结合"、中国当代"法官后语"并涉及判决书功能和法官角色的学术文献,参见后文注释。

或许不应该由司法者以及法学家单边定义。⑤ 第二,虽然涉及了判决书"附带"的多样性,甚至丰富了其历史故事,但这些争论,时常假定判决书"附带"——首先是判决书——本质主义的定义,即不知不觉预设了,判决书及其"附带"本身即如何,大体未发觉其中"历史化理解、定义"的重要;而"历史化",意味着,判决书及其"附带",首先是在历史变迁中调整自己的定义,演化自己边界,并不遵从本质主义的人为定义,"画地为牢"。第三,尽管涉及了判决书功能,但这些争论,类似地预设了判决书功能只能怎样,而没有深入(尽管少许)考虑其多样,特别是心系、抚慰被司法者,以及与被司法者形成相互理解的局面等方面的丰富性,进一步,未深入觉察各类阅读者对判决书功能形成的广泛社会化愿景。第四,在法官角色理论上,这些争论,通常没有深入考察(仅偶尔触及)法官角色扮演和其他社会角色扮演之间互动的可能性,特别是其中暗含的互助机制,而是如预设判决书及其"附带"本质上即如何一样,预设了一种"法官角色定型化"的概念——其仅为理性裁判的"人物";如此,限制了法官角色理论的理解空间及其中隐含的社会需求问题,进而限制了关于判决书及其"附带"的更富想象力的理解空间。

本章尝试推进争论。

但首先要提到,尝试推进,不在于就判决书及其"附带"、判决书功能、法官角色等问题而言,本章试图论证一切是历史滑动的,没有大体一致的关于定义或限定的社会理解。这种论证,对法律问题通常没有意义。其实,本章标题用"判决书'附带'",本身已意味着,认同某种关于判决书及其"附带"的定义或限定,如当代的一般理解。尝试推进,是期待切开复杂的历史、现实层面,在变迁和各种互动关系的背景

---

⑤ 有学者已提出,定义司法时应注意被司法者视角。参见苏力:《司法制度的合成理论》,《清华法学》2007年第1期,第11—18页;刘星:《走向什么司法模型——"宋鱼水经验"的理论分析》,载苏力主编《法律和社会科学》(第二卷),北京:法律出版社,2007年,第98—99页。

中,分析某些对象。例如,分析关于判决书及其"附带"的一个现有概念,如何具有自己的边界,进一步认识这一边界可能带来的局限,从而分析新的概念理解如何可能益于实践。这意味着,可能的真实及建设性方案在于概念和实践之间的互动。

其次需提到,本章以中国基层司法"法官后语"为主线,是因为,"法官后语"不仅引起了广泛争论,具有实践的生命力,以后还可能继续演进,更重要的,其在今天形成了一个深入洞察宏大司法问题的适恰窗口。一方面,其通常属于"附设",不与判决书裁判内容融为一体⑥,此表明,在撰写判决书并交付被司法者的时候,司法者已尊重当下关于判决书的专业化、职业化的理性观念,并不试图也不大可能冲破现代司法关于判决书已经形成的行业传统。⑦ 而对中国现有正规化司法事业发展的尊重,乃至整体意义上的坚守,在今天,显得日益重要;卷入全球化并进入城市化旅程的当代中国,已不可能回避现代司法正规化的意义和召唤。另一方面,其时常推出乃至适时变化,甚至不断丰富⑧,表明司法者已意识并参与到现代司法理念和复杂的当代中国审判需求的相互纠结过程中,进一步,表明运用某种方式以调整司法策略亦为应有之义。而让司法发挥真实有益的作用,不拘泥于正规司法的想象,而且通过解决现实问题使被司法者或广泛司法关注者获得欣慰,进而赢得其认同和支持,亦为中国司法职业得以发展的前提条件。"法官后语"实践,反映了上述两个方面的复杂关联,并展现了中国基层司法者对两者的平

---

⑥ 参见上海市第二中级人民法院研究室:《裁判文书附设"法官后语"的思考:我国裁判文书格式和风格的延续与创新》,《法律适用》2002年第7期,第30页。偶尔内置的例子,参见建法、张璐:《"法官后语"令判决书温情脉脉》,《南京日报》2005年9月20日,第B04版。

⑦ 当然另因最高人民法院规定判决书写作格式。参见最高人民法院《关于试行法院诉讼文书样式的通知》(法发[1992]18号)(自2019年7月20日起,该规定不再适用)。根据通知,最高人民法院办公厅下发《法院诉讼文书样式(试行)》。

⑧ 晚近法院尝试推进实践的例子,参见施莺、顾建兵:《南通中院首推"法官寄语":让裁判文书更具人情味》,《南通日报》2010年5月25日,第A03版,其中提到,法院要求试行"法官后语"制度;另参见杨宝杰:《新沂"法官寄语"感动失足少年》,《人民法院报》2008年7月8日,第2版。

衡把握意识。其中透露的一个思考信息,则是一般司法理论的"教义"和另类司法实践的"自在",即自我生发及自我强化的"自在",其间究竟存在何种辩证的博弈关系,而这种关系又包含了何种深意。

以中国基层司法"法官后语"为本章写作主线,另外的理由,在于相对其他"附带",如"法条附设""权利告知",包括"法官不同意见",其内容和意向更多面,也由此,更侧重"伦理教化""善劝提议""情感渲染"等心灵调动对理性裁判的协调意义,展现了与判决书主体部分更丰富的互动关联,这就是,司法文书应展现更丰富的公共治理及社会关爱的内容,以延伸理性裁判的适应能力及亲和能量。[9] 从当代学术谱系看,其不仅推进了实用主义法学的现实效果的理念,即强调问题的解决[10],而且——这是更重要的——凸显了法律与文学的情怀融合的姿态,即不仅注重叙事内容,而且注重叙事形式(文学化的感染),以后者推动前者。[11] 以往研究争论的焦点之一亦在于此。而正是这一协调意义及更丰富的互动关联,或许可引发对判决书功能、法官角色乃至更宏大的何为司法的广泛深入反思。显然,对中国基层法官而言,没有人不知道,教化是伦理书籍及伦理工作者的任务;善劝是普教读物及社会工作者的任务;打动是文艺作品及文艺工作者的任务。但其撰写的"法官后语",为何还会"节外生枝"?其为何还会"客串他角儿"?更重要的,其中,有些法官似乎认为,司法文本及法官职责本身不应该自我局限,文本及职责的内在要求本身即应展示丰富性。同样明显的,他们知道,运用法律及理性地判断纠纷是判决书的目标,法

---

[9] 关于"法官后语"促进司法的亲和力,有学者已提到,如周道鸾:《情与法的交融——裁判文书改革的新的尝试》,第32页;玉梅:《试论"法官后语"》,《广西政法管理干部学院学报》2005年第6期,第69—70页。

[10] See Richard A. Posner, 'What Has Pragmatism to Offer Law', in MicharlBrint and William Weaver (eds.), *Pragmatism in Law and Society*. Boulder: Westview Press, Inc., 1991, pp.235, 265-267.

[11] 法律与文学的学者对这一思想有讨论。See Gary Minda, 'Law and Literature at the Century's End', *CardozoStudies in Law and Literature*. Vol.9, No.2 (Autumn-Winter, 1997), pp.246-248.

官的职责,首先在于裁判,延续至今,正式制度及法律教育亦在不断强化这种观念及秉承。他们亦明白,运用经验,并实用地理解纠纷是司法文书的另一目标,法官的任务,其次在于化解,延续至今,社会压力、"案结事了"的要求,以及能动司法的概念宣扬和制度倡导[12],同时在继续催促这种意识及惯习。但为何,在相当一些"法官后语"中,特别是认真的、充满情感的且措辞用心的"法官后语"中,可读出中国基层法官对司法文本多重功能之发挥,及法官多重角色之担当的自觉认同?[13] 在此,一个深入学理问题,显然需认真对待:在理性司法和实用司法之外,是否存在同样魅力的路标?

本章讨论,一如第四章,将尽力附着在经验材料上展开。所以贴近经验材料,因为单纯的理论分析易遗漏、遮蔽、压抑、抹煞材料本身的丰富信息,无形中易阻碍未来讨论的思考张力。而贴近经验的材料,另意味着,以往研究虽然注意了经验样本,常以经验材料为开始,但是,其总易概括言之,缺乏细致的分辨,而且总易疏忽"法官后语"样本与其他经验材料(即社会各种生活现实)的关系。而在各种经验材料的关系中,或许孕育了新的理论分析的可能。但本章不意在实证研究,如调查、统计、分类,或试图挖掘新的材料以证明实然命题。这些当然重要,也可以拓展理论分析的背景视野,然而原有的资料已需深入、重新理解,在笔者看来,已具备了理论提升的可能性。就此而言,本章使用的经验材料大体上已被他人使用。对经验材料的新理解及从中展开理论的推进,是本章意欲突破所在。

本章基本观点是,判决书"附带",不免需要面对司法者和被司法者包括广泛的司法关注者的相互博弈,更重要的,需要面对其间

---

[12] 参见公丕祥:《能动司法与社会公信:人民法官司法方法的时代选择——"陈燕萍工作法"的理论思考》,《法律适用》2010 年第 4 期,第 2—6 页。

[13] 这有可能被认为是素质低下。但要注意,撰写"法官后语"的法官,其撰写的判决书主体部分通常被称道,体现了较高的现代司法专业能力。参见后文。

之相互理解及相互合作(主要指司法者一方自觉),而"法官后语"可成为范例,之中我们需觉察判决书"附带"无法人为地被束缚,亦无须如此。从这出发,笔者认为,判决书存在通常理解的模式,但这种模式是由一定历史时期的社会约定而形成的,非本质化的概念。从社会约定的角度宽容判决书特别是"附带"的模式,远比特定精英群体的"顶层设计"来得更有益。进一步笔者主张,社会约定的概念,使判决书"附带"、判决书功能和法官角色等理论,需要在微观司法语境的需求互动和宏观社会语境的需求互动的考量中,不断修正,不断推进。以此为要,我们便应深入思考、辨析并认真对待被司法者和社会中广泛的司法关注者的期待,以开启司法过程"社会契约式"正当性的理论反省。而这些,又提示从新的角度,挖掘司法政治学的问题理解。

本章是在前面一章基础之上的"法律与文学"之推进。

二、"法官后语"如何作为"附带"

目前看,"法官后语"的样本十分丰富。但其主要侧重三类。第一类,用伦理的内容支持法律内容,以使对伦理的理解支撑对法律的理解。第二类,用伦理的内容补充法律内容,在法律内容无法或难以触及的地方,让伦理的内容发挥作用。第三类,则通过富有情感、文学化的叙述,给予被司法者慰藉,并使法律内容经生动而获得亲近。[14]

关于一桩遗弃老人的刑事自诉案,在裁定书后面的"附注"部

---

[14] 有些文献提到"法官后语"可具有的功能分类,但与本书不同。参见上海市第二中级人民法院研究室:《裁判文书附设"法官后语"的思考:我国裁判文书格式和风格的延续与创新》,第31页;玉梅:《试论"法官后语"》,第68—69页。

分,云南昆明市官渡区人民法院法官写道:

> 人人都要经历生老病死,谁不喜欢年轻,谁愿意承受岁月无情的变迁?赡养父母,天经地义。即将成为老人的你,同样需要子女的赡养,相信老人所需要的不仅是几十元钱、几十斤大米,更需要的是儿女的一声呼唤、一句慰语、一个关怀。望善待古稀老人的殷殷期盼,扶老以颐享天年。⑮

云南昆明市官渡区人民法院大门　张馨予[北京盈科(昆明)律师事务所]摄于 2019 年 10 月 17 日

这段"后语",可归属于第一类。其显然意在陈述素朴的伦常义理,从亲情、生命延续和情感需要的角度,增加法律裁定正文对案件被告人的效果,将对法律的理解续展为对道德的理解。换言之,在法官看来,裁定书的效力不容置疑,但裁定书负载的社会内涵同样重要,通过"后语",即附带的书面文字表达,将此内涵清晰地传递同

---

⑮ 转引自茶莹、方雪:《官渡裁判文书更具亲和力》,《人民法院报》2003 年 1 月 31 日,第 2 版。

样是不容忽视的。可觉察,法律裁判的正式内容对被司法者的道德思想和预期会产生影响,也可能唤醒被司法者的伦理自觉,但这有时可能较有限,通常影响亦微弱;如果法院希望在影响和唤醒方面增加可能性,"后语"的撰写势必成为一个较佳的选择。因为,裁判书的正式行文,要求准确、直接,以法律叙述行规要求的方式表达国家强制的意志,从阅读吸引力的层面看,其自然不能和委婉倾吐的"后语"相提并论,即对被司法者而言,前者的阅读激励成本明显高于后者。

同样可归属于第一类的样本还有一些,例如,"父母的养育之情是一份沉甸甸的恩情,是我们穷尽一生也难以偿还的恩情"⑯。再如,"婚姻大事理应三思而行,慎重为之,切莫草率行事,遗憾终生"⑰。

关于第二类样本,可注意河南洛阳市涧西区人民法院法官撰写的一段"法官后语"。其写道:

> 原告少年丧父,被告中年丧偶,实为人间悲剧。本案双方当事人因此而遭遇的不幸是令人同情的,但又为继承死者遗产而引发纠纷,使本来就已受到伤害的心灵雪上加霜,甚感遗憾!法律虽然可以公正地处理当事人之间的继承纠纷,但金钱毕竟无法代替亲情。死者已去矣,余者尚生存,亲者为死者之财而起纷争,死者在九泉之下能瞑目乎?愿双方摒弃前嫌,互敬互爱,重修亲情。求家和万事兴,不亦乐哉!⑱

---

⑯ 转引自施莺、顾建兵:《南通中院首推"法官寄语":让裁判文书更具人情味》,第 A03 版。
⑰ 转引自刘成友:《"法官寄语"为判决书增添温情》,《人民日报》2005 年 5 月 12 日,第 14 版。
⑱ 转引自程红根、吴迎峰:《"温情判决"让一家人冰释前嫌》,《新华每日电讯》2002 年 10 月 10 日,第 3 版。

河南洛阳市涧西区人民法院执行局局长崔占奎（右一）与当事人耐心商讨执行问题 史翠玲（河南洛阳市涧西区人民法院）摄于 2019 年 11 月 19 日

这段"法官后语"，主旨在于调动与法律内容有别的被司法者的伦理自觉。可以理解，任何财产的继承纠纷，总是夹杂着亲情毁损。法律能裁断这种财产的归属，但时常无法也无意调整此时亲情的格局。因为，对感情的法律治理成本之高是难以想象的，更重要的，其可能根本无法治理。当然可指出，对法官而言，财产纠纷的解决已是足够了，但法官尝试对亲情予以弥补修复，亦可视为接近情理，毕竟，亲情的失败，对财产少分一方更是无情的打击，对多分一方亦未必是全无感伤，这个时候，伦理关怀一般不会被视为画蛇添足。而从社会心理学的角度看，当事者时常不排斥"官"角色自上而下表达的伦理劝解。[19] 此外，法官以非正式的方式表达伦理意见，正因为非正式，故对社会法律秩序的运作没有明显的成本增加。进一步，其对财产纠纷的解决也存在着补益，因为伦理的自觉或唤醒进而情感的变化，可减弱对财产争夺的重视程度，能使当事者较坦然地面对财产的法律再分配，尽管其与法律再分配没有理解上的逻辑递进。

---

[19] ［美］戴维·迈尔斯：《社会心理学》（第 11 版），侯玉波、乐国安、张智勇等译，北京：人民邮电出版社，2014 年，第 197—198、200 页。

类似的样本,可见上海市第二中级人民法院张铮法官撰写的一段"后语":"金钱无法替代感情,摈弃前嫌、真诚以待、重修亲情是本案当事人及原告其他子女今后应深思的问题……"⑳

再看第三类样本。陕西铜川市耀州区人民法院,在一份不准离婚的判决书后面附语:

> 十年修得同船渡,百年修得共枕眠。风雨同舟二十载,苦尽甘来待发展。你二人已逾不惑之年,上有古稀老人殷殷期待,下有未成家儿女翘首以盼。扶老颐享天年,携幼走好人生关键几步,实为你们二人当前之要务……奉劝二位重修于好,举案齐眉……㉑

这段"后语",文字合辙押韵、古诗活用,且尽力表达感染之意,显然充满了文学的修辞策略。离婚,包括广泛的亲情纠纷,无论从当事者还是相关者来看,均需要心灵的感动抚慰,而文学化修辞的运用,是推进感动抚慰的有效手段。此外,判决仅是说明为何不能离婚的法律根据及最后决断,但现实结果,常是当事者对判决产生陌生感、疏远甚至抗拒。㉒ 即使法官尽力表达人情伦常之心,当事者也需要逐步进入"情绪波澜"。在此,如何接受人情伦常,进而理解法律判决之用心,便需要借助感染生动的话语吸引。一般来看,人们最不抗拒的就是具备文学元素的"感染打动",而通向心灵抚慰的最佳途径,正是文学化的"情真意切"㉓。当然,判决书完全可不在意当事者是否接受、心领意

---

⑳ 转引自梁宗:《上海二中院推出"法官后语"》,《人民法院报》2001年5月27日,第2版。
㉑ 转引自台建林:《法律文书让我们感受到了关怀》,《法制日报》2002年10月1日,第10版。
㉒ 感情纠纷进入诉讼,常与情绪异常波动及较大心理压力相关,故当事者难理性对待判决。
㉓ 参见[美]理查德·A.波斯纳:《超越法律》,苏力译,北京:中国政法大学出版社,2001年,第584页。

甘,判决书的强制特点也在如此提示,但是,判决若能被发自内心地接受,为何要拒绝司法成本的减负?社会心理学者指出:"句子押韵也能增加流利度和可信度。……任何能增加流利度的因素(熟悉性和押韵),都能增加可信度。"㉔而文学修辞策略的启动,于此便具有了重要性。

第三类样本的例子,又可见山东日照市东港区人民法院在一份少年犯罪判决书后的附语:"小鹏,阿姨知道,你是个好孩子……风雨过后是彩虹……从哪儿跌倒就从哪儿爬起来,相信路就在自己脚下,命运掌握在自己手中……"㉕

其实,第三类"后语"模式,更具有广泛的潜伏性。因为,任何"后语"如欲发挥作用,均需要注意文学化的修辞策略,或缓缓道来以逐步吸引,或句句深情以渐次征服。通常看,"法官后语"实践不断展开及容易被当事人接受㉖,文学化修辞的运用是重要的因素。一位普通市民曾说:不要小看短短几句话,其将促使法官不断学习,努力写出更震撼当事人心灵的优秀文字;当事人读到真正令其信服且生动的法官后语,恐怕一辈子不会忘记、不敢忘记。㉗

三、为何"附带"

作为判决书"附带","法官后语"当然是备受批评的。反对的意见,包含了若干思路。

㉔ [美]戴维·迈尔斯:《社会心理学》(第11版),第242页。
㉕ 转引自小鹏:《"法官寄语"滋润了我荒芜的心田》,《人民法院报》2010年6月9日,第1版。类似例子,参见张冰歌:《"法官寄语"彰显"司法温情"》,《政府法制》2009年第3期,第55页。
㉖ 当事人易接受的例子:河南许昌市襄城县法院试行"法官后语"8个月,在20份判决书后附设,无一例提出上诉或申诉。参见阚爱民、张雅芳:《案件的判决书后,带了个感情色彩浓厚的小尾巴——襄城:"法官寄语"增添温情》,《河南日报》2007年9月5日,第4版。
㉗ 参见张晓频:《裁判文书中的法官后语》,《人民法院报》2002年7月5日,第2版。

择其要者,其一,主张判决书具有权威性和法律效力,而判决书固定格式的要求,也表明权威性和法律效力是判决书的唯一诉求。另外,判决书经严格的法律推理和论证,已体现了社会正义和公正。因此,"法官后语"会冲淡判决书的权威性,并减弱法律效力的社会感受。[28] 更可疑的,在于"法官后语"可能流露了与法律张扬的伦理观念相悖的伦理思绪,当社会伦理体现多元化时,尤其如此。而判决书,通过法律论证,无疑正运送法律张扬或社会认同的主流道德理念,已将情、理、法有效互补。[29]

其二,主张法官以国家名义行使审判权,不应也不能在审判中表现个人名义的感受。个人名义的感受,难免因认知、立场、素质等差异而呈现分散化,甚至混乱,使国家名义受到怀疑。法官角色是国家公权力的象征,而公权力的运用是其角色作用的具体发挥,"法官后语"只能使法官的角色发生错位。[30] 这意味着,从诉讼关系的微观角度看,法官与当事人是"权力/权利"关系,不是当事人之间"权利义务/权利义务"的关系,应当注意两者的区别。[31]

其三,主张应从更宏观的角度加以考察和权衡。中国目前正在展开法治现代化建设,这一现代化,从司法角度要求法官的审判行动尽量走向正规和职业。"法官后语",既不正规,亦不职业,无法形成统一,且"德治"倾向是较为严重的。其将妨碍以理性分析和逻辑

---

[28] 参见樊崇义:《沉默永远是一种选择——对"法官后语"说不》,《法制日报》2003年6月5日,第11版。

[29] 参见张志铭:《法官后语与情法交融》,《人民法院报》2002年11月22日,第3版。

[30] 参见米健:《司法改革的创新与统一——"法官后语"可否缓行》,《法制日报》2003年3月13日,第11版;樊崇义:《沉默永远是一种选择——对"法官后语"说不》,第11版。司法实践者持这种观点的例子,参见张鹏:《判决书该不该有人情味:"法官后语"引发争论》,《北京晚报》2001年6月27日,第4版。

[31] 参见傅郁林:《民事裁判文书的风格与功能》,《中国社会科学》2000年第4期,第125页,注释①。

判决为宗旨的现代审判规范的逐步确立,进一步,影响国家法治的确立。㉜

而赞同者的思路较简单。第一,认为"法官后语"具有良好的功能,"进一步申辩了社会正义……实现了情与法的相互交融,使当事人不仅受到法律教育,而且受到道德教育,使判决有理有情,从而拉近了法院与当事人之间的距离,促使判决更易为当事人接受";㉝而"德治",对法治社会同样有益㉞。第二,认为"法官后语"具有侧面化解纠纷各方或社会矛盾的效用,弥补判决书"生硬"难以化解纠纷的不足。㉟

批评和赞同,主要涉及"法官后语"的定位适恰性和实际效果,虽然细节上还有更多的差异讨论,如"法官后语"是否因额外撰写增加了司法成本,是否仅仅适宜口头的表达㊱,但基本框架大体已设定。从更广泛的判决书"附带"看,相关争论的逻辑和进路亦类似,如关于"权利告知""法官不同意见",对立思考总围绕定位适恰性和实际效果而展开。

涉及定位适恰性和实际效果,当然是非常重要的。任何司法实践如背离这些,便会举步维艰,面对司法行业和司法受众亦会遭遇广泛的质疑。实际上,本章上一节说明"法官后语"如何附带时,也在这些层面有所强调以支持赞同者,如朴实的"法官后语",可降低理解、接受判决书正文意义的成本,补充后者社会道德意向沉降的不足,而其真

㉜ 参见米健:《司法改革的创新与统一——"法官后语"可否缓行》,第11版。
㉝ 参见周道鸾:《情与法的交融——裁判文书改革的新的尝试》,第32页。类似观点,参见梁宗:《上海二中院推出"法官后语"》,第2版;刘青峰、王洪坚:《体制、方法及其他——解读我国"法官后语"产生的背景》,《人民法院报》2003年6月16日,第3版;上海市第二中级人民法院研究室:《裁判文书附设法官后语的思考:我国裁判文书格式和风格的延续与创新》,第32页。
㉞ 参见王亚明:《"法官后语"与判决的人性化》,《法制日报》2003年2月13日,第10版。
㉟ 参见张晓颖:《裁判文书中的法官后语》,第2版。
㊱ 参见吴学安:《"法官后语"的是与非》,《经济参考报》2005年8月13日,第8版。

挚动情的修辞,可感染打动被司法者,进一步调动司法合作及社会合作的心理情绪。本书作者不认为,在这些层面的思考没有价值(在后文中作者还会有所细究)。但是,所有这些,终究未能触及根本,因此未能揭示深入讨论的路径。而根本或更重要的,需要反思其背后的司法理论预设:判决书存在自身固有的本质特征或功能,法官存在恒定的角色含义,司法作为概念,存在普适界定。这些理论预设,当不知不觉地成为潜在的讨论支撑点,或成为辨析实践问题的话语基础,势必会使讨论参与者无法躲避意识形态"政治正确"的简单宣誓:是否捍卫正规的判决书制作、保持理想类型的法官形象,以及,是否坚守更宏大、前进性的司法理想和治国方略。讨论逻辑,由此变得松软简疏。而对其他判决书"附带",如"权利告知""法官不同意见",情形是类似的。

在此,研究首先需走进原有的微观司法语境,查看细节,特别关注司法者和被司法者之间的需求互动,以引出新的思路,反观且重新审视原有的司法理论预设,转而推进对"法官后语"及更广泛的判决书"附带"的理解;更重要的,顺此以深入理解判决书及其"附带"、法官角色定位、司法活动如何是历史的,而非本质化普适化定义的。

在上一节提到的第二类"法官后语"样本,"原告少年丧父,被告中年丧偶……"中,案情涉及死者和原告、被告的感情寄托。被告虽为原告的继母,但死者生时显然希望原告与被告能和睦相处;反之,更重要的,无论是原告还是被告,因与死者特定的身份关系,存在微妙的情感互动,并非死者逝去便只能"形同路人",至少死者逝去未久,原有感情格局在原告被告之间因怀念死者不甚可能迅速地发生根本变化,此时问题之关键,如资料显示,却可能仅在于"双方存在着信任危机"㊲。进一步,整体看,特定时段原告和被告均需要一定的感情慰藉,不论慰藉方式怎样出现、由谁提供,即使此与遗产争执的意愿是并存的。另需要关注,此案中,参与者人数较少,各方似乎又无扩散案情信息的动力(因当事人为普通人且财产数额较小)。这意味着,诉讼环境空间狭小,而空间狭小使感情斡旋得以低成本地展开。㊳ 如果考虑法官期待"案结事了",减少上诉甚至上访,则可以预料存在对法官运用法律判决之外的手段促进结案的激励。

在上节提到的第三类"法官后语"样本,"小鹏,阿姨知道,你是个好孩子……"中,可看到类似的语境。小鹏为少年,偶因"保健用品"推销者的误导,食用"春药",后试图强奸女同学。但小鹏终究是一时冲动,另存有善心,因此当被害人竭力抗拒时自动中止。事发后小鹏深悔不已。㊴ 显然,面对法律制裁,其尤为需要情感的治愈,包括忏悔自责以净化和鼓励抚慰以做人。案件语境又在于,诉讼参与人极少,除父母外只有法官。而法官针对少年小鹏亦期待案件能够"温馨化"解决,以使结果平静地不留额外的情感遗憾。此时,法官存在特殊情境下的关爱意愿。

其实,广泛观察,"法官后语"运用的语境,如上节提到的第一类"法官后语"及其他样本出现的场景,大体具有类似性:第一,诉讼当事人在判决外希望获得情感宽慰(即使其有时并未明显表现出来);第二,法官发觉运用之有效有益,且存在道德关爱的意愿。当河南许昌市襄城县人民法院法官提到,"后语"写作首先要了解案情原

㊲ 程红根、吴迎峰:《"温情判决"让一家人冰释前嫌》,第3版。
㊳ 情感斡旋涉及隐私及其他当事人不愿声张的事项时,面子是重要问题。相对来看,空间大则人多,人多则面子不易放开,故斡旋成本高。
㊴ 参见小鹏:《"法官寄语"滋润了我荒芜的心田》,第1版。

因、当事人性格,寻找当事人的感情共鸣点。㊵ 当北京市西城区人民法院刘珍法官提到,对感情纠纷,应和当事人说心里话,像朋友一样,如此才会常使对方冷静下来……㊶以上均反映了此种语境的内在结构。

另需要注意,"有效有益"对法官也意味着,如"法官后语"写作成功,因被当事人尊重,而当事人不再纠缠诉讼,可以使法官展现"案结事了"的能力,或因当事人备受感染打动,而当事人心悦诚服,可以使法官展现文字表达素养和个人魅力;进一步,这些既可发挥"事例"作用,为人称道,也可以增添法官肯定自我价值的分量。此亦为需求互动中的另一元素。换言之,"有效有益"的另外意味和"法官后语"写作的道德关爱意识,有着重要关系。不能否认,大多数甚至全部"法官后语"写作可能出于人们一般定义的有效有益,还有道德关爱,而道德关爱亦应特别提倡,但是,两者如能依托法官的"自豪"基础,则更易挥发自如。由此可理解,写作后,某些法官针对"法官后语"产生自豪感,是顺理成章的。福建厦门市海沧区人民法院郭静法官就在自己撰写的"法官后语"中说,法官也有才华,"也有思想、有激情和情感,也有一颗火热的心"㊷;撰写江苏第一份"法官后语"的南京市建邺区人民法院金立安法官,尤其热衷文学创作。㊸ 其实,"自豪"的意思,提示了"法官后语"低行动成本的又一意蕴。

㊵ 参见阙爱民、张雅芳:《襄城:"法官寄语"增添温情》,第4版。
㊶ 参见张鹏:《判决书该不该有人情味:"法官后语"引发争论》,第4版。
㊷ 陈捷、飞扬:《最温情判决书:法官赋诗劝和》,《海峡导报》2009年10月19日,第A01版。
㊸ 参见王亚明:《法官后语:说出法官心里话》,《法治时代》2002年第9期,第36页。

福建厦门市海沧区人民法院家事法庭郭静法官(右二)与同事一同看望刑事案件受害人家庭
付臻(福建厦门市海沧区人民法院)摄于2014年6月17日

这里,需求互动成为"法官后语"实践的酝酿机制,也由此,这一实践常受到基层法官的青睐和赞誉,并随同类情景的出现呈逐步燎原之势。㊹ 当然,又如我们直觉所知道的,在某些——或许相当一些——诉讼环境中,需求互动并不存在,故这种实践缺席是理所当然的。但重要的且应予关注的,则是"法官后语"实践与微观需求互动的逻辑关联。

需求互动的概念,不仅可揭示"法官后语"的真实逻辑,更广泛看,可揭示其他判决书"附带"如"法条附设""权利告知""法官不同意见"的缘由。人们如何否定"法条附设""权利告知""法官不同意见"等不因为需求互动而产生?当事人常难以知道判决依据的条文具体内容,面对判决书引用的条文标号,需要查阅法条文本;其也常难以知道判决后其他具体权利是什么,面对判决书的"句号",需要另行咨询;其亦时常难以知道判决时法官是否还有其他意见,有利或不利己方的㊺,面对判决书的"沉默",需要猜测。此时,他们自然易追问法官为何不能"多做一点"。而法官同样会发觉,撰写"附带"或许利多弊

㊹ 参见黄启辉:《"法官寄语"应缓行》,《法制日报》2002年12月31日,第10版。
㊺ 众所周知,在合议庭笔录和结案报告中,"法官不同意见"常存在。

少,或许有助于判决书的意义传递,以使纠纷解决便捷畅达,而便捷畅达的结果,正是为其所预期的。需求互动传达的重要含义,集中看,在于被司法者针对法官不仅期待正式的裁判,而且时有期待情感之关爱㊻,进一步,期待判决书的内容及司法包含更丰富的元素和结构。

当然,经需求互动的概念,不能直接质疑判决书及其"附带"存在自身固有的本质特征或功能,直接质疑法官存在恒定的角色含义及司法作为概念存在普适界定等理论预设。反对"法官后语"者,包括支持者,可认为,即使存在需求互动,依然能够按确定不疑的判决书及"附带"、法官角色及司法等原理予以抑制,或给与支持。这些普适原理,可以甚至有必要校正现实,或支撑现实。故需求互动的概念,仅表明某一实践如"法官后语",或其他"附带",何以存在。

四、"附带"的历史

进入历史。如许多研究文献已揭示的,过去以及现在,判决书的内容及表达极为多样。判决书在中国古代,便存在伦理"劝解"的内容㊼,或包含文学化的叙事内容㊽,遣词造句颇用心,并不局限于对纠纷实质内容的判断。中国古代撰写判决书时,显然没有现在判决书的概念及定义,或制度上的具体规定,因此呈现了另类的样式,甚至不拘一格。例如,唐代白居易在判词中曾写道:

㊻ 既是法学家又为法官的、且侧重司法心理学研究的弗兰克(Jerome Frank)曾说,不少当事人"在诉讼中渴望为自己内心的焦虑寻求抚慰"。参见[美]杰罗米·弗兰克:《初审法院——美国司法中的神话与现实》,赵承寿译,北京:中国政法大学出版社,2007年,第411页。

㊼ 参见王志强:《〈名公书判清明集〉法律思想初探》,《法学研究》1997年第5期,第122—123页。

㊽ 参见吴承学:《唐代判文文体及源流研究》,《文学遗产》1999年第6期,第28—31页;郭成伟:《唐律与〈龙筋凤髓判〉体现的中国传统法律语言特色》,《法学家》2006年第5期,第57页。

仁无贪货,义有通财。在洁身而虽乖,于知己而则可。景、乙奇赢何业,气类相求。竟以锥刀,始闻小人喻利;推其货贿,终见君子之心。情表知深,事符往行。如获贫富必类,自当兴让立廉;今则有无相愚,固合损多益寡。是为徇义,岂曰竭忠?[49]

福建厦门市海沧区人民法院文化墙　陈立新(厦门日报)摄于2010年3月19日

宋代真德秀在判词中亦写道:"使人知孝于其亲者,有司所深敬;不孝于其亲者,王法所必惩,兼此邦之人,本来易化,只缘官司不知训励,故有无知而轻犯者,今为尔民略陈大意。"[50]显然,这些判决书中,便颇多伦理、正气、教化之宣扬。而进入近代和现代,如民国时期、解放区时期,情形是类似的。[51] 在此,凡写入判决书的,总被称为"判决"。

从西方国家看,众所周知,英语国家一段历史时期的法院判决中

---

[49]　陈重业:《古代判词三百篇》,上海:上海古籍出版社,2009年,第56页。
[50]　陈重业:《古代判词三百篇》,第109页。
[51]　参见田荔枝:《我国判词语体流变研究》,博士论文(2010年),载《中国博士学位论文全文数据库》,第147—157、169—176页。

有"附带意见"或"法官异议"是十分广泛的。这些国家的法官,特别是有声望的,试图通过巧妙、魅力化的修辞和论说,增添判决书的分量和影响力,有时"写得像一篇小说,极富有人情味和文采,充分体现了法官个性和特点"[52]。更有甚者,以现代人理解的论文方式撰写判决书,补充长篇的说理,或引经据典。如为人熟知的里格斯诉帕尔玛(*Riggs v. Palmer*)案的终审判决书,其中,法官花费了大量笔墨以论证一个类似法学论文的观点,即立法者如果能设想该案情形(继承者为获遗产谋杀被继承者,而法律对此却无明文规定),并认为有必要制定相关的规定,则会毫不犹豫(此为法学界长期讨论的"假设立法者意图论")。法官另引用培根(Francis Bacon)、布莱克斯通(William Blackstone)等经典学者的大段论说,以补充论证,还提到了亚理斯多德(Αριστοτέλης)的思想、普芬道夫(Samuel, Baron von Pufendorf)的著作。[53] 而近代以来的德国法院的判决书,同样特别重视学理化的阐述论证[54],并于晚近确立了"不同意见制度"[55]。在日本,步入现代,判决书也在发生变化,其尝试学习英语国家的"附带意见"或"法官异议"的补充。[56] 在此,凡写入判决书的,同样常被认为是"判决"。

更需提到,当代中国判决书也从简明裁判向增加理由阐述的方向发展。法律实践者和学者,殊为强调判决理由写作的重要。而相当一段时期,其作为"附带",却曾经与"合议庭笔录"及"结案报告"一并在诉讼文档中安静地搁置。现在,人们习惯称其为"判决的组成部分"。

依照中国现在通行的判决书定义看,上述均能视为多元的判决书

---

[52] 张卫平:《说理与裁判的智慧》,《人民法院报》2001年9月3日,第3版。

[53] See 115 NY 508, 1889, pp.510-511.

[54] See John Dawson, *The Oracles of the Law*. Ann Arbor: The University of Michigan Law School, 1968, pp.433-435.

[55] 孙笑侠、褚国建:《判决的权威与意义——论法官"不同意见书"制度》,第165—166页。

[56] 参见刘风景:《不同意见写进判决书的根据与方式——以日本的少数意见制为背景》,《环球法律评论》2007年第2期,第98—100页。

"附带"实践,与"法官后语"之区别,仅在于它们更多地与判决书的实质内容融为一体,极少随附。进一步,概言之,以往判决书内容的历史,显然没有遵从一个固定的模式,甚至极少明确何为判决书正文、何为"附带",或者,何为判决书正式部分、何为非正式部分。在此,两个结论是颇为清晰的:第一,判决书的固定模式及"附带"定义,不过是以往或现在法律人某一时期的"约定",而此"约定",从未具有普适的指涉或意向,亦不可能约束他者的"自由实践";第二,即便在逻辑上讨论,也无法澄清已经出现或可能出现的某个"附带",其和判决实质内容存在必然的联系,或没有必然的联系,而真相是,是否存在逻辑联系的问题,是由某些群体约定而获得答案。从这一角度观察,现在被称为"附带"的"法官后语",未必不能被认为是"裁判"的延伸,至少没有理由认为其不能成为"附带"。无论如何,"劝解""法官异议""学理阐述"等,尤其为中国法律人现在津津乐道的"理由充分说明",原本即被某些司法裁判者视为"附带",甚至不能成为"附带"。另可以说,历史中,判决书及其"附带"总是演化的,从未预示本质主义的定义能成为教义,以排斥"法官后语"。

当然,判决书撰写的演化历史并非是单向的,而是多向甚至逆向的。如近代以来的法国尤为支持判决书的简明扼要,拒绝各类理由及其他内容的写入[57];当代英语国家越来越多的初审法院审理案件,亦以判决书的"简明扼要"为特征,其最高法院,亦表现出了类似[58];而现代中国一段时期,如前所述,时常与近代以来的法国判决模式颇是相近,要求"简明扼要"[59]。但这些依然没有说明,判决书的撰写只能如

---

[57] 参见[德]K.茨威格特、H.克茨:《比较法总论》,潘汉典、米健、高鸿钧、贺卫方译,潘汉典校,贵阳:贵州人民出版社,1992年,第224—229页。

[58] 有学者统计,1986—1986年,美国联邦最高法院判决上诉案273件,其中仅161件提供充分判决理由。参见[德]K.茨威格特、H.克茨:《比较法总论》,第449页。

[59] 至少2005年前即如此。

现在法律人所约定的,涉及实质内容,反而恰是说明判决书及其"附带"具有丰富或更复杂的变迁历史,它们的界限,无法人为地永恒划定,而何为"附带",亦无法永恒框定。现代中国法律人对判决书及其"附带"的"约定",不过是历史多样化的一种,其的确曾存在,而且日后也许再延续,但不可能是唯一的。

深入来看,判决书及其"附带"如何实践,包括折射出来的更广泛的法官角色如何定位、司法如何展开,历史总是赋予不同的答案。判决书及其"附带"存在自身固有的本质特征或功能、法官存在恒定的角色含义、司法作为概念存在普适的界定这些理论预设,面对历史,势必变得脆弱无力。但更有意思且还需要追究的,在于前面详细讨论的微观需求互动的概念,又能对上述历史给出提示,即微观的需求互动,另存在演化,其可能是历史多样化的内在牵动原因。

根据学者的观察,中国古代裁判者之所以注重判决书中的"劝解",除被裁判者的"和为贵""家丑不可外扬"等传统意识,当然还有利益最大化等预期,以及裁判者的教育背景、意识形态、官吏选拔制度等因素,另外缘于具体审判中,被裁判者时常寄希望于作为"官"的裁判者能给予具体化的自上而下的体恤、扶弱抑强。裁判者,亦时常试图表现处置问题的话语禀赋、回旋机智以表现为官的能力。[60] "劝解"及其效用,包括其不断持续,不是单方的一厢情愿,亦不仅仅为宏观传统法律文化的塑造,而是另外包含微观的双方需求互动影响的裁判产品。

根据外国法律史及比较法学者的考察,英语国家法官撰写"法官异议"或"附带意见",其缘由,当然涉及被司法者及司法关注者对律师群体和出身于律师的法官群体的"论辩"想象,涉及对法官勇于捍卫公

---

[60] 参见贺卫方:《司法的理念与制度》,北京:中国政法大学出版社,1998 年,第 193—195、202—207 页;吴承学:《唐代判文文体及源流研究》,第 22—23 页;徐忠明:《众声喧哗:明清法律文化的复调叙事》,北京:清华大学出版社,2007 年,第 251、312 页。

民自由以向权力说不的司法文化历史的留恋,另外,涉及司法者始于近代的"深入讨论案情"的司法实践理性的传统。[61] 但在具体案件中,被司法者,时常期待"对己方有利的司法思考"可以表达出来,并时常认为,即使败诉,如有个别法官支持己方的意见则依然是重要的宽慰,且是自己继续争取权利的动力。[62] 与之对应,司法者,有时亦希望展示说理、论证、修辞等才华,特别是与众不同的,以利产生影响并利于日后升迁,其有时希望避免"平庸的形象"。[63] "附带意见"或"法官异议"的存留,不是司法者单方的嗜好、惯习,亦不仅仅为宏观的英语国家审判文化的定型,其也非常重要地另受制于时有出现的微观需求的互动。

其实,古今中外其他判决书的"附带"实践,也是同样的。而当代中国的"判决充分说理"司法写作运动,可更近距离地展现这种机制。在判决书中,深入阐述理由,不仅是因为中国看到西方特别是英语国家的司法实践颇有启发,其判决书读来是令人信服的,更凸现了司法智慧和理性的力量,可推动中国的司法现代化。而且因为,从微观看,被司法者包括司法关注者常抱怨判决结论的"神秘""费解"甚至"不解",在败诉时,被司法者希望知道理由究竟是什么[64],而越来越多的受正规法律训练的法律人进入司法市场,其也期待,至少是心怀些许冲动,在判决书中撰写"说理",来挥发经现代法学教育、培育而来的"法学能力"[65]另包括经此方式"案结事了"的实务能力。显然,微观

---

[61] 参见[法]勒内·达维德:《当代主要法律体系》,漆竹生译,上海:上海译文出版社,1984年,第365页;[德]K.茨威格特、H.克茨:《比较法总论》,第355、349、465页。

[62] 参见孙笑侠、褚国建:《判决的权威与意义——论法官"不同意见书"制度》,第167、168页。

[63] See Karl Llewellyn, *The Common Law Tradition: Deciding Appeals*. Boston: Little, Brown and Company, 1960, pp.132-133.

[64] 几乎所有支持"判决书说理应充分"的学术文献,均强调了这一重要理由。

[65] 如经人文社会科学教育获得的法理、常理。相比20年前,法官现在更乐意撰写法学文章,法院制度也予以鼓励,如表现出色,可为升迁条件之一,持续若干年的法院系统论文评比即为例。而在《人民司法》《法律适用》等专业期刊,甚至其他更理论化的法学核心期刊,法官也渐成写作群体成员。

的司法环境,总是透露出双方不经意的需求合谋。故可以认为,作为判决书原来的"附带",更作为现在判决书正文的"充分说理",不仅为移植西方司法文化以推动中国司法正规化的步骤之一,另缘于微观的需求互动提供了潜在的催化剂,提出了制度要约,试图重新调整判决制作的格局。

更深入地看,通过对历史中需求互动概念的辨析,可发现,上述所提法律人对判决书及"附带"的"写作约定",不过是社会的约定,而社会的约定之关键含义,在于"相互性",即司法者和被司法者展开互动,以博弈方式约定判决书及"附带"的模式。换言之,法律人大体上没有可能单边地垄断定义,即使单边定义,或"顶层设计",随社会各类因素的变化,也将遭遇被司法者或广泛司法关注者的怀疑、撼动,进而根据微观的需求互动改变自我,以提出、承诺或顺应新的社会约定。从判决书及"附带"固定含义所存在的问题,深入法官存在恒定的角色含义、司法作为概念存在普适界定等理论预设,可认为,由微观需求互动牵引的历史演化,其不仅可以直接质疑这些含义、理论预设,而且从广泛来看,亦能要求重新审视它们是如何产生的,进一步,要求以社会约定的概念替代它们,替代法学家及法律人在这些理论预设上的"单边启蒙、规训"。

当然,"相互性"的含义,及其对判决书和"附带"的固定特征或功能、法官恒定角色、司法普适界定等理论预设的质疑,并不意味着,经现代法律教育而胸怀现代司法要义的司法者,其运用业内认为的正规司法理念,完全不会触发被司法者的需求转变,如从特别期待司法者的温馨调解转向特别期待其冷峻的理性裁判。需求,显然亦非恒定的,在某些理念影响下,亦会出现调整。因此,理论的执着和推动不是全部枉然。但此依然属于次要的,不能压抑、消灭被司法者需求与司法者需求的不断互动,在基本层面上,这种互动依然是主题。

五、判决书的功能

对"法官后语",及更广泛而言的判决书"附带"的理解,不仅需要从纵向的历史演化,及发挥牵引作用的微观需求互动的流变,予以深入,而且需要从横向的判决书多重功能的角度,予以拓展。

通常来看,对"法官后语"和判决书"附带"的一般性讨论,并由其涉及判决书的功能,人们易认为,判决书仅是表达法律权利义务分配及再分配的权力意志和决定,其属于正式权力的文本表现或信息传达,如同有的学者认为,其"宣告由法院确定的法律关系……向当事人、上级法院及社会公众报告司法过程——向裁判同类案件的其他法官和社会公众公示社会规范"[66]。如此看待判决书功能,并非基本不对,但其大体上仅预设了法律人的感受模式。因为,一般情况下,上述界定暗含了法律人关于判决书的操作程式、设想和预期。而法律人,特别是法律学者,基于职业要求和行规,亦时常对此加以描述,并将其表达出来。由此引发的社会惯习,是一般情况下人们容易从法律人的说教和理论来理解判决书的功能。其结果,判决书的功能常被限定于狭小的范围,被要求为局限,甚至单一。

问题是,卷入司法实践的被司法者,及特定条件下殊为关心司法实践的司法关注者,怎样感受、期待、设想判决书的功能?其是否完全受制于法律人的理念?当法治意识形态逐步扩展并"被信仰"时,这类被司法者及司法关注者似乎易追随法律人,遵从上述界定,并且顺应社会惯习,但考察实际,情形或许并非如此。这里的意思是,判决书的功能,尽管极可能被"我们"——法律人——不自觉地设想且传播开来,甚至由

---

[66] 傅郁林:《民事裁判书的风格与功能》,第124页。

于"我们"形成了某种社会惯习式的理解,但务实且心态复杂的被司法者,包括充满"应然要求"的关心司法实践的司法关注者,却可能,甚至肯定会,表现出另类的对判决书功能的设想和预期。其结果,在他们的视野中,判决书的功能至少被憧憬为多样化,并不局限,更不单一。

问题的复杂可能还在于,这些被司法者及司法关注者的设想和预期,与法律人关于判决书的操作程式、设想和预期,犹如上述微观需求的互动,存在着相互作用,并非各自单行。一方面,前者会关心后者的表达和传布,同时提出异议;另一方面,后者会留意前者的不满和要求,同时提出自己的坚守或作出妥协。两者之间有时理解、合作,更多情况下则是博弈。如此之结果,判决书的功能本身便会体现出多样化,打破局限,去除单一。

在此,可从判决书的另类具体内容(时常容易被忽略或被视而不见)及效果本身进入,展开讨论。

以当代中国的判决书来看,其包括原被告、被告人身份的基本信息,原被告及公诉人或被告人主张及辩称,法院针对证据的查明,法院针对证据及法律关系的确认,判决结果,等等。虽然实质性的法律确认及判决结果至关重要,但亦需其他辅助性的内容及文字以互映。一般看来,其他辅助性的内容及文字,似乎是铺垫,交代来龙去脉,将其视为过渡较适宜,因其似乎是"通向判决"的中途部分;但实际上,其亦传递了更丰富的内容和意向。如当事人身份的某些基本信息,像住址、性别、职业,其与实质性的法律确认及判决结果,有时显然没有逻辑上的必然联系,删除未尝不可;因为可能涉及行为能力、责任能力,需交代年龄、精神状况、可能的诉讼管辖地及性别、职业,可在法律确认正文中逐一写就,不必单列。[67] 又如原被告的主张及理由陈述,从

---

[67] 事实上,现司法实践中,凡需交待的,法律确认正文总会提及。

法律角度看,某些显然可能多余,甚至没有联系,亦可回避不论,但判决书正文却罗列得清晰完整,法官即使可能进行文字处理、简略从要,却依然尽力全部写出,后再仅附之“与本案无关”或“无法律联系”等修辞。在此,如以经典判决书功能的理念论,仅与判决结果有关的信息内容列入判决书为宜。(68)

而因为判决书内容复杂,不仅存在此时讨论的另类的内容,还存在前一节讨论的历史变迁中的内容,判决书功能的多样化更是不足为怪。就历史变迁中的判决书复杂内容而言,如前述英语国家判决书的“法官异议”,其功能显然不是现有判决书功能的法律人定义所能解释的,与其说是法律权利义务的权威宣布、规范管制之“经过展示”,或衬托审判多数的议决,不如说是传递“司法过程需要公开”“当事人有权获悉不同司法意见”的信息。而这些国家判决书的“附带意见”,如美国学者亚伯拉罕(Henry J. Abraham)所提醒注意,其“实际上为单方面陈述,表达某种信念、警示、劝诫、观点,或简称感想,非案件判决所必需……其提示未来可能的发展”(69)。

但更明显的、也更重要的其他扩展性功能的例子,可能在于,有的社会一般阅读者,正像我们日常实践殊为熟悉的,可从判决书中体会司法公正、深受教育或“被普法”,犹如最高人民法院希望并主张的,“使裁判文书成为向社会公众展示司法公正的载体,进行法制教育的生动教材”(70)。

判决书功能的复杂,表面上看,是因为判决书内容本身复杂,而实际上,是因为阅读者群体特别是其阅读期待的多样化。故判决书功能的复

(68) 法学通说的确如此,即强调判决书内容之间的逻辑必然联系。参见高长富(编著):《司法文书理论与制作实务》,北京:线装书局,2007 年,第 18—22 页。

(69) Henry J. Abraham, *The Judiciary: The Supreme Court in the Governmental Process*. New York: New York University Press, 1996, p.43.

(70) 最高人民法院:《人民法院五年改革纲要》,《中华人民共和国最高人民法院公报》1999 年第 6 期,第 187 页。

杂和阅读期待的多样化,时常存在关联,在某些条件下,后者可能决定了前者。作为例子,上述中国判决书普通当事人身份信息、与案件法律问题无关的当事人主张及证据的披露功能,或许正因为复杂的部分阅读群体本身即期待"具体谁、年龄、性别、住址、职业"的答案,及"当事人到底如何要求"的答案而产生,其中,或许隐含了另类的"信息公开"的诉求。毕竟,在这里,阅读群体也许是亲属性的、邻居性的、社区性的,甚至是全社会的。顺此思路,再进一步,可发觉,当阅读群体及阅读期待多样时,不仅可能使判决书撰写者意欲的"原功能"发生变化,如提供的性别、身份信息成为媒体和大众关注的焦点,像权贵、明星可为例子,而且可能使"阅读者主观期待中"的功能不断发生变化,如从判决书中获得法制教育转而发现如何使判决成为谋利的工具,像已出现的、而且负面的变卖判决书,及通过诉讼实现经济交易,可为例子。

就有时随附"法官后语"的一审判决书而言,若仔细考察阅读期待,则其阅读者,除原被告或公诉人、被告人,便包括了相关近亲属;上诉中除当事人、公诉人及上级法院,再审中除当事人、公诉人及再审法官,亦包括相关近亲属。而从广泛的角度看,潜在的阅读者又包括社会中关心本案的其他群体,如上访机构的政府官员、法学研究者、逻辑和语言研究者、新闻从业者以及可能卷入其他类似案件的当事者。其实,认为潜在的阅读者包含各类社会人员,依然是真实的。因为,不难想象,任何人均可能基于各种原因对判决书发生兴趣,进而产生期待。撰写判决书时,法官当然不会刻意考虑各类潜在的阅读者的兴趣和期待。但潜在的阅读者之广泛性,使撰写出来的判决书,势必出现功能的多样化,也使法官不经意地部分考量判决书的其他内容及效果。在此,问题的关键是,由于直接阅读者和潜在阅读者的广泛性,以及由此而来的阅读期待的广泛性,判决书既包含了法律人主观愿望中的职业化、专业化的功能,如传达权力意志和权威运作的信息,又包含了法律人或许未曾觉察的客观随附且社会化的功能。这里提示的深入问题,在于我们通常讨论的对判决书的功能的界定,是否仅仅默认了法律人的设想和预期,未觉察更广泛复杂的社会他者的设想和预期。再推进一步,隐藏的问题,在于判决书功能的设想和预期,是否需要某些互融,至少司法者应在审慎的前提下,积极与社会互动,重视他者的合理期待[71],而且应当如此。

显然,论及判决书功能的复杂,并非意在从另一侧面表明判决书内容的历史多样性。功能的复杂与内容的复杂,不存在完全的对应关系。一种内容,或许既面对撰写者原欲的作用,又面对不特定的或客观随附甚或无法控制的其他作用。故讨论判决书功能的复杂,试图说明其侧重性地取决于社会阅读者及其阅读兴趣和期待的广泛性、复杂性;判决书所以无法拘泥于唯一的"裁断法律关系"的作用,原因在于,判决书的各类社会阅读者存在广泛的兴趣和期待。进一步,这里的讨论意味着,不仅需要关注本章前述关于判决书"附带"的微观需求的互动,而且需要关注判决书制作与社会阅读的宏观需求的互动。

从此角度,再看判决书"附带",特别是"法官后语",可以发觉,其不过是判决书某种功能的发挥,其既与微观需求互动关联,也与社会各类阅读者的某种兴趣或期待互动关联。当有人说,"司法不是无情物,在客观理性的逻辑推理后面,体现了对社会福祉的深切关怀"[72],宣称,"判决书不仅能够教育当事人本人,更会在社会上引起反响,起到示范作用,让更多的人从中获得教益"[73],当有人特别指出,在司法文书制作中,"优美、恰当的语言是沟通心灵的钥匙,朴实、亲切的语言容易

---

[71] 如波斯纳所言,不应预期司法意见具有很高智识创造或分析力度,但可预期较佳者对受众预期高度敏感。See Richard A. Posner, *Law and Literature*. 3rd edition, Cambridge:Harvard University Press, 2009, p.353.

[72] 刘金平:《为人性化的"法官寄语"叫好》,《人民法院报》2007年9月12日,第7版。

[73] 台建林:《法律文书让我们感受到了关怀》,第10版。

引起人们的共鸣”(74),还指出,“结合具体案情,对当事人进行语重心长的教育,不仅做到以理服人,以法服人,而且做到以情感人,以情服人,必然会收到更好的社会效果”(75)……所有这些,不仅是作者个人的表达,更是从宏观上而言的社会各类阅读者的某种兴趣或期待的表现。

从判决书的复杂功能切入,进而从社会各类阅读者的感受和期待出发,提示关注他者的期待,亦显然意味着,需要再论及本章第二节曾涉及的“法官后语”的若干作用。当“法官后语”试图用伦理内容支持法律内容,以使伦理理解支撑法律理解,或试图用伦理内容补充法律内容,在法律内容无法或难以触及的地方,让伦理内容发挥作用,或试图通过富情感、文学化的叙述,抚慰当事人,并使法律内容经生动而获得亲近,“法官后语”,既是判决书制作者的主动预期,又是社会各类阅读者感受和期待的结果,而将判决书制作者的主动预期视为对社会各类阅读者感受和期待的回应,更是适宜的。有如最高人民法院《人民法院五年改革纲要》(1999年)提示的“法制教育的生动教材”之功能,以及法律人现在认可、而且广泛盛行的“判决书充分说理”之功能,既是司法者的主动预期,又是阅读者广泛复杂的感受和期待的结果。而司法者主动回应后者,是难以避免的,有时实为明智之举,甚至才有正当性。

概言之,理论上,与微观需求互动的概念类似,如果社会各类阅读者的兴趣或期待发生,判决书“附带”,特别是“法官后语”,则会更容易产生;反之,则可能退化直至消逝。进一步,判决书原本即存在其他明显或隐含的功能时,在司法理论、问题的讨论中,人为地圈定一种功能总是不能自圆其说。从法律人主观设想或界定的标准出发,排斥他

(74) 玉梅:《试论“法官后语”》,第70页。

(75) 周道鸾:《情与法的交融——裁判文书改革的新的尝试》,第32页。

者的设想或界定,以思考"法官后语"和其他判决书的"附带",亦缺乏逻辑依据,如此有些许固执,甚至偏执。

更进一步,从广泛的社会司法实践看,人为地圈定一种功能压抑了社会各类阅读者可能存在的潜在合理期待,或许缺乏正当性。因为,在宏观的社会层面,判决机制来自公共选择,更需要认同以维持。当一方如法律人群体和社会各类群体发生理解的分歧,而法律人不能证明自己的设想是唯一适恰、正确的时候,压抑他者,则显然没有"正当"的依据,而作为判决机制重要部分的判决书的功能,亦应该成为公共选择和认同的延伸。这里,从司法政治学的角度,讨论触及了上文提到的社会约定的概念,并能发现此概念的确是重要的。

六、法官角色

历史变迁、微观需求互动的概念,及判决书功能和社会阅读期待的广泛性,联系着对法官角色的理解。

再看前述"法官后语"的样本。

前述第三类样本中的"小鹏",在法院判决前,自己曾"躺在冷冰冰的硬板床上,望着满天星斗……彻夜未眠";判决后,其提到法官"把一张粉色信笺递到我的手上……上面有她的联系方式,有事随时可以打电话找她。那一刻,我有种脱胎换骨的感觉",而看到"法官后语"时,这位"小鹏"说,"燃起了我重生的希望"[76]。在这一具体的语境中,作为被司法者,"小鹏"的心理显然包含了潜在的对法官角色丰富性的期待,当极为后悔、充满自责而且意志脆弱时,产生依恋、渴望的心态,进而对法官产生"教育型""亲情型"的角色期待,是十分自然

---

[76] 小鹏:《"法官寄语"滋润了我荒芜的心田》,第1版。

的。其当然知道，法官的职责主要是理性判决，解决纠纷，但亦希望看到法官的其他表达，如抚慰、鼓励，希望法官有如自己遇到的循循善诱的老师、曾在媒体中见到的令人折服的贤哲、无时无刻不关心牵挂自己的父母。

就前述"十年修得同船渡，百年修得共枕眠"的样本看，案中当事人之一，起诉要求离婚的乔某，阅读"法官后语"时，颇为感动，热泪盈眶，对法官说，"以前我也和法院打过交道，今天我对法官……有了新的理解"(77)。这个样本语境中，乔某的妻子被诉离婚，当然希望法官以法律的名义驳回丈夫的离婚诉求，同时也期待法官劝说教育，甚至批评指责，如同丈夫单位的领导，以使丈夫回心转意。而乔某因情感的困惑，期待法官判决离婚，但同时也潜在地期待法官给与慰藉，有如期待心理学情感专家或自己的挚友给予心灵的宽解，否则，其看到"法官后语"，不会颇为感动、热泪盈眶。

其实，从社会角色认同的角度看，某些情境中，人们对"社会角色"本位的认定自然会发生转换，并不"墨守成规"。如发生车祸或洪水灾害，人们显然并不认为只有专业的拯救人员才应该提供营救，平时被称为"工人""经理""教师""市长"，当然包括"法官"的人，甚至所有其他的社会角色，人们亦会认为都可上前协助，或主动营救。此时，基本上没有人会认为"需纯粹的各司其职"。与此类似，当"医生"医治病人，顺势谈论"烹调技艺""为人之道"，人们大体也会认为这有助于治病，不是多此一举。故讨论的路径依然走向特定的语境以及特定的语境需求。当存在特定的语境需求，便应思考角色是否可以转换。

但在此，更重要的也需特别讨论的是，诉讼中面对法官，被司法者不仅可能产生社会角色融合的期待，而且会产生角色融合的"提升想

---

(77) 台建林：《法律文书让我们感受到了关怀》，第 10 版。

象”。当撰写“法官后语”时,法官客串“伦理工作者”“社会工作者”甚至“文艺工作者”(如运用感染等文学化语言修辞)等其他社会角色,当事人始终不会忘却他/她是“法官”,进而可能更易接受。这里的意思是,“法官”角色,具有重要的支撑衬托作用,可能更增强此时的上述三类“工作者”的角色发挥。因为,进入法院,被司法者会意识到此为权威的场所,其中法官的判断至关重要,决定其利益得失,其“威严”“一言九鼎”。通常情况下,这形成了“自上而下”的心理压力的暗示。而如果法官“扮演”上述其他社会角色,“威严”“一言九鼎”,会使“感动”“耐心”“生动”更上升一层,从而变成“更感动、耐心、生动”。这里,被司法者的敬畏心理,容易强化对“感动、耐心、生动”的感受。不言而喻,一般现实中,自上而下的权力者,如官员领导和普通人对他者的影响总会存在差异,前者通常更容易显得重要,更容易引发关注,进而更容易影响他者。(78) 此亦侧面地表明,法官的感化、感染他人,在法院微观诉讼的权力关系中,便有可能胜于一般的上述三类“工作者”。进一步,普遍地看,随着法治意识形态的扩张,法院作为权利保护的“最后堡垒”的观念盛行,特定诉讼环境中,法官丰富自己的角色系谱似乎更能顺畅。

这里的问题还可以反转考察,即一种情形可能是同样存在的:上述语境中,法官客串其他角色,或许并不有损其原有的、并作为主要部分的理性裁断形象,或许有助于提升后者。本书作者想强调的是,如果语境适恰、时机成熟,而且客串得当,教化感染的力量会支持理性裁断的威严,会使后者呈现单独运用时较难出现的作用增量。换言之,如有些支持“法官后语”的观点所指出的,法官使用“法官后语”,得当之际,会使当事人更加信服判决。(79) 在此,法官的理性

---

(78) 参见[美]戴维·迈尔斯:《社会心理学》(第11版),第209页。

(79) 参见张建成:《法官后语:法律文化中的和谐精髓》,《许昌学院学报》2008年第4期,第130页;建法、张璐:《“法官后语”令判决书温情脉脉》,第B04版。

裁断形象完全可能获得有力巩固。前述“十年修得同船渡，百年修得共枕眠”的样本，便是一个例子。其中乔某说，阅读了“法官后语”，对法官的判决有了深入理解。(80) 前述“原告少年丧父，被告中年丧偶……”样本，亦为一个例子。其中，原告、被告均表示，“明白了法律的界限和做人的道理”，且对判决是乐意接受的。(81) 而本章第二节讨论的第一类样本，如成功，其实是经常成功的，几乎均能说明这种情形。

讨论法官角色的丰富，当然需要与微观的诉讼需求再构关联。直言说，后者实为前者的前提。如果没有明显或潜在的心理期待，法官角色的丰富自然会引发质疑，甚至反感；反之，如果法官固守单一的角色，则会引发失望，甚至埋怨，同时，被司法者极可能不会因法官“恪守理性裁判的尊严”而对法官、法院乃至整体司法增添权威的认同。法官角色是否可以、能够丰富，不是自断、自决的问题，亦非能自我肯定价值或贬抑，其依然取决于本章反复强调的主体之间“相互性”的概念。

从历史层面看，另外可作为显著例子的，法官调解，同样可以说明法官角色能丰富的理据。调解时，法官所担当的角色，更像是“社会工作者”等，甚或带有“部族长老”的历史遗影。但都能看到，即使秉承现代司法的理念，坚持司法现代性的路向，法官作为调解者的角色，不仅现在人们普遍认为是重要的，而且业已成为所有地区法律实践的必要组成部分。(82) 进一步，如果法官可以担当调解者的角色，接受或拒绝法官承担其他角色的理由，必定依存于具体语境的需求，依存于参与、关注司法实践的广泛主体的感受及其“社会约定”，而非现代司法的理想类型的“法官”概念本身。

---

(80) 参见台建林：《法律文书让我们感受到了关怀》，第 10 版。

(81) 参见程红根、吴迎峰：《“温情判决”让一家人冰释前嫌》，第 3 版。另一例子，参见富心振、许根华：《南汇区法院法官寄语教育父子俩》，《人民法院报》2006 年 5 月 10 日，第 4 版。

(82) 历史和现在，除调解，法官还曾担当“训诫”的角色，表达指责或批评，曾提“建议”，以示纠纷解决后的事务可能安排。这些也已成为今天许多国家法律过程的一部分。

而深入来看,类似“法官后语”实践,法官调解所以要比某些他者的调解——如街道居委会、人民调解员的——更有效,其中缘故,在于法官作为调解者的角色,对当事人而言已有定型。一方面,其被预设为更理性的精通裁判理据的调解者,另一方面,更需关注的是,其被承认拥有决定性的裁断权力,当事人更容易“遵从”。法官调解的效用,背后同样衬托着“自上而下”的官方权力的威严。

法官角色是否可以并应当丰富的讨论,还需要引入“个人魅力”的问题。当法官颇具公信力,或呈现难以质疑的权威,长期以来判决总是令人信服的,且形象已成正面的魅力型,“法官后语”及更广泛的判决书“附带”,还会展现推进性的情形。可以想见,在中国,法官如全国模范法官宋鱼水、陈燕萍,如果她们在判决后撰写“法官后语”,或口头表达类似的寄语,被司法者极可能更受感染。事实上,面对这类法官,被司法者及广泛的司法关注者,不仅赞赏其判决,而且赞赏其判决之外的朴素言语,甚或有时,对后者的赞赏超越前者。(83) 在这里,法官的角色添附了魅力成分,进而更可能使“法官后语”发挥作用。而其他判决书“附带”,诸如“法条附设”“权利告知”或“法官不同意见”,亦会呈现类似的情形。能够设想,对魅力型法官来说,判决书本身原已足够,但其随附“后语”“法条”“告知”或“不同意见”,会使人更容易感到“温馨”“细致”“耐心”和“胸怀宽广”。这并非说,对魅力型的权威法官,被司法者或司法关注者容易存有额外的期待,而是说,其撰写的判决书“附带”,更容易产生追溯化的影响,更容易事后被接受和赞赏。而追溯化的影响,又使我们需要注意,特定需求下,如果敬意渴望已经存在,“法官后语”及其他判决书“附带”更

---

(83) 关于宋鱼水,参见《山东审判》编辑部、济南市中级人民法院研究室:《“宋鱼水审案方法”与当代司法方法专题研讨》,《山东审判》2005 年第 3 期,第 16 页。关于陈燕萍,参见公丕祥:《能动司法与社会公信:人民法官司法方法的时代选择——“陈燕萍工作法”的理论思考》,第 5—6 页。

会增加正面的价值。

讨论魅力,同样意在深化本章第二节讨论的第三类"法官后语"样本的寓意,即富感染、文学化的问题。魅力意味着吸引及可能的吸引。作为法官,如果具备魅力,富感染、文学化则非可有可无。因为,富感染、文学化本身即为吸引的必要元素,其在法官角色身上具有亲和的能量而又不失权威的保持。真正充满魅力的法官,总是可以运用生动的修辞影响被司法者及广泛的司法关注者。正是因此,讨论法官角色,进而深入至常常具备感染、文学潜质的其他类"法官后语"(本章第二节提及的第一、二类),便需要和法律与文学的学术思考——表达形式和内容并重——相联系。在此,不仅需要看到实用主义的效果意义,还要看到更广泛的司法政治学的问题:如何为民亲民。换言之,不仅需要理解法官的"官"角色如何可衬托其所客串的其他角色,以及其他角色的担当如何可增添裁判理性的权威,而且需要理解,其中因为微观的被司法者的需求和更广泛的司法关注者的期待,是否包含积极、主动、人文关怀式回应他者司法憧憬(法律与文学的学术旨趣之一即为此)的应然姿态。

七、结　语

判决书"附带",特别是中国基层法院的"法官后语",以小见大,为考察宏大司法问题的绝佳视窗之一。其属于具体的操作或微观的制作,但背后折射的却是关于司法的社会大写的各种"我见"。对其讨论,应该涉及效果的检视、作用的辨析、社会分工角色的厘清和职业定位效率的考量,本书作者已作努力,但更应该涉及对宏大司法问题的历史反省和重塑,本书作者亦作尝试。通过微观司法需求互动和宏观社会需求互动的概念,以判决书"附带",特别是"法官后语"为平台,本章思路逐渐走向"多边协议"的目标,即对司法理念展开思想的社会合作,而非默认、默许法律人特别是法学家的单边垄断(但如前文所述,他们的作用当然重要)。

本书作者支持"法官后语"及其他判决书"附带"在中国的实验或实践。但支持的逻辑,不是概念化、推理化的,而是历史辩证的具体司法需求互动及宏观社会需求互动。此外,本书作者强调实用主义的重要,并在分析中认可效果的概念,然而,更倾向于在实用主义的背后配置司法政治道德的理念,即司法的"正当性"及司法的人文关怀。故问题的辨析,从判决书及"附带"本身的通常定义及判决书功能和法官角色本身的通常界定之柔性理解出发,进入司法现象的历史变迁,依存之中的司法微观需求互动的状态,包括更广泛的社会主体间对其产生的社会约定,尤其是广泛的被司法者及司法关注者的感受、设想、憧憬,及其面对诉讼时对法官感染、打动的或直接或间接的期待,当然,还包括中国基层法官秉持"同情式理解"的主体自觉和责任担当。

其结果,首先,相互映射地追求对判决书"附带"特别是"法官后语"和宏大司法理念的双重深入理解;其次,提示一个路标,其不同于"正宗"的理性司法,亦与实用主义的司法有别,同具魅力;再次,将本章开始提示的一般司法理论的"教义"和另类的司法实践"自在",即自我生发及自我强化的"自在",其间究竟存在何种辩证的博弈关系,而辩证的博弈关系又包含了何种深意,予以揭示。

补充几点。

第一,司法中秉持"同情式理解"的主体自觉和责任担当,与现在为人熟知的带有解放区马锡五传统印记的"群众路线""审判为民"的政法司法理念相似。但本章所主张的,富有现代学术元素的法律理论支撑,即法律与文学。而更重要的,法律与文学的思路借鉴具有侧重法学内部观念启动的意识，强调从法律现象本身的历史及现状中挖掘丰富性、多样性，展示法律现象的自我变迁，且在反思中支持现代司法的建设理念。本书作者不设想，甚至不希望，侧重从法学外部观念发动对现代司法理念的挑战。[84]

第二，本书作者不认为在中国任何司法过程中，均应该呈现"附带"或"法官后语"，如第三节讨论微观需求互动时所暗示的，当面对极需专业、理性辨别的法律问题，如知识产权，法官应该收缩自己的边界。其实，它们正像自己实践的，一般存在于基层司法的部分领域。而其背后，依然是社会约定的机制。

第三，本书作者赞同丰富法官角色以积极回应被司法者的期待，但赞同不意味着法官如此可以没有任何条件，否则，赞同势必成为过分的理想。当现实中法官的人数极为有限，其手中案件堆积如山，已无暇顾及其他，笔者之赞同包括社会之期待便需回撤。然而，中国基层法院的"法官后语"实践，本身已表明情形并不是如此的极端。"后语"撰写者的确繁忙，甚至颇为辛劳，但其依然可有时间及能力撰写"后语"，故问题讨论的思路，应该走向文本已力行的可能效果（如是否恰提高司法效率、司法权威），及深层的是否应当。

最后，再附一段中国基层法院的"法官后语"，此既表达对中国基层法官的敬意，又企盼已存在的经验样本能够激发更有趣、有益的洞见：

> 每一个孩子都有在父母的呵护下享受幸福童年的权利……殷切希望她的父亲能对孩子悉心照料和治疗，让她健康成长，也希望母亲尽最大力量给她以母爱和应尽的义务。[85]

---

[84] 进一步的，关于如何不从外部挑战，参见刘星：《中国早期左翼法学的遗产——新型法条主义如何可能》，《中外法学》2011年第3期，第592—608页。

[85] 转自张晓频：《裁判文书中的法官后语》，第2版。

第六章 "故事文学"利用与司法决疑

以《威尼斯商人》为样本

> 夏洛克:法律上是这样说的吗?
>
> 鲍西娅:你自己可以去查查明白。既然你要求公道,我就给你公道,而且比你所要求的更公道。
>
> ——《威尼斯商人》①

> 叙述是一种艺术,而不是一门科学。
>
> ——[美]W. C.布斯②

> 许多著名作家,包括邓恩(Donne)、菲尔丁(Fielding)、沃尔特·司各特(Walter Scott)、巴尔扎克、詹姆斯·费尼莫尔·库柏(James Fenimore Cooper)、福楼拜(Flaubert)、亨利·瑞德·哈格德(Henry Rider Haggard)、托尔斯泰、卡夫卡、高尔斯华绥(Galsworthy)、华莱士·史蒂文斯(Wallace Stevens),可能还有乔叟(Chaucer),曾是法律人(或受过法律训练)。
>
> ——Richard A. Posner③

---

① [英]莎士比亚:《莎士比亚戏剧经典·威尼斯商人》,朱生豪译,北京:中国国际广播出版社,2001年,第163页。
② [美]W. C.布斯:《小说修辞学》,华明、胡晓苏、周宪译,北京:北京大学出版社,1987年,第184页。
③ Richard A. Posner, *Law and Literature*. 3rd edition, Cambridge: Harvard University Press, 2009, p.5.

本书第四章、第五章主要讨论了中国基层司法中的言语与书写的"文学"问题,侧重点之一是法律叙事中文学修辞的策略。毫无疑问,修辞不仅需要日积月累的修养,而且需要遣词造句的谨慎用心。这在作家创作文学作品的过程中尤其明显。而作家创作文学作品,特别是涉法故事的,更会殚精竭虑地思考"作品整体、情节发展"的框架和线路。由此,一个联想或许可提出:审理棘手案件的基层法官的决疑思考与创作一个精彩涉法故事的作家的谋篇布局,是否存在"参鉴"的隐蔽逻辑?

一、问　题

司法中,一些诉讼的争议或称疑案,不易得出能被普遍接受的结论。例如,单一不明抛物伤人引发的高楼多住户被告承担连带责任的问题④,交通事故无法查清具体责任人凡经过者承担连带责任的问题⑤,嘴唇因车祸受伤引发的"亲吻权利精神损害赔偿"的问题⑥,"二奶"继承有配偶男性遗赠的问题⑦……均是如此。这些诉讼争议,或称疑案,某些已有判决。作为判决,似乎也有多数人的支持,但对立意见总是存在的。

从法律的角度看,对立意见得以持续存在,主要因为涉及的法律问题本身总是可以不断地争论。以单一不明抛物、交通事故无法查清

---

④ 例子,郝跃诉22户高楼住户侵权连带责任纠纷案,参见重庆市第一中级人民法院(2002)渝一中民终字第1076号民事判决书。

⑤ 例子,参见陈家源、郭汉强、陈朝敏:《男子被碾身亡,9辆过路车辆被判担责》,《广州日报》2018年8月1日,第9版。

⑥ 例子,陶莉萍诉被告吴曦道路交通事故人身损害赔偿纠纷案,参见四川省广汉市人民法院(2001)广汉民初字第832号民事判决书。

⑦ 例子,张学英诉蒋伦芳遗赠纠纷案,参见四川省泸州市纳溪区人民法院(2001)纳溪民初字第561号民事判决书。

具体责任人为例,尽管我国《侵权责任法》已经作出了规定,判决结果通常是被告集体承担连带责任,而且对判决不少人表示赞同,但对立的意见从未间断。⑧ 反对者认为,依据"谁主张谁举证"来驳回原告起诉,更为适宜;或者,不能让无辜的被告承担赔偿责任,更为适宜。仅这两点,足以使反对者认为判决被告承担连带责任的"公平思路"难以令人信服,包括《侵权责行法》规定的思路。⑨ 在"亲吻权利""二奶继承"等诉讼争议或称疑案中,也能看到类似的情形。⑩ 更为经典的例子,可能是中国法学界熟知的美国里格斯诉帕尔玛案(继承人谋杀被继承人)。⑪ 许多人赞同判决中多数法官的意见,即尽管法律没有明确的规定,也应寻求其他理由判决谋杀被继承人的继承人丧失继承权;但少数法官的意见,即没有法律规定禁止则遗嘱继承是有效的,依然有人坚持。⑫ 反对者认为,在任何情况下,坚持根据法律的明文规定来判决,是法官的根本职责所在。仅这一点,也足以使反对者认为判决

---

⑧ 有报道称,中国立法机关内部便存在争论,而社会公众一直是争议很大,实践中执行难度高,甚至有人建议删除《侵权责任法》的相关规定。参见林平:《高空坠物侵权之责如何认定? 全国人大:继续研究,暂不作修改》,载澎湃新闻客户端(https://baijiahao.baidu.com/s?id=1620637613613366560&wfr=spider&for=pc),访问日期:2018年12月24日。

⑨ 关于单一不明抛物问题争论的详细讨论,可参见杨立新:《对建筑物抛掷物致人损害责任的几点思考》,载杨立新民商法网(http://www.yanglx.com/dispnews.asp?id=254),访问日期:2007年12月10日。另见圣兵:《侵权人不明可否搞"株连"》,《法制日报》2002年3月2日,第7版;贾桂茹:《高空抛掷物致人伤害应如何处理?》,《北京青年报》2002年9月24日,第19版。2017年争论的典型案例,参见张小莲、宁蕾、陈瑜思:《"天上掉下来"的官司:一起高空坠物命案和连坐赔偿之问》,载澎湃新闻客户端(http://www.thepaper.cn/newsDetail_forward_1777211),访问日期:2017年8月29日。关于交通事故连带责任问题的激烈争论,可参阅有关《男子被碾身亡无目击证人,17辆过路车成被告》一事的网友讨论,载http://comment.tie.163.com/BLKDTH1N00014AED.html,访问日期:2018年8月11日。

⑩ 关于亲吻权的争论,参见毛剑锋:《能否主张亲吻权受侵害请求赔偿》,《人民法院报》2001年10月22日,第B04版;梁士斌:《亲吻权受损应否赔偿》,《法制日报》2001年8月29日,第6版;卢立明(整理):《法律能否接纳亲吻权》,《北京青年报》2001年8月7日,第19版。关于二奶继承案的争论,参见周辉斌:《浅析法官自由裁量权的获得与运用——我国首例"第三者"继承遗产案判决之我见》,《法学杂志》2002年第4期;王丽萍、刘鲁平:《在法律与道德之间——由一起司法判决引起的思考》,《山东社会科学》2004年第2期。

⑪ Riggs v. Palme, 115 N.Y. 506 (1889).

⑫ 关于详细的争论。See Riggs v. Palmer, 115 N.Y. 506 (1889), pp.506-520.

被告丧失继承权的"合理公正"思路,不能令人接受。⑬

这种诉讼争议或称疑案,其所导致的法律意见对抗似乎无法解决。在论理层面上,对立各方是不会让步的,而且也不大可能让步,因为,对立各方总能找到理由支持自己的观点。即使在具体的价值层面上,如道德观念、社会情理、经济效率等,继续寻求理由,争论也会持续;即使在具体法理层面上,如法律原则、法律精神、法律目的等,继续挖掘根据,争论也会不断。上述法律实践的争议例子,也都涉及这些层面。于是,思考时常以实践的妥协、默许为结局,而没有解决论理意义上的认同。

正如学界所熟知的,造成这种局面的缘故,首先在于,与"法律意见对抗"相应的诉讼争议或称疑案,时常体现为案件事实被司法格式化后的一般法律命题的争议,或说疑惑。处于争议或者说疑惑的一般法律命题,因为没有条件的限定,故讨论的空间呈现开放的特点。对立各方可以不断获取抽象法律推理的讨论资源以支持自己的观点。再以高楼抛物案为例,其中,案件各个事实依照法律(实体法和程序法)的规定,被认定为"有关"或"无关"。"有关"的事实,被描述为法律事实,即被格式化了。之后,案件集中为一个一般法律命题的争议:多住户高楼单一不明抛物伤人后,众被告是否应承担连带责任。这个命题,正是因为被删去许多具体情况的限定,故对立各方可以寻求许多诸如"谁主张谁举证"的司法效率(对法院而言便利)、"合情合理"的实体正义(不使原告蒙受全部损失,或不使无辜被告承担损失)、"事后激励"的经济学设想(督促全体被告以后互相监督,或者选择文明可靠的邻居)的抽象法律推理的讨论资源进行争论。即使《侵权责任法》已经作出了明确规定,法院完全可以一判结案,但人们还会如此争论。

---

⑬ See Riggs v. Palmer, 115 N. Y. 506 (1889), pp.506-520.

在嘴唇受伤、"二奶"继承、帕尔玛等案中,类似的案件事实被司法格式化后,也会呈现一般法律命题的争议。当亲吻能力丧失时,是否可以获得精神赔偿;"二奶"获得遗赠,可否认定为无效;在继承法没有禁止性规定时,继承人谋杀被继承人是否丧失继承权。其中,我们也能看到类似的讨论空间开放。

造成这种局面的缘故,其次在于,具体价值、具体法理有时可能存在潜在的冲突,而越是普遍一般的价值、法理,有时越有可能彼此对立。此外,另有"追问谁之价值、法理"的认同障碍。还以"高楼坠物案"为例。其中,"谁主张谁举证"既体现了具体价值(法院审案便利),也体现了具体法理(不举证何以知道主张是有根据的),其和受伤者应获的"情理赔偿"的具体价值(受害者不能蒙受不白损失)、具体法理(受害者应获救济),存在潜在的冲突。当"谁主张谁举证"的更为普遍一般的价值、法理,如司法效率,呈现出来,其和"司法公平"几乎是完全对立的。同时,还能追问,"效率""公平"是谁的?为什么应当考虑法院的便利,而不考虑受伤者的便利(比如消除医疗负担)?或者,为什么应当考虑受伤者的公平,而不考虑无辜被告的公平……

这类争议或称疑案,就论理认同而言,是否无法柳暗花明?

本章期待对此问题有所突破。

补充一点。针对本章讨论的争论或称疑案,完全可能出现明确的法律规定,如前述提到的《侵权责任法》等,也有可能因为一时无法确定利弊,以及"立法的犹豫不决",没有出现或者在很长时间内不会出现规定。但无论是有规定,还是没有规定,上述无休止的对立意见,讨论空间的开放,价值和法理的潜在冲突,总是在场的。因此,本章讨论的逻辑起点是"争议",期待解决的问题,亦是"争议"。同时,本章讨论的切入场景是司法,不是立法,因为即使存在立法的规定,看上去肯定可以或似乎可以适用,比如"二奶"继承案,人们还会出现"争议""讨论"⑭,而司法必须决疑。故在司法层面深入探查"争议"及"争议之解决路径",是本章的叙事核心。

二、思路和材料

得到论理认同,的确是困难的。但并非完全不可能。本章即在尝试一个新的思路:"故事文学"的利用。当然,这仅仅是可能的思路之一。

本章之"故事文学",是指人物、事件、情节的关系建构并使之呈现吸引力。所谓利用,是说尽力恢复争议或说疑案所依赖的"具体"语境,并使之成为类似文学的故事情节,产生吸引性质的说服效用。本章设想而且将要论证,如果"故事文学"的利用的确很成功,则争议或说疑案的性质就有可能减弱,甚至消除。

本章从文学作品《威尼斯商人》⑮进入,从而展开。先交代文学作品中与法律问题相关的核心内容:

> 巴萨尼奥欲向鲍西娅求婚,但是缺钱;巴萨尼奥的好友安东尼奥则向夏洛克借钱三千块。安东尼奥与夏洛克约定,期限届满不能还钱,则后者可在前者身上割下一磅肉。契约经过了公证。由于自己的商船未能如期返航,安东尼奥不能如期还债,夏洛克遂起诉,要求威尼斯法庭判决,准其按约割肉。在"法庭"上,鲍西娅(女扮男装作为法学博士)代表法庭宣布,夏洛克可以而且必须割一磅肉,但不能

---

⑭ 像学者熟知的,争议究竟适用《继承法》第16条关于遗赠的规定,还是适用原《民法通则》第7条、现《民法总则》第8条关于"民事行为不得违反公序良俗"的规定。

⑮ 本书依据中文版本,[英]莎士比亚:《莎士比亚戏剧经典·威尼斯商人》,朱生豪译,北京:中国国际广播出版社,2001年。

流一滴血、多点少点。⑯

这一"故事"是人们熟知的,本书前面已反复讨论。

所以从这部文学作品再次进入,因为,其提供了思考"故事文学"利用的一个范例。具体来说,第一,《威尼斯商人》涉及关键性的法律争议:割肉是否可能不流血,或者多点少点。不少文献对此进行了颇多讨论,对立观点也是存在的。尽管一般来说,论者主要赞同鲍西娅的凌厉"推理",而且从"作品中法律过程"上看鲍西娅基本占据了上风,但是异议从来没有消失过。⑰ 从法律论理的焦灼争议看,观点对立颇似上述作为例子的几个现实中的法律问题。故本书作者想指出的是,正是后文将要仔细分析的"故事文学",并在"故事文学"的观照中,对鲍西娅的异议才有可能减弱,直至无法提出。

第二,从研究材料的角度看,现实法律实践中的法庭细节过程,由于各种缘故,如难以记录、制度禁止、"有意筛减"等,常常未被保存下来,人们更多的只能看到正式法律文书的要点记载。而《威尼斯商人》的"法庭"场景,是作为类似实际可能发生的经过来展现细节的(除了鲍西娅假扮法学博士),可以视为现实影像。该文学作品拥有实际经验样本的意义,而且是更具体、"更实

威廉·莎士比亚 古董刻肖像
图片来源E+/Getty Images /视觉中国

---

⑯ [英]莎士比亚:《莎士比亚戏剧经典·威尼斯商人》。
⑰ See Daniel J. Kornstein, "Fie Upon Your Law!", *Cardozo Studies in Law and Literature*. Vol.5, No.1 (Spring, 1993), p.35.

操"的。这意味着,如果一部文学作品表达的法律内容比较接近经验,符合法律实践的逻辑,使人发觉"完全可能发生"(尽管可能意外),并且足够细微,则在法律上展开分析即为可行。另外应当注意,现实法律生活的"可能性"本身就是丰富的,甚至有时更为戏剧化,从而具有了我们感觉的"故事文学性"。[18] 正如有的文学评论家所说的,"生活中也是充满惊奇的——完全出乎人们的意料"[19]。从这一角度说,有理由充分利用该文学作品展开与法律相关的深入讨论。

从这部作品进入,从而展开,还有另外几点理由。其一,如某些学者所分析的,莎士比亚精通法律,专业理解的娴熟使其在《威尼斯商人》的创作中驾驭法律情节十分自如,颇有内行的印记[20];其二,《威尼斯商人》中的原文术语,在涉及法律时,很是职业、准确[21];其三,该剧宏观法律情节铺垫时十分谨慎,如先让契约得到公证,令人几乎无法质疑契约的法律效力[22];其四,微观的经典法庭一幕(《威尼斯商人》四幕一场),从诉讼步骤、法律辩论的角度看,同样颇为严密(尽管可以争论,详见后文);其五,该剧经典法庭一幕长期以来挑动着众多法律研

---

[18] 2018 年发生的"被人贩卖后又将人贩子贩卖"案,就是生动的例子。参见本书导论第四节相关注释。

[19] [美]凯伦·马蒂森·赫斯:《文学鉴赏辅导》,赵太和、金宏达译编,北京:北京十月文艺出版社,1986 年,第 69 页。

[20] Thomas Regnier, "Could Shakespeare Think Like a Lawyer? How Inheritance Law Issues in Hamlet May Shed Light on the Authorship Question", *University of Miami Law Review*. Vol. 57, Iss. 2, (Jan., 2003), pp.405-406. 作为例子,《一报还一报》(*Measure for Measure*)是另一个重要证据,其中表现了莎士比亚对法律的娴熟理解。莎士比亚说,"法律虽然睡着,却未死去"(《一报还一报》第二幕)。此外,在《威尼斯商人》中,莎士比亚表达了许多相当富有法理意味的思想,比如,"理智可以制定法律来约束感情,可是热情激动起来,就会把冷酷的法令蔑弃不顾"([英]莎士比亚:《莎士比亚戏剧经典·威尼斯商人》,第 8 页);"在法律上,哪一件卑鄙邪恶的陈诉,不可以用娓娓动听的言词掩饰它的罪状"([英]莎士比亚:《莎士比亚戏剧经典·威尼斯商人》,第 41 页)。

[21] B.J. Sokol & Mary Sokol, *Shakespeare's Legal Language: A Dictionary*. London: Athlone Press, 2000, p.3.

[22] 参见[英]莎士比亚:《莎士比亚戏剧经典·威尼斯商人》,第 37 页。当然,相当一些学者认为,从罗马法和日耳曼法看,割肉契约不受禁止。See Richard Weisberg, *Poetics and other Strategies of Law and Literature*. New York: Columbia University Press, 1992, p.95.

究者的神经,使其试图破解其中的"法律猜想":就契约执行而论,怎能割肉不留血,以及多点少点?[23] 大量的法学探讨本身已经说明剧中法律问题的法学诱惑力。[24] 换言之,所有这些理由意味着,这部作品和法学学术研究的关联已经十分紧密。正如有人指出,《威尼斯商人》在莎士比亚文学中最有法律的意蕴,而且"法律奠定了其基础"[25]。

还需要注意,几个世纪过去了,这一作品流传十分广泛,不断地为人阅读、欣赏、讨论、分析、翻译、表达(比如电影、小说的改编),跨越了"地方性"的时间、区域,而且被其刺激的兴奋从未减弱。一位学者曾经评论,"莎士比亚作品包含的政治为学者提供了取之不尽的研究课题。未来的100年,甚至更远,关于他的作品的研究著作还会不断出现"[26]。因此,可以指出,该作品的确触动了人类法律感受的深度层面,其"不是一个时代的,而是属于所有时代"[27]。这意味着,其中也许存在某种法律理论普遍性的潜质,或者,从中抽象出来的法律理论,可能具有较为广泛的适应能力。当法律学术市场已有迹象再次从"地方"返回"普适",尝试推进普遍意义的知识理解之际[28],似乎没有理由

---

[23] See Daniel J. Kornstein, "Fie Upon Your Law!", *Cardozo Studies in Law and Literature*. Vol.5, No.1 (Spring, 1993), p.35.

[24] 科恩斯坦(Daniel J. Kornstein)认为,《威尼斯商人》"是许多法律问题的戏剧化结晶,一个法学院课堂讨论的丰富文本"。See Daniel J. Kornstein, "Fie Upon Your Law!", p.54. 另外,甚至有的英文合同法教科书,都细致地讨论《威尼斯商人》。See Michael Jay Willson, "*A View of Justice in Shakespeare's The Merchant of Venice and Measure for Measure*", *Notre Dame Law Review*. Vol.70, Iss.3 (Jan., 1995), pp.698-699.

[25] Daniel J. Kornstein, *Kill All the Lawyers?*; *Shakespeare's Legal Appeal*. Princeton: Princeton University Press, 1994, p.35.

[26] [美]瑞塔·卡斯特罗:《政治与文学》(邢翀译),祁寿华、林建忠编《文学》,北京:中国人民大学出版社,2007年,第70—71页。

[27] Ben Jonson, "preface", the First Folio of 1623, in William Shakespeare, *Mr. William Shakespeare's Comedies, Histories and Tragedies: Published According to the True Original Copies*. London: Printed by Isaac Iaggard and Ed. Blount, 1623.

[28] 比如美国法学学者桑斯坦、波斯纳近期的研究。

第六章 "故事文学"利用与司法决疑 247

放弃以其作为"经验样本"。㉙ 本章所说的"故事文学"的利用,正是普遍性的命题。

　　补充一点。既然是文学样本,以其作为研究基础,就必然涉及法学学术上的法律与文学。本书作者支持法律与文学思路的一个主张:文学可以启发法学研究。但与《威尼斯商人》有关的法律与文学的众多研究,没有注意"故事文学"的利用问题,尽管,这些众多研究涉及相关的故事叙事问题。故本章期待在法律与文学的知识谱系上有所推进。

　　本章下面一节,首先讨论作为文学样本的《威尼斯商人》中主要的法律情节。第四节,分析该文学作品中故事文学是如何发挥作用的。第五节,分析故事文学得以发挥作用的基础——鉴赏机制。第六节,在将司法意见和案件周边情况加以区分的前提下,分析司法意见对案件周边情况陈述的依赖,进而分析故事文学利用的启发。第七节,集中讨论司法中故事文学如何建构。第八节,分析司法故事文学和常说的司法具体案情具体分析的区别,进而深入阐明故事文学利用的重要价值。结语,将说明这一研究在司法方法和司法公正的关系上的意义。

三、主要法律情节

　　先看作品中的法律问题。

　　《威尼斯商人》四幕一场"法庭"中,鲍西娅提到割肉不能流血,不能多点少点。其意思是:契约必须严格地(细微地一丝不

㉙ 选择这一研究材料的理由,另外在于如苏力所提示,在人们颇为熟悉的材料中展开理论分析,可节约叙述、理解的成本,迅速进入知识辨析。参见苏力:《法律与文学:以中国传统戏剧为材料》,北京:生活・读书・新知三联书店,2006年,第31—35页。

苟)执行。以往研究对此存在若干争议。一种观点认为,鲍西娅颇为智慧,以法律的内在方式解决了"法律困难",堪称法律理性的典范。㉚另外一种观点认为,鲍西娅的推论是诡辩,因为,割肉没有不流血的,而且在割时多点少点是十分正常的。㉛第三种观点认为,夏洛克和鲍西娅的各自推论在逻辑上对等,不能认为谁正确,双方可以持续论证自己的观点,如果不断展开的话。㉜通常来说,如前提示,第一种观点似乎占据优势。

怎样理解"法庭"情节中的关键法律问题?

首先讨论第二种和第三种观点。将两者合而论之,是因为两种观点的理由可以相互替代。当然,两者之间存在差别。第二种观点认为,自己的理由可以终结鲍西娅的推论。第三种观点认为,不能终结,反之,鲍西娅可以继续提出新的理由展开论证,然后夏洛克同样如此,抗辩空间是开放的。对两种观点而言,除了前面提到的"割肉流血、多点少点十分正常"这些常识性的主要理由之外,还有几个顺其繁衍出来的辅助理由。辅助理由之一是,割肉流血十分自然,比如在其他任何动物身上割肉都能见到流血,而契约中,没有提

㉚ 例如,Stewart Macauly, John Kidwell, William Whitford & Marc Galanter, *Contracts: Law in Action* (Vol.1). Charlottesville: Michie Co., 1995, pp.696-697. 参见孙笑侠:《法律家的技能和伦理》,《法学研究》2001年第1期,第11页;贺卫方:《中国古代司法判决的风格与精神——兼与英国比较》,《中国社会科学》1990年第6期,第217页;强世功:《文学中的法律:安提戈涅、窦娥和鲍西娅》,《比较法研究》1996年第1期,第39—40页。

㉛ See Peter J. Alscher, "Staging Direction for a Balanced Resolution to 'The Merchant of Venice'", *Cardozo Studies in Law and Literature*. Vol. 5, No. 1 (Spring, 1993), p. 12; Daniela Carpi, "Failure of the Word: Law, Discretion, Equity in the Merchant of Venice and Measure for Measure", *Cardozo Law Review*. Vol.26, Fas. 6 (May.,2005,) p.2322; Terry Eagleton, *William Shakespeare*. New york: Blackwell, 1986, pp.36-37; Richard Weisberg, *Poethics and other Strategies of Law and Literature*, pp.99-100.

㉜ See Daniel H. Lowenstein, "The Failure of the Act: Conceptions of Law in the Merchant of Venice, Bleak House, Les Miserables, and Richard Weisberg's Poethics", *Cardozo Law Review*. Vol.15, No. 4 (Jan., 1994), p.1169. See also Christopher A. Colmo, "Law and Love in Shakespeare's the Merchant of Venice", *Oklahoma City University Law Review*. Vol.26, No.1 (Spring, 2001), pp.320-322.

到"割肉不能流血",就像契约中没有提到"外科医生"一样("外科医生"问题详见后文)㉝;这是契约规定意义上的反驳。一位著名文学评论家便曾说:

> ……鲍西娅向法庭指出:夏洛克要取得一磅肉的契约没有提及割肉时连带着血,从而使得在劫难逃的安东尼奥成功逃脱。
>
> 然而,没有一个现实的法庭会认可这样一个愚蠢的理由。没有任何的文书能解释明白其所有可能的含义。你还不如声称:夏洛克的契约没有提到要使用刀,也没有提到割肉时,夏洛克的头发是否应该梳成相当迷人的马尾辫挂在脑后。鲍西娅对契约的研读,过于拘泥于字面含义,因此是错误的。㉞

辅助理由之二是,所有通晓法律的人都知道,有效契约,暗含了一切对执行契约而言的可能的必要手段、方式。㉟ 这是契约执行方面的法律常识性反驳。辅助理由之三是,主张割肉不能流血,等于是提出"授权一个人通行一块地,却说他没有权利留下脚印"㊱。这是归谬反驳。此外,作为辅助理由,可以提出,夏洛克自然可以知道怎样才能在割肉时不流血,如首先抽血,以此执行契约。㊲ 这意味着,夏洛克并不是没有办法,尽管剧情中夏洛克并没有提出。

㉝ Christopher A. Colmo, "Law and Love in Shakespeare's The Merchant of Venice", p.320.
㉞ [英]特里·伊格尔顿:《理论之后》,商正译,北京:商务印书馆,2009年,第197页。
㉟ Christopher A. Colmo, "Law and Love in Shakespeare's The Merchant of Venice", p.320.
㊱ Daniel J. Kornstein, "Fie Upon Your Law!", p.39.
㊲ Christopher A. Colmo, "Law and Love in Shakespeare's The Merchant of Venice", p.320.

如果仅仅针对鲍西娅提出的"不能流血、不能多点少点",上述理由是可以成立的。但置于剧中法律情节的前后过程,展开具体的语境化分析,这些理由,可能不易成立。

细读剧中主要法律情节。

在"割肉不能流血"之前,鲍西娅提到另外两点:第一,让安东尼奥敞开"胸膛"㊳;第二,让夏洛克自费请外科医生到场,以避免割肉时安东尼奥流血致死㊴。夏洛克对第一点的反应是:"一般胸膛"还是"靠近心脏的地方"?他自言自语地说,契约上规定的是

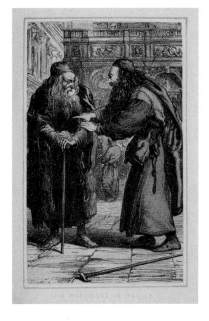

莎士比亚《威尼斯商人》中的夏洛克。版画,1870 年　图片来源 Digital Vision Vectors/Getty Images/视觉中国

"附近心口的所在","契约上写得明明白白的"。㊵ 故夏洛克欲在"靠近心脏的地方"执行契约。对第二点,夏洛克直接回应:"契约上有这样的规定吗?""我找不到;契约上没有这一条。"㊶从这两点来说,夏洛克的法律意识和法律观点是:必须严格(注意是"严格")执行契约。

正是夏洛克要求"严丝合缝"地严格执行契约,使鲍西娅的"同样严格的契约解释"进入了"可以令人接受"的逻辑通道。当鲍西娅对夏

㊳　[英]莎士比亚:《莎士比亚戏剧经典·威尼斯商人》,第 159 页。
㊴　[英]莎士比亚:《莎士比亚戏剧经典·威尼斯商人》,第 159 页。
㊵　[英]莎士比亚:《莎士比亚戏剧经典·威尼斯商人》,第 159 页。
㊶　[英]莎士比亚:《莎士比亚戏剧经典·威尼斯商人》,第 159 页。

洛克说,"法庭判给你,法律许可你"㊷,而且当夏洛克准备割肉时,鲍西娅果断地说,"且慢,还有别的话呢。这约上并没有允许你取他的一滴血,只是写明'一磅肉'"㊸,"不准流一滴血,也不准割得超过或是不足一磅肉的重量……"㊹人们自然而然地容易觉得,鲍西娅在逻辑上势难抵挡。至于"首先抽血"的理由,同样因为双方已经进入"严格执行"、解释契约的要求的狭路对决,故夏洛克,即使能想到也无法提出。毕竟,鲍西娅同样可以说:契约没有规定"可以首先抽血"。因此,第二种和第三种观点的理由恐怕无法成立。

再看第一种观点。这种观点的理由十分简单,意指鲍西娅发现了契约规定"割下一磅肉"却没规定"可以流血""割时可多点少点"。如果从法理角度来看,这一理由可以变为反问:为什么不能要求在契约中规定"可以流血""可多点少点"?这个反问,初看似乎是不能成立的,因为,从常识经验的角度来说,割肉约定显然不用注明"可以流血""可多点少点";从法律观点看,履行契约的必要过程、手段和其他必要附属内容,无须规定。而这两点正是上述第二种、第三种观点的主要根据。但在前面提到的鲍西娅和夏洛克已经展开"严格"的说明契约内容的语境中,这个反问可以提出。因为,既然夏洛克暗暗自语必须严格地在"靠近心脏的地方"执行契约,明确提到当严格审视契约时可以看到"没有规定请外科医生",则夏洛克,也不得不赞同,而且也不得不要求,契约应当规定得详尽细致,从而夏洛克只能面对这个反问诘难。可以认为,这也是为什么绝大多数人赞成、赞叹鲍西娅分析的一个隐蔽的法律意义之原因。

但是,这样理解第二种、第三种观点不易成立及第一种观点较易

㊷ [英]莎士比亚:《莎士比亚戏剧经典·威尼斯商人》,第163页。
㊸ [英]莎士比亚:《莎士比亚戏剧经典·威尼斯商人》,第163页。
㊹ [英]莎士比亚:《莎士比亚戏剧经典·威尼斯商人》,第165页。

成立,似乎依旧简单化了。

可以发现,从思路推论的方向看,上面设想的鲍西娅式的反问,实际上暗含了无法定义的"契约详尽细致"。一个契约,如何才属于规定得完善?是否上述契约应该在关于割肉的所有方面作出规定才属完善?如割肉的时间长短、地点、具体器械等,是否都应该作出规定?人们可以认为,其涉及被割肉者痛苦的时间长短,被割肉者自我期待的场面尊严,以及具体器械产生的痛苦差异,不作规定,就有可能损害被割肉者的权利。再如,割下一磅肉后,如何搬运、存放、处置?这些也可认为是涉及被割肉者的权利,甚至涉及被割肉者亲属的权利(例如亲属的精神受到伤害),不作规定,亦不适宜。又如,割肉后被割肉者死亡了怎样处理、由谁处理、处理时间等,是否也应该规定?如此,可以发觉,即使不能断定"契约详尽细致"在"割肉"问题上的清单是无限的,依然可以认为,这一清单如果尽力设想,数量将难以估量。何况,除了割肉,契约另外涉及许多方面,如履约时间、方式的其他各种细节等。因此,"契约详尽细致",在逻辑上,指向了非常可能出现的"无穷规定"的结果,更准确地说"无法规定"的结果。在此,无论夏洛克要求的契约严格,还是鲍西娅顺水推舟式要求的契约严格,其实都在走向契约绝路。真实的契约实践,几乎不可能在这种意义上展开。⑮于是,在法律上,不仅夏洛克的严格观点存在问题,而且鲍西娅的严格立场还可争论,只是和"割肉流血、多点少点十分正常"的常识性或主要理由没有关系。

就此而言,对作品中的法律问题的理解,对这段重要法律情节的理解,以及对第一、二、三种观点对立的理解,会陷入类似本章开始提

---

⑮ 所以,有的学者认为,鲍西娅的法律论证是奇怪、奇异的法律形式主义。See Eric A. Posner, "New Perspectives and Legal Implications: The Jurisprudence of Greed". *University of Pennsylvania Law Review*. Vol.151, No.3 (Jan., 2003), p.1132.

到的几个真实法律实践问题的论理缺乏认同的局面。因此,需要从其他角度理解鲍西娅的推论为何达到让绝大多数人接受的效果,寻找真正的"柳暗花明"。

四、故事文学

一般而言,人们普遍赞同《威尼斯商人》属于文学经典。作为文学经典,有趣的是,其中的法律问题、法律情节的精彩和故事文学相互交织。绝大多数人接受鲍西娅的法律观点,和故事文学的作用发挥不无联系,而且也只有在故事文学发挥主要作用的时候才有可能。为什么?

考察一下作品的故事文学。以故事文学论,如下几个内容可能比较重要。

第一,在鲍西娅提出"割肉不能流血"之前,作品在契约问题上竭力渲染"违约后果的危险性":如果不能如期履约则安东尼奥必将面临受罚。例如,安东尼奥的商船,两次被提到可能无法如期返航。[46] 在此,作品通过若干情节着重表达一个信息:所有人物,包括"未细看契约之前"的鲍西娅(如何细看,鲍西娅说:"请你让我瞧一瞧那契约。"[47]),都认为契约的规定内容明确、符合法律规定,问题的关键在于是否违约,特别是违约之后,怎样避免发生如安东尼奥式的悲剧。作品而且交代,在定约时,安东尼奥对自己的履约能力是非常自信的(他对巴萨尼奥说:"老兄,你怕什么;我决不会受罚的。就在这两个月之内,离开签约满期还有一个月。"[48]"好了好了,又有什么要紧?再

---

[46] 参见[英]莎士比亚:《莎士比亚戏剧经典·威尼斯商人》,第81、93页。
[47] [英]莎士比亚:《莎士比亚戏剧经典·威尼斯商人》,第157页。
[48] [英]莎士比亚:《莎士比亚戏剧经典·威尼斯商人》,第37页。

过两个月,我的船就要回来了。"㊾),这一点,甚至从表面上看是在淡化契约危险,其实是更为加深了契约的"危险感"。

对"违约后果的危险性"进行竭力渲染,其所发挥的作用在于将"契约内容的可辩性(如何可以争论)"隐藏起来,使之被人遗忘,然后,让鲍西娅"割肉不能流血、多点少点"的论说在提出时成为峰回路转的惊人表达并造成奇异的转折效果。就这一点来看,正是由于故事文学凸显了"违约后果的危险性",使"契约内容的可辩性"被遮蔽了;而当可辩性被遮蔽的时候,人们并不关心契约自身有何问题,相反,却关心如何才能"在契约之外"避免安东尼奥受罚,同时,戏剧情节之重要转折——"在契约之内"的"割肉不能流血、多点少点"使夏洛克的法律逻辑迅速瓦解——才能得以稳固成立。

第二,编织某些看似法律意味实为文学企图的对白,赋予明确的"法律修辞"方式,从另一方面,文学化地加强作品故事的逻辑性。例如,在《威尼斯商人》四幕一场开庭时,公爵(Duke of Venice)提到,"犹太人,我们都在等候你一句温和的回答"㊿(希望夏洛克能够对安东尼奥表现出仁慈);而安东尼奥提到,"公爵不能变更法律的规定",否则"一定会使人对威尼斯的法治精神产生重大的怀疑"[51]。同时,依然是《威尼斯商人》四幕一场,巴萨尼奥提到,"我愿意签署契约,还他十倍的数目"[52],希望法庭"把法律变通一下,犯一次小小的错误,干一件大大的功德"。[53] 而鲍西娅开始介入审理时,与公爵类似,对夏洛克提到,"犹太人应该仁慈一点"[54],"希望你能够从你的法律的立场上作几

㊾ [英]莎士比亚:《莎士比亚戏剧经典·威尼斯商人》,第39页。
㊿ [英]莎士比亚:《莎士比亚戏剧经典·威尼斯商人》,第143页。
[51] [英]莎士比亚:《莎士比亚戏剧经典·威尼斯商人》,第127页。
[52] [英]莎士比亚:《莎士比亚戏剧经典·威尼斯商人》,第155页。
[53] [英]莎士比亚:《莎士比亚戏剧经典·威尼斯商人》,第157页。
[54] [英]莎士比亚:《莎士比亚戏剧经典·威尼斯商人》,第153页。

分让步”(55)，稍后，则以退为进地提到，“契约上所订定的惩罚，对于法律条文的涵义并无抵触”(56)，“在威尼斯谁也没有权力变更既成的法律”(57)，并两次向夏洛克斩钉截铁地宣布，“法庭判给你，法律许可你”(58)……

这些对白修辞，和上述文学“竭力渲染”的目的是一致的，实际上，是将故事发展引向“契约后果的危险性”，避开“契约内容的可辩性”。进一步，使鲍西娅“以其人之道还治其人之身”——用严格对待契约的方式对付严格说明契约的立场——的使人感觉急转直下、高潮迭起的戏剧情节，清晰明确，难以质疑。之所以说，看似法律意味实为文学企图，是因为，这些站在一方（安东尼奥一方）的对白修辞，不是用来应对、消解夏洛克的法律主张，也不可能应对、消解。夏洛克的一句话，“我自己做的事，我自己当！我只要求法律允许我照约执行处罚”(59)，其一句话——“那么你们的法律去见鬼吧！威尼斯的法令等于一纸空文”(60)——本身便可以轻松地回敬任何法律之外的劝说。这些对白修辞，是用来衬托夏洛克法律主张的可行性、威胁性。而越是衬托，直至其不可抗拒，越是可以增强上述文学渲染的效果，进而反衬后来鲍西娅的“法律内在攻诘”——契约没有规定可以流血、多点少点——的逻辑力量。这些“法律修辞”方式的作用具有独立性，目的是提示“法律”上安东尼奥如何危险，从另外的角度施展文学策略。

第三，在人物塑造上，作品通过叙事手段，着重刻画了高利贷商人夏洛克的谨慎形象。例如，夏洛克订约时，提出了公证。(61) 夏洛克还在

(55) ［英］莎士比亚：《莎士比亚戏剧经典·威尼斯商人》，第155页。
(56) ［英］莎士比亚：《莎士比亚戏剧经典·威尼斯商人》，第159页。
(57) ［英］莎士比亚：《莎士比亚戏剧经典·威尼斯商人》，第157页。
(58) ［英］莎士比亚：《莎士比亚戏剧经典·威尼斯商人》，第163页。
(59) ［英］莎士比亚：《莎士比亚戏剧经典·威尼斯商人》，第155页。
(60) ［英］莎士比亚：《莎士比亚戏剧经典·威尼斯商人》，第147页。
(61) ［英］莎士比亚：《莎士比亚戏剧经典·威尼斯商人》，第39页。

契约届满前半个月，即让朋友杜伯尔（Tubal）去“到衙门里走动走动，花费几个钱”(62)。再如，在法庭上的每一次对话中，夏洛克都表现出小心翼翼地掂量他者的各种企图。这些刻画，都展现了被塑造的角色的周密圆通。这种刻画，在说明夏洛克做事周密、行动小心之际，进一步提示了其所同意订立的契约的“无懈可击”。以此作为剧情演绎的基点，为鲍西娅后来的“割肉不能流血、多点少点”的同样“无懈可击”的“针锋相对”作出铺垫。其效果是，对立冲突在开始时是在等量水平上展开，最终则以“道高一尺，魔高一丈”来结束。

从文学欣赏的角度看，谨慎形象战胜谨慎形象，远比谨慎形象战胜粗莽形象更具有吸引力。因为，谨慎形象和谨慎形象的冲突，预示了事态发展的可能结果的丰富性、难以预测性，而可能结果的丰富性、难以预测性，十分容易诱发人们的想象、焦灼和期待。当鲍西娅提到“不能流血”，夏洛克迷惘困惑地说，“法律上是这样说吗？”(63)（其实夏洛克想的是“还有这样一种出人意料的理解？”），此时，一个“周密圆通者被更为周密圆通者战胜”的文学鉴赏样式被建构起来。与此相连的夏洛克式的契约“严密”，随之立刻土崩瓦解。由此，人们可以体会一下“淋漓畅快”的文学宣泄。

第四，通过叙事手段，不仅刻画了夏洛克的谨慎形象，而且描绘了其言辞十分犀利的辩驳形象，甚至在《威尼斯商人》四幕一场决定性的“割肉不能流血”情节呈现之前，使其他角色在辩驳方面总是逊于夏洛克。当巴萨尼奥说，“初次的冒犯，不应该就引为仇恨”，夏洛克有力地反唇相讥：“什么！你愿意被毒蛇咬两次吗？”(64)当公爵说，“你这样一点没有慈悲之心，将来怎么能够希望人家对你慈悲呢？”夏洛克不客

---

(62) ［英］莎士比亚：《莎士比亚戏剧经典·威尼斯商人》，第 99 页。
(63) ［英］莎士比亚：《莎士比亚戏剧经典·威尼斯商人》，第 163 页。
(64) ［英］莎士比亚：《莎士比亚戏剧经典·威尼斯商人》，第 145 页。

气、而且大有令人折服意味地挖苦:“我又不干错事,怕什么刑罚?你们买了许多奴隶,把他们当作驴狗骡马一样看待,叫他们做种种卑贱的工作,因为他们是你们出钱买来的。我可不可以对你们说,让他们自由,让他们和跟你们的子女结婚?”(65)更需要注意的是,当萨拉里诺(Salarino)问:“我相信要是他(指安东尼奥——引者注)不能按约偿还借款,你一定不会要他的肉的;那有什么好处呢?”夏洛克说肯定要割肉,因为:

> 他(指安东尼奥——引者注)……污蔑我的民族,破坏我的买卖,离间我的朋友,煽动我的仇敌,他的理由是什么?只因为我是一个犹太人。难道犹太人没有眼睛吗?难道犹太人没有五官四肢、没有知觉、没有感情、没有血气吗……要是一个犹太人欺辱了一个基督徒,那基督徒怎样表现他的谦逊?报仇。要是一个基督徒欺辱了一个犹太人,那犹太人应该怎样表现他的宽容?报仇。你们已经把残虐的手段教给我,我一定会照着你们的教训实行,而且要加倍奉敬哩。(66)

夏洛克这段颇有后殖民主义色彩的“抗争”陈词,不可置疑地强化了其锋利、自信、饱满的雄辩角色的特征。由此,人们至少是充满矛盾地理解夏洛克,并不是单纯地认定其吝啬、恶意(67),反而更认同其“复杂”的形象;更进一步,认同其逻辑的冲击力。

提到辩驳形象,因为谨慎不意味着辩驳能力出众,谨慎更多体现的是心态,辩驳体现的则是能力。在此,当能言善辩、以各种十分强势

(65) [英]莎士比亚:《莎士比亚戏剧经典·威尼斯商人》,第 147 页。

(66) [英]莎士比亚:《莎士比亚戏剧经典·威尼斯商人》,第 95—97 页。

(67) 戏剧中有不少情节成分表现出这一点。所以,不少文学评论认为夏洛克这个角色吝啬、恶意、复仇。

的言辞攻击、抵御、回应各种其他角色的话语,作为文学欣赏定势,人们也就更为期待"山外有山""天外有天",进一步,更为期待观赏有趣的论理冲突。因此,鲍西娅的"不能流血,不能多点少点",才能显得出奇制胜、不可阻挡;鲍西娅的凌厉辩析,才能被这种类似凌厉的辩驳烘托起来,令人惊叹。

概括来说,正是因为上述几个方面的故事文学发挥着重要作用,显然,就"法庭"争论的法律问题而言,不仅一般人发现夏洛克是困难的,而且夏洛克本人也只能呈现出无可奈何。

当然,还有其他故事文学起着类似的作用。例如,文学评论常提到,作品中地点、环境差异的对比是有趣的、重要的,贝尔蒙(Belmonte)的浪漫清纯氛围和威尼斯的务实复杂氛围的不同和并列式描述,便颇为吸引人。再如,作为主要故事线索的对比,轻松谐趣的挑匣选婿和紧张机巧的契约辩析(集中于《威尼斯商人》四幕一场),亦属美妙,使观众感到轻松之际又能情绪紧张。又如,在作品叙事中,夏洛克对安东尼奥产生的复仇欲望是十分自然的,因为安东尼奥不收利息,使夏洛克收益减少,同时安东尼奥还羞辱了夏洛克,此外,夏洛克的女儿还和基督徒私奔了……但从"法律与文学的关系"这一主题看,前面提到的四个方面的故事文学更重要。

另需要提出的是,戏中法律情节核心——割肉不能流血、多点少点——本身来自一个早已为人描述过的"割肉故事"——智断肉券。[68] 数百年来,包括在《威尼斯商人》开始上演之前,几乎很少有人注意这个原初故事。正是通过莎士比亚在《威尼斯商人》中的文学努力,人们才能广泛知道这一故事。显而易见,如许多人所提到的,莎士比亚的文学创作,时常利用已存在的民间文学故事,将其编织,贯通融会,而

---

[68] Ann Barton, "The Merchant of Venice", in G. Blakemore Evans (ed.), *The Riverside Shakespeare*. Boston: Houghton Mifflin Co., 1974, pp.250, 250-251.

其具有的精湛故事文学的叙事手段，使这些故事增添了文学魅力，为人记忆，长期传诵。(69) 这也从侧面证明了前面分析的故事文学对于“割肉”法律情节的重要意义。

五、鉴赏机制

那么，故事文学何以能够发挥作用？

这里需讨论三点。其一，文学鉴赏(70)具有时段性。阅读文学作品，不可能“无期限”。欣赏，总是在特定时间段中展开并且终结。因此，结束时，鉴赏将停留在最具有吸引力的“文学顶点”上。赫斯(Karen Matison Hess)曾经说过，“情节结构最重要的方面是矛盾和高潮”(71)。这一“顶点”，不是本身水平最高，而是“暂时的”水平最高。但恰恰是“暂时的”水平最高就已足够了。具体故事文学后来的叙事发展，可能会有新的空间，但鉴赏已经在此停止。其中缘由，在于鉴赏经济学的制约。换言之，在特定的阅读中，人们一般偏向具体结论的明确呈现，此为阅读收益。具体结论，可以曲折地实现，但不能过于复杂或需要很长的时间，否则，便增加了鉴赏成本，抵消了阅读收益。当成本过高以至于感到无法理解时人们就会放弃鉴赏，因为没有阅读收益。对以故事情节为主要吸引手段的文学，尤其如此。(72)

其二，与鉴赏时段性紧密相连的是情节群的限定。时间段不能“无期限”，本身要求文学故事情节数量是有限的。对于鉴赏，情节需要被人记忆和联想，故情节无期限的展开将会导致记忆和联想的失

(69) Ann Barton, "The Merchant of Venice", in G. Blakemore Evans (ed.), *The Riverside Shakespeare*. Boston: Houghton Mifflin Co., 1974, pp.250-251.

(70) 关于“文学鉴赏”的具体概念，可参见吴俊忠：《文学鉴赏论》，北京：北京大学出版社，1998年，第1—3页。

(71) [美]凯伦·马蒂森·赫斯：《文学鉴赏辅导》，第59页。

(72) 关于文学鉴赏时读者具有一定的方向性问题，可参见吴俊忠：《文学鉴赏论》，第53页。

败,最终导致鉴赏失败。[73]因为这个缘故,在有限的情节群中再次鉴赏需要且只能停留在暂时最富魅力的情节上。暂时情节的"取胜",不在于其本身是不可置疑的,而在于相对而言胜过他者。[74]《威尼斯商人》中四幕一场"不能流血、多点少点"的情节,本身并非不可置疑,但在和其他情节的对比中,其较为令人惊异,暂时胜过了他者。恰是这里,同样涉及鉴赏经济学的制约。鉴赏中,情节越是丰富越会导致鉴赏成本的增加。一定成本的增加,有时固然可增强吸引力,但成本越高则吸引越有可能由强转弱。当情节无限地展开,吸引便趋于停止,因为成本过高了。换言之,人们的确需要一定数量的情节,但情节过多或过于繁复,阅读起来就会使人疲倦。

其三,情节群需要方向性。鉴赏也存在逻辑运动方向的问题。逻辑运动的方向,要求"走向一个结论"且不能"不知所云"。当情节群出现的时候,对于以故事情节取胜的文学而言,鉴赏总是期待众多情节走向一个焦点情节,也即期待高潮。这里,依然如同赫斯所提到的,"高潮是故事的转折点,也是故事最有趣的地方。正是在这里,读者才知道矛盾将会如何解决"[75]。虽然高潮迭起也是鉴赏的一种期待,但高潮,总需停留在暂时的最佳情节焦点上。因此,情节群意味着其他情节为某个情节作出铺垫、准备,为高潮情节服务。各情节的"重要性也不尽相同"[76]。当然,以文学论,每个情节本身也应当富有吸引力,然而当所有情节的吸引力等同时,故事整体性的吸引力难免减弱。因此,每个情节的吸引力不能等同。这再次涉及鉴赏经济学的制约。也就是说,关注一个吸引对象的成本,总是低于关注众多吸引对象的

---

[73] 关于这个问题,可参见[美]凯伦·马蒂森·赫斯:《文学鉴赏辅导》,第69页。
[74] 布斯(Wayne C. Booth)指出,文学"批评中谈到似乎在小说家最为成功时,他的每一文句和另一些文句一样生动和强烈,这其实是一种误解"。参见[美]W. C.布斯:《小说修辞学》,第64页。
[75] [美]凯伦·马蒂森·赫斯:《文学鉴赏辅导》,第65页。
[76] [美]凯伦·马蒂森·赫斯:《文学鉴赏辅导》,第59页。

成本。不断关注吸引力等同的对象的成本,高于关注吸引力不等的对象。这同时涉及与信息处理心理学有关的一个问题:我们得到趋同性、自我适恰性的信息越多,我们的思路就会越明确,越有可能支持"看似有理"的思路,同时,越会排斥"看似无理"的思路。⑦

这就进一步澄清了为何鲍西娅的"不能流血、多点少点"这一法律情节,在故事文学背景中,更令人惊异、赞叹。

回到上述"法律情节"的分析。前面提到,从"契约规定应详尽细致"出发,实际上只能导致夏洛克和鲍西娅所理解的契约实践的绝路。但在前面提到的故事文学的具体语境中,此问题可以峰回路转,也即人们大体认同鲍西娅的推论。更何况,在双方都严格对待契约的时候,鲍西娅的"严格"已容易被认为胜过夏洛克的"严格"。峰回路转,不意味着法律问题本身可最终被解决,而是意味着,在具体情形中,我们不大可能追问"契约如何才是完美的详尽细致"。"完美的详尽细致"的概念,在特定环境中,总有可能被悬置。其缘故,便在于上述鉴赏机制发挥着作用。深入来说,鉴赏机制一方面使故事文学发挥着作用,另一方面,也使对法律问题对立追问的停止成为可能。

六、司法意见的故事陈述依赖

将对法律问题、法律情节的理解,和对故事文学的理解联系起来,且说明鉴赏机制对于法学的意义究竟何在?

首先,可获得一个启示。在诉讼争议或称疑案中,司法意见的成功尽管部分需要依赖司法意见自身,如对法律问题的辨析、对立法律观点思路的关系剖解是否有力,但更需要依赖周边语境陈述的协作支

---

⑦ 参见[美]J. R. 安德森:《认知心理学》,杨清、陈宝翠、张述祖、胡士襄、韩进之、阎军译,苏刚、郑宁、张述祖校,长春:吉林教育出版社,1989年,第33—41、69页。

持,且不能忽略"文学"。这意味着,在诉讼争议或称疑案中,周边语境陈述的协作支持有时可有效地使司法意见难以被提出质疑,其中的故事文学应予重视。《威尼斯商人》虽然是典型的文学作品,但其中暗示了法学思考的路径。当单独讨论作品中与法律情节相联系的法律问题时,人们已可以倾向于认同鲍西娅的观点,然而仅此不能完全抵御相反的质疑。在故事文学表现的语境协作的支持下,偏向于鲍西娅论理的支持分量才会逐渐增多,使其逐步、并最终难以被提出质疑。

进一步说,可想象性地认为,莎士比亚笔下的这部文学作品首先提出了一个司法意见,或称"判决",论证"割肉不能流血、多点少点"为何可以成立。其次,该文学作品以故事文学的方式讲述周边语境,进而使这个司法意见的论证更为令人可信,逐步化解、直至消灭对立的疑问。我们阅读《威尼斯商人》时,等于是在倾听莎士比亚讲述一个司法意见,倾听其讲述与司法意见相关的周边语境,然后,相信莎士比亚的"判决"。我们的鉴赏机制影响着我们对莎士比亚的"判决"的判断,亦潜在地制约着我们最终是否赞同其"判决",尽管莎士比亚在写作时并没有先安排司法意见,后安排故事文学的周边语境讲述的次序。

对于真实的司法过程而言,其针对真实纠纷而来,针对真实纠纷构筑自己的叙述,也需要人们的阅读。而需要人们的阅读,也恰是因为需要在某种意义上(比如某个时刻、某个地域)解决具体的社会问题,减弱甚至消除普遍的疑惑。故对司法过程的叙述,也可以分为司法意见表达和周边情况陈述两部分内容。与此相连,司法过程的叙述亦存在与上述鉴赏机制对应的三点类似要求。就司法意见表达和周边情况陈述这两部分内容的关系看,司法意见像传统判决一样要阐明主要的法律纷争,表达最终的法律解决方案,同时,要文学化地利用对与法律问题相关的周边情况的讲述。就与上述鉴赏机制对应的三点类似要求看,第一,司法过程的周边情况叙述同样存在时段性,作为纠纷解决机制,这部分司法叙述不能没有结论,不能"无期限";第二,这部分叙述,同样需要限定"司法叙述"的数量,并使被选择的叙述有强弱之分;第三,其同样需要使整体陈述走向一个目标,在使每个司法叙述具有说服力的同时,使重要、焦点的叙述更有说服力。也因此,司法过程亦存在提出一个司法意见,然后以故事文学讲述语境,进而使司法意见的论证更为令人信服、逐步化解直至消灭对立疑问的问题。

在此,首先讨论真实司法过程中的周边情况的讲述问题。下面一节,讨论与上述鉴赏机制对应的三点类似要求。

再看本章开始提到的真实法律实践中的"高空抛物"诉讼争议或称疑案。

作为例子,此问题是由重庆市烟灰缸高楼抛下砸伤人案件引发,而成为典型的争议或称疑案的法律困惑。[73] 当然,诉讼争议之时,《侵权责任法》尚未作出明确规定(现规定"所有被告承担连带责任")。作为该案的司法意见,其主要内容已广为人知,其中包括:(1)伤者深夜经过楼区,被高楼他人抛下的烟灰缸砸伤;(2)经过公安侦查,不能确定是由哪位高楼住户抛出;(3)伤者医疗费用损失8余万并留有严重后遗症,基本丧失生活自理和工作能力;(4)一定楼层之上若干住户,被判共同赔偿医药费、精神损失费等共17余万;(5)根据过错推定的原则,众多被告承担连带责任。尽管人们对该司法意见中的法律依据和法理不断争论,但因伤者基本丧失生活自理及工作能力,故已能使人大体上接受。这类似上述鲍西娅的法律观点使人大体接受的逻辑机制。

但此案,另有周边情况可作为陈述:(1)伤者正值壮年,职场事业

---

[73] 在此之前有类似案件,见前引杨立新文。

(两公司的董事长)正处于良好的发展阶段,此事发生后其无法继续工作,人生出现急剧的逆转;(2)伤者被砸后即住进医院,历经39个小时的手术,昏睡70余天,身心遭遇了巨大的痛苦;(3)伤者被砸后,头部伤口呈现长近10厘米、深近4厘米的血洞,头颅粉碎性骨折,其状令人深感惨怆;(4)伤者后来又呈现了三级智障,命名性失语,癫痫经常发作,其状令人不忍目睹;(5)伤者以往孝敬父母、关爱妻儿,现今温馨的家庭深蒙阴影;(6)难以想象伤者如此情形下,应该继续承担举证的责任,证明何者掷物;(7)事发后,烟灰缸上指纹因多人触摸,无法继续侦查原掷物者,故刑事侦查只能遗憾地让位于民事审判;(8)该案发生时,国家没有社会保险的救济制度,伤者不能获得赔偿……[79]

可以发现,当这些周边情况被较为详尽地陈述出来,在这一具体案件中,支持伤者的司法意见便能逐步增加被人接受的分量,甚至对立疑问也能逐步地被减弱,直至被化解。因为,人们易被细节化的周边情况所打动,产生同情心。进一步,更为倾向于赞同原已基本确立的司法意见。具体来说,作为此案的众多被告,因为自身利益及对法律问题的疑惑,大多数人开始的时候会觉得自己作为被告颇冤枉,于是抗拒司法意见。但面对这些周边情况的陈述,他们可能减弱甚至放弃反对意见。因为面对这种周边情况表现出来的"惨状",和原告在法律上的"救济困难"(不知告谁),大多数被告,则会心情复杂,从而可能将心比心,想到"我有损失,但伤者损失是更大的,且伤者因此永失幸福",从而减弱甚至放弃对司法意见的抗拒,尽管这不是必然的。作为社会公众,当了解到这些周边情况时被打动,进而减少甚至消除疑

---

[79] 关于此案的各种情况,报刊、网上有不少文章说明。本章尽力采用基本可信的情况资料。情况资料来源:陈静:《烟缸砸毁他一生》,《重庆晨报》2000年8月3日,第1版;陈晓军:《高空抛物致人损害问题研究》,载中国民商法律网(http://bbs.civillaw.com.cn/dispbbs.asp? boardid=1&id=250197&page=1),访问日期:2007年12月4日;贾桂строить:《高空抛掷物致人伤害应如何处理?》,《北京青年报》2002年9月24日,第19版;孟天:《高楼里扔出法律难题》,《人民法院报》2002年8月22日,第2版。以下所用资料,均来自这些文献。

问,则是更为可能的。社会公众本来与此事件之间没有直接的利益关系,容易对作为伤者的弱者心存同情,尤其是在将原告和被告对比看到弱者的惨状时,更容易产生同情心,因而,周边情况的陈述更可能对其产生影响。⑧

其实,一般来说,在这类案件中,进入诉讼的伤者的伤情通常是比较严重的,故周边情况是非常重要的司法陈述资源。

七、司法故事文学的建构

司法周边情况的陈述,不能而且无法随意,故存在"故事文学"的问题,因此也涉及与文学鉴赏机制相应的三点类似要求。

首先,在用来陈述的周边情况中,需要选择最重要、最有吸引力的内容。一个诉讼争议或称疑案涉及的周边情况肯定是非常复杂的。仍以"高空抛物"为例。前述周边情况仅是众多复杂情况中的一部分,另外可能包括:(1)伤者妻子的绝望;(2)伤者孩子的孤独;(3)伤者父母的悲痛;(4)伤者公司职员的迷惘;(5)当时旁观者的感慨;(6)以往高空抛物的威胁性;(7)人们对高空抛物的严厉谴责……同时,此案可能包括与论证方向相反的周边情况,比如:(1)当晚事发前伤者与他人大声谈话,影响他人入睡(凌晨1点40分左右,故可能有人心烦掷物);(2)有的被告每月收入最多才300元;(3)其中一位被告女性70岁高龄,腿脚不便,夹持双拐,另一位女性70岁高龄,身患癌症,子女下岗失业;(4)公安人员在事发当晚可以及时对楼上所有住户逐一排查,但没有去做,公安机关负有一定的责任……显然,所有这些,也都是可用来陈述的内容。

---

⑧ 当然,在此类案件中,如果存在社会保险救济制度,结论则另当别论。

周边情况的司法陈述不能没有重点。作为司法受众的当事人和社会公众面对无重点的周边情况陈述,会失去耐心,缺乏兴趣。缺乏兴趣的结果,一是对司法陈述不予理会,二是自然地产生怀疑困惑:为何司法者不能讲清楚?从而,最终导致司法陈述的失败。其对当事人而言没有说服力,对社会公众而言没有公信力。因此,为了提高司法周边情况陈述的说服力和公信力,在所知的周边情况中选择最佳者进行陈述是必需的。当然,有如故事文学中的最佳内容是相对的一样,司法周边情况陈述中的最佳者亦为相对的。但对于司法陈述的结果,相对最佳,已是足够,因为司法过程不可能无期限,当事人和社会公众总是期待明确结论。

其次,这部分的陈述也需要类似"文学故事群"的"司法情况群"的建构。这种建构,需要对各个周边情况的相互支持的可能机制有所理解。在"重庆高空抛物案"中,因为情况复杂,故从中甄别,进而建立联系,则是可能的,又属必要。如"伤者被砸后即入医院,历经39个小时的手术,昏睡70余天,身心遭遇巨大的痛苦",要比"伤者父母的悲痛",更应该进入"司法情况群"的陈述;"伤者不能获得赔偿",要比"旁观者的感慨",更需要进入"司法情况群"的陈述;"以往高空抛物的危险性",要比"人们对高空抛物的严厉谴责",更需要进入"司法情况群"的陈述……何者进入,何者放弃,在诉讼争议或称疑案中,一般而言没有固定的标准,但根据案情核心问题的具体特点可以且应该逐步清晰,予以确定。

再次,"司法情况群"的建构需要方向性。再看"重庆高空抛物案"。伤者的残疾之严重,可成为司法周边情况陈述的一个方向,甚至主要方向。因为,从叙述逻辑的引导功能看,其能更为凸显诸如"高空抛物的危险性""家庭的悲剧""旁观者的感慨""公众的谴责"(谴责抛物者)等周边情况的意义的内容。从个人和社会心理感受上看,其更可能引发众多被告及社会公众对司法意见主旨的同情理解。普遍来讲,在诉讼争议或称疑案中,寻找一个方向性的周边情况是可能的。而更为重要的是,在诉讼争议或称疑案中,一个方向性的周边情况本身已承担着支持司法意见的作用。试想,不正是伤者的残疾之严重,支撑着大多数人赞同被告承担共同责任的主观倾向? 因此,寻找方向性的周边情况又是必要的。

上述与文学鉴赏机制类似的三点司法周边情况的陈述要求,一方面,决定着司法周边情况的陈述成功辅助司法意见本身;另一方面,其传达一个更重要的信息,这就是,在具体案件中,具有故事文学机制的周边情况之陈述,可使被格式化后的法律意见争论悬置起来,较有效地终止对诉讼争议或称疑案的无穷追问,进一步,使司法受众,包括司法者,从案件整体来理解司法意见的适恰,而非关注抽象的法律意见何者正确。这是更为关键之所在,尽管,依然不是必然的。

就这一信息看,在《威尼斯商人》中,法律问题本来是可以无穷争论的,但故事文学在很大程度上可终止争论。其缘故在于,欣赏这部文学作品之际,通过故事文学,我们可达成某一层次的大致的"临时"或"一段时期"的理解共识,也即类似桑斯坦(Cass Sunstein)式的"未完全理论化协议"的某种共识,因而,将"割肉是否可以流血、多点少点"的法律争议悬置起来,这与上述文学鉴赏之机制存在密切的联系。同理,在实际司法审判中,类似这种鉴赏机制的司法受众心理期待机制,通过对周边情况的司法陈述的故事文学,也能使诉讼争议或称疑案所涉及的抽象法律问题悬置起来。这虽然不是必然的,但的确非常可能。因为,对于法律纠纷,当事人和对其关注的社会公众对有说服力、有公信力的司法陈述的兴趣,从深层心理期待来说,本能地远远高于没有结论、对关于诉讼争议或称疑案抽象法律问题本身的无休止的说明、讨论。当事人和关注这种法律问题的社会公众,因为故事文学化的周边情况之司法陈述,达成某一层面的临时或一段时期的理解共识,从实践经验上看也是非常可能的。尽管,这种临时或一段时期的理解共识从"法律正确"的角度来看未必最佳,有如在文学鉴赏中看到的文学吸引力的"顶点"未必最佳一样。

当然,司法故事文学的建构,涉及对对立周边情况的解释,故应该是也必须是双边的解释,而非单边的。这意味着,陈述周边情况时需要将对立面的周边情况同时化解,或在对比中,将对立面的周边情况的意义予以消解。这并非说,司法故事文学的建构故意压制对立面,而是认为,司法故事文学首先确立最为恰当、合适的司法意见,后在周边情况交融的解释中呈现故事文学支持司法主体意见的意义。

八、故事文学与具体案情具体分析

对前面的讨论,有人可能会提出一个疑问,所论故事文学,与司法中常说的具体案情具体分析[81]有何区别?因为,它们似乎都涉及对实质法律问题的周边情形的运用。

表面上看二者有些相似,当然实质上也有相通之处。但如下几点需要讨论。

第一,故事文学强调了吸引性。具体案情具体分析,则没有吸引性的期许。故事文学可包含具体案情具体分析的思路;反之则未必。这是一个区别。以此来看,故事文学的一个重要目标是努力消融对立的法律意见。而具体案情具体分析因为注重"权衡"的概念,将对立双方或多方的法律意见,通过具体案情对比起来,择适当者而选取,故未必试图消融对立的法律意见。具体案情具体分析仅仅是实用主义的。

---

[81] 这里主要指常说的司法自由裁量。

而故事文学,包含着在具体案情具体分析的基础上将焦点凸显起来,将主次分辨开来,以吸引和感染审判的阅读者的意蕴。因此,从淡化法律纠纷的效果看,故事文学因在纠纷各方深层的意识上发挥"感化直至融解"的作用,故可以超越具体案情具体分析。

第二,故事文学的功能,在于提醒我们注意,抽象的法律问题之争议有时可能是暂时存在的,而在故事文学的还原努力中,这种抽象的问题有时可以消逝。与此不同,具体案情具体分析,总是意指抽象的法律问题争议依然存在,这一问题争议,不能回避,只是案件处理应视具体情形而定。这是另一区别。在此,故事文学提示了需要注意这样一个法理问题——抽象的法律问题争议何以存在?这需要深入讨论。

在本书作者看来,抽象的法律问题争议所以存在,源于法律本身的一个重要希望:一般性、普遍性地解决社会问题。法律作为控制社会的手段的出现,主要不是为了逐项个体化地具体解决法律实践问题,而是为了以一般、普遍规则的方式来指导争议的具体解决。因而,一般性、普遍性的法律规则的建构,对于实践而言有着重要意义,可以应对许多不可避免地会有重复性的具体事件。更为重要的是,许多具有重复性的具体事件,因当事人及社会公众对其中包含的法律问题是不会出现争议的,故顺此可以一般、普遍化地解决,尤其是重复地解决。在这个意义上,抽象的法律问题需要建构。看到这一点,也就意味着需要深入地看到,抽象的法律问题建构必然面对双刃的另一侧面——有时不能解决"争议"。这就有如在本章开始部分提到的若干法律例子中所看到的,也有如在开始部分,就"争议"的背后价值、法理层面所展开分析的。

这里,深层信息是这样的,抽象的法律问题建构之期望本身,可能恰恰是人们感觉抽象的法律问题争议无法解决的一个根源,故为使抽象的法律问题争议得以解决,这一希望本身就需淡化。这里所说的希望是法律本身的一种趋向,但和社会心理问题存在关联,这就是,社会普遍容易认为法律应当如此。既然这样,淡化就意味着,应当从当事人以及社会公众的因为长期以来的法律意识形态(比如法律具有普遍性、解决普遍性问题的思想观念)的传播影响而产生的对应的心理期待入手,削弱对于"抽象法律问题争议抽象解决"的普遍期待。于是,问题的关键之一则在于,如何在法律纠纷解决过程中,扭转当事人和社会公众的心理路向。从此出发,综合前述分析,也就可以发现,故事文学可较为有效地起到淡化这一心理路向的作用。而对比来看,具体案情具体分析在淡化作用方面略显逊色。进而言之,故事文学,因为将人们的视线引向具有吸引力的整体叙事之中,故使人们在注意周边情况的重要意义的时候,从心理上自觉地淡化抽象的法律问题,从而更为理想地解决纠纷,又超越了具体问题具体分析。

这是重要的启示。也由此,故事文学具有司法上的、也许更优的重要利用价值。

九、结　语

本章再次以《威尼斯商人》作为讨论样本,并结合司法实践中的具体例子,从不同层面分析了故事文学利用在司法决疑中的作用。本章分析的一个基础在于,《威尼斯商人》作为文学作品,其故事文学的建构是成功的。在具有强烈的文学吸引性之际,这一建构将其中包含的核心法律问题争议导向了一个目标——使阅读者更倾向于赞同一方(鲍西娅的法律观点)。"割肉是否不能流血、多点少点",作为作品中契约性质的法律问题,孤立地看,本身是可争议的。但地域广泛而又有若干世纪的作品阅读实践表明,当受到作品故事文学整体叙事影响之时,绝大多数的阅读者接受了《威尼斯商人》的故事文学结论:鲍西娅的法律观点不可抗拒。本章分析的基础因而基本坚实。

以此为起点,在司法中运用故事文学就有了启发前景。而本章讨论的与文学鉴赏机制对应的司法过程之理解机制,又使我们可看到解决司法方法和司法公正之间的关系的一个新途径,即运用故事文学,也许可生动地实现某一层面、某一时刻的司法公正共识。就司法公正而言,人们一般会承认,普遍的司法公正共识因为普遍的利益不同、观念差异、价值分歧而不易实现。如果的确如此,则更为可取的可能是某一层面、某一时刻的司法公正共识。在这个意义上,故事文学的利用,必然是有益的探索路径之一。然而,又可以更大胆地说,即使论及普遍的司法公正共识,也未必就一定是怀疑式"悲观"的。在《威尼斯商人》世界性、长久性的普遍阅读实践中,我们便能发觉希望的一丝曙光。因而,经由《威尼斯商人》,思考司法方法和司法公正的前景又是更广阔的。

在此,回顾一下法律与文学运动的先驱学者怀特曾说过的一段话,完全可能有益:

> 毫无疑问,法律人在某种意义上必须知道规则,理解他们表达或确立的概念之相互关联、其复杂性。而且,法律人必须能够充满信心地渗入其他领域,从历史到科技,准备知道各类事实,历史的、技术的、科学的,等等。但所有这些,尽管本身重要,却依然实际上是法律人自己知识发挥作用的材料,因为,法律人总会煞费苦心地思考可以说什么,怎样说得最好。正是在这个意义上,法律人的知识就是作家的知识。[82]

---

[82] James Boyd White, "Legal Knowledge", *Harvard Law Review*. Vol. 115, No. 5 (Mar., 2002), p.1399.

而重述一位中国文学研究者的思考,同样有益:

> ……司法具有对话性。司法过程本身就是一个对话过程,在法庭上,对人、对生活的各种观点、各种不同理解、感受和诉求摆出来,相互博弈、交锋,接受法律的衡平和裁决。这种对话性某种程度上也是文学的根本特性。[83]

至于在司法实践中,究竟是在书面文本中还是在口头话语中展开故事文学的努力,是另外一个需讨论的具体技术问题。在此,笔者认为,不应在判决书中展开,而应在具体解决纠纷的过程中或公众要求时作出的判决书之外的陈述中展开,而且,应在"面对面"的交流叙述中展开。这需要论证,重撰论文。但每位读者独自阅读《威尼斯商人》之际,已是一个个具体的"面对面",其已呈现了效果,此即为有益的提示。

---

[83] 参见张国香:《文学关注着对法律事务的深入反思——李敬泽谈文学与法律的关系》,《人民法院报》2008年1月12日,第4版。

第七章　基层法庭空间的塑造
从中国另类"生动"实践看

> 法庭空间拥有一种力量,调节人的心理去服从法律的权威。
>
> ——哈尔达(Piyel Haldar)①

> 历史中,建筑一直折射着社会意识形态。
>
> ——诺森布罗姆(Jonathan D. Rosenbloom)②

> 梅耶尔法官(Judge Meyer)说的最为简洁清晰:"我们做的每一件事,均反映了我们是谁,我们来自哪里。"
>
> ——纽曼(Louis E. Newman)③

---

① Piyel Haldar, "The Function of the Ornament in Quintilian, Alberti, and Court Architecture", in Costas Douzinas and Lynda Nead (eds.), *Law and Image: the Authority of Art and the Aesthetics of Law*,. Chicgo: The University of Chicago Press, 1999, p.136.

② Jonathan D. Rosenbloom, "Social Ideology as Seen Through Courtroom and Courthouse Architecture", *Columbia-VLA Journal Law & the Art*. Vol.22, No.4 (1998), p.464.

③ Louis E. Newman, "Beneath the Robe: The Role of Personal Values in Judicial Ethics", *Journal of Law and Religion*. Vol.12, No.2(1995-1996), p.515.

一、引　言

在学界,以"说理""推论"或"如何令人信服来叙述"为基本内容的司法话语总是一个研究焦点,且成果斐然。④ 人们通常已确认,只要法律规范被试图运用于社会实践,"一般"需要统摄"个体"(如纠纷或案件),这种话语,便是必经手段之一。⑤ 但任何话语总需要一个"具体空间",依赖其而展开。本书前面几章所讨论的"文学化"修辞和文学故事利用等,同样如此。故为司法话语的深入理解,包括本书讨论的修辞及故事叙事的"文学",还应转向对"空间塑造"的讨论。

本章讨论基层法庭的空间塑造。此空间,主要指基层法庭的微观"环境",如法庭的桌椅摆设、旗帜悬挂、四周装饰和地点选择(例如,是否在法院内)。为使讨论比较活跃,且深化学理,本章又将法官的性别安排、协助法官司法的社会角色搭配和法官非司法的言行举止这些非物化的内容定义为微观"环境"的一部分。如此定义,因为在当事人的感知中,这些可视化的存在,亦会形成投射意义的环境影响,与前述物化存在互相融合,展现为同样的"空间"元素。⑥

环境心理学的研究已提示,具体的语言实践总是和具体的周边物化状态、语言者生理条件、协助者社会身份条件、相关的附加活动举止等,存在密切的关联,其叙事、修辞,当然包括裹挟内里的策略,所有效

---

④ 参见陈金钊:《法律修辞方法与司法公正实现》,《中山大学学报(社会科学版)》2012年第5期,第152页。
⑤ 几乎所有法学教科书均有类似表述。
⑥ 参见[美]戴维·迈尔斯:《社会心理学》(第11版),侯玉波、乐国安、张智勇等译,北京:人民邮电出版社,2016年,第226—227页。

果,均是在相互依赖中呈现的。⑦ 此外,所有周边空间的建构、安排、选择及协调,亦可视为叙事修辞的策略推进。⑧ 这意味着,表达观点,传递信息,如果稍有小心且期待成功,便会揣摩"空间"如何,或使之如何。⑨ 凭借语言展开或者说必须依赖语言展开的基层司法活动,自是不应例外。

　　从中国的基层司法看,人们已非常熟悉表达现代司法理念的法庭空间:庄严的提示,如以国徽或国旗为标志的中心悬挂;权威的宣告,如以案台或座椅为典型的阶梯搭建及面积足够的厅室;肃穆的听觉视觉感受装点,如法槌、法袍……所有这些,包括人物的"性别忽略",还有"唯独法官",以及寡言少语,显然是在法院的围墙之内。⑩ 虽然中国以基层巡回司法机构(派出法庭)为典型的某些司法场景,如田间的法庭、街道旁的法庭(甚至有时通过"马背上"的方式,像电影《马背上的法庭》所表现的),另如女性模范法官温情不失端庄的办案,亦为有时可见,但这些,也总是被认作条件简陋、人员不足,或不得已而为之的权宜替代,或被宣称为吃苦耐劳式情感担当的道德表达和

---

⑦ [美]保罗・贝尔、托马斯・格林、杰佛瑞・费希尔、安德鲁・鲍姆:《环境心理学》(第5版),朱建军、吴建平等译,北京:中国人民大学出版社,2009年,第41—52页。

⑧ Piyel Haldar, "The Function of the Ornament in Quintilian, Alberti, and Court Architecture", in Costas Douzinas and Lynda Nead (eds.), *Law and Image: the Authority of Art and the Aesthetics of Law*. Chicago: The University of Chicago Press, 1999, pp.124-125.

⑨ 苏力提到的一个具体事例是有意思的。"1953年9月12日,中华人民共和国中央人民政府委员会第24次会议上,彭德怀代表中国人民志愿军报告宣称:'西方侵略者几百年来,只要在东方一个海岸架起几尊大炮,就可以霸占一个国家的时代,一去不复返了!'(《关于中国人民志愿军抗美援朝工作的报告》;这是朝鲜停战协定签字后,1953年9月12日,彭德怀代表中国人民志愿军在中华人民共和国中央人民政府第24次会议上所作的报告)这是典型的政治修辞,不仅有比喻、象征和抽象,而且这句话本身就构成了一个象征;在这一特定场合,修辞要素还有彭老总的着装、身份、形象和语气,而显著的是他身后穿过上甘岭硝烟的志愿军军旗。"苏力:《修辞学的政法家门》,《开放时代》2011年第2期,第45页。

⑩ 参见卫霞:《试析当代中国法庭仪式的文化涵义》,《华北电力大学学报(社会科学版)》2014年第5期,第79—80页。

集体关怀式责任担当的政治宣扬。⑪ 方向上,现代司法的空间概念已被认为应尽力实现,而且,最高人民法院在制度上已作出了实践努力。⑫ 毫无疑问,作为人们理解的"客观中立理性"的司法标配,这样的法庭空间有其存在的意义,已经也将继续维护和提升司法的社会认同。但关于基层法庭空间的观念,是否一定无法寻找新的思路,不是以简单折中的议案而是以基础化的理论作为补充?其不同于或某种程度上偏离于等级式、"性别忽略"式、肃穆式的标志,走向互融或互相协助的模式,却依然具有类似社会认同的维护和提升,甚至更进一步?

针对本章所指的建筑装饰性"空间",学界已有不少研究。思考者一般均认为,该问题是重要的。但研究大致围绕两个思路展开:第一,梳理历史。将曾出现过的各类法庭"建筑装饰空间"予以记载,分门别类,描述其一致性,当然还有差异,追寻其渊源,编排其演化,并基本上试图展示一定的法律现代性前进的印记。⑬ 第二,构建范本。主张伴随现代法治意识形态而来的理性是现代法庭建筑装饰空间设想的核心,或从符号理论出发,或从仪式理论出发,以凸显理性权威的意念。⑭ 法学界与建筑装饰学界,总体看,亦没有因为学科差异而有别样

---

⑪ 参见江帆:《法庭空间与司法公正——从一个基层法院法庭设施的改善说起》,《比较法研究》2000年第1期,第110—111页。

⑫ 如1993年最高人民法院《关于法庭的名称、审判活动区布置和国徽悬挂问题的通知》、2002年《人民法院法槌使用规定(试行)》、2002年《人民法院法官法袍穿着规定》、2016年《中华人民共和国人民法院法庭规则》。

⑬ 参见张维:《物化的法治文化研究——以法院建筑为例的综述研究》,《法制与社会》2016年第12期,第114—115页。

⑭ 参见舒国滢:《从司法的广场化到司法的剧场化——一个符号学的视角》,《政法论坛》1999年第3期,第12—19页;Oscar G. Chase and Jonathan Thong, "Judging Judges: The Effect of Courtroom Ceremony on Participant Evaluation of Process Fairness-Related Factors", *Yale Journal of Law & Humanities*. Vol.24, Iss.1, (Winter, 2012), pp.225-228.

的类分。⑮ 当然,有学者提出了争议性的观点,比如,批评主流"建筑装饰空间"的思想,具有形式化的偏好,还有保守性,甚至疏离了社会民众⑯,"高高在上"⑰;再如,认为一国法庭建筑应该与国情有所适应⑱,特别是基层法庭。⑲ 但批评似乎总是浅尝辄止,依然存在理论提升的可能。尤为重要的是,批评有如被批评的对象一样,在"空间"概念上令人感觉稍是拘谨,仅关注了物化的环境。

针对本章所指的性别、社会身份及附加举止等人文化的"空间元素",学界研究的旨趣总体上是有另外进路的。一般而言,学界通过女性主义的法制建构意义和社会协同治理的功能,来展开分析,例如,探讨女性在法律职业中的地位⑳、辨析陪审制的作用㉑,或扩展化地讨论中国术语谓之的"社会大调解"㉒,包括思考体贴式执法司法的社会控制价值。㉓ 这些研究,自然涉及当事人面对审判者的性别及其协作者的社会身份,还有附加举止的时候,会有何种感知和感受,但似乎没有、或极少有主动意识地触摸物理化和人文化结合的"复合法庭空间"概念。而进入这一概念,可能有益,能深化对问题的

---

⑮ 建筑学界通常比法学界更坚定地认同法律现代性的理念。参见李宁、齐宁超:《公正的象征、威严的体现:法院建筑室内设计的几点思考》,《室内设计与装修》1998年第5期,第43—46页;卢新:《地方小城市法院建筑的设计初探》,《吉林建筑工程学院学报》2009年第6期,第49页;李朝霞、倪明:《国内外中小型法院建筑研究现状分析》,《山西建筑》2010年第2期,第25期,第3—4页。

⑯ Glenn W. Ferguson, "To Robe or Not to Robe? -A Judicial Dilemma", *Journal of the American Judicature Society*. Vol.39, No.6 (Apri., 1955), pp.167-170.

⑰ 张卫平:《建筑与法治理念》,《法学》2002年第5期,第4页。

⑱ 参见赵明胜:《我国法院建筑的法文化分析》,《西安建筑科技大学学报(社会科学版)》2015年第6期,第58—60页。

⑲ 参见李欣、丁炜:《基于公共空间质量提升的人民法庭建筑设计改进策略》,《建筑与结构设计》2017年第3期,第51—57页。

⑳ 参见李傲:《法律领域中的社会性别主流化:现状与前瞻——"亚洲地区性别与法律比较研究"首届研讨会综述》,《妇女研究论丛》2007年第1期,第67—69页。

㉑ 如对人民陪审员的各种研究。

㉒ 龙宗智:《关于"大调解"和"能动司法"的思考》,《政法论坛》2010年第4期,第98—105页。

㉓ 参见《方圆》编辑部:《专家:柔性执法更加符合人性》,《方圆》2016年第13期,第75页。

理解,亦似乎能丰富思考。

本章,尝试从中国的基层法庭空间实践入手,展开讨论。之所以如此,因为转型时期的中国实践已如人们所看到的,具有复杂多样且及时随形势变化的系谱。其中,既内置执政党政法传统的根基,也含有现代西方司法思想的影响[24],有时还有中国古代司法理念的遗风[25],当然,最有意思且本章将集中讨论的,是有时还有活泼、使人不免非议或争论的自我创新(见后文)。这种自我创新,在本章中被称为"另类实践"。"另类"之称是缘于其具有独特性,且有意展现了主体自觉性。本书作者相信一个理念,法庭空间的实践最终是以社会运作结果的成败来论其意义的,而且,这种成败反过来总会制约策略的定位与调整,甚至迫使实践者必须审视、反思自己的既定追求和努力。而在当代中国基层法庭空间的实践中,我们有时恰可触摸、体会到这一要点,从中或许可拓展对新的司法理论框架的理解。

从中国的基层法庭空间实践入手,另外,因为法学讨论应尽力附着在具体经验层面上进行深入。此并非说"要接地气",或如此才能"利于实践操作",而是说,在具体经验层面上才更可能理解"一个环境关系"的真实逻辑,益于理论推进。还有则是,本章期待通过中国的基层法庭空间实践,特别是本章所指的另类"生动"实践,细致辨析司法参与者与空间的微观依赖关系,进一步,触摸司法空间构建的另外的制度意义。当然,就本书宗旨而论,从这一实践深入,也意在开辟基层司法的"法律与文学"的一个后续研究路径。

---

[24] 参见曲颖:《法院建筑的人文解读》,《人民司法》2006年第1期,第60、62页。
[25] 参见张卫平:《建筑与法治理念》,第5页。

二、如何实践

本章讨论的经验样本,是中国基层法院一些法庭空间的活动故事,具体而言,是侧重调解的盖碗茶活动和调解审判并重的法庭家庭化。这些样本的选举,非随意之举,因为,其已被人们熟悉并议论,而且时而可见。

先看盖碗茶活动。其指由盖、碗、船构成沏茶器具的品饮活动。盖需入碗,如此盖既可保温,也可在饮用时阻挡茶叶,或用来细缓拨动茶叶。因为盖的运用,碗倾向于小型。而船则指底盘,其意在承托以避免烫手之不便。㉖ 当然,民间盖碗茶是有变化的,但一般看大同小异。㉗ 整体上说,在基层法院的操作中,盖碗茶是一个物质"核心",还有其他衬托环绕左右,如寓意特别的门窗,涵义多样的桌椅,还有辅助性意向的一些摆设。法官的某些实践正是于其中来展开演绎。

四川成都市浦江县人民法院盖碗茶调解工作室 左梁(四川成都市浦江县人民法院)摄于 2019 年 10 月 18 日

以成都蒲江县人民法院为例。该法院在法院一楼大厅设立了一个"盖碗茶调解室"。其中,一面墙由十二扇活动门板组成,可随意

㉖ 参见王家年:《盖碗与盖碗茶文化》,《贵州茶叶》2015 年第 2 期,第 55—56 页。
㉗ 参见王家年:《盖碗与盖碗茶文化》,第 55—56 页。

打开任何一扇,还有一面墙是竹楠墙,配有多种茶具摆放形态的图片,而茶台上摆放着铁观音、雀舌茶、花毛峰,周围搁置了实木圈椅。㉘ 法官的设想是,十二扇活动门板的意思在于提示当事人,"就算'心有千千结'地走进来,总有一扇大门为你敞开,并让你化解心结走出去"㉙,而竹楠墙,"暗示当事人要有竹一样虚怀若谷的精神"㉚。茶台及圈椅的摆设,包括室内饰品的挂放,则完全是法官结合自己与当地群众交往的经验,总结当地群众喜好的风格及方式来安排的。法官称,个别领导提出的"高大上"建议被"婉拒"了。㉛ 调解及案件的讨论,正是在这样一个以喝茶为中心的具体空间中逐步展开。蒲江县有上千年的种茶史。"一日不喝茶,浑身不自在",为蒲江人的口头禅。法官知道,民间人士沟通交流、商议事务的重要方式即为喝茶,你一言、我一语,矛盾遂解决,而调解,当然可在其中发现新型且贴近地气的施展环境,真正"走进群众心田"㉜。现在看,正如该法院有人概括的,"好多人就是从这里板着脸进来,笑着出去的,然后就撤诉了……盖碗茶调解室是小投入,大收益"㉝。

还应提到,盖碗茶的空间实践又能不断地丰富。以成都市龙泉驿区人民法院为例,十陵人民法庭的法官认为,"空间"的法官性别氛围颇重要,某些家长里短的纠纷让女性法官来解决会事半功倍,成立"女子法庭",更易实现"一张笑脸相迎、一杯热茶暖心、一席话语释怀、一声慢走相送"㉞。这里的法官说,"女性法官总能在细小处发现问题

㉘ 参见夏旭东、刘方祺、刘冰玉:《亲民暖心的"盖碗茶调解室"》,《四川法制报》2015年9月11日,第 B5 版。

㉙ 夏旭东、刘方祺、刘冰玉:《亲民暖心的"盖碗茶调解室"》,第 B5 版。

㉚ 夏旭东、刘方祺、刘冰玉:《亲民暖心的"盖碗茶调解室"》,第 B5 版。

㉛ 参见夏旭东、刘方祺、刘冰玉:《亲民暖心的"盖碗茶调解室"》,第 B5 版。

㉜ 夏旭东、刘方祺、刘冰玉:《亲民暖心的"盖碗茶调解室"》,第 B5 版。

㉝ 夏旭东、刘方祺、刘冰玉:《亲民暖心的"盖碗茶调解室"》,第 B5 版。

㉞ 晨迪、杨永赤:《快速!巡回法庭就设在消协楼上 轻松!摆起盖碗茶调解民事纠纷》,《成都日报》2014年8月26日,第3版。

四川成都市龙泉驿区人民法院十陵法庭谷金燕法官(右三)调解案件 李静(四川成都市龙泉驿区人民法院)摄于2019年11月14日

并帮助解决,柔性司法很受当事人欢迎呢"。㉟ 依然是这个基层法院,另成立了以调解能手、深受当地群众欢迎的罗万龙法官名字命名的"万龙工作室",让平易随和的名称氛围,缓解原有的严肃拘谨的"法庭"感受,在茶饮过程中,更顺利地解决纠纷。㊱ 喝盖碗茶是地方性习俗,有意思的在于基层法官还深知其与当地"能者"的内在关联,常邀请"能者"参与纠纷解决的活动。如新疆昌吉市人民法院大西渠人民法庭,有时会请清真寺理事或村委会主任参与调解,使环境气氛更易凝聚。㊲ 而前面提到的蒲江县人民法院,在家事调解室里又将磨子(碾压谷物成粉浆的农具)放在最容易看到的地方,寓意一个家庭来之不易,亲属之间应该且需要不断地磨合。㊳ 同时,这个法院在调解室旁另

㉟ 晨迪、杨永赤:《快速!巡回法庭就设在消协楼上 轻松!摆起盖碗茶调解民事纠纷》,第3版。

㊱ 参见晨迪、杨永赤:《快速!巡回法庭就设在消协楼上 轻松!摆起盖碗茶调解民事纠纷》,第3版。

㊲ 参见王书林、唐娜、彭涛:《赵瑞琴和她的"盖碗茶"调解室》,《人民法院报》2014年3月18日,第4版。

㊳ 参见陈曦:《四川省蒲江县:诉讼服务也亲民法院有间"盖碗茶调解室"》,载人民网(http://sc.people.com.cn/n/2015/0910/c345509-26323797.html),访问日期:2018年1月12日。

设有母婴休息室和儿童看护室,墙面粉色、窗帘绿色、奶粉、小木马、尿不湿、儿童床、家庭合照,可谓无微不至。法官设想,这样的休息室、看护室是为了使来到法院的当事人能安心、放心,如同在家一样,喝茶的温暖需要潜入到家人。㊴ 如此,基层法院使盖碗茶的"物理空间"实践具有了丰富开放的图景。

特别值得注意的是,盖碗茶实践中,法官扮演了双重的主导角色。其一,传统地依照法律规定负责召集且引导法庭活动的推进;其二,亲自为各方诉讼参加者沏茶送饮,让现场氛围松弛自然。例如,新疆昌吉市人民法院大西渠人民法庭庭长赵瑞琴,作为全国基层司法的模范典型,在"盖碗茶"调解室调解过一起离婚案件。召集当事人来到后,她不仅沏茶捧给当事人,而且指着调解室正面墙上的"和"字说,"和,就是和气、和睦、和谐",与当事人坦诚交流。㊵ 而在调解其他案件时,如果遇到当事人之间僵持不下,赵瑞琴则不断地往茶杯里续水,认真倾听当事人的陈述,脸上总是带着微笑。㊶ 赵瑞琴的一位同事称,"赵庭长就是从回族盖碗茶待客的习俗中得到启发的……用茶台替换法台,和风细雨地与当事人饮茶攀谈,直到解开当事人心里的疙瘩"㊷。显然,从当事人的视角看,盖碗茶的"物理具体空间"由此增添了人物动态的空间元素。

当然,盖碗茶活动,主要针对基层司法中的调解,而调解毕竟只是司法的一部分。因此,需要转向调解审判并重的法庭家庭化。

㊴ 参见夏旭东、刘方祺、刘冰玉:《亲民暖心的"盖碗茶调解室"》,第 B5 版。
㊵ 参见王书林、唐娜、彭涛:《赵瑞琴和她的"盖碗茶"调解室》,《人民法院报》2014 年 3 月 18 日,第 4 版。
㊶ 参见张雷、陈曦、彭江燕、满凯华、马文婷:《喝茶办案:赵瑞琴和她的盖碗茶调解室》,载央广网(http://news.cnr.cn/native/city/20141224/t20141224_517205045.shtml),访问日期:2018 年 1 月 12 日。
㊷ 王书林、唐娜、彭涛:《赵瑞琴和她的"盖碗茶"调解室》,《人民法院报》2014 年 3 月 18 日,第 4 版。

顾名思义,家庭化意指当事人进入法庭时仿佛进入一个家庭。以广西南宁、柳州、防城港、百色、贵港、崇左六个市的十个基层法院为例,作为试点,其法官一般采用会议圆桌开庭,或通过会客厅调解,将"小办公"及家用式桌子或沙发代替传统的审判台。更有意思的是,他们用"丈夫""妻子"等台签,取代"原告""被告"台签,旁边还配有家用的电脑、电视、书柜,借此使法庭的严肃性融入家庭的温馨,缓解当事人紧张对立的情绪。[43] 同样是这些法院的法官,又设立了专门的探视室、心理咨询室、临时庇护所等,进一步让家事案件中的妇女儿童和老人感受到关怀。[44] 另值得注意的例子,为河南焦作市中级人民法院"李玉香家事审判工作室"。该工作室的墙壁和窗帘均为粉色,使人心悦,而法庭布置类似前面提到的圆桌情形,"原告""被告"等法律称谓亦被"丈夫""妻子",还有"儿子""父亲""母亲"所替代。[45] 这间工作室设立了三个功能区——审判区、心理咨询区和保障儿童权益的观察室。[46] 与成都龙泉驿区人民法院相仿,工作室亦认为,清一色的女性法官包括书记员,更适宜家事审判。[47] 再看河南商丘市宁陵县人民法院,该院设立的家事审判法庭,首先配有圆桌、吊灯、沙发,一面墙上是"家事法庭"几个大字,对面墙上则是"家和万事兴"几个字,"原告""被告"的桌签也是"夫""妻""父""母""子"等,甚至选法官时,要求必须是已结婚的,离过婚的不行,35岁以下的不选。[48] 而河南新乡市红旗区人民法院,在家事纠纷审理过程中,有时首先考

---

[43] 参见费文斌:《广西全面推动家事审判改革试点工作》,《人民法院报》2016年4月5日,第1版。
[44] 参见费文斌:《广西全面推动家事审判改革试点工作》,第1版。
[45] 参见韩章云:《河南成立首个家事法庭专断家务事》,载中国新闻网(http://www.chinanews.com/sh/2016/04-21/7843491.shtml),访问日期:2018年1月12日。
[46] 参见韩章云:《河南成立首个家事法庭专断家务事》,访问日期:2018年1月12日。
[47] 参见韩章云:《河南成立首个家事法庭专断家务事》,访问日期:2018年1月12日。
[48] 参见段伟朵、赵栋梁:《这个法庭不寻常用心裁判家务事:河南首个家事法庭两年审案600余件》,《大河报》2016年4月7日,第A09版。

虑的就是让当事人看电影、品茶香，以营造打动感情的惬意氛围。㊾

正是在法庭空间的家庭化中，法官的自我角色定位是多重的。广西基层法官认为，在法官身上，“人民法官讲法律”和“妇联干部讲情理”两条路线可联动起来，甚至你中有我、我中有你。㊿ 河南省广受欢迎的李香玉法官相信，法官首先应该讲“公心”，但法官同样可以胸怀“爱心、耐心、细心、交心”。这位法官，将不同的社会角色应具有的工作态度融合起来，称之为五心工作法，并指出，“家事审判不是简单的你输我赢，也不是黑白分明的谁对谁错”，而清一色女法官的“娘子军”可以极佳体现角色多重的功效。(51) 宁陵县法官类似地说，审判调解时，完全可凭借“女性优势”同时展开“课堂式”的亲情文化教育，拉家常式地调节法庭氛围。(52)

总体看，上述基层法院的法庭空间实践，是在如下四个方面展开的：第一，调整法庭中心空间的物理人文之搭配，从而形成新颖的法庭中心空间的感知体验。第二，将法庭中心空间和外部辅助空间结合起来，视后者为前者的必要补充，进一步建立法庭内和法庭外的感知体验的连续性。第三，充分利用静态元素和动态元素的互助机制，激活法庭空间的感知体验的循环往复。第四，借助社会角色和性别的差异，以增进感知体验的弹性。

这四个方面的核心是“亲近融洽”。

㊾ 参见刘子阳：《全国百佳法院试点家事审判改革：家事案注重感情修复不再“一判了之”》，《法制日报》2016年9月16日，第3版。

㊿ 参见费文斌：《广西全面推动家事审判改革试点工作》，《人民法院报》2016年4月5日，第1版。

(51) 参见韩章云：《河南成立首个家事法庭专断家务事》，访问日期：2018年1月12日。

(52) 参见段伟朵、赵栋梁：《这个法庭不寻常用心裁判家务事：河南首个家事法庭两年审案600余件》，第A09版。

三、为何实践

首先有一点颇明确,也颇有趣。这些法庭如此"偏离现代法庭空间建设标准"的实践,原因不在于财力、物力是有限的,如同某些基层的边远贫困地区。能够营造如此丰富且颇为考究的具体物理人员空间,说明也能依照现代标准的法庭空间理念加以构建。但这些法庭为何却做出不一样的努力?

第一种可想到的解释,即为人们普遍知晓的制度动力。对基层法院的法官而言,存在太多的理由,使其努力在司法的初始阶段去"迎合当事人"以解决纠纷。例如,无上诉便能结案,无上访便能轻松地完成"维护稳定的政治任务",更有甚者,如果获得当事人的高度赞扬,会使法官无论是在体制内还是在体制外都能获得实在的"职业收益",或被评为模范而晋升,或被称为"好法官"而获点赞,同时,所在法庭及法院亦会备受颂扬。[53] 上述所有的法官实践,似乎都存在这样的动力图谱。必须承认,制度动力是重要的,对大多数法官同为根本。但这种解释并不全面。因为,制度动力在此暗喻法官利己的自我理性选择,而在某些法官的行动中,我们却未必仅能看到这种选择,这便表明另外的选择也在发挥作用。能发觉法官在上述法庭的系列"具体空间塑造"所做出的努力,便存在有别于利己"自我理性选择"的内容。基层法官关心自我得失,同时,似乎也在关心他者,比如当事人的得失,其中实际上包含了一种利己利他交融的理念认识和践行。

第二种解释则是人们更容易想到的"司法为民"。像熟悉的话

---

[53] 学者对此已多有分析阐述。参见宁静波:《法官与法院的产出效率:问题与对策——基于基层法院的实证分析》,《山东师范大学学报(人文社会科学版)》2013年第3期,第121页。

语,"心里装着群众""为群众解决困难",由此体现人民司法的初衷和立场。这种解释,自然是可成立的,也需要支持,但依然略显笼统。"司法为民"作为一种意识形态,是思想感召、方向追求,亦为情绪激励,然而其中并不必然包含对在具体语境中如何策略化、实操化的工具考量。更重要的是,在不同语境及不同条件下,可能还需要差异化的行动要旨。此外,即使心怀"司法为民",也未必会出现有益有效的行动结果。还有争议的则是,构建标准化现代基层法庭空间同样未必不是"司法为民"。如此,便应看到,这一意识形态自然要求另外的理念作为必要的协调补充。能体会上述法庭在系列"具体环境塑造"中做出的努力,不是没有深思熟虑的,法官们表达了"布局走心",其有益有效之中包含了对一种鲜活理念的体会和拿捏。

当然,直接的批评也更为可能。或许有人认为,上述法庭如此,乃明显地偏离了现代法庭环境建设的用意,更遑论推进标准的现代司法之宏愿。[54] 这种批评的动机同样可以理解。回顾中国基层法庭空间的建设过程,大趋势是十分清晰的,即不断改变简陋、简易、随意、随性的状态。人们亦更多地认为,法庭的"具体空间塑造",无论是用于调解还是审判,应朝向树立权威、彰显肃穆、令人敬畏的目标推进。[55] 从二三十年的历史看,这种趋势和设想,的确使中国基层法庭的建设获益匪浅,亦使中国的基层司法有了较大改善,同时,也贴近了一般社会公众心目中的"法庭认同"。但这一批评还是存有疏漏。其最主要的问题,在于用宏观单一的视角消融了微观多元的视角。可发觉,大多数基层法庭环境需要一种趋同化的模式,但这并不意味着,每一个基层法庭环境必须如此。其原因颇简明,趋同化的模式并不能保证获得

---

[54] 其实对基层司法的努力,批判常见。
[55] 参见姚建宗:《法治:符号、仪式及其意义》,《河南政法干部管理学院学报》2000年第2期,第52—53页。

趋同化的效果。没有人会否认现代标准化基层法庭空间建设的意义,然而,具体到特定的某个"基层法庭空间",人们会发现,其带来的司法收益可能会是复杂的,不能用"都会如何"来预期。

因此,讨论需深入。

在前面基层法庭空间建设的样本中,有一个现象需要思考。法官总会关注进入法庭的当事人会有怎样的感受,并尝试改变当事人原来设想的法庭形象,营造差异化的微观环境。摆上盖碗茶,端茶续水,显然,法官是想让当事人体验一种新的法庭场景。而当法官在四壁墙上挂上颇富隐喻的竹子图画,镶嵌类似隐喻的活动门板,写上"和"字,布置舒适的圈椅、沙发、吊灯、圆桌,摆放"磨子",换上"丈夫""妻子""子女""父母"的台签,物体着上温馨的颜色,他们显然亦在期待,深化当事人"新法庭"的异样空间感觉。进一步,必要时,女性法官或社会贤达人士的出现,不仅使静态的空间增添新的视觉元素,而且本身即为动态环境的情绪添附。此外,法官的意识中,母婴休息室、儿童看护室,还有心理咨询室、临时庇护所等,均可以成为新型具体空间的延伸,由此,"新法庭"的异样环境具有可以令人感觉舒心的连续性。

河南省高级人民法院副院长史小红(右一)在焦作市中级人民法院院长李玉杰(右二)的陪同下调研"李玉香家事审判工作室",并现场观摩家事审判。李玉香法官(左三)与当事人耐心沟通 刘建章(河南焦作市中级人民法院)摄于2016年4月21日

反之,法官进入这种空间,也会在某种程度上改变对自我身份的理解。当看到有别于等级化的桌椅摆放,还可以茶叙话情,身处圈椅、圆桌、沙发中,法官会心情放松并释放"设身处地为当事人着想"的意愿,柔化"法官形象"。而作为法庭的中心角色,法官以如此方式丰富"形象"的多样性,会使当事人与法官的关系呈现生动的善意交流。这本身亦会添加微观法庭空间的新元素。

显然,这里能看到一种复杂的"感受相互性"的概念,其为上述基层法官所洞察、体验和推动。所谓"感受相互性",意指参与某一活动的各方主体,总会不知不觉地重视、反馈、交换彼此微观的感知获得,并从这种获得中不断作出必要的调整。这一"相互性"传递了一个信息,这就是亲和力(主要由法官表达)应该贯穿始终,但亲和力却不是单方面的施与,而是互动凝聚。因此,法官在新的微观环境中,有意收敛了"裁断之官"的威严,在依然享有对话主导权之际也在示意"平等的对话权利"。与此相对,当事人提升了主体权利的自信,且在依然晓面对的是"裁断之官"的时候,启动了"踊跃参与对话"的情绪。也因此,感知、感觉、认识的互通有无随之建立,"亲和力"随之实现。

如果这种"相互性"是真实的,则可发现,无论是对制度动力的思考,还是对"司法为民"的判断,当然包括直接批评的态度,其中,包含的或多或少却是"单向性"的概念。"单向性"意味着,对基层法庭空间的总体思路是从法官出发,以法官为核心,是"从法官到当事人",而无回溯。这是自上而下的,不是"彼此共同"。

在前述基层法庭空间建设中,还能发觉一种"环境重叠"的概念,其为基层法官所领悟、思考和实践。所谓"环境重叠",是说原本属于单一特性的空间被赋予了多种的特性。通常情况下,法庭与民居客厅、母婴室、阅览室等是不同的,各有其功能属性,人们也正是基于功能的差异需要,而将其分类。但在某些情况下,在一个主要功能中配置其他功能,适度融合不同的环境特性,亦可以增进不同功能的效果,使人深感惬意。这就是为什么我们有时可在办公室里看到花草种植,在餐厅里,看到壁画装潢,在健身房里,听到音乐播放,而在游戏室里,感到灯光绚丽……其实,在很多领域,我们完全可发现越来越多的对"环境重叠"的追求,人们乐在其中。显然,上述法院的法庭,其环境的主要特性依然是存在的,但法官移入了不同的环境属性,于是进入法庭后的当事人既能够享受多种环境的功能,又能提高对法庭裁判属性的接受程度,叠加的正面效应,显而易见。

这里又可发现,制度动力的思考、"司法为民"的判断和直接批评的态度,实际上或多或少地预设并固守了"环境单一"的理念。法庭就是法庭,这里只有安静、严肃、端坐、直视,周边环绕的只能是纯色高墙、方正摆设、威式制服和性别硬朗的人物。这是断然裁切,不是"包容多样"。

毋庸置疑,上述基层法庭的法官,在职业空间和他类空间如日常生活的空间之间,开拓了一种新型理解,析出了一种辩证方式。而他们之所以如此,或具体言之,所以展示了"感受相互性"和"环境重叠"的概念,是因为自己拥有对微观反思性的态度和展望,同时,自己亦需要建构更具有活力、更具有针对性,进而能够更有效地解决具体问题的司法环境。

四、法庭还是"家庭"

中国基层法庭空间,其另类实践的重要特点在于隐含了"家庭"的寓意。实际上,"感受相互性"和"环境重叠"的语词,也从某个角度指向了"家庭"。于是,一个追问便应提出:为什么大多数人及法学理论的一般理解会认为法庭只能具有自己独特的空间样式,不仅法庭,而且民居客厅、母婴室、阅览室及办公室、餐厅、健身房、游戏室等，亦如此？如果将上述基层法庭的所作所为视为“着力家庭化”，则追问可转为：大多数人还有法学理论的一般认识为何容易走向“法庭就只能有法庭的样子”，或“法庭不能混淆其他尤其是家庭”（上述基层法庭似乎是混同，特别是家庭）的思路？进一步，这样认为或这种思路存在什么问题？

首先，看到具体空间，讨论其特性，一般人包括法学理论的一般认识，实际上总是站在一个“客观视角”。这种“客观视角”暗示一个要点，即认识者自身通常没有将利益、情感、需求置于其中。比如，询问大多数路人，“法庭应该是何种样子”，及“家庭应该是何种样子”，这些路人，因为没有即时的利益、情感、需求投入，故回答极易是“法庭应威严，体现理性和权威”，“家庭应温馨，体现情感和互爱”。这种回答，通常源自一般化的知识传授，或得自于自己观察性的经验感知。“客观视角”，正像当代法学理论已讨论的，因为没有“参与”和“自我实践”的情景元素(56)，倾向于对观察对象自在属性的大致认定，将观察对象的复杂性隐去不论。

这意味着，如果真正进入法庭或家庭，“客观视角”转换为“主体实践”的视角，具体而言，融入即时的利益、情感、需求，情况或许会发生变化。有人当然可能还会认为“法庭只能是威严”“家庭就应温馨”；但也有人会疑惑，“为什么，法庭必须是衙门式的，而毫无温情可言？”“为什么，家庭必须是温馨的，而没有严父虎妈？”主体实践的视角，裹挟了利益、情感、需求，显然会使关于“法庭”及“家庭”的知识或感知出现分化，既会保持甚至更严格区分两者，也会将两者互融，甚至将两者置换，且觉得应该如此。

(56) Ronald Dworkin, *Law's Empire*. Cambridge: Harvard University Press, 1986, pp.13-14.

河南商丘市宁陵县人民法院法官在家事客厅里开庭调解案件
边丽娜(河南商丘市宁陵县人民法院)摄于2016年6月28日

当然,无法否认,"客观视角"中的对象属性知识或经验感知和某类"主体实践"的视角体验,存在勾连关系,其为某类"主体实践"视角认知的真实表达,亦可谓之这类身份视角的利益、情感、需求的体现。但勾连关系,一般仅揭示一种"初始性",此如同建造一个房子,初始指向了"居住",没有其他。因此,建造法庭,最初的主体实践视角中的利益、情感、需求自然朝向了庄重、威严、等级(裁判者最高)以利于中立权威裁决的一面;而建造家庭,则自然朝向了和谐、互助、亲爱以利于共处一隅相互依赖的一面。"初始性"的存在,最易形成"客观视角"的对象属性知识或经验感知,亦为其"锚定效应"之根源。⑤⑦ 然而,即使如此,更应该看到"初始性"概念的存在无法阻碍"后续性"现象的产生。建造房子的最初目的是为了"居住",可无法阻碍后来人们发觉"房子"可用来会客、聚友、阅览,还可以用来工作、健身、游戏,当作教书学习的地方,当作商品进行买卖牟利,自然还有当作"裁判是非曲直"的场所——法庭。因此,"客观视角",实际上不自觉固执地捆绑了一个对象的"初始性"。一旦发现并接受"后续性"的概念,问题便会

---

⑤⑦ 参见[美]保罗·贝尔、托马斯·格林、杰佛瑞·费希尔、安德鲁·鲍姆:《环境心理学》(第5版),第39—40页。

变得复杂。

其次，正是因为容易站在“客观视角”，一般人，包括法学理论的一般认识，会用“主要如何”来框定所指对象，亦即将区别于“客观视角”的其他“主体实践”视角的复杂化和多样性，视为次要、附带、边缘的；进而认为，其他“主体实践”视角自然存在，但在法律领域总需要一种社会功利主义来处理“客观视角”的主要问题，否则，难以接受或放任源于次要、附带、边缘之解决而来的无限制成本支出。(58) 以“主要”来定义，并清晰地分开法庭和家庭，构建不同的具体微观空间，恰是“主要”面对和处理不同的社会问题。

强调“主要”，为稳健的姿态。但是，又需注意，所谓“主要”是何种层面、角度的“主要”，谁之“主要”。回到本章的实践样本。基层法官的法庭空间构建努力主要集中在针对某类案件的审理，如邻里、家事纠纷。显然，即使是基层司法，遇到的案件类型亦为多种多样，邻里、家事纠纷仅是其中的一部分。如果将各种类型案件视为“全部”，邻里、家事纠纷也许是其中的“小部分”，由此，也就可能变为“次要”“附带”“边缘”。但反之，将邻里、家事纠纷视为一类，则在该类中论及同样的“次要”“附带”“边缘”，便有疑问，甚至如果真要论及，在其他类型案件中的“主要”却可能成为这类案件中的“次要”，例如，一般的小额借贷纠纷。因此，在邻里、家事纠纷这个“类”中，便存在一种可讨论的“基本关系”。也因此，基层法官的法庭空间构建努力，随之也能成为一种层面、角度上的“主要”。

实际上，深入至上述关于法庭空间概念理解的“后续性”现象，细致分辨走进法庭之后，包括之初，当事人的心理预期和感知反映的多样性，包括法官可能的心理反馈和互动，并设身处地地为当

---

(58) 支出本身因为过度可能还会失去正当性。See Richard A. Epstein, *Simple Rules for a Complex World*. Cambridge: Harvard University Press, 1995, p.99.

事人考虑,空间层面的法庭和家庭的某种潜在的逻辑关联能够显出端倪。

毫无疑问,最初走进法庭,将起诉状或答辩状交给法院,当事人希望的基本上正是法官可以或必须给予理性权威的裁断,给予"公道",而法庭的具体空间,随之最容易被期待为肃静、庄重、有力、摆设齐整、"男性特征"(社会文化意义的而非生理的)明显。而法官亦会认为职责在身,不容随意,乐见法庭空间可随之匹配成沉着、明睿、中立、摆设(如法槌、台签)正式、人员伟岸(法官高坐或法警高大)。这是类似上述"初始性"的效应问题。但当事人进入法庭后,心理、心情、思绪、感受可能颇复杂,既会坦然,也会忐忑,既会冷静,也会焦躁,既会充满信任,也会心怀疑虑,既会展示自信也会期待关爱,这种复杂情感时而还是动态的。甚至有些当事人在最初进入法庭时,因为案件纠纷的严重、长期争议引发的恐惧疲惫,就会忐忑、焦躁、心怀疑虑、期待关爱。重庆市大渡口区人民法院一位法官曾说,其审理的一桩离婚纠纷案,女当事人开庭时,"为了消除对法庭的恐惧感,竟然一口气邀请了十几位姐妹来旁听,其实她就是担心男方在法庭上说话不算话,也担心男方及其亲属在法庭上殴打辱骂自己"[59]。这里,便存在类似上述"后续性"现象的问题。对法官而言,同样会从类似的"初始性"进入类似的"后续性",如开始时沉稳,后来会因为案情曲折,或当事人缠讼,变得难耐其烦。如果此为真实,转换具体空间的模式,化肃静为暖声,化庄重为亲近,化有力为柔和,化摆设齐整为装点多彩,甚至化"男性特征"明显为女性温馨氛围伴随,以利友善的互动,不仅对当事人而且对法官就有真实的价值。其中,不是简单实用主义的随机应变、避实就虚可以解释的,相反,包含应势明辨的潜在智识。

---

[59] 刘勋:《庭审老照片见证法治进步不断前行》,载法制网(http://www.legaldaily.com.cn/commentary/content/2017-10/05/content_7335446.htm?node=34251),访问日期:2018年1月12日。

由此,我们便能发觉法庭和家庭的某种场合的空间属性叠加之必要及"感受相互性"的添附之必要。不言而喻,前述样本中的基层法官,当然知道法庭具体空间还是法庭,亦知晓家庭具体空间总归是家庭。但他们更能理解,在特定的人际关系和情绪结构中,法庭具体空间属性和家庭具体空间属性可以融合起来。其原因,在于法庭情景的期待和家庭情景的期待,时有可能相互交叉,正如许多情况下,各类期待完全可能相互交叉流动而未必仅是单一的,也如环境心理学不断强调的,面对具体空间,人之过去经验和当下感受总会相互传递。[60] 更重要的是,基层法官能够理解,不同期待背后是利益、情感、需求的不同,包含他者的希望,这很难也不应该断然拒斥。

五、女性、社会"能者"及法官的附加举止

家庭的概念,寓意着女性、亲近成员和温和举止的必要,故讨论,需延伸至样本中提到的女性法官走前、社会"能者"出现及法官的附加行为举止活跃。前述样本中,针对邻里、家事纠纷,法院会挑选一定年龄的女性法官主导法庭过程,甚至设立"女子法庭",邀请诸如清真寺理事或村委会主任等社会"能者"参与庭审。而饮茶过程中,像颇受群众欢迎的赵瑞琴、李香玉等法官,总会端茶续水、话引家常。这可认为是有趣的"家庭"化物理环境的"空间"互补,更可认为是此类环境的舒展。因为,如第一节所述,当事人进入法庭,映入眼帘的除物品摆设外,自然还有法官的性别形象、身份显示、面孔变化、微观举动,这些均会相互作用、彼此支撑。

---

[60] [美]保罗·贝尔、托马斯·格林、杰佛瑞·费希尔、安德鲁·鲍姆:《环境心理学》(第5版),第57页。

新疆昌吉市人民法院赵瑞琴法官(居中)在盖碗茶调解室案件主持调解 新疆昌吉市人民法院提供,摄于2013年3月29日

相对男子,女子形象释放的具体空间信息一般会更加丰富,并因此而使人感到较温馨。社会心理学的研究已表明,性别的特殊条件,使女性形象及其非言语行为在社会情绪的协调方面更具有优势。[61]同时,对非言语线索的理解,女性要比男性更准确,因而更善于愉快心情的传递和沟通。[62] 女性还易具有"同理心"(例如,为他人的喜悦而高兴)[63],而人们易"向女性倾诉自己的喜怒哀乐"。[64] 因此,生活中,我们容易在某些需要柔暖氛围的职业领域,如医护、幼教、接待,多看到女性的身影。显然,面对邻里、家事纠纷,当事者往往理性与感情相互交织,既会理性思考判断是非曲直,也会出现感情焦虑的情况,且情绪方向不稳定。在此,处理纠纷的法官理性正是需要情感的柔性协助,而女性法官,尤其是年龄适当并有经验的女性法官,天然具备了这

---

[61] [美]戴维·迈尔斯:《社会心理学》(第11版),第158、165页。
[62] 参见[美]戴维·迈尔斯:《社会心理学》(第11版),第165页。
[63] 参见[美]戴维·迈尔斯:《社会心理学》(第11版),第164页。
[64] [美]戴维·迈尔斯:《社会心理学》(第11版),第165页。

样的素质，更可能提供情感的建议和鼓励。(65) 女性法官，甚至有时无需语言表达仅展现外在"具体空间意义"的温馨形象，即可舒缓当事人的焦虑及情绪。(66) 还有则是，法官具有权力的身份，这种身份，在女性身上可巧妙地融入温馨形象，使其刚柔并济，在对当事人进行各种理性谋划释放心理干预之际俘获当事人需要慰藉的心灵。(67) 正源于此，成都市龙泉驿区人民法院的法官感叹，女性法官能在细微处发现问题且帮助解决问题，柔性司法很受当事人的欢迎。而新疆昌吉市人民法院法官盛赞赵瑞琴法官言语如"和风细雨"……其实，这些感叹、盛赞，显然不是偶然的有感而发，而是意在表达女性法官的某种"比较优势"。也源于此，基层法院的努力，不是简单的女权主义在法律职业中拓展"领地"，宣示女性法律管理的"主权"，而是凭借对法庭心理如何演化的深入领悟，来辩证地重构法律场域的性别格局。通过这样的努力，基层法院实际上从侧面悄悄地质询了法庭冷峻理性独霸的合法性，为法庭具体空间的逻辑内涵，特别是情感氛围的适度营造，提供了新的理解可能。

与此相近，社会"能者"进入法庭或独自主导纠纷的解决，在法社会学的视野中历来是有意思的问题。(68) 相对于法官，由于长期的社区关联性与合作纽带，加之社区权力关系历史集体记忆的延续，及社会大家庭（特定社区）和自然小家庭的心理意象容易自然接融，社会"能

(65) 女性更易如此。参见［美］S. E. Taylor、L. A. Peplau、D. O. Sears：《社会心理学》（第十版），谢晓非、谢冬梅、张怡玲、郭铁元、陈曦、王丽、郑蕊译，北京：北京大学出版社，2004 年，第 368 页；［美］戴维·迈尔斯：《社会心理学》（第 11 版），第 163 页。

(66) *See* Eve Spangler, Marsha A. Gordon and Ronald M. Pipkin, "Token Women: An Empirical Test of Kanter's Hypothesis", *American Journal of Sociology*. Vol.84, No.1 (Jul., 1978), pp.160-170.

(67) 关于中国女性法官的一个深入研究，参见方乐：《司法经验中的生活体验——从典型女性法官形象切入》，《法制与社会发展》2012 年第 5 期，第 28—46 页。社会心理学的研究，参见［美］戴维·迈尔斯：《社会心理学》（第 11 版），第 197—200 页。

(68) 此类研究较多。参见范愉：《委托调解比较研究——兼论先行调解》，《清华法学》2013 年第 3 期，第 58 页，注释［1］。

者"在法庭上会使当事人较为放松,且容易使其降低不必要的警惕,也更为容易洞察纠纷的来龙去脉,破解纠纷的关键症结。同时,社会"能者"亦能较顺利地疏通当事人的对立思路,替法庭分担当事人的情绪压力;其形象能够与法官形象形成"社会与法律共显"的法庭空间体验,以使当事人甚至社会旁观者感受"法院并非如此遥远",其在身边,并且贴近心绪,由此,增添当事人解决纠纷的意愿和动力。依此看,样本中,基层法院无论是聘请清真寺理事、村委会主任,还是成立充盈社会"能者"意象色彩的"万龙工作室",其努力,等于是将"大"而"广袤"的法律社会互融空间转化为"小"而"具体"的空间,使纠纷或案件因为这种法庭具体环境的"小"而"具体",变成更可触摸、更直接的调整对象。可发觉,当事人最初进入法庭,总会由于法律氛围与原有自处社会氛围的不同而存在空间不适感,亦会因为陌生而谨小慎微,甚至出现意志脆弱,有时,还会缘此减弱呈辩事实及法律意见的心理动力,淡化无论理性化或感性化的解决纠纷的意愿。相反,发现了法官,还发现了自己熟悉的社会"能者",他们坐在一起,当事人的心理便可能有些许不同,可能愿意更多地陈述、倾听甚至接受来自法庭的解决意见。在此,作为形象表达的社会"能者"就具有了积极的意义。[69] 可指出,上述基层法院实际上延续并发展了法律来自社会也需重归或融入社会的思想理念,而所谓发展,在这里便是"具体空间含义"的叠加。

一般理解,就法庭而言,法律叙述之外的行为举止似乎不甚重要。进入法庭,当事人的注意力自然易集中于自己、对方以及法官想什么、说什么。但行为举止的视觉印象,依然会潜移默化地发挥作用,并以

---

[69] 当然,社会心理学研究表明,特定领域或区域的"权威"较之一般人更易产生"说服"的影响。参见[美]戴维·迈尔斯:《社会心理学》(第11版),第237页。因此,"能者"在此还有潜在权威影响的因素。

颇自然的方式,辅助法律的叙述。如本章开始所暗示的,日常生活中人们深知,言语与举止存在或协调或矛盾进而会对言语和言者表象产生重要的影响。最明显的例子可能就是演讲、交谈、劝说。人们也完全知道,言语表达内容一样的时候,语气、动作、表情等存在差异即为关键所在,决定了表达影响力的强弱。[70] 因此,法庭上试图与当事人沟通,甚至说服当事人,或使当事人接受法庭的意见,法官辅助性的行为举止便有了题中之意。从这一角度看,样本中法庭上法官端茶续水、圆桌对坐、握手寒暄,特别是赵瑞琴法官还时时微笑倾听,其意义颇重要。[71] 他们的行为举止,形成了一种感染的来源,构成了一种促进纠纷解决的融洽气氛,而最需注意的,则是其本身演绎了一个动态无框化的微型空间,营造了家庭化的延伸,使当事人自然地不断面对并置身其中。这种微型空间蕴含或传达着意向、态度,有时甚至展示了更重要的价值倾向,使当事人明白、体会法庭的用心,并被打动,从而对法庭呈现自然的积极回应。在此,前述基层法院实际上提示了,如需要当事人更好地配合法庭完成法律程序,除了理性、正式、严肃,或许还有本身即来自日常生活、但被忽略意义的感性、随意、轻松等其他途径。亦在此,法庭的具体空间可以使我们萌发新的想象。

当然,无论性别格局的重建、人物式"法律与社会"的收缩再融合,还是无框化"小行动"的表现,在本章中,与深入讨论的淡化等级、增加感受互往,及构筑属性叠加的物化空间有着彼此支持和呼应的关系,亦可谓是后者的另类展开或拓宽。也因此,我们更容易深入理解法官为何会说:"一张笑脸相迎、一杯热茶暖心、一席话语释怀、一声慢走相送。"就此而言,我们也许尤为需要反复地体验、思考甚至尊重当

---

[70] 参见孙科炎、程丽平:《沟通心理学》,北京:中国电力出版社,2012年,第103页。
[71] 社会心理学研究表明,女性的微笑更重要且更有效果。参见[美]戴维·迈尔斯:《社会心理学》(第11版),第164页。

事人感受中的"法庭空间"的复杂及多样,在这种感受中,发现并反复定义"法庭空间"的形态、意蕴和取舍,增进对这种空间的深入思考和把握。我们甚至有必要认为,"法庭空间"不仅含有静的部分,而且含有动的部分,而在法律中将动的部分视为空间,在动静之间建立融贯性,其意义恰是在于深化对当事人的视角、认知、反应的洞察,体会之中本身便存在的连续性。不难想见,一旦进入法庭,当事人看到静的空间就会对动的空间有所期待,看到动的空间亦会反过来认定静的空间,或肯定或否定[72],其中视觉信息总会相互增补,甚至有时动的空间信息流动还有更多的重要性[73]。进一步,作为法庭主导者的法官,便会同时也应该有所调整,惠及法庭的法律过程。

六、法庭具体空间属性多样与"审理正确"

现在,需讨论一个棘手的问题:法庭空间属性某种程度的"丰富多彩"与司法追求的"审理正确",其关系怎样?

"审理正确",意味着法官尊重证据和法律事实,依照法律规定,一丝不苟地作出裁判。如果法庭空间属性因复杂多样而使"正确"问题变得模糊起来,甚至远去,本身即会遭遇莫大的质疑。人们对法庭空间属性的初始设想,如庄严、肃穆、等级、有力、"男性特征",包括举止干练简洁,无一不是为了"权威"。正像有学者所说,"使用符号,诸如教堂一样的大理石法院建筑、法袍、座位高低,有助于加强作为非政治化政府机构的司法的合法性"[74];"法官穿着法袍,头戴假发,在案件

---

[72] 其实心理学"强化"理论对此已有研究,参见[美]保罗·贝尔、托马斯·格林、杰佛瑞·费希尔、安德鲁·鲍姆:《环境心理学》(第5版),第49、52页。

[73] 毕竟动的因素较易吸引人的注意力。[美]S. E. Taylor、L. A. Peplau、D. O. Sears:《社会心理学》(第十版),第352页。

[74] Christopher E. Smith, "Law and Symbolism", *Detroit of College of Law at Michigan University Law Review*. 1997, pp.936-937.

审理过程中敲响法槌,运用法言法语来裁断,这些符号共同向人们表达了法律的权威和独立行使审判权的法制价值,也使人们感受到法律是公平、正义的"⑦。而权威之建构、公平之感受,其目的,正在于使所有法庭活动参与者出现敬畏之心、虔诚之意,面对证据、法律事实和法律规定毫无隐匿⑦,最终,有助于实现司法的"审理正确"。故建筑装饰学界,通常乐意附和并重复两个前提思想⑦:第一,法庭空间展示了一种仪式,其中,布局和位置预示了社会分层和身份差异,如原被告、检察起诉方、法官、陪审团、陪审员、证人、旁听者的身份不同,且这种仪式强调的是分层和差异的必要性,类似"剧场效果"⑦。第二,因为严肃性、庄严性是核心概念,如此,社会的微观控制得以实现,心理层面的意识形态规训得以实现,而法庭得以"没有偏差"地审理裁判。⑦

如果传统观点成立,在"正确"这一层面,对前述基层法官努力使法庭空间属性多样化的逻辑,人们就会疑窦丛生。即使进入这样的法庭空间,参与者心情舒畅、体贴互惠,且环境氛围兼顾了不同的利益、情感、需求,但无法实现"正确",仅多方相互妥协以促纠纷解决,那么,在法律上的意义势必仍会出现折扣。甚至从根本上可得出"法庭多余"的结论。

---

⑦ 佟金玲:《司法仪式研究》,博士论文(2011年),载《中国博士学位论文全文数据库》,第30页。

⑦ Robert A. Kessler, "The Psychological Effects of the Judicial Robe", *American Iamgo*. Vol.19, No.1 (Spring, 1962), pp.49-59.

⑦ 参见屈浩然、寿民:《法院建筑设计(下)——法院建筑的性格》,载中国建筑工业出版社《建筑师》编辑部编《建筑师21》,北京:中国建筑工业出版社,1985年,第118—122页;[英]Quentin Dickard(编著):《建筑师手册》,曹娟、商振东译,北京:中国林业出版社,2010年,第261—264页;[德]布克哈德·弗勒利希(BurkhardFrohlich)(编):《混凝土建筑设计与施工》,姚蕊译,北京:中国电力出版社,2006年,第4—12页。

⑦ Judy Rudal, "What was Behind me Now Faces me: Performance, Staging, and Technology in the Court of Law", in Synne Bull and Marit Paasche (eds.), *Urban Image: Unruly Desires in Film and Architecture*. Berlin: Sternberg Press, 2011, p.122.

⑦ Julienne Hanson, "The Architecture of Justice: Iconography and Space Configuration in the English Law Court Building", *Architectural Research Quarterly*. Vol.1, Iss.4 (Summer, 1996), pp.57-58.

为清晰说明这一问题,有必要再进入具体情境。前述样本中,我们可以大致作出一个判断:坐在圆形的盖碗茶桌前,看到四壁都有寓意的饰物,面对"父亲""母亲""儿子""女儿"等替代"原被告"的台签,和柔性的女性法官交流,甚至发现隔壁还有母婴室、游戏室等,有时还可以先看电影,法官的附加举止体贴入微,当事人只要具备基本的善解之心就会增加对法庭空间的认同[80],进一步,信任法官的法庭调解裁判之引导,及更愿意将真实的忧虑、担心、困惑、想法、诉求和盘托出,以利法官将庭审推向"正确"解决的路径。[81] 实际情况,亦为如此。一位当事人就曾说过,面对"盖碗茶"的法庭微观空间和法官"没有官味"的端茶续水,"感觉很奇妙,就像小时候看到街坊邻居在路边的茶馆处理事情、解决矛盾一样,没有压力,很轻松"[82]。这里,包含了一个旨趣,如果当事人与当事人之间、当事人和法官之间,能够通过轻松、友善、真诚的交流,使之作为纠纷解决的铺垫,并使得案情原委得以顺利地揭示,且由此使各方认清并认可调解裁判的合理方案,那么,法庭空间原本期待的"理性""权威",亦能够较顺畅地实现,甚至可能更顺畅。社会心理学的研究提示,"好心情"和"法律说服"的好结果,完全可能存在关联。[83]

在此,一个微妙的要害需澄清。对当事人而言,等级威严的法庭空间和样本中的法庭空间,其共同点,在于均为"公权力场域",即当事人不会忘却他们所处的始终是"权力宣示场所"——法院。其中,法官始终是权力掌握者。以此为前提,如果一种场合空间氛围冷峻,法官面无悦色,一种场合空间氛围和暖,法官面带微笑,当然让当事人感觉

---

[80] 已有社会心理学研究表明,希望使自己显得友好的人会缩短与他人之间距离。参见[美]S. E. Taylor、L. A. Peplau、D. O. Sears:《社会心理学》(第十版),第88页。

[81] 参见孙科炎、程丽平:《沟通心理学》,北京:中国电力出版社,2012年,第116—118页。

[82] 晨迪、杨永赤:《快速!巡回法庭就设在消协楼上 轻松!摆起盖碗茶调解民事纠纷》,《成都日报》2014年8月26日,第3版。

[83] 参见[美]戴维·迈尔斯:《社会心理学》(第11版),第234—235页。

到是真诚的;那么,同样对当事人而言何者更能够挥发"理性""权威"？一般来看,期待安全的个体心理或社会心理,会使真诚的和暖及温馨更能够发挥感化的作用,这种和暖及温馨,不仅柔化了威慑,保证了安全,而且增加了信任和鼓励,还有协作的激励。[84] 因此,"没有压力,很轻松",还有"板着脸进来,笑着脸走出",这些样本中的用语,自然表达了"权力宣示场所"包括法官变得更可信赖的心态,进一步,使其显得更"理性""权威"。[85] 也因此,只要当事人具备基本的善解之心,前述样本中的法庭空间构建的努力在"审理正确"问题上,结果或许更乐观。

是否凡进入法庭的当事人均具备基本的善解之心？显然,答案不确定。走进法庭,掀起或卷入诉讼,既有霍姆斯(Oliver W. Holmes)说的"坏人",他们预测甚至利用诉讼[86],也有冷峻而且对相互理解没有兴趣和意愿之人。但应注意,这里讨论的是某类法庭空间构建的问题,其对应的是某类当事人,更具体地说是邻里、家事纠纷的当事人。通常而言,具有邻里、家事关系的当事者,在这类关系中多少已投入了情感、诚意,或说付出了一定的感情投资,他们之间的关系因此总是包含了感情元素,与其他关系如纯粹合同、偶发侵权等存在较大的差别。正因为总是拥有了感情元素,这类当事人,一般易具备或即时产生基本的善解之心。[87] 也因此,本章强调的"审理正确"更乐观是有限定的,有特定对象作为的前提。

众所周知,现代法庭空间构建样式的一个重要渊源是西方化的法庭。建筑装饰学界一般认为,这种法庭与西方的宗教关系密切,具体

---

[84] 参见孙科炎、程丽平:《沟通心理学》,第122页。
[85] 社会心理学,有一个"情感迁移"的概念,可以表明这点,参见[美]S. E. Taylor、L. A. Peplau、D. O. Sears:《社会心理学》(第十版),第142页。
[86] Oliver W. Holmes, "The Path of Law", *Harvard Law Review*. Vol.10, No.8 (Mar.25, 1897), p.461.
[87] 参见[美]S. E. Taylor、L. A. Peplau、D. O. Sears:《社会心理学》(第十版),第75、285—286页。

的环境内容大量存有教堂的遗迹。⑧ 彼时设计师的理念是法官座位"比法庭地面高出1.2米左右……法官座位后面的高窗也有光线进来"⑧;审判区"栏杆也做成粗壮的真榉,表现肃穆气氛。审判席后的端墙作重点处理如安排永久性的浮雕或壁画……"⑩换言之,"各类西方建筑传统符号在建筑中的大量使用以及高大的台阶都在象征着法院建筑特有的威严"⑪。与此对应,法学界有学者指出,宗教意味着崇拜,故为尊重法庭,便应该使法庭具备仪式的威严,如此,当事人进入法庭空间就会心生敬畏⑫,随之讲述真实的案情,而法官,亦有严肃之感责任之感。"审理正确"便唾手可得。⑬

毫无疑问,没有人会否认这类法庭空间在"审理正确"上可发挥的作用,这种作用,甚至在诉讼中更广泛,而时至今日,大部分的法庭空间设计是依此类型化也必有理由。但仍需要看到,其源于一个"地方性"——西方,是在特定"地方性"的具体语境下逐步孕育生发的;其初期与特定"地方性"的具体环境因素,如宗教,存在逻辑的互动关联,同时,其初期,特别是后期,也与财政经费充裕、法律职业群体壮大并追求社会地位和尊严等存在逻辑的互动关联。⑭ 一旦具体语境有所变化,尤其产生明显的差异,新的可能便会孕育,也需要孕育。

---

⑧ 参见[美]科林·圣约翰·威尔逊:《关于建筑的思考——探索建筑的哲学与实践》,武汉:华中科技大学出版社,2014年,第280页。

⑨ [美]科林·圣约翰·威尔逊:《关于建筑的思考——探索建筑的哲学与实践》,第291页。

⑩ 屈浩然、寿民:《法院建筑设计(下)——法院建筑的性格》,载中国建筑工业出版社《建筑师》编辑部编《建筑师21》,北京:中国建筑工业出版社,1985年,第120页。

⑪ 王亮、张萌:《吉林当代建筑概览》,长春:吉林大学出版社,2014年,第45页。

⑫ 参见李拥军:《司法仪式与法律信仰主义文化的建构》,载曾宪义主编《法律文化研究》(第二辑[2006]),北京:中国人民大学出版社,2006年,第408—410页。

⑬ 参见易军:《诉讼仪式的象征符号》,《国家检察官学院学报》2008年第3期,第92—93页。

⑭ Judith Resnick, Dennis E. Curtis and Allison Tait, "Constructing Courts: Architecture, Ideology of Judging, and the Public Sphere", in Anne Wagner and Richard K. Sherwin (eds.), *Law, Culture, and Visual Studies*. Berlin: Springer, 2014, pp.519-520.

此外,就其本身而言,也未必就不可争论。曾身为美国联邦法院法官的弗兰克(Jerome Frank)便批评说,作为法庭空间元素之一的法袍:

> 对司法活动一直起着负面的影响。一个普通的、诚实的公民,由于不习惯法院的运作方式,经常被法官的奇怪服饰和法官在法庭里高高在上的架势所困扰;当他作为证人被传唤的时候,这种诚实的公民在作证时可能是如此的拘谨和笨嘴笨舌,以至于给人的印象是他没有说出全部实情。基于同样的原因,初出茅庐的律师经常找不到适当的感觉,总是过分地紧张。⑤

基于现实主义法学的立场,弗兰克或许有些言过其实,但也不是无中生有。而中国的一位学者,曾针对带有西方法庭空间特征的中国司法改革效果进行了实证研究。其发现,诸如法袍法槌等符号化的法庭空间物品,与司法权威、公正等之间的关系,无论是在法官心目中还是在公众心目中,都是复杂的,很难看到直接的联系,更不用说必然的联系。⑥ 其研究包含了一个潜在含义:如果司法公正和"审判正确"实为一事物的两面,那么,至少在中国的某些场合,标准现代的法庭空间与"审判正确"之间很难发现逻辑的确凿通道。实际上,我们已知晓,不论是西方还是中国,就是在标准的现代法庭空间,也出现过而且以后还可能出现"审判错误"。

行文至此,本章并非想论证上述基层法庭空间的努力在"审理正确"上更有潜质。显然,是否更有潜质,完全取决于特定的社会条件和文化氛围,取决于诸如"当事人是否具有善解之心"等其他因素,且有

---

⑤ [美]杰罗米·弗兰克:《初审法院——美国司法中的神话与现实》,第281—282页。
⑥ 参见方乐:《法袍、法槌:符号化改革的实际效果》,载苏力主编《法律和社会科学》(第一卷),北京:法律出版社,2006年,第75页及以下。

时取决于具体的纠纷案件类型。但本章的确论证了并非只有传统认可的标准的现代西方式法庭空间逻辑才通向"审理正确"。换言之,在法庭空间的严肃、敬畏、等级、举止一丝不苟的结构中可以发现"审理正确"的可能路径,在法庭空间的活泼、和悦、平等、举止温馨适度的结构中,同样可以。

七、结　语

本章样本中,基层法庭的"法庭空间"构建的努力,有趣亦为有益。笔者乐意也必须向其中提到的法官致敬。但提到这是中国实践,并不意味着笔者试图再次张扬这是"中国经验"。实际上,甚至一些西方彰显"现代法治"的国家,也尝试进行了类似努力。例如,一些西方国家,开始注意"有效地减少法院建筑所带来的沉重压抑感"[97];英国目前某些法庭,"就较随意,当事人面对面,法官亦无等级化座位"[98];20世纪初,美国联邦初审法官朱利安·麦克(Julian Mark)审理案件时,便时常不穿法袍,还在休息室里审理案件[99],而美国基层家事法院更是长期如此[100]。再如,20世纪90年代,美国有些法官就开始弃用法槌,认为这样可使法庭过程更具亲和力[101];同时期,美国另外一些法官,强调当事人的"法庭顺心体验"[102]。而人们熟

---

[97] 刘原、谭宇鹏:《中小型法院建筑设计特征分析》,《住宅与房地产》2017年第12期,第100页。

[98] Julienne Hanson, "The Architecture of Justice: Iconography and Space Configuration in the English Law Court Building", *Architectural Research Quarterly*, p.53.

[99] [美]杰罗米·弗兰克:《初审法院——美国司法中的神话与现实》,第281—282页。

[100] 参见[美]杰罗米·弗兰克:《初审法院——美国司法中的神话与现实》,第282页。

[101] Charles M. Yablon, "Judicial Drag: An Essay on Wigs, Robes and Legal Change", *Wisconsin Law Review*. Vol.70, No.5 (1995), p.1153.

[102] Richard Zorza, *The Self-Help Friendly Court: Designed from the Ground Up to Work for People Without Lawyers*. Williamsburg: The National Center for State Courts, 2002, pp.27-32.

知的瑞士"和平"法院,尽管法官为兼职,但是,也日益感觉甚至已践行咖啡点心式的圆桌法庭空间的运作。[103] 早在19世纪,"马歇尔大法官就从不要求自己拥有富丽堂皇的法庭"。[104] 因此,即使具体内容表达不同,中国法院的实践似乎更丰富、生动,但这些,依然指向了一个重要结论:针对不同的当事人群体状况以塑造不同的法庭空间,既必要,也可行。

进一步,这意味着两个推论。首先,从理论上讲,司法过程的完成或许不是甚至不应是纯粹依赖理性氛围的,另需要感性的元素作为补充,因为,司法的具体环境并非仅凭单向的理性安排即可完善、发挥作用。由此深入,不仅要反思法律人头脑中的"司法是什么",而且要深思当事人头脑中的"司法是什么",将两者对照,并将适度的互动协作的理念纳入传统的"法官是法律王子"[德沃金(Ronald Dworkin)语]的司法理论。[105] 其次,从制度上看,营造差异化的法庭空间或许是不可避免的,此举不仅是积极面对当事人的需求,更重要的在于,如此才利于司法整体结构的社会适应能力。当然,笔者在支持样本中基层法院努力的同时,亦认为,在显然聚集各方当事人更多的理性预期、谋划、考量及理性诉辩内容的上级系列法院的法庭空间,包括某些聚集陌生人类似心理状态的基层法院,可能无需如此。这依然源于当事人群体状况的不同。

最后应提到,法庭确需仪式感,然而,或许不能因此认为样本中的

---

[103] 2014年,瑞士弗里堡大学联邦法研究所深谙瑞士民事诉讼的拜斯勒(Eva-Maria Belser)教授和苏黎世区法院弗莱斯彻(Thomas Fleischer)法官向笔者介绍了"和平"法院咖啡点心式审案场景的一些历史和现状。他们觉得,为了有效率地解决基层纠纷,形式轻松的场景颇必要。

[104] Michael Kammen "Temples of Justice: The Iconography of Judgment and American Culture", in Maeva Marcus (ed.), *Origins of the Federal Judiciary: Essays on the Judiciary Act of 1789*. New York: Oxford University Press, 1992, p.276.

[105] 有学者已探讨,如苏力:《司法制度的合成理论》,《清华法学》2007年第1期,第7—19页。

中国基层法庭实践没有了仪式。许多日常生活场合,肃穆正规是仪式,暖心欢迎亦属仪式。如此,法庭空间传送的家常化送茶笑迎,是否无法推之其外？进一步,我们是否的确更需要重新评估法庭空间的既有理论框架？

再进一步,将司法语言和司法空间联系起来,法律与文学,是否可得到一个新的发展路径,新的思考空间？

参考文献

（中文）

艾绍润、高海深（编）：

《陕甘宁边区判例案例选》，西安：陕西人民出版社，2007 年。

百度网友（编辑）：

百度百科"邓玉娇"，载 https://baike.baidu.com/item/邓玉娇/5266994? fr=aladdin，访问日期：2018 年 11 月 1 日。

百度网友（编辑）：

百度百科"李昌奎案"，载 https://baike.baidu.com/item/李昌奎案/9000529? fr=aladdin，访问日期：2018 年 11 月 1 日。

百度网友（编辑）：

百度百科"彭宇案"，载 https://baike.baidu.com/item/彭宇案/10702516? fr=aladdin，访问日期：2018 年 11 月 1 日。

百度网友（编辑）：

百度百科"佘祥林案"，载 https://baike.baidu.com/item/佘祥林案/1650117? fr=aladdin，访问日期：2018 年 11 月 25 日。

百度网友（编辑）：

百度百科"许霆案"，载 https://www.baike.com/item/许霆案1488723? fr=aladdin，访问日期：2018 年 11 月 1 日。

百度网友（编辑）：

百度百科"药家鑫案"，载 https://baike.baidu.com/item/药家鑫案/9937792? fr=aladdin，访问日期：2018 年 11 月 1 日。

百度网友(编辑):

百度百科"于欢案",载 https://baike.baidu.com/item/4·14 聊城于欢案/20583854?fr=aladdin,访问日期:2018年11月1日。

[美]保罗·贝尔、托马斯·格林、杰佛瑞·费希尔、安德鲁·鲍姆:

《环境心理学》(第5版),朱建军、吴建平等译,北京:中国人民大学出版社,2009年。

[法]保尔·利科:

《语言的隐喻使用》(佘碧平译),载胡景钟、张庆熊主编《西方宗教哲学文选》,尹大贻、王雷泉、朱晓红、陈涯倩等译,上海:上海人民出版社,2002年,第586—597页。

《北大法律评论》编辑委员会:

《笔谈:法教义学,历久弥新?》,载《北大法律评论》编辑委员会编《北大法律评论》(第17卷第2辑[2016]),北京:北京大学出版社,2017年,第239—322页。

[美]本杰明·N.卡多佐:

《讲演录·法律与文学》,董炯、彭冰译,北京:中国法制出版社,2005年。

[英]彼得·古德里奇:

《法律话语》,赵洪芳、毛凤凡译,北京:法律出版社,2007年。

[德]布克哈德·弗勒利希(Burkhard Frohlich)(编):

《混凝土建筑设计与施工》,姚蓰译,北京:中国电力出版社,2006年。

曹萍、高为民:

《法律权利与道义责任的两难抉择》,《中国审判》2007年第6期,第80页。

茶莹、方雪:

《官渡裁判文书更具亲和力》,《人民法院报》2003年1月31日,第2版。

陈柏峰:

《社科法学及其功用》,《法商研究》2014年第5期,第67—73页。

陈辉：

《后果主义在司法裁判中的价值和定位》，《法学家》2018年第4期，第35—50页。

陈家源、郭汉强、陈朝敏：

《男子被碾身亡,9辆过路车辆被判担责》，《广州日报》2018年8月1日，第9版。

陈捷、飞扬：

《最温情判决书：法官赋诗劝和》，《海峡导报》2009年10月19日，第A01版。

陈金钊：

—《被社会效果所异化的法律效果及其克服——对两个效果统一论的反思》，《东方法学》2016年第2期，第44—61页。

—《法律人思维中的规范隐退》，《中国法学》2012年第1期，第5—18页。

—《法律修辞方法与司法公正实现》，《中山大学学报（社会科学版）》2012年第5期，第152—160页。

—《"能动司法"及法治论者的焦虑》，《清华法学》2011年第3期，第107—122页。

陈景良：

《"文学法理,咸精其能"（下）——试论两宋士大夫的法律素养》，《南京大学法律评论》1997年第1期，第89—106页。

陈静：

《烟缸砸毁他一生》，《重庆晨报》2000年8月3日，第1版。

陈洪洁：

《人民司法的历史面相——陕甘宁边区司法传统及其意义符号生产之"祛魅"》，《清华法学》2014年第1期，第110—125页。

陈晓军：

《高空抛物致人损害问题研究》，载中国民商法律网（http://bbs.civillaw.com.cn/dispbbs.asp? boardid=1&id=250197&page=1），访问日期：2007年

12月4日。

陈晓明：

《文学,在法的前面——解析德里达关于文学与法的观点》,《杭州师范学院学报(社会科学版)》2006年第4期,第20—26页。

陈曦：

《四川省蒲江县:诉讼服务也亲民法院有间"盖碗茶调解室"》,载人民网(http://sc.people.com.cn/n/2015/0910/c345509-26323797.html),访问日期:2018年1月12日。

陈文琼：

《论"文学"在司法实践中的作用——一个"法律与文学"的分析视角》,《河北法学》2009年第7期,第41—46页。

陈源斌：

《万家诉讼》,《中国作家》1991年第3期,第4—20页。

陈重业(辑注)：

《古代判词三百篇》,上海:上海古籍出版社,2009年。

晨迪、杨永赤：

《快速!巡回法庭就设在消协楼上 轻松!摆起盖碗茶调解民事纠纷》,《成都日报》2014年8月26日,第3版。

程红根、吴迎峰：

《"温情判决"让一家人冰释前嫌》,《新华每日电讯》2002年10月10日,第3版。

重庆市第一中级人民法院：

重庆市第一中级人民法院(2002)渝一中民终字第1076号民事判决书。

楚永桥：

《〈燕子赋〉与唐代司法制度》,《文学遗产》2002年第4期,第41—48页。

[美] 戴维·迈尔斯：

《社会心理学》(第11版),侯玉波、乐国安、张智勇等译,北京:人民邮电出版社,2014年。

戴璇:

《司法判决书难以文学化》,《安徽广播电视大学学报》2009年第2期,第15—17、22页。

邓海建:

——《经营者之责优先于消费者守规》,《工人日报》2016年10月26日,第3版。

——《经营者之责优先于消费者守规》,《南方法治报》2016年10月26日,第16版。

邓鹏飞:

《刑事裁判法官反对意见研究》,硕士论文(2009年),载《中国优秀硕士学位论文全文数据库》。

杜预(注)、孔颖达等(正义):

《春秋左传正义》(下册),《十三经注疏》,黄侃经文句读,上海:上海古籍出版社,1990年。

段伟朵、赵栋梁:

《这个法庭不寻常用心裁判家务事:河南首个家事法庭两年审案600余件》,《大河报》2016年4月7日,第A09版。

段文波:

《一体化与集中化:口头审理方式的现状与未来》,《中国法学》2012年第6期,第132—145页。

董燕:

《中国当代文学中情法冲突的三种书写形态——以〈毒手〉〈河边的错误〉〈云破处〉〈蛙〉为例》,《福建论坛(人文社会科学版)》2017年第8期,第53—59页。

樊崇义:

《沉默永远是一种选择——对"法官后语"说不》,《法制日报》2003年6月5日,第11版。

范愉:

——《调解的重构(下)——以法院调解的改革为重点》,《法制与社会发展》2004 年第 3 期,第 90—108 页。

——《委托调解比较研究——兼论先行调解》,《清华法学》2013 年第 3 期,第 57—74 页。

范愉、王轶、许明月、曹明睿、姚海放:

《泸州遗赠纠纷案研讨》,载中国人民大学民商事法律科学研究中心、最高人民法院《人民司法》编辑部(编)《判解研究》2002 年第 2 辑,北京:人民法院出版社,2002 年,第 46—90 页。

方乐:

——《法袍、法槌:符号化改革的实际效果》,载苏力主编《法律和社会科学》(第一卷),北京:法律出版社,2006 年,第 66—97 页。

——《司法经验中的生活体验——从典型女性法官形象切入》,《法制与社会发展》2012 年第 5 期,第 28—46 页。

方小玲、王建华、秦志松:

《强化服判息讼"五步工作法"》,《人民检察》2006 年第 6 期,第 48—49 页。

《方圆》编辑部:

《专家:柔性执法更加符合人性》,《方圆》2016 年第 13 期,第 75 页。

费文斌:

《广西全面推动家事审判改革试点工作》,《人民法院报》2016 年 4 月 5 日,第 1 版。

冯文生:

《争点程序整理研究》,《法律适用》2005 年第 2 期,第 44—48 页。

冯象:

——《木腿正义》(增订版),北京:北京大学出版社,2007 年。

——《秋菊的困惑》,《读书》1997 年第 11 期,第 3—7 页。

冯小刚：

《十问崔永元》，载冯小刚新浪微博 2018 年 7 月 11 日。

冯志宏：

《中国社会转型中的财富分配与风险分配》，《探索与争鸣》2014 年第 11 期，第 56—58 页。

傅宁：

《试论中国古典文学作品中传播的法律理念》，《深圳大学学报（人文社会科学版）》2009 年第 5 期，第 89—93 页。

傅修延：

《讲故事的奥秘：文学叙述论》，南昌：百花洲文艺出版社，1993 年。

傅郁林：

《民事裁判文书的风格与功能》，《中国社会科学》2000 年第 4 期，第 123—133、207 页。

富心振、许根华：

《南汇区法院法官寄语教育父子俩》，《人民法院报》2006 年 5 月 10 日，第 4 版。

高长富（编著）：

《司法文书理论与制作实务》，北京：线装书局，2007 年。

高歌（编剧）：

《岁月不流逝》（电视剧），导演：蔡平生；出品机构：甘肃电视台、庆阳电视台；1996 年首播。

高领、刘毅然（编剧）：

《苍天》（电视剧），导演：刘毅然；出品机构：广州市香香文化传播有限公司；2009 年 8 月 10 日首播。

葛体标：

《在法的前面：德里达论文学与法》，《理论月刊》2011 第 4 期，第 131—133 页。

公丕祥:
《能动司法与社会公信:人民法官司法方法的时代选择——"陈燕萍工作法"的理论思考》,《法律适用》2010年第4期,第2—6页。

古川:
《法律实践需求下的法教义学与社科法学:对照及反思》,《河北法学》2016年第8期,第165—177页。

郭成伟:
《唐律与〈龙筋凤髓判〉体现的中国传统法律语言特色》,《法学家》2006年第5期,第53—58页。

郭兴、张岚:
《余华小说〈河边的错误〉中的文革叙述分析》,《广西民族师范学院学报》2015年第1期,第84—87页。

韩起祥(著)、高敏夫(记录):
《刘巧团圆》,香港:海洋书屋,1947年。

韩少功:
《马桥词典》,北京:作家出版社,1997年。

韩章云:
《河南成立首个家事法庭专断家务事》,载中国新闻网(http://www.chinanews.com/sh/2016/04-21/7843491.shtml),访问日期:2018年1月12日。

[德]海涅:
《莎士比亚笔下的女角》,温健译,上海:上海译文出版社,1981年。

韩家女、钟伟、文牧野(编剧):
《我不是药神》(电影),导演:文牧野;出品机构:坏猴子公司;2018年7月5日上映。

[美]汉密尔顿、杰伊、麦迪逊:
《联邦党人文集》,程逢如、在汉、舒逊译,北京:商务印书馆,1980年。

[德]汉斯·罗伯特·耀斯:

《审美经验与文学解释学》(麦克尔·肖,英译),顾建光、顾静宇、张乐天译,上海译文出版社,1997年。

郝在今:

《〈刘巧儿〉传奇》,《中国作家》2006年第4期,第76—90页。

何家弘:

《试论司法公正观念的相对性》,《中国司法》2000年第4期,第5—6页。

何雅静:

《站在法律与文学的边缘》,《人民法院报》2007年1月29日,第8版。

贺卫方:

——《司法的理念与制度》,北京:中国政法大学出版社,1998年。

——《中国古代司法判决的风格与精神——以宋代判决为基本依据兼与英国比较》,《中国社会科学》1990年第6期,第203—219页。

洪浩、陈虎:

《论判决的修辞》,载《北大法律评论》编辑委员会编《北大法律评论》(第5卷第2辑[2003]),北京:法律出版社,2004年,第424—445页。

侯猛:

《社科法学的研究格局:从分立走向整合》,《法学》2017年第2期,第80—87页。

侯欣一:

《从司法为民到人民司法——陕甘宁边区大众化司法制度研究》,北京:中国政法大学出版社,2007年。

侯学勇:

《法律修辞如何在司法中发挥作用?》,《浙江社会科学》2012年第8期,第58—59页。(58—64)

虹影:

《K》,台北:尔雅出版社,1999年。

胡科刚：

《怀念马锡五》，《中国审判》2006年第10期，第18页。

胡和平、丁灿：

《〈河边的错误〉结尾对侦探小说叙事语法的突破》，《文史博览(理论)》2008年第8期，第28—29页。

胡水君：

《法律与文学：主旨、方法与局限》，《中华读书报》2001年10月24日，第022版。

胡永恒：

《1943年陕甘宁边区停止援用六法全书之考察——整风、审干对边区司法的影响》，《抗日战争研究》2010年第4期，第90—102页。

扈亭河：

《第二调解室》，《人民法院报》2007年2月14日，第8版。

黄湧：

——《拆除法官与当事人思维里的墙——以证明标准问题的释明为讨论对象》，《法律适用》2014年第7期，第117—121页。

——《民商事案件争点整理若干技术问题》，《人民司法》2010年第9期，第46—50页。

霍志军：

《唐代御史与文学》，博士论文(2010年)，载《中国博士学位论文全文数据库》。

黄启辉：

《"法官寄语"应缓行》，《法制日报》2002年12月31日，第10版。

[美]J. R. 安德森：

《认知心理学》，杨清、陈宝翠、张述祖、胡士襄、韩进之、阎军译，苏刚、郑志宁、张述祖校，长春：吉林教育出版社，1989年。

集体(改编)、何孝充(执笔)

《刘巧儿》(电影),导演:伊琳;出品机构:长春电影制片厂;1957年上映。

[美]詹姆斯·费伦:

《作为修辞的叙事:技巧、读者、伦理、意识形态》,陈永国译,北京:北京大学出版社,2002年。

贾桂茹:

《高空抛掷物致人伤害应如何处理?》,《北京青年报》2002年9月24日,第19版。

建法、张璐:

《"法官后语"令判决书温情脉脉》,《南京日报》2005年9月20日,第B04版。

姜慧军:

《余姚法院民事裁判书出彩:"法官后语"、"法条原文"让当事人明理明法》,《法制日报》2002年11月3日,第10版。

蒋宗许、刘云生、蒋信、谭勤、陈默:

《龙筋凤髓判笺注》,北京:法律出版社,2013年。

江帆:

《法庭空间与司法公正——从一个基层法院法庭设施的改善说起》,《比较法研究》2000年第1期,第110—112页。

江苏省泰兴市人民法院:

江苏省泰兴市人民法院(2016)苏1283民初3912号民事判决书。

强世功:

——《权力的组织网络与法律的治理化——马锡五审判方式与中国法律的新传统》,载《北大法律评论》编辑委员会编《北大法律评论》(第3卷第2辑[2000]),北京:法律出版社,2001年,第1—61页。

——《文学中的法律:安提戈涅、窦娥和鲍西娅》,《比较法研究》1996年第1期,第29—43页。

[美]杰罗米·布鲁纳:

《故事的形成:法律、文学、生活》,孙玫璐译,北京:教育科学出版社,2006年。

[美]杰罗米·弗兰克:

《初审法院——美国司法中的神话与现实》,赵承寿译,北京:中国政法大学出版社,2007年。

《解放日报》编辑部:

《马锡五同志的审判方式》,《解放日报》1944年3月13日,第1版。

金俊银、吕方、陈海光:

《论法院公正与效率主题创世纪司法与审判新貌:最高人民法院"公正与效率主题世纪论坛"综述》,《法律适用》2002年第1期,第37—42页。

[德]K.茨威格特、H.克茨:

《比较法总论》,潘汉典、米健、高鸿钧、贺卫方译,潘汉典校,贵阳:贵州人民出版社,1992年。

[美]凯伦·马蒂森·赫斯:

《文学鉴赏辅导》,赵太和、金宏达译编,北京:北京十月文艺出版社,1986年。

康保成:

《如何面对窦娥的悲剧——与苏力先生商榷》,《中国社会科学》2006年第3期,第149—159页。

[美]科林·圣约翰·威尔逊:

《关于建筑的思考——探索建筑的哲学与实践》,武汉:华中科技大学出版社,2014年。

[英]克莱夫·贝尔:

《艺术》,周金环等译,北京:中国文联出版公司,1984年。

孔祥俊:

《论法律效果与社会效果的统一:一项基本司法政策的法理分析》,《法律适用》2005年第1期,第26—31页。

［法］勒内·达维德：

《当代主要法律体系》，漆竹生译，上海：上海译文出版社，1984年。

雷磊：

《法教义学的基本立场》，《中外法学》2015年第1期，第198—223页。

［美］理查德·A.波斯纳：

——《超越法律》，苏力译，北京：中国政法大学出版社，2001年。

——《法理学问题》，苏力译，北京：中国政法大学出版社，2002年。

——《法律与文学》（增订版），李国庆译，北京：中国政法大学出版社，2002年。

李傲：

《法律领域中的社会性别主流化：现状与前瞻——"亚洲地区性别与法律比较研究"首届研讨会综述》，《妇女研究论丛》2007年第1期，第67—69页。

李朝霞、倪明：

《国内外中小型法院建筑研究现状分析》，《山西建筑》2010年第2期，第25期，第3—4页。

李建明：

《包公文学研究》，博士论文（2010年），载《中国博士学位论文全文数据库》。

李宁、齐宁超：

《公正的象征、威严的体现：法院建筑室内设计的几点思考》，《室内设计与装修》1998年第5期，第43—46页。

李家祥：

《"马锡五审判方式"及其司法理念——以封捧儿"婚姻申诉案"为分析样本》，《西南政法大学学报》2009年第4期，第98—101页。

李普：

《一桩抢婚案》，载李普著《光荣归于民主》，上海：拂晓社，1946年，第130—135页。

李晟:

《实践视角下的社科法学:以法教义学为对照》,《法商研究》2014 年第 5 期,第 81—86 页。

李斯特:

《坏名声与好法治——社会主义中国文艺法律政策中的权利书写》,《学术月刊》2018 年第 7 期,第 119—132 页。

李喜莲:

《马锡五审判方式的"回归"与未来》,《求索》2010 年第 5 期,第 129—131 页。

李欣、丁炜:

《基于公共空间质量提升的人民法庭建筑设计改进策略》,《建筑与结构设计》2017 年第 3 期,第 51—57 页。

李拥军:

《司法仪式与法律信仰主义文化的建构》,载曾宪义主编《法律文化研究》(第二辑[2006]),北京:中国人民大学出版社,2006 年,第 404—412 页。

李苑:

《"红色娘子军之父"梁信诉中央芭蕾舞团侵权:十二载版权纠葛初步落定》,《光明日报》2015 年 5 月 25 日,第 5 版。

李真:

《什么仇什么怨绵延 15 年:崔永元连续向范冰冰冯小刚刘震云开炮》,《济南时报》2018 年 6 月 2 日,第 A11 版。

黎杨全:

《世界的荒诞真相与"活着"的哲学——〈河边的错误〉新论》,《小说评论》2009 年第 6 期,第 149—153 页。

廉琰敏:

《电影〈秋菊打官司〉的法制教育意义及其启示》,《电影评介》2014 年第 13 期,第 19 页。

廉守信：
《难忘与老庭长办案》，《人民法院报》2007年1月31日，第8版。

梁士斌：
《亲吻权受损应否赔偿》，《法制日报》2001年8月29日，第6版。

梁宗：
《上海二中院推出"法官后语"》，《人民法院报》2001年5月27日，第2版。

林平：
《高空坠物侵权之责如何认定？全国人大：继续研究，暂不作修改》，澎湃新闻客户端（https://baijiahao.baidu.com/s?id=1620637613613366560&wfr=spider&for=pc），访问日期：2018年12月24日。

凌霄：
《中国需要什么样的基层法官——基层法官素质透视》，《山西高等学校社会科学学报》2001年第1期，第49—51、52页。

刘承韪：
《契约法理论的历史嬗递与现代发展——以英美契约法为核心的考察》，《中外法学》2011年第4期，第774—794页。

刘成友：
《"法官寄语"为判决书增添温情》，《人民日报》2005年5月12日，第14版。

刘风景：
《不同意见写进判决书的根据与方式——以日本的少数意见制为背景》，《环球法律评论》2007年第2期，第98—100页。

刘晗：
《超越"法律与文学"》，《读书》2006年第12期，第136—143页。

刘汉波：
《文学法律学研究述评与理论建构》，《重庆社会科学》2007年第9期，第

46—51页。

刘恒(编剧):

《秋菊打官司》(电影),导演:张艺谋;出品机构:银都机构有限公司;1992年8月31日上映。

刘金平:

《为人性化的"法官寄语"叫好》,《人民法院报》2007年9月12日,第7版。

刘俐俐:

《故事问题视域中的"法律与文学"研究》,《文艺研究》2015年第1期,第39—44页。

刘青峰、王洪坚:

《体制、方法及其他——解读我国"法官后语"产生的背景》,《人民法院报》2003年6月16日,第3版。

刘思达:

《当代中国日常法律工作的意涵变迁(1979—2003)》,《中国社会科学》2007年第2期,第90—105、206页。

刘苏雅:

《百件涉防卫案件七件获认定:昆山反杀案引发"正当防卫"大讨论,建议出台司法解释予以明确》,《北京日报》2018年9月4日,第19版。

刘星:

——《多元法条主义》,《法制与社会发展》2015年第1期,第124—140页。

——《法学知识如何实践》,北京:北京大学出版社,2011年。

——《马锡五审判方式的"可能"的运行逻辑:法律与文学》,《清华法学》2014年第4期,第82—102页。

——《司法日常话语的"文学化":源自中国基层司法经验》,《中外法学》2010年第2期,第165—181页。

——《司法中的法律论证资源辨析:在"充分"上追问——基于一份终审裁定书》,《法制与社会发展》2005年第1期,第118—120页。

——《中国早期左翼法学的遗产——新型法条主义如何可能》,《中外法学》2011年第3期,第592—608页。

——《走向什么司法模型——"宋鱼水经验"的理论分析》,载苏力主编《法律和社会科学》(第二辑),北京:法律出版社,2007年,第50—102页。

刘勋:

《庭审老照片见证法治进步不断前行》,载法制网(http://www.legaldaily.com.cn/commentary/content/2017-10/05/content_7335446.htm? node=34251),访问日期:2018年1月12日。

刘燕:

《法庭上的修辞——案件事实叙事研究》,北京:光明日报出版社,2013年。

刘原、谭宇鹏:

《中小型法院建筑设计特征分析》,《住宅与房地产》2017年第12期,第100页。

刘震云:

《事情的真相:与崔永元相关的一些细节》,载冯小刚新浪微博2018年7月11日。

刘震云(编剧):

——《手机》(电影),导演:冯小刚;出品机构:太合影视投资公司(中国)、哥伦比亚电影制作(亚洲)有限公司、华谊兄弟广告有限公司;2003年12月18日上映。

——《我不是潘金莲》(电影),导演:冯小刚;出品机构:耀莱影视、北京文化摩天轮、华谊兄弟电影、美拉传媒;2016年9月8日上映。

刘峥:

《司法裁判中的法律效果与社会效果》,《人民法院报》2018年1月8日,第2版。

刘子阳:

《全国百佳法院试点家事审判改革:家事案注重感情修复不再"一判了

之"》,《法制日报》2016年9月16日,第3版。

龙宗智:

《关于"大调解"和"能动司法"的思考》,《政法论坛》2010年第4期,第98—105页。

[法]卢梭:

《社会契约论》,何兆武译,北京:商务印书馆,1982年。

卢立明(整理):

《法律能否接纳亲吻权》,《北京青年报》2001年8月7日,第19版。

卢新:

《地方小城市法院建筑的设计初探》,《吉林建筑工程学院学报》2009年第6期,第47—50页。

[英]罗宾·乔治·科林伍德:

《艺术原理》,王至元等译,北京:中国社会科学出版社,1987年。

[德]罗尔夫·施蒂尔纳、[德]阿斯特里德·施塔德勒:

《法官的积极角色——司法能动性的实体和程序》,载[德]米夏埃尔·施蒂尔纳编《德国民事诉讼法学文萃》,赵秀举译,北京:中国政法大学出版社,2005年,第412—441页。

[英]洛克:

《政府论(下篇)》,叶启芳、瞿菊农译,北京:商务印书馆,1983年。

吕忠梅:

《论实现法律效果和社会效果的有机统一》,《人民法院报》2008年11月4日,第5版。

[德]鲁道夫·瓦萨尔曼:

《从辩论主义到合作主义》,载[德]米夏埃尔·施蒂尔纳编《德国民事诉讼法学文萃》,赵秀举译,北京:中国政法大学出版社,2005年,第361—385页。

陆晔、潘忠党:

《成名的想象:中国社会转型过程中新闻从业者的专业主义话语建构》,

《新闻学研究》(台北)第七十一期,2002年4月,第17—59页。

[美]玛莎·努斯鲍姆:
《诗性正义:文学想象与公共生活》,丁晓东译,北京:北京大学出版社,2010年。

马锡五:
《新民主主义革命阶段中陕甘宁边区人民司法工作》,《政法研究》1955年第1期,第7—14页。

毛剑锋:
《能否主张亲吻权受侵害请求赔偿》,《人民法院报》2001年10月22日,第B04版。

毛泽东:
《在延安文艺座谈会上的讲话》。1942年5月,毛泽东在延安举行的文艺座谈会上的讲话。1943年10月19日在《解放日报》正式发表,1953年4月编入《毛泽东选集》第三卷。

莫言:
《檀香刑》,北京:作家出版社,2001年。

[法]孟德斯鸠:
《论法的精神》(上册),张雁深译,北京:商务印书馆,1982年。

孟天:
《高楼里扔出法律难题》,《人民法院报》2002年8月22日,第2版。

孟于:
《我在华北联大文工团演喜儿》,《新文化史料》1995年第2期,第23、24页。

米健:
《司法改革的创新与统一——"法官后语"可否缓行》,《法制日报》2003年3月13日,第11版。

苗怀明:

《唐代选官制度与中国古代判词文体的成熟》,《河南社会科学》2002年第1期,第17—19页。

宁静波:

《法官与法院的产出效率:问题与对策——基于基层法院的实证分析》,《山东师范大学学报(人文社会科学版)》2013年第3期,第116—126页。

欧中坦:

《解释性群体:清朝的法律与文学》(王冰如译,张仁善校),《南京大学法律评论》2006年第1期,第115—135页。

[英]培根:

《培根论说文集》,水天同译,北京:商务印书馆,2003年。

钱一栋:

《规则至上与后果主义的价值理由及其局限——从法教义学与社科法学之争看当代中国司法哲学》,《甘肃政法学院学报》2018年第4期,第12—28页。

[美]乔·B. 史蒂文斯:

《集体选择经济学》,杨晓维等译,上海:上海三联书店、上海人民出版社,1999年。

邱胜侠:

《白居易〈甲乙判〉研究》,硕士论文(2011年),载《中国优秀硕士学位论文全文数据库》。

屈浩然、寿民:

《法院建筑设计(下)——法院建筑的性格》,载中国建筑工业出版社《建筑师》编辑部编《建筑师21》,北京:中国建筑工业出版社,1985年。

曲伶俐、刘道明:

《诉辩交易的理性思考》,《山东审判》2003年第4期,第61—64页。

曲颖：

《法院建筑的人文解读》，《人民司法》2006年第1期，第60—63页。

阙爱民、张雅芳：

《案件的判决书后，带了个感情色彩浓厚的小尾巴——襄城："法官寄语"增添温情》，《河南日报》2007年9月5日，第4版。

［英］Quentin Pickard（编著）：

《建筑师手册》，曹娟、商振东译，北京：中国林业出版社，2010年。

［美］瑞塔·卡斯特罗：

《政治与文学》（邢翀译），载祁寿华、林建忠编《文学》，北京：中国人民大学出版社，2007年。

［美］S. E. Taylor、L. A. Peplau、D. O. Sears：

《社会心理学》（第十版），谢晓非、谢冬梅、张怡玲、郭铁元、陈曦、王丽、郑蕊译，北京：北京大学出版社，2004年。

四川省广汉市人民法院：

四川省广汉市人民法院（2001）广汉民初字第832号民事判决书。

四川省泸州市纳溪区人民法院：

四川省泸州市纳溪区人民法院（2001）纳溪民初字第561号民事判决书。

《山东审判》编辑部、济南中院研究室：

《"宋鱼水审案方法"与当代司法方法专题研讨》，《山东审判》2005年第3期，第16—25页。

上海市第二中级人民法院研究室：

《裁判文书附设"法官后语"的思考：我国裁判文书格式和风格的延续与创新》，《法律适用》2002年第7期，第29—32页。

圣兵：

《侵权人不明可否搞"株连"》，《法制日报》2002年3月2日，第007版。

苏力:

—《编者絮语》,《清华法学》2008年第3期,第5—6页。

—《崇山峻岭中的中国法制——从电影〈马背上的法庭〉透视》,《清华法学》2008年第3期,第8—14页。

—《从契约理论到社会契约理论——一种国家学说的知识考古学》,《中国社会科学》1996年第3期,第79—114页。

—《法律人思维?》,载《北大法律评论》编辑委员会编《北大法律评论》(第14卷第2辑[2013]),北京:北京大学出版社,2014年,第429—469页。

—《法律与文学:以中国传统戏剧为材料》,北京:生活·读书·新知三联书店,2006年。

—《法条主义、民意与难办案件》,《中外法学》2009年第1期,第93—111页。

—《基层法官的司法素质——从民事一审判决上诉率透视》,《法学》2000年第3期,第8—16页。

—《基层法院法官专业化问题——现状、成因与出路》,《比较法研究》2000年第3期,第233—265页。

—《纠缠于事实与法律之中》,《法律科学》2000年第3期,第3—24页。

—《司法制度的合成理论》,《清华法学》2007年第1期,第7—19页。

—《秋菊的困惑和山杠爷的悲剧》,载北大法律网(http://article.chinalawinfo.com/ArticleHtml/Article_26081.shtml),访问日期:2018年9月11日。

—《送法下乡——中国基层司法制度研究》,北京:中国政法大学出版社,2000年。

—《昔日"琼花",今日"秋菊"——关于芭蕾舞剧〈红色娘子军〉产权争议的一个法理分析》,《学术月刊》2018年第7期,第99—118页。

—《"一直试图说服自己,今日依然"——中国法律与文学研究20年》,《探索与争鸣》2017年第3期,第83—89页。

—《修辞学的政法家门》,《开放时代》2011年第2期,第38—53页。

——《制度是如何形成的》(增订版),北京:北京大学出版社,2007年。

——《中国法学研究格局的流变》,《法商研究》2014年第5期,第58—66页。

苏晓宏:

《法律与文学在中国的出路》,《东方法学》2011年第4期,第62—68页。

孙科炎、程丽平:

《沟通心理学》,北京:中国电力出版社,2012年。

孙海波:

《论法教义学作为法学的核心——以法教义学与社科法学之争为主线》,载《北大法律评论》编辑委员会编《北大法律评论》(第17卷第1辑[2016]),北京:北京大学出版社,2017年,第201—232页。

孙绍振:

《文学创作论》,福州:海峡文艺出版社,2004年。

孙笑侠:

——《法律家的技能和伦理》,《法学研究》2001年第1期,第3—18页。

——《法律人思维的二元论:兼与苏力商榷》,《中外法学》2013年第6期,第1105—1136页。

孙笑侠、褚国建:

《判决的权威与意义——论法官"不同意见书"制度》,《中国法学》2009年第5期,第162—171页。

孙笑侠、熊静波:

《判决与民意:兼比较考察中美法官如何对待民意》,《政法论坛》2005年第5期,第47—56页。

孙万怀:

《论民意在刑事司法中的解构》,《中外法学》2011年第1期,第143—160页。

[英]莎士比亚:

《莎士比亚戏剧经典·威尼斯商人》,朱生豪译,北京:中国国际广播出版社,2001 年。

[英]莎士比亚(Shakespeare,W.):

《亨利六世》(中),[英]贝特(Bate,J.)、[美]拉斯马森(Rasmussan,E.)编,北京:外语教学与研究出版社,2014 年。

单云娟、周立:

《能动司法背景下的民商事案件争点整理技术方法分析——以保障审判权有效运行为视角》,载《全国法院系统第二十二届学术讨论会论文集》(中国知网·2011 年 1 月 20 日·中国会议),第 1—18 页。

上海市第二中级人民法院研究室:

《裁判文书附设"法官后语"的思考:我国裁判文书格式和风格的延续与创新》,第 29—32 页。

沈明:

《法律与文学:可能性及其限度》,《中外法学》2006 年第 3 期,第 310—322 页。

施莺、顾建兵:

《南通中院首推"法官寄语":让裁判文书更具人情味》,《南通日报》2010 年 5 月 25 日,第 A03 版。

舒国滢:

《从司法的广场化到司法的剧场化——一个符号学的视角》,《政法论坛》1999 年第 3 期,第 12—19 页。

台建林:

《法律文书让我们感受到了关怀》,《法制日报》2002 年 10 月 1 日,第 10 版。

田荔枝:

《我国判词语体流变研究》,博士论文(2010 年),载《中国博士学位论文全文数据库》,第 147—157、169—176 页。

唐东楚：

《当事人真实义务与民诉法诚信原则的裁判适用》，《政法论丛》2015 年第 1 期，第 104—109 页。

唐文：

《法官判案如何讲理——裁判文书说理与应用》，北京：人民法院出版社，2000 年。

[英]特里·伊格尔顿：

《理论之后》，商正译，北京：商务印书馆，2009 年。

田璐：

《法律与文学视角下的〈檀香刑〉》，《社科纵横》2010 年第 2 期，第 94—97 页。

佟季：

《新中国成立 60 年人民法院诉讼调解情况分析——马锡五审判方式在我国的当代司法价值》，《人民司法》2010 年第 7 期，第 57—60 页。

佟金玲：

《司法仪式研究》，博士论文（2011 年），载《中国博士学位论文全文数据库》。

涂怀章：

《人殃》，北京：中国文联出版社，2003 年。

[美]W. C. 布斯：

《小说修辞学》，华明、胡晓苏、周宪译，北京：北京大学出版社 1987 年。

万方：

《刍议合议庭少数意见公布制度》，《法律适用》2005 年第 10 期，第 68—70 页。

汪世荣：

《中国古代判词研究》，北京：中国政法大学出版社，1997 年。

王峰:

《让人"胜败皆服"的好法官——记北京市海淀区人民法院知识产权庭庭长宋鱼水》,《法制日报》2004年11月24日,第5版。

王家年:

《盖碗与盖碗茶文化》,《贵州茶叶》2015年第2期,第55—56页。

王力扶(编剧):

《马背上的法庭》(电影),导演:刘杰;出品人:詹军、刘杰;2006年9月6日上映。

王立民:

《马锡五审判方式的再思考》,《人民法院报》2009年9月9日,第5版。

王丽萍、刘鲁平:

《在法律与道德之间——由一起司法判决引起的思考》,《山东社会科学》2004年第2期,第67—70页。

王兰萍:

《对侵犯肖像权认定的思考——兼谈〈秋菊打官司〉的官司》,《法律科学》1995年第6期,第90—92页。

王亮、张萌:

《吉林当代建筑概览》,长春:吉林大学出版社,2014年。

王书林、唐娜、彭涛:

《赵瑞琴和她的"盖碗茶"调解室》,《人民法院报》2014年3月18日,第4版。

王铁玲:

《马锡五审判方式的启示》,《人民法院报》2009年12月16日,第5版。

王巍、曾金秋:

《八达岭老虎伤人案当事人起诉动物园》,《新京报》2016年11月23日,第A01版。

王祥修:

《法律与文学:情与理的交融》,《飞天》2010年第16期,第14—15页。

王小慧：

《心结》，《人民法院报》2007年3月21日，第8版。

王秀红：

《法官的品格与素养》，《人民司法》2006年第5期，第19—22页。

王学谦：

《每个人都是疯子——论余华中篇小说〈河边的错误〉的先锋特质》，《吉林师范大学学报（人文社会科学版）》2012年第6期，第1—4页。

王亚明：

《"法官后语"与判决的人性化》，《法制日报》2003年2月13日，第10版。

王亚新：

——《民事诉讼准备程序研究》（之一），《中外法学》2000年第2期，第129—161页。

——《农村法律服务问题实证研究（一）》，《法制与社会发展》2006年第3期，第3—34页。

王雁（改编）：

——《刘巧儿》（评剧），演出：中国评剧院；1956年首演。

——《刘巧儿》（评剧），北京：中国戏剧出版社，1963年。

王艳、林山：

《南京一法官写暖心判决书："讲情"可能比"说理"更易被接受》，载澎湃·时事官网（http://www.thepaper.cn/channel_25950），访问日期：2018年2月5日。

网友 o0o。：

《八达岭老虎伤人当事人起诉动物园索赔154万》，载腾讯网（http://coral.qq.com/1632049100），访问日期：2017年2月4日。

王志强：

《〈名公书判清明集〉法律思想初探》，《法学研究》1997年第5期，第118—134页。

王忠民、杨建龙：

《产权界定的"剩余"与外部性问题——关于"秋菊"案例引发的思考》载

《经济社会体制比较》1997年第3期,第41—45页。

卫霞:
《试析当代中国法庭仪式的文化涵义》,《华北电力大学学报(社会科学版)》2014年第5期,第78—80页。

魏治勋:
《司法现代化视野中的"马锡五审判方式"》,《新视野》2010年第2期,第57—60页。

吴承学:
《唐代判文文体及源流研究》,《文学遗产》1999年第6期,第21—33页。

吴俊忠:
《文学鉴赏论》,北京:北京大学出版社,1998年。

吴雪杉:
《塑造婚姻》,《读书》2005年第8期,第5—11页。

吴学安:
《"法官后语"的是与非》,《经济参考报》2005年8月13日,第8版。

吴跃章:
《判决书的叙事学分析》,《南京社会科学》2004年第11期,第53—59页。

夏旭东、刘方祺、刘冰玉:
《亲民暖心的"盖碗茶调解室"》,《四川法制报》2015年9月11日,第B5版。

小鹏:
《"法官寄语"滋润了我荒芜的心田》,《人民法院报》2010年6月9日,第1版。

晓苏:
《文学写作系统论》,武汉:湖北人民出版社,2006年。

谢海定:
《法学研究进路的分化与合作——基于社科法学与法教义学的考察》,《法商研究》2014 年第 5 期,第 87—94 页。

谢宏滨:

《论法律语言的社会学属性》,《边缘法学论坛》2006 年第 2 期,第 77—93 页。

谢觉哉:

《锡五同志灵右》,载张希坡著《马锡五与马锡五审判方式》,北京:法律出版社,2013 年,第 223 页。

谢圣华、宁杰、徐公明、王建平:

《加强司法方法研究,提高司法工作水平——司法方法研讨会观点辑要》,《人民法院报》2009 年 11 月 26 日,第 5 版。

[英]休谟:

《人性论》(下册),关文运译,郑之骧校,北京:商务印书馆,1983 年。

徐家力、赵威:

《论 1991 年著作权法施行之前文学艺术作品改编许可的效力——以"红色娘子军案"为切入点》,《法律适用》2018 年第 10 期,第 29—32 页。

徐伟、鲁千晓:

《诉讼心理学》,北京:人民法院出版社,2002 年。

徐忠明:

——《法学与文学之间》,北京:中国政法大学出版社,2000 年。

——《包公故事:一个考察中国法律文化的视角》,北京:中国政法大学出版社,2002 年。

——《众声喧哗:明清法律文化的复调叙事》,北京:清华大学出版社,2007 年。

徐忠明、温荣:

《中国的"法律与文学"研究述评》,《中山大学学报(社会科学版)》2010 年第 6 期,第 162—174 页。

许建兵、薛忠勋:

《谈司法伦理在司法方法中的实现》,《人民法院报》2012 年 10 月 12

日,第5版

薛定薪(编辑):
《18岁少女把贩卖她的女人贩子给卖了,会被判刑吗?》,载中国普法网(http://www.dahebao.cn/news/1239748? cid=1239748),访问日期:2018年11月1日。

薛书敏:
《法庭,我的精神家园》,《人民法院报》2007年4月4日,第8版。

[古希腊]亚理斯多德:
《修辞学》,罗念生译,北京:生活·读书·新知三联书店,1991年。

杨宝杰:
《新沂"法官寄语"感动失足少年》,《人民法院报》2008年7月8日,第2版。

杨立新:
《对建筑物抛掷物致人损害责任的几点思考》,载杨立新民商法网(http://www.yanglx.com/dispnews.asp? id=254),访问日期:2007年12月10日。

杨永华、方克勤:
《陕甘宁边区法制史稿(诉讼狱政篇)》,北京:法律出版社,1987年。

杨召奎:
《消协表态,何以网友齐吐槽?》,《工人日报》2016年10月26日,第3版。

姚建宗:
《法治:符号、仪式及其意义》,《河南政法干部管理学院学报》2000年第2期,第47—53页。

姚莉:
《司法公正要素分析》,《法学研究》2003年第5期,第3—23页。

叶泉:
《老虎伤人事件,如果打官司会怎样》,《法制日报》2016年10月14日,第7版。

易军:
《诉讼仪式的象征符号》,《国家检察官学院学报》2008年第3期,第90—97页。

佚名:
《哭够了再说》,《人民法院报》2007年1月31日,第8版。

余华:
《河边的错误》,武汉:长江文艺出版社,1992年。

余凌云:
《行政契约论》,北京:中国人民大学出版社,2006年。

余其宗:
《中国文学与中国法律》,北京:中国政法大学出版社,2002年。

余素青:
《判决书叙事修辞的可接受分析》,《当代修辞学》2013年第3期。

于柱、陈茜茜:
《审判视域下的刑事和解应用体系构建》,《人民司法》2018年第10期,第73—77页。

袁定波:
《最高法审判权运行改革试点12月将启》,《法制日报》2013年11月15日,第5版。

袁静:
《刘巧儿告状》,沈阳:东北书店,1947年。

玉梅:
《试论"法官后语"》,《广西政法管理干部学院学报》2005年第6期,第68—71页。

云起:
《不断被放大的"错误":余华〈河边的错误〉的另类叙事》,《人民公安报》2006年4月11日,第8版。

张冰歌：

《"法官寄语"彰显"司法温情"》,《政府法制》2009年第3期,第55页。

张国香：

《文学关注着对法律事务的深入反思——李敬泽谈文学与法律的关系》,《人民法院报》2008年1月12日,第4版。

张雷、陈曦、彭江燕、满凯华、马文婷：

《喝茶办案:赵瑞琴和她的盖碗茶调解室》,载央广网（http://news.cnr.cn/native/city/20141224/t20141224_517205045.shtml）,访问日期:2018年1月12日。

张建成：

《法官后语:法律文化中的和谐精髓》,《许昌学院学报》2008年第4期,第128—130页。

张立勇：

《论马锡五审判方式在当代的继承与发展》,《人民司法》2009年第7期,第24—26页。

张憨：

《司法为民的楷模——马锡五和马锡五审判方式》,《中国审判》2006年第8期,第12—17页。

张娜、闫丽：

《法律视域下的莫言小说〈檀香刑〉》,《语文建设》2013年第3期,第43—44页。

张宁：

《中国现代文学中的离婚叙事》,硕士论文（2009年）,载《中国优秀硕士论文全文数据库》。

张鹏：

《判决书该不该有人情味:"法官后语"引发争论》,《北京晚报》2001年6月27日,第4版。

张士敏：

《荣誉的十字架》北京：作家出版社，1989年。

张维：

《物化的法治文化研究——以法院建筑为例的综述研究》，《法制与社会》2016年第12期，第114—115页。

张希坡：

——《马锡五与马锡五审判方式》，北京：法律出版社，2013年。

——《前言》，载张希坡著《马锡五与马锡五审判方式》，北京：法律出版社，2013年，第1—6页。

张小莲、于蕾、陈瑜思：

《"天上掉下来"的官司：一起高空坠物命案和连坐赔偿之问》，载澎湃新闻客户端（http://www.thepaper.cn/newsDetail_forward_1777211），访问日期：2017年8月29日。

张晓频：

《裁判文书中的法官后语》，《人民法院报》2002年7月5日，第2版。

张卫平：

——《回归"马锡五"的思考》，《现代法学》2009年第5期，第139—156页。

——《回归"马锡五"的思考》，载张卫平主编《民事程序法研究》（第五辑），厦门：厦门大学出版社，2010年，第54—82页。

《说理与裁判的智慧》，《人民法院报》2001年9月3日，第3版。

张泽涛：

《判决书公布少数意见之利弊及其规范》，《中国法学》2006年第2期，第184—193页。

赵春燕：

《红色娘子军侵权案升级》，《民主与法制时报》2015年8月6日，第4版。

赵明胜：

《我国法院建筑的法文化分析》，《西安建筑科技大学学报（社会科学版）》2015年第6期，第58—60页。

赵晓力:

《通过合同的治理——80年代以来中国基层法院对农村承包合同的处理》,《中国社会科学》2000年第2期。第120—132、208页。

赵泽君:

《民事争点整理程序的合理性基础及其建构》,《现代法学》2008年第2期,第108—117页。

周而复:

《后记》,载韩起祥著、高敏夫记录《刘巧团圆》,香港:海洋书屋,1947年,第133—150页。

周辉斌:

《浅析法官自由裁量权的获得与运用——我国首例"第三者"继承遗产案判决之我见》,《法学杂志》2002年第4期,第76—79页。

周泓远:

《"大法无法"——浅析德里达《在法的前面》的解构策略》,《外国语言文学》2015年第4期,第217—227页。

周梅森(编剧):

《人民的名义》(电视剧),导演:李路;出品机构:最高人民检察院影视中心、中央军委后勤保障部金盾;2017年3月28日首播。

曾金秋:

《老虎咬人事件伤者:将通过法律维权》,《新京报》2016年10月24日,第A11版。

宗会霞:

《法官司法能力研究》,博士论文(2013年),载《中国博士学位论文全文数据库》。

邹文鹏、马吉燕、黄崇正:

《李昌奎案中舆论监督与司法关系系统论的影响探究》,《法制与社会》2012年第29期,第55—56页。

郑智航：

《新中国初期人民司法——以国家权力下沉为切入点》,《法制与社会发展》2012年第5期,第76—87页。

郑重：

《继承与反思:评马锡五审判方式》,《法制与社会》2011年第2期,第112—113页。

周道鸾：

《情与法的交融——裁判文书改革的新的尝试》,《法律适用》2002年第7期,第32页。

周永坤：

《民意审判与审判原规则》,《法学》2009年第8期,第3—15页。

朱洁琳：

《唐代判词的法律特征与文学特征——以白居易〈百道判〉为例》,《政法论坛》2013年第2期,第80—86页。

朱经文：

《永远做天平的守护者》,《人民法院报》2007年3月28日,第8版。

朱凯：

《法律背后的人性审视——从〈檀香刑〉说起》,《山东青年》2017年第7期,第115、119页。

最高人民法院政治部编：

《全国法官十杰》,北京:人民法院出版社,2006年。

（外文）

Abraham, Henry J.

The Judiciary: The Supreme Court in the Governmental Process. New York: New York University Press, 1996.

Aghion, Philippe and Richard Holden.

"Incomplete Contracts and the Theory of the Firm: What Have We Learned over the Past 25 Years", *The Journal of Economics Perspectives*. Vol.25, No.2 (Spring, 2011), pp.181-197.

Allen, Anita L. and Michael R. Seidl.

"Interdisciplinary Approaches to International Economic Law: Cross-Cultural Commerce in Shakespeare's the Merchant of Venice", *The American University Journal of International Law & Policy*. Vol. 10, No.2 (Winter, 1995), pp.837-859.

Alscher, Peter J.

"Staging Direction for a Balanced Resolution to 'The Merchant of Venice'", *Cardozo Studies in Law and Literature*. Vol. 5, No. 1 (Spring, 1993), pp.1-33.

Baron, Jane B.

"Law, Literature, and The Problems of Interdisciplinarity", *The Yale Law Journal*. Vol.108, No.5 (Mar., 1999), pp.1059-1085.

Barton, Ann.

"The Merchant of Venice", in G. Blakemore Evans (ed.), *The Riverside Shakespeare*. Boston: Houghton Mifflin Co., 1974, pp.250-251.

Biet, Christian.

"Judicial Fictiona and Literary Fiction: The Example of the Factum", *Law and Literature*. Vol.20, No.3 (Fall, 2008), pp.403-422.

Binder, Guyora.

"The Law-as-Literature Trope", in Michael Freeman and Andrew D.E. Lewis (eds.), *Law and Literature: Current Legal Issues* (*Vol.*2). Oxford: Oxford University Press, 1999, pp.63-89.

Booth, Wayne C.

The Rhetoric of RHETORIC: The Quest for Effective Communication. Oxford:

Blackwell, 2004.

Brooks, Peter.

"The Law as Narrative and Rhetoric", in Peter Brooks and Paul Gwirtz (eds.), *Law's Stories: Narrative and Rhetoric in the Law*. New Haven: Yale University Press, 1996, pp.14-23.

Carpi, Daniela.

"Failure of the Word: Law, Discretion, Equity in the Merchant of Venice and Measure for Measure", *Cardozo Law Review*. Vol. 26, Fas.6 (May., 2005), pp.2317-2329.

Cardozo, Benjamin N.

"Law and Literature", *Yale Review*. Vol.14 (Jul., 1925), pp.699-718.

Chase, Oscar G. and Jonathan Thong.

"Judging Judges: The Effect of Courtroom Ceremony on Participant Evaluation of Process Fairness-RelatedFactors", *Yale Journal of Law & Humanities*. Vol. 24, Iss.1 (Winter, 2012), pp.221-245.

Cole, Thomas.

The Origins of Rhetoric in Ancient Greece. Baltimore: Johns Hopkins University Press, 1991.

Colmo, Christopher A.

"Law and Love in Shakespeare's The Merchant of Venice", *Oklahoma City University Law Review*. Vol.26, No.1(Spring, 2001), pp.307-326.

Cover, Robert M.

"Violence and the Word", *The Yale Law Journal*. Vol. 95, No. 8 (Jul., 1986), pp.1601-1029.

Dawson, John.

The Oracles of the Law. Ann Arbor: The University of Michigan Law

School, 1968.

Derrida, Jacques.
> *Acts of Literature*. New York: Routledge, 1992.

Dolin, Kieran.
> *A Critical Introduction to Law and Literature*. Cambridge: Cambridge University Press, 2007.

Dworkin, Ronald.
> *Law's Empire*. Cambridge: Harvard University Press, 1986.

Eagleton, Terry.
> *William Shakespeare*. New York: Blackwell, 1986.

Epstein, Richard A.
> *Simple Rulesfor a Complex World*. Cambridge: Harvard University Press, 1995.

Ferguson, Glenn W.
> "To Robe or Not to Robe? —A Judicial Dilemma", *Journal of the American Judicature Society*. Vol.39, No.6 (Apr.,1956), pp.166–171.

Fish, Stanley.
> —*Doing What Comes Natually: Changes, Rhetoric, and the Practice of Theory in Literary and Legal Studies*. Durham: Duke University Press, 1989.
> —"Fishv. Fiss", *Stanford Law Review*. Vol. 36, No. 6 (Jul., 1984), pp.1325–1347.

Fisher, William W., Morton J. Horwitz and Thomas A. Reed (eds.).
> *American Legal Realism*. New York: Oxford Unversity Press, 1993.

Fishman, Joshau A.
> *The Sociology of Language: An Interdisciplinary Social Science Approach to Language in Society*. Rowley: Newbury House Publisher, 1972.

Frank, Jerome.

Law and Modern Mind. New York: Anchor Books, 1963.

Friedler, Edith Z.

"Shakespeare's Contribution to the Teaching of Comparative Law — Some Reflections on The Merchant of Venice", *Louisiana Law Review*. Vol.60, No.4 (Summer, 2000), pp.1087−1102.

Ginsberg, Robert.

"The Law as Literature", in Zachary Hoskins and Joan Woolfrey (eds.), *Social Philosophy Today* (6). Charlottesville: Philosophy Documentation Center, 1991, pp.249−265.

Haldar, Piyel.

"The Function of the Ornament in Quintilian, Alberti, and Court Architecture", in Costas Douzinas and Lynda Nead (eds.), *Law and Image: the Authority of Art and the Aesthetics of Law*. Chicago: The University of Chicago Press, 1999, pp.117−136.

Hanson, Julienne.

"The Architecture of Justice: Iconography and Space Configuration in the English Law Court Building", *Architectural Research Quarterly*. Vol.1, Iss.4 (Summer, 1996), pp.50−59.

Hart, Oliver and John More.

"Incomplete Contract and Renegotiation", *Econometrica*. Vol. 56, No.4 (Jul., 1988), pp.755−785.

Holmes, Oliver W.

"The Path of Law", *Harvard Law Review*. Vol.10, No. 8 (Mar. 25, 1897), pp.457−478.

Jonson, Ben.

"preface", the First Folio of 1623, in William Shakespeare, *Mr. William*

Shakespeare's Comedies, Histories and Tragedies: Published According to the true original copies. London: Printed by Isaac Iaggard and Ed. Blount, 1623.

Julius, Anthony.

"Introduction", in Machael Freeman and Andrew D.E.Lewis (eds.), *Law and Literature: Current Legal Issues* (Vol.2). Oxford: Oxford University Press, 1999, pp.xi-xxv.

Kammen, Michael.

"Temples of Justice: The Iconography of Judgment and American Culture", in Maeva Marcus(ed.), *Origins of the Federal Judiciary: Essays on the Judiciary Act of* 1789. New York: Oxford University Press, 1992, pp.248-279.

Kessler, Robert A.

"The Psychological Effects of the Judicial Robe", *American Iamgo*. Vol. 19, No.1 (Spring, 1962), pp.35-66.

Koelb, Clayton.

"The Bonds of Flesh and Blood: Having It Both Ways in 'The Marchent of Venice'", *Cardozo Studies in Law and Literature*. Vol.5, No.1 (Spring, 1993), pp.107-113.

Kornstein, Daniel J.

"Fie Upon YourLaw!", *Cardozo Studies in Law and Literature*. Vol.5, No.1 (Spring, 1993), pp.35-56.

Kornstein, Daniel J.

Kill All the Lawyers?: Shakespeare's Legal Appeal. New Jersey: Princeton University Press, 1994.

Levinson, Sanford.

"Law as Literature", *Texas Law Review*. Vol.60, No.3 (Mar., 1982), pp.373-403.

Lewis, William.

"Law's Tragedy", *Rehtoric Society Quaterly*, Vol.21, No.3 (Summer, 1991), pp.11-21.

Llewellyn, Karl.

The Common Law Tradition: Deciding Appeals. Boston: Little, Brown and Company, 1960.

Lowenstein, Daniel H.

"The Failure of the Act: Conceptions of Law in theMerchant of Venice, Bleak House, Les Miserables, and Richard Weisberg's Poethics", *Cardozo Law Review*. Vol.15, No.4(Jan., 1994), pp.1169-1243.

Macauly, Stewart, John Kidwell, William Whitford & Marc Galanter.

Contracts: Law in Action(Vol.1). Charlottesville: Michie Co., 1995.

Macwilliams, J. Wesley.

"Review", *University of Pennsylvannia Law Review and American Law Register*. Vol.80, No.6 (Apr., 1932), pp.933-936.

Miller, Hillis.

"Derrida and Literuature", in Tom Cohen (ed.), *Jacques Derrida and Hummunities: A Critical Reader*. Cambridge: Cambridge University Press, 2002, pp.58-81.

Minda, Gary.

—"*Cool Jazz But Not So Hot Literary Text in* Lawyerlands: *James Boyd White's Improvisations of Law as Literature*", *Cardozo Studies in Law and Literature*. Vol.13, No.1 (Spring, 2001), pp.157-191.

—"Law and Literature at the Century's End", *CardozoStudies in Law and Literature*. Vol.9, No.2 (Autumn-Winter, 1997), pp.245-258.

Minow, Martha.

"Stories in Law", in Peter Brooks and Paul Gwirtz(eds.), *Law's Stories: Narrative and Rhetoric in the Law*. New Haven: Yale University Press, 1996.

pp.24-36.

Morawetz,Thomas.

"Ethics and Style: The Lessons of Literature for Law", *Stanford Law Review*. Vol.45, No.2 (Jan., 1993), pp.497-521.

Murray, Yxta M.

"Tragicomedy", *Howard Law Journal*, Vol. 48, No. 1 (Fall, 2004), pp.309-350.

Nelson, John S.

"When Words Gain Their Meanings: Turning Politics into Law and Back again Rhetoric-and What can Hanppen When the Word for Law is Literature", *Rehtoric Society Quaterly*. Vol.21, No.3 (Summer, 1991), pp.22-37.

Newman, Louis E.

"Beneath the Robe: The Role of Personal Values in Judicial Ethics", *Journal of Law and Religion*. Vol.12, No.2 (1995-1996), pp.507-531.

New York State Supreme Court:

Riggs v. Palmer, 115 N. Y. 506 (1889), pp.506-520.

Penalosa, Fernando.

Introduction to Sociology of Language. Rowley: NewBury House Publisher, 1981.

Peters, Julie Stone.

"Law, Literature, and the Vanishing Real: On the Future of anInterdisciplinary Illusion", *Publications of the Modern Language Association of America*. Vol.120, No.2 (Mar., 2005), pp.442-453.

Posner, Eric A.

"New Perspectives and Legal Implications: The Jurisprudence of Greed", *University of Pennsylvania Law Review*. Vol. 151, No. 3 (Jan., 2003), pp.1097-1133.

Posner, Richard A.

—*Law and Literature*. 3rd ed., Cambridge: Harvard University Press, 2009.

—"What Has Pragmatism to Offer Law", in Micharl Brint and William Weaver (eds.), *Pragmatism in Law and Society*. Boulder: Westview Press, Inc., 1991, pp.235-267.

Regnier, Thomas.

"Could Shakespeare Think Like a Lawyer? How Inheritance Law Issues in Hamlet May Shed Light on the Authorship Question", *University of Miami Law Review*. Vol.57, Iss.2(Jan., 2003), pp.377-428.

Resnick, Judith, Dennis E. Curtis and Allison Tait.

"Constructing Courts: Architecture, Ideology of Judging, and the Public Sphere", in Anne Wagner and Richard K. Sherwin(eds.), *Law, Culture, and Visual Studies*. Berlin: Springer, 2014, pp.519-520.

Rosenbloom, Jonathan D.

"Social Ideology as Seen Through Courtroom and Courthouse Architecture", *Columbia-VLA Journal Law & the Art*. Vol.22, No.4 (1998), p.464.

Rudal, Judy.

"What was Behind me Now Faces me: Performance, Staging, and Technology in the Court of Law", in Synne Bull and Marit Paasche (eds.), *Urban Image: Unruly Desires in Film and Architecture*. Berlin: Sternberg Press, 2011, p.122.

Sarat, Austin, and William F. L. Flestiner.

"Law and Social Relations: Vocabularies of Motive in Lawyer/Client Interaction", *Law & Society Review*. Vol.22, No.4 (1988), pp.737-770.

Smith, Christopher E.

"Law and Symbolism", *Detroit of College of Law at Michigan University Law Review*. 1997, pp.935-937.

Scott, Robert E. and George G.Triantis.

"Incomplete Contracts and the Theory of Contract Design", *Case Western Reserve Law Review*. Vol.56, Iss.1 (Fall, 2005), pp.187-202.

Sokol, B. J. and Mary Sokol.

Mary *Shakespeare's Legal Language: A Dictionary*. London: Athlone Press, 2000.

Spangler, Eve, Marsha A. Gordon and Ronald M. Pipkin.

"Token Women: An Empirical Test of Kanter's Hypothesis", *American Journal of Sociology*. Vol.84, No.1 (Jul., 1978), pp.160-170.

Stockard, Olivia.

The Write Approach: Techniques of Effective Business Writing. San Diego: Academic Press, 1999.

Sunstein, Cass R.

Legal Reasoning and Political Conflict. New York: Oxford University Press, 1996.

Thaler, Richard H.

"Mental Accounting and Consumer Choice", *Marking Sience*. Vol.4, No.3 (Summer, 1985), pp.199-214.

Toews, David.

"The New Tarde: Sociology after the End of the Social", *Theory, Culture & Society*. Vol.20, Iss.5 (Oct., 2003), pp.81-98.

Tomlins, Christopher.

"Revolutionary Justce in Brecht, Conrad, and Blake", *Law & Literature*. Vol. 21, No.2 (Summer., 2009), pp.185-199.

Ward, Ian.

Law and Literature: possibilities and perspectives. Cambridge: Cambridge University Press, 1995.

Weisberg, Richard.

—"Coming of Age Some More: 'Law and Literature' Beyond the Cradle", *Nova*

Law Review. Vol.1, Iss.1 (Fall, 1988), pp.107-124.

——*Poethics and other Strategies of Law and Literature.* New York: Columbia University Press, 1992.

Weisberg, Richard H.

——"Family Feud: A Response to Robert H. Weisberg", *Yale Journal of Law and Humanities.* Vol.1, No.1 (Dec., 1988), pp.69-77.

——"Wigmore and the Law and Literature Movement", *Law & Literature.* Vol. 21, No.1 (Spring, 2009), pp.129-145.

Weisberg, Robert.

"The Law-Literature Enterprise", *Yale Jounal of Law and&the Humanities.* Vol.1, No.1 (Dec., 1988), pp.1-67.

West, Robin L.

"The Literary Lawyer", *Pacific Law Journal,* Vol.27, Iss.3 (Apr., 1996), pp.1187-1212.

White, James Boyd.

——*Heracles' Bow: Essays on Rehtoric and Poetics of the Law.* Madison: University of Wisconsin Press, 1989.

——"Legal Knowledge", *Harvard Law Review.* Vol.115, No.5 (Mar., 2002), pp.1396-1431.

——"Law and Literature: No Menifesto", *Mercer Law Review.* Vol.39, Iss.3 (Spring, 1988), pp.739-752.

——"Law as Language: Reading Law and Reading Literature", *Texas Law Review.* Vol.60, No.3 (Mar., 1982), pp.415-446.

——*The Legal Imagination: Studies in the Nature of Legal Thought and Expression.* Boston: Little, Brown and Co., 1973.

——*When Words Lose Their Meaning.* Chicago: University of Chicago Press, 1985.

——"What We Know", *Cardozo Studies in Law and Literature.* Vol.10, No.2 (Winter, 1998), pp.151-153.

Willson, Michael Jay.

"A View of Justice in Shakespeare's The Merchant of Venice and Measure for Measure", *Notre Dame Law Review*. Vol.70, Iss.3 (Jan., 1995), pp.696-726.

Yablon, Charles M.

"Judicial Drag: An Essay on Wigs, Robes and Legal Change", *Wisconsin Law Review*. Vol.70, No.5 (1995), pp.1129-1154.

Yoshino, Kenji.

——"The City and the Poet", *Yale Law Journal*. Vol. 114, No. 8 (Jun., 1988), pp.1835-1896.

——"The Lawyer of Belmont", *Yale Journal of Law and Humanities*. Vol.9, Iss. 1 (Jan., 1997), pp.183-216.

Zhao, Xiaohuan.

"Court Trials and Miscarriage of Justice in Dream of the Red Chamber", *Law and Literature*. Vol.23, No.1 (Spring, 2011), pp.129-156.

Zorza, Richard.

The Self-Help Friendly Court: Designed from the Ground Up to Work for People Without Lawyers. Williamsburg: The National Center for State Courts, 2002.

一般索引

A

案件 2,23,37—39,47,48,54,55,62,82,86,92,93,95,96,103,104,106,107,109,111—113,119,120,122,124—127,132,133,135,137,139,140,142,143,146,150,154—158,160—162,164,165,172—174,180,182,185,197,207,211,215,217,221,223,225,227,228,238,240,242,243,248,264—266,268,270,275,281—284,292—294,296,298,300,306,318,324,325,329,330,332

C

场景 27,35,40,41,47,48,75,82—84,121,143,144,151,175,189,195,215,243,245,276,288,307

——微观 144,145,188,189,195,199

材料 3,18,20,21,30,33,34,47,49,53,54,59,82,84,90,98,130,135,172—178,180—187,189—191,197,205,244,245,248,272,330

策略 2,3,6,16,18,22—24,28,39—41,44—46,50,53,54,58,64,76,78,79,87,91,93,94,100,107,109—112,127,135,138—142,144,154,155,161,163,176—178,203,240,256,275,276,278,279,287,322,342

陈述 16,22,51,54,61,65,70,73,78,94,95,127,132,140,145,148—150,160,207,226,227,248,262—269,273,283,298

成本 36,37,39—41,43,46,60,88,125,126,136,137,144,148,154,157,179,189,192—194,208,209,211,213,215,216,248,260—262,293

——司法 211,213

承诺 52,111,132,156—158,164,224

程序正义 91,92,94

冲突 3—5,8,14,20,23,28,52,86,99,105,110—112,118,122,175,182,184,243,257,259,313

D

大众化 6,94,95,100,103,317

单向性 135,146—149,289

当事人 21,24,26,32,51,53,54,61—64,71,72,74,94,112,119,121,123,124,126—128,132—158,160—165,170,173—175,178,184—187,189,191,194,195,197,199,201,208—213,215—218,225—230,232,233,235,267,268,270,271,275,278,281—286,288—290,293—295,297—300,302—307,318,319,333—335

底层需求 12

读者 11,16,22,23,32-34,44-48,51,54,69,71,73,76,78,79,83,90,111,112,130,175,176,260,261,273,319

对话 2,15,16,39,40,46,53,77,155,156,257,273,289

F

法官后语 53,168,199—201,203—206,208—218,221,225,228—238,313,319,323,324,327,329,332,335,336,339—341

法教义学 2,5,6,15,17,37,310,316,321,322,328,331,336

法理型 186

法律场域 34,52,72,297

法律行规 61,71

法律界 1,3

法律理解 35,70,138,140,230

法律命题 242,243

法律权威 11,59

法律人 2,3,5,6,26,27,29,38,41,45,46,58—62,71—73,75,85,131,170,171,201,221—231,237,239,272,307,311,330,331

法律社会学 27,126

法律与文学 1—60,62,64,66,68,70,72,74,76,78,80,82—84,86—88,90,92,94,96,98,100—102,104,106,108,110—112,114,116,118,120,122,124,126,128—130,132,134,136,138,140,142,144,146,148,150,152,154,156,158,160,162,164—166,168—170,172,174—176,178,180,182,

184, 186, 188, 190, 192, 194,
196, 198—200, 202, 204, 206,
208, 210, 212, 214, 216, 218,
220, 222, 224, 226, 228, 230,
232, 234, 236—238, 240, 242,
244, 246, 248, 250, 252, 254,
256, 258—260, 262, 264, 266,
268, 270, 272, 274, 276, 278—
280, 282, 284, 286, 288, 290,
292, 294, 296, 298, 300, 302,
304, 306, 308, 310, 312, 314,
316—318, 320—324, 326, 328,
330—334, 336—338, 340, 342,
344, 346, 348, 350, 352, 354

法律与文学运动 13, 15, 17, 18,
31, 74, 81, 82, 85, 169, 170,
199, 272

法律职业群体 6, 59, 60, 304

法律专业化和职业化 1

法律事实 16, 22, 23, 28, 51, 138,
146, 242, 300, 301

法庭 15, 18, 19, 21, 23, 26, 27, 39,
54—56, 58, 61, 67, 69—71,
75—78, 82, 84, 104, 117, 118,
131, 133—135, 146, 148, 151,
153—155, 157, 160—163, 165,
170, 171, 173—175, 179, 189,
217, 244—246, 248—250, 252,
255—257, 259, 273, 275—278,
280—295, 297—307, 312, 313,
316, 319, 322, 325, 330, 334,
336, 338

法庭空间 54, 55, 274—281, 283,
285—291, 293—295, 297—
308, 319

法律意见对抗 242

法学的教义化 14

法学界 1, 3, 7, 19, 30, 57, 100,
103, 220, 241, 277, 278, 304

法学意识形态 1—4

法言法语 301

法治 2, 5, 7, 21, 29, 34, 63, 68, 91,
194, 209, 212, 213, 216, 225,
233, 255, 277—279, 287, 294,
306, 311, 313, 322, 325,
338, 341

反思 2, 13, 16, 17, 26, 28, 31, 40,
43, 46, 47, 65, 85, 91, 136, 147,
196, 204, 214, 238, 273, 279,
290, 307, 311, 316, 340, 343

分歧 8, 21, 35, 37, 54, 75, 86, 119,
124, 137, 140, 141, 152,
231, 272

非理性 4, 140

辅助理解 179, 180, 182, 188

辅助权威 179, 185, 188

附带 53,54,135,192,200—207, 209,211,213—215,217—225, 227,229—231,233,235—238,293

附带意见 220,222,223,227

G

盖碗茶 280—283,288,296,302, 312,334,336,340

感染 78,168,169,175,177,178, 185,189,195,196,204,210, 214,216,233,235—237, 270,299

根据地 52,92

公共事件化 5,7

公共舆论 36,37,40,41

共识 29,75,133,146—150,152, 154,165,195,196,198,199, 268,269,272

——社会 4

构思 34,45,54

故事 13,20,22,23,25,29,31,32, 34,43,47,48,50,51,53,54, 56,59,64,65,68,71—73,75, 76,78,82—85,87,96—99, 108,110—112,116,118,129, 130,163,164,168,174—176, 181,183,185,202,240,245, 248,255,256,259—262,275, 280,315,320,324,337

——刘巧儿 52,96,99

故事话语 2

故事情节 45,54,244,260,261

故事文学 52,70,86,239,241, 243—249,251,253—255,257, 259—273

关键词 7,51,90,145,201

诡辩 66,249

H

话语背景 70,155

话语权力 37

行规 48,60,61,71,72,192,208,225

合法性 7,16,28,30,33,58,61, 70,147,148,297,300

合意 16,28,132,144,145

合议庭 90,201,217,220,333

后续性 292—294

环境重叠 289,290

J

基层法官 6,20,26,46,127,138, 157,161—163,175,176,179,

197,204,205,217,237,238,
240,282,285,286,289,293,
295,301,323,330

基层司法　1—56,58—60,62,64,
66,68,70,72,74,76,78,80,
82,84,86,88—90,92,94,96,
98,100,102,104,106,108,
110,112,114,116,118,120,
122,124,126—130,132,134—
138,140—142,144—150,152,
154—172,174,176,178—180,
182,184,186,188,190,192—
194,196—200,202—204,206,
208,210,212,214,216,218,
220,222,224,226,228,230,
232,234,236,238,240,242,
244,246,248,250,252,254,
256,258,260,262,264,266,
268,270,272,274,276,278—
280,282—284,286—288,290,
292—294,296,298,300,302,
304,306,308,310,312,314,
316,318,320,322,324,326,
328,330,332,334,336,338,
340,342,344,346,348,350,
352,354

——中国　1,2,6,7,31,35,53,55,
90,129,167,170—172,179,
182,197—200,203,204,240

——中国的　1,8,35,51,276,287

激励　36,40,47,60,74,78,81,90,
93,121,136,170,184,208,
215,242,287,303

技艺　22,28,39,40,52,59,70,73,
74,141,162,191,232

家庭　72,174,176,189,217,265,
267,282—284,290—295,297

家庭化　55,280,283—285,291,299

鉴赏　43,45,71,78,118,248,
260—264,268

建构　10,16,20—23,27,36,51,
54,55,84,85,97,107,108,
111,112,127,130,133,135,
155,177,179,186,194,244,
248,257,266,267,269—271,
276,278,290,301,304,322,
323,326,342

经典　14,18,21,48,49,51,52,
57—59,65,66,68,69,71—73,
77,96,112,220,227,239,241,
244—246,251,252,254—
258,331

——文学　48,49,51,57,71,254

经济学　17,30,39,42,43,59,60,
66,80,87,93,151,152,242,
260,261,328

——法律 17,42,59,60

——鉴赏 261

教育 15,34,52,56,62,64,73,76,95,115,117,120,126,136,164,171,175,199,201,205,213,222—224,227—232,234,262,285,315,318,320,322

解释 14—16,30,37,38,77,78,80,85,92,104,105,158,163,227,250—252,269,286,287,294,317,324,328

纠纷 1,3—5,8,26,29,32,34,40,44,46,48,55,58,86,91,93—96,99,100,103,104,111,119,122—124,127,128,133,135,140,145,147,150—153,157,158,160—162,164—166,168,170,172,175,176,179—182,185,186,189,190,192,196—198,204,205,208—210,213,216,218,232,234,240,263,264,268,270,271,273,275,281,282,284,286,293—299,301—303,306,307,312,314

剧场效果 301

具体分析 248,269—271

角色 13,20,26,33,36,52,107,119—121,123—126,128,134—136,140,146,148—150,168,173,180,182,186,187,201,202,204—206,209,212,214,218,222,224,231—238,257—259,275,283,285,289,326

角色伦理 146—149

决疑 54,55,182,240,244

K

科学 2,3,5—8,12,15,17,18,20—25,29,30,32,35,39,42,43,47,56,64,69,73,76,82,141,149,155,159,169—171,177,182,192,197,202,212,223,239,241,249,272,275,276,278,286,305,311—315,317,320,323—326,328,330,334—337,341,342

——法律 17

——社会 42,43

可能性 3,5,21,25,30,32—34,58,61,68,70,80,81,83—85,95,98,101,110,112,119,124,134,141,144—146,154,160,177—179,191,202,205,208,246,332

客观视角 291—293

空间 15,22,25,27,31,32,46,54,55,64,73,81,100,126,140,147,148,156,177,188,201,202,215,242,243,249,260,275—279,281,283,285—291,293—300,302,308,322

——法庭人文 55

——法庭物理 54

控制 17,32,36,37,41,100,121,151,153,165,177,229,270,278,301

跨学科 18,37,39,41,42,58,60,87

L

浪漫 3,6,7,259

理解合作 41,54

理论 2,5,6,15—18,20—22,25,26,31,35,39,41,42,44—50,52,57,59,61,66,85,90,91,95,98,101,109,110,112,119,136,145,149,151,152,158,159,165,169,172,175,177,181,182,186,191,194,196,202,204—206,214,218,222—225,227,230,235,237,247,248,250,268,277—279,290,291,293,300,307,308,315,316,318,323,325,330,333

理论工具 31,43,45

理性 3,4,6,35,43,46,60,61,77,78,80,87,88,114,133,135,139,141,159,165,168,177,201—205,210,212,223,224,229,232—238,249,277,286,291,294,296—299,302,303,307,328,342

理性交流 5

理由 2,4,44,49,51,58,61—64,77—81,85,87,98,99,101,102,105,106,109—111,113,115—117,130,136,138,139,143,145,149,153—156,160—163,165,183,186,193,204,220,221,223,226,234,241,242,246—253,258,286,304,328

——法律 62

——证据 62

立场 2,3,29,39,41,47,49,53,109,123,182,184,197,198,200,212,253,255,256,287,305,321

历史建构 18

临时正确　145

领导权　40

伦理　13,31,35,36,38,42,110,130,132—134,146,154,175,186,192,194,200,204,206,208,209,212,218,219,230,233,249,319,331,337

论证　5,8,22,25,29,34,38,47,51—55,62,64,97,128,145,169,179,180,199,202,212,220,223,244,249,253,263,264,266,273,305,306,324

逻辑　2—6,8,15,16,20,22,25,29—32,35,39,42,45,48—50,54,55,58,59,63,65,66,69,70,73,75—77,80—83,85—88,91,92,95,98,102,104—106,108,111,119—122,124—126,128,134,135,137,141,142,146—148,158,162,164,168—171,180,194,209,212,214,217,221,226—229,231,237,240,243,246,249,251—253,255,256,258,261,264,267,279,294,297,301,304—306

——科学　22,29,39,171

——运行　51,52,89,94,98—100,118,119,121,126,129,324

逻辑关系　33,82,83

律师　22,28,56,58,59,61,62,87,139,155,170,193,199,207,222,305

M

马锡五审判方式　51,52,83,89—103,109,121,126,128—130,132,164,319,321,322,324,333,334,336,337,340,341,343

矛盾心态　106

模糊性　63,64,156

默许　75,81,143—145,161,162,237,242

N

耐心　46,78,149,185,196—198,209,233,235,267,285,288

P

判词　8—12,20,24,25,218,219,312,328,332,333,343

判决　1,3—6,9—11,23,24,31,

40,43,52,53,59,62,69,71,
101—106,117,119,136,138—
141,144,154,168—170,177,
180,199—237,240,241,244,
249,263,273,311—313,317,
319,323,329—331,334—336,
339—342

——效率 136,141

——正确 136,138,141,154

判决书附带 53

平等交流 161

评论 2,3,10,14,20,21,23,26,
30,48,58,62—64,66,75,79,
82—85,91,95,107,109,220,
246,247,250,258,259,310,
311,317,319,322,323,328,
330,331

——法学 58

——文学 58,66,82,83,246,
258,259

Q

契约 52,53,58,65—70,76,78,
80,85,131—139,141—166,
168,244,246—257,259,262,
271,323,330,339

——司法 52,53,131—134,136,
141,144—146,150,152—159,
161,162,164,165,168

——社会 4,148,159,193

潜在的关联 7

亲和 113,173,177,178,185,187,
190,197,204,236

亲和力 98,125,126,156,157,
204,207,289,306,310

亲情 173,207—210,231,285

情感 1—3,35,53,55,59,87,167,
172,184,186,197,204—207,
209,214—216,218,230,232,
276,291,292,294—297,
301,303

情感打动 4,10,24,45

情节 23,26,27,34,48,50,54,58,
67,68,71,75,83,84,96—99,
107,109,112,116—119,129,
175,240,244,246,248,249,
251,253—263

情节安排 108

情节群 260,261

情绪 4,5,7,24,35,41,43—45,
65,67,77,81,98,103,106,
143,145,146,162,172,181,
182,195,210,214,259,284,
287—289,295—298

全球化 6,203

权威 3—5,7,34,38,43,44,55,

63,103,112,115,123—126,131,144,145,148,154,161,162,168,185—188,195,198,201,212,220,223,227,228,233—236,238,274,276,277,287,291,292,294,298,300—303,305,331

——法官 154,161,162,185,235

——魅力型 186,187,235

——理智型 188

——司法 3,4,7,34,186,198,238,305

劝解 209,218,221,222

群众路线 51,92,118,132,163,201,237

群众性 6,198

R

人民司法 6,32,46,90,94,95,99,100,103,132,159,163,164,169—171,198,223,279,287,311,314,317,318,327,329,333,335,339,340,343

认同 1,32,44,54,62,65,71,104,119,120,124,127,128,131,138,139,161,178,180,185,187,188,197,198,202,203,

205,231,232,234,242—244,254,258,262,263,278,287,302

日常活动 40

S

司法 2—6,8,11,15,22—25,28,31,38,45—47,51—53,55,57,69,82,90—96,99—104,112,115,118,123—125,127,129,131—139,141—172,176,177,179—195,197—199,201—206,211—214,218,221—227,229—231,234—238,240—244,248,249,262—269,271—273,275—279,282,283,286—288,290,297,300,301,304—308,311—318,320—322,324—328,330—334,336,337,340,342

——现代 91,92,103,127,164,170,171,192,201,203,205,224,234,238,276,277,287

司法案件 5,7,137

司法场域 14

司法陈述 266—269

司法的理性 5,8,35

司法方法　31,47,94,133,135,
　　169,171,177,178,182,192,
　　205,235,248,272,316,
　　329,337
司法公正　31,177,178,194—196,
　　198,199,227,248,272,275,
　　277,305,311,317,319,338
司法决疑　54,239,241,243,245,
　　247,249,251,253,255,257,
　　259,261,263,265,267,269,
　　271,273
司法情况群　267
司法权力　3,4,157—159,193
司法日常话语　53,59,167—173,
　　175—177,179—189,191,193,
　　195—199,324
司法收益　288
司法自由裁量权　2
司法为民　94,95,100,103,163,
　　171,178,196,198,286,287,
　　289,290,317,340
司法者　28,168,170,171,176—
　　197,199,201—203,205,206,
　　208,209,214,218,222—226,
　　229—238,267,268
商议　89,134—136,138,141,160,281
社会分工　6,29,60,61,72,82,
　　140,146,192,236

社会功利主义　17,42,293
社会共识　4
社会普通群体　37,39
社会契约　4,131,148,159,193,
　　206,326,330
社会认同　3,7,71,212,277
社会心理　35,41,42,44,79,121,
　　153,162,175,181,182,188,
　　209,211,233,267,271,275,
　　296—300,302,303,312,329
社会贤达　288
社会需求　7,55,202,236,237
社会学　30,39,42,45,46,60,87,
　　297,337
社会舆论　38
涉法文学作品　18,21,33,48,
　　51,73
审裁　2,3,26,27,40,111,145,324
审判语言　10
生产　6,34,63,71,73,74,128,
　　171,188,189,191,311
试错　52,119—121,124—126,128
实践　2,11,16,18,22,24,25,28,
　　30,31,36,37,43,47,49,52—
　　55,57—61,65,70,73—75,80,
　　81,85—87,90,95,129,130,
　　133—136,139,141,143,147,
　　149,151,152,159,162,166,

168—171, 176, 178, 179, 182, 183, 192, 194, 198—201, 203, 204, 211—214, 217, 218, 220—223, 225—227, 231, 234, 235, 237, 238, 241, 242, 245, 246, 253, 254, 262, 264, 269—275, 277, 279—281, 283, 285, 286, 289—293, 304, 306, 307, 312, 316, 320, 322, 324

——法律 58—61, 80, 81, 87, 129, 130, 136, 139, 169, 178, 183, 220, 242, 245, 246, 254, 264, 270, 316

——文学 11, 58, 80, 81

——语言 28, 275

实际效果 112, 155, 178, 180, 184, 187, 213, 305, 314

实用 2, 3, 5, 6, 17, 141, 169, 171, 177, 178, 182, 204, 205, 236, 237, 269, 294

市场 62, 171, 179, 189, 190, 199, 223, 247

事出有因 106—110, 112, 115, 124

手记 172, 173, 175, 176, 178

说服 22, 23, 25, 29, 34, 57, 64, 70, 131, 181, 190, 197, 244, 264, 267, 268, 298, 299, 302, 330

说理 59, 61, 88, 118, 186, 187, 220, 223, 224, 230, 275, 333,

335, 341

诉讼 10, 18, 21, 24, 41, 51—56, 61—63, 72, 75, 78, 79, 83—86, 90—92, 94, 102, 127, 133—135, 137—144, 146, 148, 149, 152—158, 160—163, 165, 184, 194, 203, 210, 212, 215—218, 220, 226, 228, 232, 233, 237, 240—242, 246, 262—264, 266—268, 282, 303, 304, 307, 312, 326, 333, 335, 337—339

诉讼参加者 51, 283

诉讼需求 234

诉讼战场 51, 61, 65, 71, 73—75, 82, 84, 86, 89, 127, 138—140

塑造 24, 26, 40, 54, 65, 100, 103, 124, 130, 134, 222, 256, 257, 274, 275, 277, 279, 281, 283, 285—287, 289, 291, 293, 295, 297, 299, 301, 303, 305, 307, 336

——空间 54, 274, 275, 286, 287

——人物 100, 256

T

态度 3, 7, 29, 30, 36, 39, 41, 42, 44, 47, 54, 63, 86, 94, 116, 135, 141, 159—163, 285, 289,

290,299

调解 27,52,53,69,90—92,109,113,116,120,147,158,168,173,174,178,180,182—184,224,234,235,278,280—285,287,292,296,297,302,312,314,318,326,333,334,336,340

通俗化 53,168,169

W

微观 46,52,64,87,95-97,129,133,135,145,151,164,170,171,180,188,190,191,195,201,206,212,214,217,222-226,229-231,233,234,236-238,246,275,279,287-290,293,295,301,302

微观场景 144,145

微观市场机制 188,191

微观司法场景 188,189,191,199

温暖 8,283

温馨 53,55,195,215,224,235,265,284,288,291,294,296,297,303,306

文本 13,15,16,21,23,25,30,44,57,82,168,170,178,200,204,205,217,225,238,247,273

——法律 15,16,200

——文学 15,16,21,57,82

文采 8,10,220

文化符号 6

文学故事群 267

文人理念 11

文学 2-5,7,8,10-13,15-28,30-35,39,41-60,64-67,70-74,76,80-91,93,95,97,99-101,103,105,107-113,115,117-119,121-123,125,127,129-133,135,137,139,141,143,145,147,149,151,153,155,157,159,161,163,165,168-170,172,176-178,184,191,197,200,210,211,218,236,240,244,246-248,250,254-261,263,269,271,273,275,311-313,315,317,318,320,321,323,327,329,336,337,339,340,342,343

文学创作 17,21,34,70-75,109,216,259,331

文学的法律 12,17,21,57

文学化 3,4,53,59,167-199,204,206,210,211,218,230,233,236,255,263,275,313,324

一般索引 367

文学鉴赏　67,246,257,260,261,
　　266,268,269,272,320,336
文学生产者　59,65,69-74
文学素材　65
文学中的法律　12-15,20,21,25,
　　26,30,50-52,54,56-61,63,
　　65,67,69-71,73-75,77,79,
　　81-83,85-88,101,249,319
文学作品　13,14,18,20,21,23,
　　25,26,33,34,43,48-50,52,
　　54,57,59,75,83-85,90,96-
　　98,100,107,124,125,127,
　　128,130,139,240,244-246,
　　248,260,263,268,271,315
物理环境　295
误导　153,154,215

X

吸引力　32,34,44,81,96,155,
　　172,189,201,208,244,257,
　　260-262,266,269,271
戏剧性　27,28,33,74,96
细节社会因素　51,52,64,65,69-
　　71,74,75,80,81,89
相互性　134,135,147,149,173,
　　224,234,289,290,295
——感受　289,290,295

写作者　11,12
心理感受　44,120,142,157
心理期待　190,191,234,268,271
心理学　42-45,161,218,232,
　　262,275,276,292,295,299,
　　300,302,303,310,318,
　　331,337
——环境　42,275,295,310
——社会　42,44,79,121,181,
　　209,211,298,299,302,
　　312,329
——阅读　42
修辞　2,11-13,15,17,22-25,
　　28,29,31,39,40,43,48,51-
　　54,56,57,64,76-81,130,
　　131,134,141,145,146,159-
　　163,168,169,172,175-178,
　　183,188,190,191,197-199,
　　210,211,214,220,223,227,
　　233,236,240,255,256,275,
　　276,311,317,319,325,339
——判决书　23
修辞策略　53,59,210,211
修辞学　11,22,23,42,88,167,
　　186,188,239,261,276,330,
　　333,338,339
虚构　30,32,81,82,84-86,97
需求　2,35,134,154,164,171,

179,184,188,191,194,201,
203,206,214,216—218,222—
226,229—231,234—238,291,
292,295,301,307,316

叙事　2,13,18,20,22—25,27—
29,31—34,37,39—41,43,
47—51,53,54,57—59,64,65,
67,69—74,76,80,82,84,86,
89,90,97,118,130,168,169,
175,177,178,183,186,190,
197—200,204,218,222,240,
244,248,256,257,259,260,
271,275,276,318,319,325,
337,339,340

——大　47

——法律　31—33,73

——文学　25,31—33,51,53,54,
59,65,70,72—74,86,89,90

——小　48,49

叙事传统　12

叙事学　15,16,23,336

叙事元素　10

渲染　2,23,25,27,79,99,110,
116,204,254—256

Y

样本　49,50,53,55,91,99,136,
171,179,205,206,208,210,
211,214,215,231,232,234,
236,238,239,245,248,271,
280,288,293,295,298,299,
302,303,306,307,321

要约　52,132,158,164,224

一事归一事　102,104,106—110,
115,121,123—128

仪式　276,277,287,301,304,307,
308,322,333,336,338,339

移情　48,173

疑难案件　54,137

艺术　15,21,55,74,181,197,239,
320,326,337

异议　11,37,44,104,116,119,
133,152,161,180,201,220—
223,226,227,245

——法官　201,220—223,227

意义　4—6,8,12—14,16,17,22,
27,29,31,34,39—43,47—49,
51,52,54,57—59,64,66,70,
73,76,78,80,81,83,84,95,
99,101,103,107,109,111,
112,118,119,121,122,125,
128,130,131,134,135,142,
144—150,153,157,159,162,
163,165,167,170,171,176—
178,180—183,185,188,191,
193,195—197,199,201—204,
213,218,220,223,236,242,

245,247,248,250,252,253,
260,262,263,267,269—272,
275,277—279,287,288,294,
297—301,311,322,331,338

因果关系认定 106,107

因果延伸 139

因果追索 52,124,125

语境 3,20,27,29,34,44,48,53,
55,66,68—70,76,83,84,91,
119,136,145,146,152,153,
160,161,168,172,173,206,
214—216,231—234,244,251,
252,262—264,287,304

——历史 29

——文学 84

——现实 84

语境需求 2,232

语言学 42,88

语言哲学 15,16,45,46

元素 6,8,32,35,40,55,71,91,
130,134,147,158,159,177,
210,216,218,236,237,275,
278,283,285,288,289,291,
303,305,307

——技术 177

——文学化 177

约定 28,68,131,140,146,147,
206,221,222,224,231,234,

237,238,244,252

阅读者 202,227-231,270,271

——潜在 228

——直接 228

运行逻辑 51,52,83,89,94—96,
98—100,118,119,121,126,
129,324

Z

责任担当 237,277

真实 25,27,33,50,61,62,65,69,
73,74,81—85,87,96—98,
112,119,121,128,130,137,
138,142,143,145,148,164,
171,203,217,228,253,254,
263,264,279,289,292,294,
302,304,333

真实性 16,33,130

争论 2,34,35,38,45,48,59,62—
66,75,79,81—84,94,95,116,
139,140,144,161,200—204,
212,213,216,240—243,246,
253,255,259,264,268,279,
305,340

争议焦点 132,133,141,143,148,
150,153,155,156,160,
161,164

正确　4,29,34,92,121,125,128,135—138,140,141,144—150,152,154,158,160,164,165,183,214,231,249,268,269,300—306

——共识　146—150,152,154

——客观　146—148

——临时　145

——审理　300,301,303,304,306

证据　16,22—24,28,34,42,47,51,62,79,126,138—140,143,146,148,150,155,226,228,246,300,301

政治　5,6,13,15,24,31,36,38,57,91—93,100,112,115,118,129,130,170—172,177,179,180,183,190,191,193,197,198,214,247,276,277,286,300,329,343

——司法　53,172,179,191,193,198

政治道德　31,46,47,53,193,237

——司法　53,237

政治学　30,39,42,43,60,87,206,231,236

——司法　231,236

知识　16,17,36—42,46,47,60,123,127,134,136,150,151,153,159,163,169,181,192—194,197,199,238,247,248,272,291,292,324,330,334

制度安排　11

智辩　66

周边社会结构　26

周边语境陈述　262,263

周边语境讲述　263

主流　49,196,212,278,321

专门司法机构　4

庄严　276,300,301

自我伦理　12

作家　18,19,22,33,51,54,56,75,87,98,239,240,272,312,316,317,327,341

作为文学的法律　12,15,16,23,25,28,50—52,54,56—61,63,65,67,69—71,73—75,77,79,81—83,85—88

作者　34,45,54,97—99,111,129,176,204,214,230,233,234,236—238,245,248,270,278,279

一般索引　371

人名索引

（中文）

A

阿洛　26,30

阿斯特里德·施塔德勒　134,135,326

艾绍润　101

爱泼斯坦　137

安德鲁·鲍姆　276,292,295,300,310

安东尼奥　14,66,68,69,244,250,251,254—256,258,259

安提戈涅　249,319

B

巴尔扎克　59,239

巴萨尼奥　77,244,254,255,257

白居易　8,20,218,328,343

白毛女　84

包公　20,321,337

保尔·利科　167,310

保罗·贝尔　276,292,295,300,310

鲍西娅　15,66—70,76—78,239,244,245,248—257,259,262—264,271,319

贝特　59,332

本杰明·N.卡多佐　10,11,310

彼得·古德里奇　191,310

波斯纳　3,11,22,80,82,181,183,189,229,247

布克哈德·弗勒利希　301,310

布莱克斯通　220

布斯　186,261

C

蔡平生　96,315

曹娟　301,329

曹明睿　314

曹萍　197,310

茶莹　207,310

陈柏峰　2,310

陈宝翠　262,318

陈朝敏　240,311

陈海光　137,320

陈洪洁　6,311

陈虎　23,317

陈辉　2,310

陈家源　240,311

陈捷　216,311

陈金钊　2,5,275,311

陈景良　10,24,311

陈静　265,311

陈默　9,319

陈茜茜　159,339

陈文琼　24,47,312

陈曦　282,283,297,312,329,340

陈晓军　265,311

陈晓明　18,312

陈涯倩　310

陈燕萍　205,235,316

陈永国　175,319

陈瑜思　241,341

陈源斌　18,312

陈重业　9,10,219,312

晨迪　281,282,302,312

程逢如　158,316

程红根　208,215,234,312

程丽平　299,302,303,331

楚永桥　11,312

褚国建　201,220,223,331

崔永元　21,315,322,325

D

戴维·迈尔斯　79,121,162,175,181,182,188,209,211,233,275,296—299,302,312

戴璇　3,4,313

德里达　18,312,315,342

德沃金　307

邓恩　239

邓海建　63,313

邓鹏飞　201,313

邓玉娇　38,309

狄更斯　14,59

丁灿　19,20,318

丁炜　278,322

丁晓东　17,184,200,327

董炯　10,310

董燕　19,20,25,313

窦娥　23,82,249,319,320

杜伯尔　257

杜预　167,313

段伟朵　284,285,313

段文波　139,313

F

樊崇义　212,313

范冰冰　21,322

范愉　32,178,297,313,314

方克勤　94,338

方乐　297,305,314

方小玲　197,314

方雪　207,310

飞扬　8,10,216,311

菲尔丁　239

费伦　175

费文斌　284,285,314

封棒儿　102

封彦贵　101—103,106,108—110,
　　113—115,117,119,120

冯文生　138,314

冯　象　12,17,19,29,34,100,
　　170,314

冯小刚　21,86,315,322,325

冯志宏　35,315

弗兰克　45,218,305

福楼拜　239

傅宁　20,315

傅修延　111,112,315

傅郁林　212,225,315

富心振　234,315

G

高长富　227,315

高尔斯华绥　239

高歌　315

高海深　101,102,309

高鸿钧　221,320

高领　96,104,125,315

高敏夫　90,97—100,107—110,
　　113—118,125,316,342

高为民　197,198,310

葛莱西安诺　77

葛体标　18,315

公爵　255,257

公丕祥　205,235,315

古川　2,316

古德里奇　191

顾建兵　203,208,332

顾建光　16,317

顾静宇　16,317

关文运　1,337

郭成伟　218,316

郭汉强　240,311

郭铁元　297,329

郭兴　19,20,316

H

H.克茨　221,223,320

哈尔达　188,274

海涅　84,316

韩家女　38,316

韩进之　262,318

韩起祥　90,96—100,107—110,
　　　113—118,125,316,342

韩少功　22,316

韩章云　284,285,316

汉密尔顿　158,316

汉斯·罗伯特·耀斯　16,317

郝跃　240

郝在今　98,317

何家弘　194,317

何孝充　96,319

何雅静　169,317

何兆武　131,326

贺卫方　24,69,169,221,222,249,
　　　317,320

赫斯　260,261

亨利·瑞德·哈格德　239

虹影　22,317

洪浩　23,317

侯猛　57,317

侯欣一　94,95,100,103,317

侯学勇　22,317

侯玉波　79,121,162,175,209,
　　　275,312

胡和平　19,20,318

胡景钟　167,310

胡科刚　194,318

胡士襄　262,318

胡水君　31,318

胡晓苏　239,333

胡永恒　102,318

扈亭河　174,318

华莱士·史蒂文斯　239

华明　239,333

怀特　13,15,272

黄崇正　38,342

黄侃　167,313

黄启辉　217,318

黄世仁　84

黄湧　132,133,162,318

霍姆斯　11,303

霍志军　12,318

J

J. R. 安德森　262,318

加缪　14

贾桂茹　241,265,319

建法　22,203,233,319

江帆　277,319

姜慧军　201,319

蒋伦芳　240

蒋信　9,319

蒋宗许　9,319

强世功　91,109,249,319

杰佛瑞·费希尔　276,292,295,300,310

杰罗米·布鲁纳　56,64,73,76,320

杰罗米·弗兰克　218,305,306,320

杰伊　158,316

金宏达　246,320

金俊银　137,320

K

K.茨威格特　221,223,320

卡夫卡　14,18,59,239

凯尔森　61

凯伦·马蒂森·赫斯　246,260,261,320

康保成　23,82,320

康子季　8

科林·圣约翰·威尔逊　304,320

克莱夫·贝尔　181,320

孔祥俊　2,320

孔颖达　167,313

昆体良　188

L

拉斯马森　59,332

老冯　26,27,29,30

勒内·达维德　223,321

雷磊　2,321

黎杨全　19,20,322

李傲　278,321

李昌奎　37,38,309,342

李朝霞　278,321

李家祥　91,321

李建明　20,321

李路　86,342

李木奄　102,103,105,106,111

李宁　278,321

李普　95,107,112,321

李晟　2,321

李斯特　21,322

李喜莲　94,322

李欣　278,322

李拥军　304,322

李玉香　284,288

李苑　21,322

李真　21,322

理查德·A.波斯纳　80,125,181,183,189,190,192,194,210,321

廉守信　176,323

廉琰敏　34,322

梁士斌　241,323

梁宗　210,213,323

林建忠　247,329

林平　241,323

林山 59,335

凌霄 6,323

刘冰玉 281,283,336

刘成友 208,323

刘承韪 152,323

刘道明 159,328

刘方祺 281,283,336

刘风景 220,323

刘晗 21,323

刘汉波 22,323

刘恒 18,324

刘杰 18,334

刘金平 229,324

刘俐俐 175,324

刘鲁平 241,334

刘巧 52,90,96—101,107—110,112—121,123,125—127,130,316,342

刘巧儿 52,89,90,96—99,101,107—121,123,125—127,130,317,319,335,339

刘青峰 213,324

刘思达 192,324

刘苏雅 38,324

刘星 13,14,28,29,47,59,60,83,97,108,136,140,145,149,152,177,202,238,324

刘勋 294,325

刘燕 23,39,325

刘毅然 96,315

刘原 306,325

刘云生 9,319

刘震云 21,86,322,325

刘峥 2,325

刘子阳 285,325

龙宗智 278,326

卢立明 241,326

卢梭 131,326

卢新 278,326

鲁道夫·瓦萨尔曼 134,148,326

鲁千晓 161,337

陆晔 36,326

吕方 137,320

吕忠梅 326

罗宾·乔治·科林伍德 197,326

罗尔夫·施蒂尔纳 134,135,326

罗念生 22,167,338

罗万龙 282

洛克 146,326

M

马吉燕 38,342

马文婷 283,340

马锡五 6,7,24,46,51,52,83,89—105,107,109,112,113,

115—118，120—124，126—130，132，163，164，194，198，237，318—322，324，327，333，334，336，337，340，341，343

马歇尔　307

马专员　89，116

玛莎·努斯鲍姆　17，184，200，327

麦迪逊　158，316

麦克尔·肖　16，317

麦克威廉姆斯　12

满凯华　283，340

毛凤凡　191，310

毛剑锋　241，327

毛泽东　92，100，118，129，327

梅耶尔　274

孟德斯鸠　146，327

孟天　265，327

孟于　84，327

米健　212，213，221，320，327

米夏埃尔·施蒂尔纳　134，135，326

苗怀明　12，327

莫言　19，327，340

N

倪明　278，321

宁杰　135，337

宁静波　286，328

O

欧中坦　14，328

P

潘汉典　221，320

潘金莲　86，325

潘忠党　36，326

培根　56，220，328

彭冰　10，310

彭德怀　276

彭江燕　283，340

彭涛　282，283，334

彭宇　32，38，309

普芬道夫　220

Q

漆竹生　223，321

齐宁超　278，321

祁寿华　247，329

钱一栋　2，328

乔·B.史蒂文斯　93，328

乔叟　239

邱胜侠　20，328

秋菊　18，19，21，34，314，322，324，330，334，335

曲伶俐　159,328

曲颖　279,328

屈浩然　301,304,328

瞿菊农　146,326

阙爱民　211,216,329

R

瑞塔·卡斯特罗　247,329

S

单云娟　133,332

萨拉里诺　258

桑斯坦　145,196,247,268

莎士比亚　14,58,59,65—69,77,84,239,244—247,251,252,254—259,263,316,331,332

商振东　301,329

商正　250,333

佘碧平　167,310

沈明　3,30,332

圣兵　241,329

施鸢　203,208,332

寿民　301,304,328

舒国滢　277,332

舒逊　158,316

水天同　56,328

宋鱼水　24,46,47,149,177,187,197,202,235,325,329,334

苏刚　262,318

苏力　2,3,6,18—21,23,30,32,33,47,57,59,80,82,125,130,149,155,159,169,177,181,202,210,248,276,305,307,314,320,321,325,330,331

苏晓宏　25,331

孙海波　2,331

孙科炎　299,302,303,331

孙玫璐　56,64,73,76,320

孙绍振　109,331

孙万怀　5,331

孙笑侠　3,5,6,192,194,201,220,223,249,331

T

台建林　210,229,232,234,332

谭勤　9,319

谭宇鹏　306,325

唐东楚　148,333

唐娜　282,283,334

唐文　333

陶莉萍　240

特里·伊格尔顿　250,333

田荔枝　219,332

田璐　19,333
佟季　90,333
佟金玲　301,333
涂怀章　22,333
托尔斯泰　59,60,239
托马斯·格林　276,292,295,300,310
陀思妥耶夫斯基　14

W

W.C.布斯　239,261,333
万方　201,333
汪世荣　8,20,24,333
王冰如　14,328
王峰　197,334
王洪坚　213,324
王家年　280,334
王建平　135,337
王兰萍　21,334
王雷泉　167,310
王力扶　18,334
王立民　94,334
王丽　297,329
王丽萍　241,334
王亮　304,334
王书林　282,283,334
王铁玲　94,334

王巍　62,63,334
王祥修　23,43,334
王小慧　172,173,334
王秀红　169,335
王学谦　19,20,335
王亚明　213,216,335
王亚新　137,193,335
王艳　59,335
王雁　89,96,99,125,335
王轶　32,314
王至元　197,326
王志强　218,335
王忠民　21,335
韦伯　186,194
卫霞　276,336
魏治勋　91,336
温健　84,316
温荣　7,18,30,337
文牧野　38,316
沃德　13
沃尔特·司各特　239
吴承学　11,12,24,25,218,222,336
吴建平　276,310
吴俊忠　260,336
吴学安　213,336
吴雪杉　100,103,336
吴迎峰　208,215,234,312
吴跃章　23,336

X

西塞罗 191
喜儿 84,327
夏洛克 15,66—69,76—78,84,
　　239,244,249—253,255—
　　259,262
夏旭东 281,283,336
小鹏 211,215,231,336
晓苏 110,336
谢冬梅 297,329
谢海定 2,336
谢宏滨 46,337
谢觉哉 89,337
谢圣华 135,337
谢晓非 297,329
邢翀 247,329
熊静波 5,331
休谟 1,337
徐公明 135,337
徐家力 21,337
徐伟 161,337
徐忠明 7,18,20,30,222,337
许根华 234,315
许建兵 133,337
许明月 32,314
许霆 32,38,309

薛定薪 33,338
薛忠勋 133,337

Y

亚伯拉罕 227
亚理斯多德 22,167,191,220,338
闫丽 19,340
阎军 262,318
杨阿姨 26,27
杨宝杰 203,338
杨建龙 21,335
杨立新 241,264,338
杨清 262,318
杨晓维 93,328
杨永赤 281,282,302,312
杨永华 94,338
杨召奎 63,338
姚海放 314
姚建宗 287,338
姚莉 194,338
姚崧 301,310
药家鑫 38,309
叶启芳 146,326
叶泉 62,338
伊琳 96,319
佚名 175,339
易军 304,338

尹大贻 167,310
于欢 38,310
于蕾 241,341
于柱 159,339
余华 19,20,316,335,339
余凌云 159,339
余其宗 20,339
余素青 23,339
玉梅 204,206,230,339
袁定波 90,339
袁静 90,96,98,99,107—111,113—118,120,125,339
袁枚 9
乐国安 79,121,162,175,209,275,312
云起 19,20,339

Z

在汉 158,316
曾金秋 62,63,78,334,342
曾宪义 304,322
詹军 18,334
詹姆斯·费伦 175,319
詹姆斯·费尼莫尔·库柏 239
张柏 101—109,111,114,116,117,120
张冰歌 211,339

张德赐 102
张国香 28,273,340
张建成 233,340
张金才 101—103,105—110,113—115,117,119,123
张金贵 102,107
张岚 19,20,316
张老五 102
张乐天 16,317
张雷 283,340
张立勇 94,340
张璐 203,233,319
张萌 304,334
张慜 95,100,103,340
张娜 19,340
张宁 97,340
张鹏 212,216,340
张庆熊 167,310
张仁善 14,328
张士敏 22,341
张述祖 262,318
张维 277,341
张卫平 6,7,91,220,278,279,341
张希坡 89,91,92,94,95,98,100,102,103,164,337,341
张小莲 241,341
张晓频 211,238,341
张学英 32,240

张雅芳　211,216,329

张雁深　146,327

张怡玲　297,329

张艺谋　18,324

张泽涛　201,341

张智勇　79,121,175,275,312

张仲　102

张骛　9

赵承寿　218,320

赵春燕　21,341

赵栋梁　284,285,313

赵洪芳　191,310

赵明胜　278,341

赵瑞琴　93,149,282,283,295—297,299,334,340

赵太和　246,320

赵威　21,337

赵晓力　169,341

赵秀举　134,326

赵泽君　133,135,342

郑蕊　297,329

郑之骧　1,337

郑志宁　318

郑智航　6,343

郑重　91,343

钟伟　38,316

周道鸾　201,204,213,230,343

周而复　98,100,118,342

周泓远　18,342

周辉斌　241,342

周金环　181,320

周立　133,161,332

周梅森　86,342

周宪　239,333

周永坤　5,343

朱建军　276,310

朱洁琳　8,343

朱经文　179,343

朱凯　19,343

朱利安·麦克　306

朱生豪　58,66,239,244,331

朱晓红　167,310

宗会霞　6,342

邹文鹏　38,342

（外文）

A

Abraham, Henry J.　227,343

Aghion, Philippe　343

Alberti　131,188,274,276,347

Allen, Anita L.　14,344

Alscher, Peter J.　249,344

Antonio　15

B

Bacon, Francis　220
Balzac, Honoré de　59
Baron, Jane B.　57,344
Barton, Ann　67,259,260,344
Bassanio　77
Bate, J.　59,332
Biet, Christian　131,344
Binder, Guyora　58,344
Blackstone, William　14,247,249,346,347
Brint, Micharl　204,351
Booth, Wayne C.　186,261,344
Brooks, Peter　170,175,183,345,349
Bull, Synne　301,351

C

Camus, Albert　14
Carpi, Daniela　15,249,345
Cardozo, Benjamin N.　10,345
Chase, Oscar G.　277,345
Chaucer　239
Cole, Thomas　183,345
Cohen, Tom　18,349
Colmo, Christopher A.　249,250,345
Cooper, James Fenimore　239
Cover, Robert M.　87,345

Curtis, Dennis E.　304,351

D

Dawson, John　220,345
Derrida, Jacques　18,346
Dickens, Charles　14
Dolin, Kieran　11,56,57,72,74,84,346
Donne　239
Douzinas, Costas　131,188,274,276,347
Duke of Venice　255
Dworkin, Ronald　291,307,346

E

Eagleton, Terry　249,346
Epstein, Richard A.　137,293,346

F

Ferguson, Glenn W.　278,346
Fielding　239
Fish, Stanley　16,17,200,346
Fisher, William W.　45,346
Fishman, Joshau A.　45,346
Flaubert　239
Flestiner, William F. L.　62,351

Frank, Jerome 45,218,305,346
Freeman, Machael 12,58,344,348
Friedler, Edith Z. 15,68,347
Frohlich, Burkhard 301,310

G

Galanter, Marc 249,349
Galsworthy 239
Ginsberg, Robert 82,347
Goodrich, Peter 191
Gordon, Marsha A. 297,352
Gratiano 77
Gwirtz, Paul 170, 175, 183, 196, 345,349

H

Haggard, Henry Rider 239
Haldar, Piyel 131, 188, 274, 276,347
Hamlet 351
Hanson, Julienne 301,306,347
Hart, Oliver 152,347
Hess, Karen Matison 260
Heracles 15,353
Holden, Richard 66,151,343
Holmes, Oliver W. 303,347
Horwitz, Morton J. 45,346

Hoskins, Zachary 82,347

J

Jonson, Ben 247,347
Julius, Anthony 12,348

K

Kafka, Franz 14
Kelsen, Hans 61
Kammen, Michael 307,348
Kanter 297,352
Kessler, Robert A. 301,348
Kidwell, John 249,349
Koelb, Clayton 67,348
Kornstein, Daniel J. 66,67,69,245, 247,250,348

L

Levinson, Sanford 58,348
Lewis, Andrew D. E. 12,58,344,348
Lewis, William 17,23,349
Llewellyn, Karl 223,349
Locke, John 146
Lowenstein, Daniel H. 249,349

M

Macauly, Stewart 249,349
Macwilliams, J. Wesley 12,349
Marcus, Maeva 307,348
Mark, Julian 306
Meyer 274
Miller, Hillis 18,349
Minda, Gary 22,74,204,349
Minow, Martha 183,349
Montesquieu, Charles de Seco-ndat, Baron de 146
Morawetz, Thomas 17,350
More, John 152,347
Murray, Yxta M. 168,183,350

N

Nead, Lynda 131,188,274,276,347
Nelson, John S. 16,350
Newman, Louis E. 274,350
Nussbaum, Martha C. 17

P

Paasche, Marit 301,351
Palmer 220,241,242,350
Penalosa, Fernando 45,350
Peplau, L. A. 297,300,302,303,329
Peters, Julie Stone 82,350
Phelan, James 175
Pickard, Quentin 329
Pipkin, Ronald M. 297,352
Portia 15
Posner, Eric A. 253,350
Posner, Richard A. 3,11,204,229, 239,351
Pufendorf, Samuel, Baron von 220

Q

Quintilianus, Marcus Fabius 188

R

Rasmussan, E. 59,332
Reed, Thomas A. 45,346
Regnier, Thomas 246,351
Resnick, Judith 304,351
Riggs 220,241,242,350
Rosenbloom, Jonathan D. 274,351
Rudal, Judy 301,351

S

Salarino 258
Sarat, Austin 62,351
Scott, Robert E. 152,351

Scott, Walter 239
Sears, D. O. 297,300,302,303,329
Seidl, Michael R. 14,344
Shakespeare, William 14, 247, 249, 346,347
Sherwin, Richard K. 304,351
Shylock 15
Smith, Christopher E. 300,351
Sokol, B. J. 246,352
Sokol, Mary 246,352
Spangler, Eve 297,352
Stevens, Wallace 239
Stockard, Olivia 197,352
Sunstein, Cass R. 145,196,352

T

Tait, Allison 304,351
Taylor, S. E. 297,300,302,303,329
Thaler, Richard H. 43,352
Toews, David 45,352
Tomlins, Christopher 97,352
Thong, Jonathan 277,345
Triantis, George G. 152,351
Tubal 257

W

Wagner, Anne 304,351

Ward, Ian 13,14,15,57,85,101, 130,170,183,198,352
Weaver, William 204,351
Weber, Max 186
Weisberg, Richard 129,246,249, 349,352
Weisberg, Richard H. 57,58,353
Weisberg, Robert 13,57,353
West, Robin L. 14,353
White, James Boyd. 13,15,16,17, 22,28,43,71,74,272,349,353
Wigmore 353
Willson, Michael Jay 66,74,247,354
Whitford, William 249,349
Woolfrey, Joan 82,347

Y

Yablon, Charles M. 306,354
Yoshino, Kenji 17,70,354

Z

Zhao, Xiaohuan 30,354
Zorza, Richard 306,354

Αριστοτέλης 220
Лев Николаевич Толстой 59
Фёдор Михайлович Достоевский 14